KB108522

프로이트
삼국지

프로이트 삼국지

발행일	2016년 08월 22일

지은이	모 봉 구		
펴낸이	손 형 국		
펴낸곳	(주)북랩		
편집인	선일영	편집	김향인, 권유선, 김예지, 김송이
디자인	이현수, 신혜림, 윤미리내, 임혜수	제작	박기성, 황동현, 구성우
마케팅	김회란, 박진관, 오선아		
출판등록	2004. 12. 1(제2012-000051호)		
주소	서울시 금천구 가산디지털 1로 168, 우림라이온스밸리 B동 B113, 114호		
홈페이지	www.book.co.kr		
전화번호	(02)2026-5777	팩스	(02)2026-5747

ISBN	979-11-5987-133-7 03180(종이책)		979-11-5987-134-4 05180(전자책)

이 도서의 국립중앙도서관 출판예정도서목록(CIP)은 서지정보유통지원시스템 홈페이지(http://seoji.nl.go.kr)와
국가자료공동목록시스템(http://www.nl.go.kr/kolisnet)에서 이용하실 수 있습니다.
(CIP제어번호: CIP2016019799)

성공한 사람들은 예외없이 기개가 남다르다고 합니다.
어려움에도 꺾이지 않았던 당신의 의기를 책에 담아보지 않으시렵니까?
책으로 펴내고 싶은 원고를 메일(book@book.co.kr)로 보내주세요.
성공출판의 파트너 북랩이 함께하겠습니다.

프로이트
삼국지

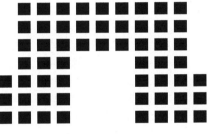

모봉구 지음

성 性 심리학으로
유쾌 통쾌하게
풀어낸 삼국지 영웅들의
배꼽 아래 이야기

북랩 book Lab

I. 전인미답 『삼국지』

II. 사춘기 전투, 영혼의 시련과 전진

III. 한창때의 전투, 불타는 영혼의 향락

IV. 중년의 전투, 영혼의 몸부림과 고독

V. 노년의 전투, 욕망의 쇠락과 영혼의 원숙

VI. 성적인 일탈, 영혼의 방황

I

전인미답 『삼국지』

인 간 의 성 (性) 을
가 장 위 대 하 게
표 현 한 걸 작

- 이보다 더 지적인 별천지는 없다

그 누구도 가보지 않은 전인미답(前人未踏)의 길

가을이 무르익으면 울긋불긋 물든 낙엽들이 하나둘씩 떨어진다. 동물들의 먹이가 되는 도토리나 밤도 떨어지고 뉴턴 하면 떠오르는 사과도 익어서 떨어진다. 인류는 문명이 시작된 이래로 이러한 친숙하고 정감 있는 자연현상에 대해 수도 없이 경험하고 서정을 느껴왔다. 동시에 그것이 왜 떨어지는지에 대해서 아무런 문제의식이나 비판, 관찰적 태도 없이 수천 년을 지내왔다. 그러다 뉴턴이 나무 아래서 우연히 사과가 떨어지는 것을 보고 중력의 법칙을 발견했다. 그가 천체물리학의 뼈대를 세운 이래로 인류는 우주과학 부분에서 눈부신 발전을 거듭해 오늘날에 이르렀다.

『삼국지』에는 유비, 조조, 손권, 관우, 장비, 여포 등 걸출하고 친숙한 영웅들이 많이 나온다. 그중에서도 최고의 영웅은 유비의 책사인 제갈량이다. 그는 소설의 초반에는 이름 한 번 언급되지 않다가 중반쯤에 가서야 유비가 삼고초려를 하여 모시는 인물로 자(字)가 공명(孔明)이다.

"호랑이는 죽어서 가죽을 남기고 사람은 죽어서 이름을 남긴다."고 하듯이 사람의 이름 속에는 한 사람의 인생을 대표하는 업적이나 속성이 들어 있다.

孔 = 구멍, 동전, 동굴
明 = 밝다, 날이 새다, 나타나다, 똑똑하다

공명(孔明)이라는 이름을 두 한자어 중에서 가장 많이 쓰이는 뜻으로 순수하게 직역하면 '구멍(孔)에 밝은(明) 사람'이라는 뜻이다. 다만, 그 구멍이 목구멍이나 쥐구멍인지, 현대인들이 좋아하는 골프 구멍인지 너무 막연하여알 수 없다. 그가 치른 가장 유명한 전투가 적벽대전이었고, 적벽(赤壁)은 말그대로 붉은 벽이라는 의미다. 실제의 적벽은 장강(長江)의 여느 지역에서도볼 수 있는 평범한 암벽이다. 이름처럼 색깔이 붉지도 않고 다만 붉은 한자글씨로 적벽(赤壁)이라고 쓰여 있을 뿐이다. 그 적벽은 전후관계로 봤을 때인간의 가랑이 사이, 그중에서도 여성의 생식기 부위의 붉은 벽을 의미한다고 조심스럽게 추정해 볼 수 있다. 그렇게 되면 구멍이 자연스럽게 여성의생식기를 의미하기 때문에 공명(孔明)은 '여성의 생식기에 밝은 사람'이라는특별한 의미를 지닌다.

단순하게 사과 하나가 땅에 떨어진 것 가지고는 아무런 의미가 없다. 그것이 중력이라는 우주의 물리적 법칙 때문에 발생한다는 원리를 알게 됨으로써 모든 물질에 적용 가능하다. 마찬가지로 공명이라는 이름 뜻에 이처럼특이한 의미가 담겨 있지만 여기서 멈춘다면 그것은 한낱 음란한 말장난에불과하다. 사과만 중력 때문에 떨어지는 것이 아니다. 위로 던진 돌도 다시 떨어지고, 포탄이 날아가 떨어지고, 눈과 비가 떨어지는 것 등 모든 것이 중력 원리에 의해 설명된다.

공명이라는 이름을 해석한 원리는 『삼국지연의』에 등장하는 모든 인물, 전투 명, 지명에도 적용 가능하다. 따라서 중력의 법칙처럼 보편적인 원리라고 가정할 수 있다. 공명 식으로 분석한 『삼국지』에 나오는 모든 인물과 전투 명, 지명 등에도 특별한 의미가 담겨 있다. 이를 연결해 나가면 일반인들이 꿈속에서조차 상상할 수 없었던 그런 충격적이고 혁신적인 내용이 나온다.

이 길은 지금까지 그 누구도 밟은 적이 없는 전인미답의 길이다. 로버트 프로스트의 명시 〈가지 않은 길〉에 나오는 사람들이 거의 밟은 흔적이 없는 낯설고 모험적인 길에 해당한다. 프로스트는 그 시의 끝 구절에서 다음과 같이 이야기했다.

> "오랜 세월이 지난 후 어디에선가 나는 한숨을 쉬며 이야기할 것이다. 숲속에 두 갈래 길이 있었고 나는 사람이 적게 간 길을 택하였노라고. 그리고 그것이 내 모든 것을 바꾸어 놓았다."

기존에는 공명이 펼친 신출귀몰한 작전이나 전투에 주목해 『삼국지』를 읽고 이해해 왔다. 지금부터는 새롭고 낯선 길인 『삼국지』의 등장인물이나 전투, 지명 등 이름이 안내하는 완전히 새로운 『삼국지』의 세계로 들어갈 것이다. 이것이 바로 『삼국지』가 공명이라는 이름을 통해 현대인들에게 제시하는 새롭고 지적인 모험으로 가득 찬 〈가지 않은 길〉이다. 그 길은 현대인이 처한 일상의 진부함과 심리적 정체, 지적 오류에서 벗어나 변화와 성장을 위한 삼국지연의 변주곡을 듣는 여정이 될 것이다.

삼고초려(三顧草廬),
음모가 수북한 여근을 자주 살피다

오늘날 유능한 인재를 얻는 수고의 대명사가 되어버린 삼고초려 역시 분석해 보면 앞에서 살핀 공명의 이름 뜻과 자연스럽게 연결된다.

三 = 세 번, 거듭, 자주
顧 = 돌아보다, 관찰하다, 반성하다, 찾다, 방문하다
草 = 풀, 거친 풀, 암컷
廬 = 농막, 오두막집, 주막, 임시 거처, 여인숙

한자어 뜻을 살펴보면 삼고(三顧)는 '거듭 되돌아본다'는 의미다. 그 대상은 공명이 살았다는 융중(隆中)의 초려(草廬)다. 초려(草廬)는 '풀로 지은 오두막집'이라는 뜻으로 풀처럼 털이 수북하게 나 있는 여근을 상징한다. '집은 칼집의 속성처럼 무엇인가가 들락거리는 기능이 있어 남근이 들락거리는 여근을 상징하는 데 적합하다. 그가 거주한 고장인 '隆'은 형성문자로 '작은 산같이 봉긋하다'는 뜻이다. 여성의 생식기 주변에 봉긋하게 솟아오른 불두덩 부위를 상징한다. 이렇게 되면 공명, 적벽, 삼고초려 등이 하나의 주제로 질서 있게 배열하고 견고하게 결합된다. 바로 인간의 성생활이다.

대부분의 남성들이 매일 밤
공명과 적벽에서 성전(性戰)을 치른다

연애할 때도 성생활을 갖지만, 결혼을 하게 되면 이와 비교할 수 없을 만

큼 많은 횟수의 성생활을 주기적으로 갖게 된다. 이에 따라 자연스럽게 초려(草廬)처럼 음모가 수북하게 난 여성 생식기와 성행위 과정을 거듭 살피는 삼고(三顧)를 하게 된다. 이렇게 초려(草廬)에 대해 삼고(三顧)를 하게 되면 필연적으로 얻게 되는 결과가 구멍에 밝은 사람이라는 뜻의 공명(孔明)이다.

공명은 표면적으로는 유비라는 정치가가 초가집을 세 번 방문하여 얻은 인재다. 그러나 대중적인 성생활 관점에서 보면 남성들이 성생활을 주기적, 반복적으로 갖는 과정에서 저절로 얻게 되는 인재요, 여성 생식기에 대해 밝아지는 측면이 공명이다. 성생활적인 측면에서 대부분의 남성들이 이런 공명을 책사로 부리며 매일 밤 다이내믹한 전투를 치르고 있는 셈이다.

간웅 조조,
남성들의 조루 증세를 대표하는 인물

삼국지에서 주는 것 없이 미운 인물이 조조다. 마찬가지로 남성은 물론 여성도 주는 것 없이 미워하는 대상이 남성의 조루 증세다. 조조의 이름 뜻에는 이러한 그의 성(性) 철학이 담겨 있다.

曹 = 무리, 짝, 동반자, 관청, 마을, 제사 지내는 일
操 = 잡다, 부리다, 조종하다, 급박하다

조조(曹操)라는 이름을 구성하는 한자어의 뜻이 다양하기 때문에 이 중에서 어떠한 의미로 쓰였는지 알기가 쉽지 않다. 조조가 『삼국지연의』 속에서 의리 없고 부정적 행실을 한다. 짝이나 동반자를 부려먹거나 조롱(操弄)하는

인간으로 해석하는 것이 그 이름에 가장 잘 어울린다. 자기 짝이나 동반자는 아내, 애인 등 상대 여성이다. 조조는 성생활에 있어서 남성으로서 주도권을 잡고 이끌어가다 사정 욕구에 쫓겨 급박해지면 자기 볼일만 보고 제멋대로 끝내는 조루 장군을 상징한다.

모든 드라마나 영화에서 선한 정의파 주인공만 있으면 재미가 없다. 죽었다고 생각했는데도 끈질기게 다시 살아나거나 교활함으로 끝까지 주인공을 괴롭히는 카리스마 있는 악역이 있어야 드라마가 뜬다. 실제의 조조는 카리스마 있는 위나라의 시조다. 그가 『삼국지연의』 전체적인 배역에서 조루 장군 같은 악역을 맡고 있기에 『삼국지연의』가 더욱 재미있고 소설의 완성미가 돋보인다. 물론, 그의 배역은 스스로 맡거나 나관중이 맡긴 것이 아니다. 『삼국지연의』의 뼈대를 구전시킨 중국의 대중들이 조조가 조루 장군 역할에 가장 적합하기에 그를 캐스팅한 것이다.

조조는 자신이 세상에 큰 족적을 남기고도 대중들 앞에서 조루 장군 역할을 할 줄은 꿈에도 생각하지 않았을 것이다. 그가 만약 깨어난다면 자신에게 이런 치졸한 배역을 맡긴 대중을 원망하고 당장 명예훼손죄로 고발함과 동시에 손해배상도 청구할 것이다. 그러나 역사적 인물이나 영웅들이라는 일련의 배우 집단에서 대중들은 주제에 맞는 배우를 마음대로 뽑아 쓸 수 있는 전권을 쥐고 있다. 본인이 죽기보다 싫어한다 해도 조조가 어쩔 수 없이 조루 장군이라는 악역을 맡은 배경이다. 조조의 자는 맹덕(孟德)이다.

孟 = 맏, 첫, 처음, 우두머리, 이치에 맞지 않는 엉터리, 맹랑(孟浪)하다

후세 사람들이 조조에게 붙여준 맹덕(孟德)이라는 자는 그의 간웅적인 행적에 비춰 볼 때 역시 부정적인 의미를 지니고 있다. 이치에 맞지 않는 엉터

리 덕, 맹랑(孟浪)한 덕이 맞는다고 할 것이다. 심청이의 계모 뺑덕어멈의 뺑덕과 조조의 자인 '맹덕'은 거의 비슷한 부정적인 뜻이다. 간사한 덕이거나, 덕이 달아난 사람이라는 의미다. 조루 장군에게 잘 어울리는 덕이다.

침략군처럼 제멋대로 들어왔다가
자기 볼일만 보고 나가는 조루 장군들

　남녀 간의 성행위에 있어서 여성의 성적인 흥분 속도는 남성에 비해 상대적으로 느리다. 이런 성적인 시스템을 배려하지 않고 허락도 없이 제멋대로 들어왔다가 자기 볼일만 보고 나가는 조루 장군들은 사악한 침략군의 무리로 비유된다.

　이들은 침략당한 국가의 집이나 국토에 불을 지르듯 여성의 몸 이곳저곳에 냅다 불을 지른다. 비명과 아우성이 난무하는 가운데 제멋대로 약탈적 애무를 하여 자기 잇속만 챙긴다. 그런 후 마치 피해국의 여성을 겁탈하듯 제 볼일만 보고 성행위를 끝내고 사라진다. 이렇게 되면 불타 무너진 집 옆에서 연기에 그을린 얼굴과 타다 만 누더기 같은 옷을 입은 여성의 얼굴이 클로즈업된다. 침략군의 무리들이 휩쓸고 간 전쟁 드라마나 영화의 기본적인 장면이 이런 모습이다. 이것이 바로 맹덕한 조루 장군들에게 당하고 허탈해하는 여성들의 마음속 황당하고 맹랑한 모습이다. 사람들이 자신에게 해를 끼친 일이 없음에도 불구하고 조조를 주는 것 없이 미워하는 이유다.

공명과 조조가 벌이는 적벽 성전(性戰)

공명과 조조가 그 당시 사상 최대의 전쟁인 적벽대전을 벌인다. 조조처럼 성행위를 조루 증세로 끝내려는 충동에 맞서서 구멍에 밝은 공명이 온갖 성적인 테크닉을 동원하여 이를 막아내는 전쟁이다. 결국 후끈한 동남풍이 부는 여성의 적벽을 불바다로 만들어 오르가슴의 불꽃이 펑펑 터지게 한다. 세상의 모든 남성들이 승리를 거두고 싶은 단 하나의 전쟁이 있다면 바로 적벽대전이다. 이 과정에서 사용된 성적인 테크닉이 동오설전, 고육계, 칠성단과 동남풍 등이며, 황개의 역할도 중요하다.

동오설전(東吳舌戰), 혀의 전쟁인 오럴섹스의 점잖은 표현

적벽대전을 앞두고 동오의 손권 진영에서는 백만 대군같이 물밀 듯이 밀려오는 조루 증세의 위세에 눌려서 싸움을 포기하려고 한다. 이때 공명이 나서서 동오의 유생들을 상대로 설전(舌戰)을 벌여서 이 문제를 해결한다. 설전(舌戰)은 말 그대로 혀로 애무하는 전쟁, 오럴섹스라는 의미다.

성행위 시 오럴섹스가 이뤄지기 위해서는 넘어야 할 큰 산이 있다. 공명이 동오설전을 벌인 대상은 현대의 요조숙녀들보다 더 점잖은 동오의 유생(儒生)들이다. 유생들은 공자의 가르침인 유학(儒學)을 공부하는 선비들로 중국이나 동방예의지국인 우리나라에서 가장 점잖은 계층이다. 이런 유생들을 상대로 성생활에 밝은 공명이 설전을 벌였다. 성행위 시 오럴섹스 등은 꿈도 꾸지 못하고 점잔을 빼려는 유생 같은 태도를 설득해 자신의 조루증과 싸우게 하려는 모습이다.

일반적으로 오럴섹스가 지닌 매우 중요한 기능이 있다. 오럴섹스는 여성을 성적으로 흥분시키는 역할만을 하는 것이 아니다. 남성들로 하여금 동물적인 본능에 몰입하게 함으로써 자신의 사정을 지연시켜 조루 증세를 완화한다는 사실이다. 오럴섹스는 남성이 사용한다면 남녀 간 성적인 흥분 속도의 차이를 근사치로 맞춰 주는 강력한 조루 증세 해결 수단 중에 하나다.

황개(黃蓋),
남근의 귀두

적벽대전의 최선봉에 서서 돌격대 역할을 했던 황개(黃蓋)의 한자 뜻은 '누런 덮개'라는 의미다. 고대사회에서 왕이 행차할 때 햇볕을 가리는 누런 일산(日傘)을 황개라고 부르기도 한다. 이처럼 황개는 누런 우산이나 초가지붕에 씌우는 이엉 덮개 등 어떤 물건의 삼각형 모양의 끝부분을 상징한다. 이것은 남성 성기의 귀두(龜頭) 부분을 상징한다.

라틴어와 영어에서는 귀두를 'glans'로 표기하는데 라틴어 원래의 뜻은 '도토리'다. 음경의 표피 속에서 반질반질한 귀두가 머리를 내밀고 있는 모습과 비슷한 데서 유래됐다. 거북이 머리를 뜻하는 한자어 귀두(龜頭)나 영어의 도토리와 마찬가지로 황개는 남근의 머리 생김새와 색깔을 묘사하고 있는 이름이다.

칠성단과 동남풍, 화공

적벽대전을 치를 만반의 준비가 갖춰졌지만 한겨울이라 동남풍이 불지 않자 공명이 산에 올라가 칠성단을 쌓고 빌기 시작한다. 공명이 진흙으로 칠성단을 삼단으로 쌓는다. 진흙으로 단을 쌓기 위해서는 손으로 주물럭거리고 만지작거려야 한다. 여성의 몸을 주물럭거리며 애무하는 것을 상징한다.

일반적으로 단(壇) 위에서는 절을 하고, 술과 음식을 음복한다. 남성이 여성을 애무하기 위해서도 절하는 자세와 엇비슷한 자세를 취한다. 동시에 입술 등을 이용해 애무 등을 하며 여성의 몸을 음복하기도 한다. 특히, 단에서 제를 올림으로써 보이지 않는 신령을 부르듯이, 요조숙녀들이 감추고 있는 성적 흥분 상태를 불러내기 위해서는 반드시 애무 과정이 필요하다.

칠성단(七星壇)은 여성의 몸 위에 있는 밤하늘의 별과 같이 귀중한 일곱 곳의 성감대를 상징한다. 개인별로 차이는 있지만 오늘날 여성의 주요 성감대로 알려진 귀, 입술, 목덜미, 유방, 생식기, 허벅지, 엉덩이 등 7개소가 대략 칠성단과 일치한다.

이것들을 일곱 개의 별(星)로 표현한 것은 밤하늘의 별처럼 아름답고 성행위를 진행해 나가는 주요 이정표가 되기 때문이다. 이곳이 여성의 주요 성감대라는 것은 첫째, 성생활에 밝은 공명이 이곳에서 치성을 드렸기 때문이다. 둘째는 이곳에서 치성을 드린 후 여성의 몸을 뜨겁게 달아오르게 하는 동남풍이 불었기 때문이다.

이처럼 여성의 몸에 뜨거운 동남풍이 불게 되면, 마지막 남은 일은 화공이다. 화공에서는 귀두를 상징하는 황개가 선봉이 된다. 화공은 본격적인 삽입 운동의 시기다. 여성의 몸에 뜨거운 동남풍이 불어 들어오라는 신호를 보낸다. 마른풀과 싸리, 유황, 기름 등으로 불을 질러 일순간에 적벽을 불바다로 만든다. 여성이 뜨겁게 달아올랐기 때문에 황개가 상징하는 남성의 귀두가 여성의 적벽인 질 속을 종횡무진으로 누빈다. 이에 적벽이 불타오르고 유황불이 연쇄적으로 폭발하듯 오르가슴이 연쇄적으로 터진다.

『삼국지연의』,
모든 남성들의 자서전이자 욕망과 성장에의 의지

『삼국지연의』의 최대 하이라이트 부분인 적벽대전을 대략 살펴본 내용이다. 『삼국지연의』는 이처럼 우리가 지금까지는 전혀 상상조차 할 수 없었던 내용을 담고 있다. 이것은 단지 시작에 불과하다. 여근에 밝다는 공명의 한자어 이름 뜻을 중심으로 인간의 성적인 욕망과 성장 과정이 조화롭고 아름답게 연주되는 것이 『삼국지연의』의 본모습이다. 또한 모든 남성들의 사춘기, 한창때, 중년기, 노년기 내면 모습을 적나라하게 보여주는 자서전이기도 하다. 그것을 통해 우리는 보통 사람들의 성생활에 대한 정보, 지나온 과거, 현재 서 있는 위치, 앞으로 나아갈 길을 알 수 있게 된다.

뉴턴 이전에도 사과는 해마다 땅으로 떨어졌고 그 배후에는 중력의 힘이 있었다. 하지만 사람들은 사과가 왜 나무에서 땅으로 떨어지는지 아무도 관심이 없었고, 그것을 설명하려고 시도도 하지 않았다. 마찬가지다. 공명이라는 한자어 의미는 천 년 전이나 지금이나 '여성 생식기에 밝다'는 뜻을 지니고 있었다. 앞으로 수천 년, 수만 년이 지나도 그 뜻은 변치 않을 것이다. 마찬가지로 그 어느 누구도 공명이라는 이름에 깃든 뜻에 관심이 없었고 이해하려 하지 않았다. 이제 막 속살을 드러낸 공명의 이름 뜻을 통해 인간의 심층 심리와 새로운 인문학적 모험이 시작되고 있다. 그 모험과 도전의 물결이 인간 지성의 지평을 어디까지 넓힐 수 있을지 한껏 기대된다.

II

사춘기 전투,
영혼의 시련과 전진

십 상 시

○

인생은 말썽꾸러기 십상시로 시작된다

『삼국지연의』는 "대저 천하대세란 나뉜 지 오래면 반드시 합하고, 합한 지 오래면 반드시 또 나뉜다."는 명문으로 시작하며, 곧바로 십상시(十常侍)를 등장시킨다. 이들은 한나라 말에 권력을 잡고 온갖 말썽과 횡포를 부렸다. 오늘날에도 최고 권력자 주변에서 아부하며 온갖 횡포를 부리는 정치인들을 십상시라고 빗대어 부르기도 한다. 나라의 권위와 질서가 문란해지니 급기야 황제가 십상시의 대표 격인 장양을 아버지라고까지 부른다. 이에 천하 백성이 반란할 생각을 품고 황건적 등 도둑들이 벌떼처럼 일어나고 이를 토벌하기 위해 유비 삼 형제와 조조 같은 난세의 영웅들도 탄생한다.

十 = 열, 열 번, 열 배,
常 = 떳떳하다, 영원하다, 변하지 않는, 항상, 늘
侍 = 모시다, 받들다, 시중들다

십상시의 한자어 뜻은 '열(十)을 영원히(常)모시고 받들다(侍)'는 의미다. '十'이라는 단어는 열 개나 열 배, 열 살을 의미한다. 열 살이라면 아직 사춘기에 도달하지 않아 성호르몬 분비가 없는 아동기다. 이런 아동기를 항상 받들어 모시며 동경하는 자세가 십상시가 지닌 의미다. 아동기는 순수하고 천진난만한데『삼국지연의』에서는 왜 그토록 국정을 농단하며 횡포를 부리는 대명사로 십상시가 묘사되고 있는지 의문이 든다.

인생의 흐름상 아동기에서 사춘기로 넘어가는 것이 자연스럽다. 그러나 한편으론, 책임지고 경쟁하는 어른 사회로 나가는 것이 두렵게 느껴진다. 십상시처럼 열 살의 시절인 아동기에 영원히 머물려는 퇴행적 마음이 모든 사람들의 마음속에 존재하고 있어 심리적 갈등을 일으킨다.

어린 시절 누구에게나 피터 팬 증후군이 있다

아이들에게는 언제까지나 부모의 보호를 받으며 편하게 어린이로 남고 싶어 하는 심리가 있다. 이것은 인간뿐만이 아니라 동물들도 마찬가지다. 그래서 피터 팬처럼 영원히 어른이 되지 않는 땅인 네버랜드(Neverland)에 살고 싶어 한다.

서양에 피터 팬이 있다면 동양에는 영원히 열 살을 받들고 동경하는 십상시(十常侍)들이 있다. 십상시는 거세된 열 명의 내시들이다. 남성호르몬의 분비를 제거함으로써 좁은 어깨에 구부정한 허리, 수염 없는 얼굴, 중성적인 비음의 특유한 목소리를 낸다. 거세된 십상시는 성호르몬 분비가 없는 아동이며, 영원히 아동 시절에 머물려는 자세를 상징한다.

인간이라면 누구나 아동기를 지나 성욕이 인생 무대에 등장하는 사춘기를 거친다. 이 시기를 통과하며 연애도 하고, 결혼하여 가정을 꾸리고, 자식을 낳아 기르며 늙어가는 과정에서 회로애락을 느끼며 한평생을 살게 된다. 문제는 사춘기가 도래하여 성호르몬이 분비됨으로써 초경이나 발기 등 성 본능이 출현하는 시기가 되었음에도 불구하고 십상시에 머물려는 마음이다.

물론, 네버랜드 같은 곳이 있다면 그곳에서 성욕 없이 천진난만한 생활을 하거나 유유자적 도나 닦으며 한평생을 사는 것도 괜찮아 보인다. 그러나 현실은 그렇지가 않다. 아이러니하게도 피터 팬의 작가 제임스 메튜 배리는 소설 속 주인공처럼 정말로 십상시 시절에 멈춰 버린 듯한 삶을 실제로 살았다고 한다. 어린 시절에 그의 어머니가 사랑했던 형이 죽는다. 어머니가 우울증에 빠졌고, 제임스는 어머니를 위로하고 웃게 하기 위해 형의 옷을 입고 형의 모습으로 살았다고 한다. 이 과정에서 그는 실제로 13세에 성장이 멈춰서 키가 150cm에 불과했고, 평생토록 섹스를 하지 않고 십상시에 머물렀다고 한다.

인류가 피터 팬이나 십상시 같은 내시적인 삶을 보편적인 가치로 추구했다면 자손의 생산이 끊겨서 벌써 공룡처럼 멸종하고도 남았다. 『삼국지연의』는 성적(性的)인 성장을 위해 앞으로 나아가려는 세력과 어린 시절에 머물려는 십상시적인 세력이 충돌하는 것으로 이야기를 시작한다. 보통 사람이라면 성장해 나가기 위해서 자신의 사춘기를 전후한 시절에 등장하는 십상시라는 퇴행성을 지닌 악당들을 냉정하게 물리쳐야 한다. 그래야만 성장을 위해 진격해 나갈 교두보가 마련될 수 있기 때문이다.

십상시들을 통해 살펴본 아동기의 주요 특성

십상시들이 나타내는 아동기의 특성을 구체적으로 살펴보기 위해서 공명의 이름처럼 그들의 한자 이름도 분석할 필요가 있다. 십상시 중에서도 대표격인 장양(張讓)을 임금이 매우 존중한 나머지 아버지라 불렀다고 한다.

張 = 베풀다, 펼치다, 기세가 오르다, 성하게 하다, 드러내다
讓 = 사양하다, 양보하다, 겸손하다

장양이 십상시의 대표 격이었고, 임금이 매우 존중했다는 것은 아동기의 특징 중 사람들이 가장 좋아하는 두드러진 특징이라는 의미다. 일반적으로 학교나 집안에서 권장하는 착한 어린이라 함은 부모님 말씀 잘 듣고, 말썽 안 부리는 얌전한 학생이다.

장양(張讓)의 이름 뜻은 일을 벌이는 것을 사양하고, 기세가 오르는 것도 사양하고, 크게 떠벌이지도 않고 겸손하고 양보하는 아이의 모습이다. 한마디로 말해 얌전하고 어른 말 잘 듣는 착한 아이라는 뜻이다. 어른들의 입장에서는 말썽쟁이 청소년들처럼 일을 벌이고, 반항적이고 사고 치는 것보다는 이런 얌전하고 착한 아이들을 더 선호하고 받들기 마련이다. 황제가 장양을 아버지라고 불렀다는 것은 사실 여부를 떠나서 얌전하고 착한 아이를 떠받드는 부모나 어른들의 태도를 상징한다. 거의 대부분의 부모들이 말 잘 듣는 아이들을 좋아하지 자기 고집이나 주장이 센 아이들을 싫어하기 때문이다.

이 밖에도 십상시들의 이름 속에는 어린아이들의 속성이 다양하게 잘 나타나 있다. 하운(夏惲)은 '여름처럼(夏) 성함이 도탑다(惲)'는 뜻으로, 쉬지 않고 성

하게 움직이는 아이들의 모습을 나타낸다. 강아지나 동물의 새끼들은 하루 종일 가만있질 못하고 서로 물어뜯고 쫓아다니고 엎치락뒤치락한다. 아이들 때도 이렇게 쉬지 않고 장난을 하며 뛰어다닌다. 잘 뛰어놀던 아이들이 오히려 움직임이 없어지면 병이 나거나 탈이 난 것으로 간주되기도 한다.

오늘날에는 아이들이 하운처럼 쉬지 않고 뛰어다니고 움직이는 속성 때문에 위아래 집에서 층간 소음 문제로 살인 사건으로까지 비화되는 세상이다. 아이들이 당초부터 십상시의 이런 하운적인 속성을 지니고 있음을 이해한다면 층간 소음 문제에 대해 아량을 베풀 수도 있을 것이다.

고망(高望)은 '높게(高) 바란다(望)'는 뜻으로, 아이들이 꿈을 높고 원대하게 가진다는 의미다. 아이들의 성장 동력은 꿈이다. "소년이여, 야망을 가져라." 라는 말처럼 동서양을 막론하고 어린 시절에 원대한 꿈을 품을 것을 강조한다. 지나간 시절에 아이들에게 이다음에 무엇이 될 거냐고 물어보면 1순위가 대통령, 장군이었다. 인류가 오늘날 고도의 과학문명을 발달시킬 수 있었던 것도 따지고 보면 어른들이 어린 시절에 품었던 높은 꿈인 '고망(高望)'을 실현시켰기 때문이라 할 수 있다.

이와는 반대로 부정적인 의미를 지니는 인물로는 건석(蹇碩)과 봉서(封諝)가 있다. 건석(蹇碩)은 '절름거림이 크다'라는 뜻이고, 봉서(封諝)는 '슬기로움을 막다'라는 뜻이다. 십상시적 아동기에는 경험과 지식이 부족하고 사리 분별과 판단력이 어른에 비해 월등히 떨어진다. 매사에 부주의하고 덜렁거리다 사고 치는 아둔한 측면 등이 반영된 이름이다. 예를 들어 골목길에서 공놀이를 하다가 공이 대로변으로 나가면 지나가는 차보다 공만 보고 쫓아간다. 자전거를 타고 골목 모퉁이에서 툭 튀어나와 교통사고를 당하기도 한다.

십상시 중 한리(韓悝)는 매사에 위태위태한 아이들의 속성을 잘 나타내고 있다.

韓 = 나라 이름, 우물 난간

悍 = 근심하다, 걱정하다, 장난치다

한리는 우물가(韓)에 간 것처럼 집안 전체의 근심거리(悍)요, 장난꾸러기라는 의미다. 오늘날에는 가정마다 수돗물이 들어와 편리하게 식수와 생활용수로 사용하고 있다. 하지만 고대사회에서는 왕조차도 우물물을 사용할 수밖에 없었고, 가정이나 마을마다 우물이 많이 산재해 있었다. 우물은 속성상 깊고 빠져나오기 쉽지 않기 때문에 아이들이 일단 빠지면 사망 사건으로 연결되기 일쑤였다.

2,000여 년이 훨씬 넘는 고대에 만들어진 우화집인 『이솝 이야기』의 '나그네와 여신'이라는 이야기 속에도 우물이 나온다. "마을 아이들이 장난을 치며 놀다가 우물에 빠지기도 하고 소중한 물건을 빠뜨리기도 했습니다."라는 표현이 있을 정도다. 고대사회에도 통계가 있었다면 오늘날의 교통사고 정도로 매일 발생하는 사망 사건 1순위가 우물에 빠져 죽는 아이들이 아닌가 싶다.

아이들은 호기심이 많아서 우물을 들여다보다가 중심을 잃기도 한다. 우물가에서 서로 장난을 치다 빠지고, 한 번 들어가 봤다가 못 나오기도 한다. 겨울에는 미끄러워 빠지기도 했다. 오죽했으면 "우물가에 내놓은 아이처럼 걱정이 된다."는 표현까지 생겨났을까. 한리(韓悍)는 부모들에게는 걱정거리요, 장난꾸러기인 아이들의 속성을 잘 나타내고 있다.

보통 사람이라면 자라는 과정에서 한때 십상시가 되어 때론 투정도 부리겠지만, 장양 같은 착한 아이도 되고, 하운처럼 쉴 새 없이 뛰어다니기도 한다. 고망같이 큰 꿈도 지니고, 한리처럼 우물가에 나간 아이처럼 부모의 걱정거리가 되던 시절이 있는 것이다. 어른이 되고, 노인이 되면 다 꿈같은 이야기지만 십상시는 인간이라면 인생의 이른 시기에 피터 팬 같은 환상 속에서 누구나 통과하는 아련한 관문이다.

황 건 적

황건적의 봉기, 사춘기의 도래

봄이 되면 여기저기서 지천으로 꽃이 피듯, 인간의 봄이라 할 수 있는 사춘기가 되면 각종 시행착오를 거치며 성적인 성장을 위해 진격해야 한다. 십상시처럼 어린 시절의 순진함, 숫기 없음 등에 머물러 성장이 정체되다 보면 육체적 정신적으로 커다란 혼란에 빠지게 된다. 이러한 정신적 상황을 황건적의 봉기로 표현하고 있다. 전국에서 동시다발적으로 황건적이 봉기함으로써 백성은 더욱 도탄에 빠지게 된다.

황건적(黃巾賊)은 머리에 황색 수건을 두른 도적들로서 황(黃)은 '누렇다, 황금, 열병, 곡식, 황' 등의 뜻이 있다. 성적으로 음란한 내용을 담은 잡지를 도색(桃色)잡지 또는 황색잡지라고 한다. 흰색이나 푸른색은 영적인 것, 하늘적인 것을 대변한다. 이에 비해 황색(黃色)은 성 본능과 육체적이며 세속적인 욕망을 대변한다. 그러나 성 본능은 황금처럼 귀한 자식을 선물하고, 사랑으로 열병을 앓게도 하고, 곡식처럼 생활의 에너지원이 되기도 한다.

황건(黃巾)을 두른 부위는 이마다. 사람의 이마는 생각이나 사고방식, 이념과 가치관을 상징한다. 오늘날에도 노조원들이 투쟁을 할 때 투쟁 의욕을 돋우기 위해서 구호가 적힌 붉은 수건을 이마에 두른다. 황건을 이마에 둘렀다는 것은 사춘기가 도래하면서부터 남녀가 상대방을 성적인 가치의 대상으로 바라본다는 의미다. 사춘기를 기점으로 성적인 가치관이 급격히 발달해서 주변에 있거나 지나가는 모든 이성에 대해 미모를 평가한다. 그러고는 연애 감정을 느끼거나 자신의 이상형인지 따지기도 한다. 그러므로 사춘기 청소년들이라면 모두가 이마에 보이지 않는 황건을 두르고 있는 셈이다. 마음의 엑스레이로 찍어야만 볼 수 있는 황건이다.

황건적의 출현으로 나라 전체가 혼란스러워지듯 성적인 변화가 시작되면 사춘기 청소년들의 마음이 전체적으로 혼란스러운 양상을 띠게 된다. 사춘기에 찾아온 성 본능이 도적 떼로 느껴진다. 성 본능은 이름도 전혀 모르는 낯선 이방인처럼 느껴지고, 제멋대로 출현하여 청소년들의 정서를 약탈해가기 때문이다.

황건적의 난은 중국에서 2세기 말에 나타났다 사라진 과거의 골동품적 이야기가 아니다. 사춘기 청소년들이라면 누구나 겪게 되는 몸과 마음 이곳저곳에서 일어나는 성적인 변화의 반란이다. 사춘기 청소년들의 심리 상태는 이 황건적들로 인하여 마음 편한 날이 없고 질풍노도와 같은 특성을 보인다.

십상시들이 주로 분포하고 있는 곳이 초등학교 교실이라면, 황건적들이 들끓고 있는 곳은 중·고등학교 교실이다. 중고생을 바라볼 때 눈에 보이지는 않지만 그들이 얌전하거나 되바라졌건 모두 이마에 황건을 쓰고 있음을 인식해야 한다. 그렇게 되면 사춘기 청소년들의 내면 심리를 이해하는 데 많은 도움이 된다.

남자 청소년들은 수염이 나고 성기가 부쩍 커지고 분비물이 나오고 음모가 생기고, 성기 표피가 벗겨져 공격적인 모습을 보인다. 시도 때도 없이 발기가 일어나 누구에게 보이거나 들킬까 봐 처음에는 이를 감추거나 창피해하는 경향이 있으며 혼란스럽다.

여자 청소년들은 남자아이들보다 더욱 강력한 성적 성숙의 상징인 초경이 시작됨으로써 성적인 변화가 본격적으로 시작된다. 유방이 커지고 역시음모가 자라는 등 황건적이 출현해 정서적으로 매우 혼란스럽고 힘들어지는 시기다. 공포영화의 주요 소재로 사춘기 소녀의 첫 월경이 등장한다. 소녀가 교실 등에서 첫 월경의 피를 옷 사이로 줄줄 흘리면서 심리적 공황 상태로 인해 꼼짝도 않고 서 있다. 이 모습을 통해 월경을 맞이한 소녀들의 불안감과 두려움, 극대화된 혼란스러움을 느낄 수 있다.

이들이 "푸른 하늘(蒼天)은 이미 죽었다. 앞으로 누런 하늘(黃天)의 시대가온다."고 말을 퍼트리고 다닌다. 아동기의 푸른 하늘 같은 천진난만함이 죽고, 누런 세속적 욕망으로써 성적인 욕망이나 생각이 사춘기 청소년들을지배하게 됨을 예고한다.

사춘기 시절 황건적의 주요 특성

황건적의 주요 인물은 장각(張角), 장보(張寶), 장량(張梁) 삼 형제다. 장각(張角)은 '기세가 오른 뿔'이라는 뜻이다. 대부분의 동물들이 지닌 뿔은 공격적인 무기다. 코뿔소나 들소의 뿔은 말할 것도 없고 순한 사슴들조차 뿔로 받으며 싸운다. 뿔은 상대를 들이받는 공격적인 행위의 대명사다. 아동 시절에는 십상시의 대표 격인 장양(張讓)처럼 부모 말을 고분고분 잘 듣던 아이들이 사춘기가 도래하면서 마치 머리에 뿔이라도 달린 것처럼 공격적으로 상대방을 들이받거나 반항하는 모습이다.

장각은 황건적 삼 형제의 맏형으로 사춘기의 가장 큰 특성을 상징한다. 뿔난 망아지처럼 짜증 내고, 신경질 내고, 갑자기 화내고, 대들고, 반항하고 자기만 잘났다며 들이받는 것이다. 마음의 뿔이 유난히 드러나 있는 사춘기 중학생들 때문에 북한에서 남침을 못 한다는 우스갯소리까지 있으며, 호환 마마보다도 더 무섭다는 말까지 나온다. 예전에는 중3이나 고등학생 시절에 반항심이 절정에 달했지만 요즘에는 그 시기가 당겨져서 중2가 가장 다루기 힘들다고 한다.

황건적의 대표인 장각(張角)과 십상시의 대표 격인 장양(張讓)의 이름 뜻이 서로 대조적임을 알 수 있다. 아동기의 대표 격인 장양(張讓)은 얌전하고 착한 아이의 속성을 의미한다. 이런 아이들이 사춘기가 도래해 '讓'함이 '角'함으로 변모함에 따라 어느 날부터 마음에 뿔이 나서 부모 말도 안 듣고 들이받는 속성을 보인다.

또한 황건적 일당 같은 사춘기 청소년들은 메뚜기 떼처럼 몰려다니며 사고 치기 일쑤며, 청개구리처럼 징그럽게 말을 안 듣고, 하라는 공부는 안 하고 게임이나 스마트폰에 몰두하며 자신의 열정과 아까운 시간을 낭비하기도 한다. 이런 사춘기 청소년들의 비아냥거림과 반발적 행동을 표현하기 위해서 청개구리가 비 오는 날 우는 이유에 관한 전래동화까지 생겨났다.

이 밖에도 학교 갈 시간에 제때 못 일어나 깨우면 짜증을 내고, 자기 몸 위생 관리나 주변 정리 정돈을 제대로 안 해 더럽고 무질서하고 게으른 측면도 보인다. 이러한 행동들의 주된 원인은 아직은 자기 자신의 모든 행동을 스스로 책임지지 못하고 부모에게 어리광이 섞인 반항심을 보이기 때문에 발생한다. 이 모두가 학교에서는 얌전하고 모범생 같지만 자녀들을 기르는 가정에서 쉽게 볼 수 있는 사춘기 특유의 행동들이다.

사춘기 청소년들이 이렇게 부정적인 측면만 지니고 있는 것이 아니다. 장각보다는 두드러지지 않지만 그의 아우 장보(張寶)는 '보배나 보물(寶)이 드러나다'라는 의미로, 집안의 보배나 보물이 되기도 한다. 또한, 장량(張梁)은 '들보나 다리(梁)가 성하다'라는 의미다. 들보나 다리는 집안이나 사회에서 주요한 역할을 하는 기둥이나 동량(棟梁)이라는 의미다. 부모와 선생님 등 대부분의 사람들은 청소년들이 국가의 동량감으로 성장해 주길 바란다.

사춘기에 호르몬의 분비로 사람들이 한번 이마에 둘러맨 황건은 쉽게 풀어지지 않고 늙을 때까지 간다. 그것은 강력 접착제로 붙여 놓은 것처럼 견고하게 달라붙어 인생 내내 이성에 관심을 갖게 하고 멋을 부리고 자신을 성적으로 돋보이게 하려고 한다. 이러한 황건이 지닌 성적 에너지를 이용하여 온갖 패션과 광고가 만들어지고, 마우스 클릭을 유도하는 인터넷의 수많은 낚시성 기사 제목에는 성적인 단어나 내용을 교묘하게 집어넣는다.

이처럼 사춘기 시절 불청객처럼 나타난 황건적 같은 성 본능은 낯설고 익숙하지 않아 일정 기간 동안 청소년들을 괴롭히기 마련이다. 이와 같이 도탄에 빠진 백성들을 구하기 위해 유비, 관우, 장비, 삼 형제가 나서게 되고 도원결의를 갖게 된다.

인간의 성 본능이 깊은 숲속 연못에서 온 것인지, 바다 멀리에서 온 것인지 알 수 없는 가운데 어느 날 사춘기 소년에게 찾아와 문을 두드린다. 처음에는 이 성 본능이 두꺼비나 개구리, 지네같이 징그럽고 무섭게 느껴져 외면하려고 하지만 같이 살려는 그 집요함에 자아가 굴복하게 된다. 자아와 성 본능이 서로가 이름도 모르는 낯선 사람처럼 만나 경계하는 것으로 시작되지만, 오랜 시간을 같이하면서 서로를 이해하고 동화됨으로써 생활의 일부가 되고, 삶의 동반자가 되는 것이 인생의 이치다.

원소, 멋 부리기의 시작

- 멋을 부리기 시작함으로써 성
적인 변화와 성장으로 나간다

원소(袁紹), 멋 부리는 마음의 시작

십상시를 비롯한 2,000여 명의 환관들의 제거를 원소(袁紹)와 그의 동생 원술(袁術)이 해낸다. 원소는 명문 귀족 출신으로서 적벽대전 이전까지 활약한 인물이다. 동탁의 만행을 저지하기 위해 동탁토벌대의 중심이 되었으나 유비, 조조, 손권처럼 나라를 세우지는 못했다. 관도대전에서 조조에게 대패한 것으로 유명하다.

원소 형제는 십상시를 포함한 환관들과 마치 불구대천의 원수가 진 것처럼 그들을 도륙했다. 원소 형제가 죽인 2,000명이 넘는 환관들은 성적인 것에 때 묻지 않은 아동들의 마음이나 태도다. 순진함, 장난기, 까불기, 어리광, 게으름, 투정 부리기, 시기심 등 다양한 어린애적인 행동이나 유치한 자세 등을 상징한다.

사춘기를 거쳐 온 사람들이라면 자신의 마음속에서 수백 명에서 수천 명에 이르는 수많은 환관들을 죽임으로써 아동적이고 유치한 마음을 극복해 나온다. 이렇게 어린애 같은 측면을 죽임으로써 제법 어른스러운 측면이 발현되어 성장해 가는 것이 청소년기의 모습이다. 쉴 새 없이 까불고, 장난하고, 종알거리던 아이들이 사춘기에 들어서면 어느 날 어른 앞에서 제법 점잖아지며 말수가 줄어든다. 이들이 마음속에서 십상시적 환관들을 죽였기 때문이라고 보면 된다.

다만 이런 일들이 원소가 환관들을 단번에 죽이듯 일사천리로 진행되는 것이 아니다. 성장하는 과정에서 자연스럽게 이뤄지기 때문에 대부분의 사람들이 이를 의식하지 못하고 통과하게 된다. 만약 어린 시절의 유치함들이 일정 시기에 대폭 정리되지 않으면 나이 먹어서도 유치함이 남는 폐해가 생긴다. 따라서 원소에 의한 환관들의 대대적인 정리는 사춘기에 겪게 되는 성장을 위한 당연한 통과의례의 일종이다. 십상시적 요소를 대폭 정리한 원소의 이름 뜻은 다음과 같다.

袁 = 옷이 치렁치렁하다, 옷이 길다
紹 = 잇다, 돕다, 소개하다, 알선하다

원소(袁紹)의 이름에 있어서 '袁'의 한자어 뜻이 '옷이 길거나 치렁치렁하다'는 의미다. '치렁치렁하다'는 길게 드리운 물건이 자꾸 이리저리 부드럽게 흔들린다는 뜻이다. 동서양을 막론하고 치렁치렁하고 바닥을 쓸고 다닐 정도로 길고 넓은 옷을 입는 사람들은 우아한 멋쟁이들이었다. 육체노동을 거의 할 일이 없는 공주나 왕비, 귀족, 재상, 기녀들이 이런 옷을 입었다. 오늘날에는 패션쇼나 레드카펫을 밟는 여주인공들이 많이 입는 옷이다. 예를 들어 한복이나 서양의 사교 복장, 웨딩드레스도 치렁치렁한 옷들이 많다.

'원(袁)'은 옷을 잘 입는 것을 뜻하며 멋을 부린다는 의미가 된다.

사춘기에 들어서면 그 이전까지는 까불고 장난하는 것을 주업으로 삼던 아이들이 제법 의젓해지며 타인을 의식한다. 자신의 외모에 부쩍 신경 쓰며 멋을 부리기 시작한다. 안 보던 거울을 자주 보고, 어머니가 사주던 대로 입거나 신던 옷이나 신발 하나하나와 헤어스타일 등에도 신경을 쓰기 시작한다.

이처럼 멋을 부린다는 것은 타인을 의식함을 전제로 하는 행위다. 그동안 타인을 의식함이 전혀 없이 천방지축으로 날뛰던 아동기의 십상시적 행동의 소멸 뒤에 형성되는 자질이다.

'소(紹)'는 '이어주다, 잇다, 소개하다'라는 의미다. 사춘기 시절에 외모에 신경 쓰며 멋을 부리는 마음이 성적인 것, 이성적인 것과 이어주고 있음을 의미한다. 동물이나 사람이나 이성의 관심을 끌어 이성과 연결되기 위해 다양한 방법으로 멋을 부린다. 개구리나 매미, 맹꽁이는 큰 소리로 울어댐으로써 멋을 내고, 고릴라는 가슴을 치고, 새들은 가슴을 내밀거나 날개를 활짝 피거나 노래를 부른다. 사람도 마찬가지다. 남녀 간에 서로에게 호감을 갖거나 매력에 끌려서 연애가 시작되는데 이때도 바로 멋이 작용한다. 멋이 생면부지의 남녀에게 서로를 소개하고 이어주는 역할을 함으로써 사랑의 감정이 싹튼다.

그의 동생 원술(袁術)은 '멋 내는(袁) 기술(術)'이라는 뜻이다. 사람들은 멋 내는 기술을 지닌 멋쟁이가 되기 위해 옛날부터 좋은 옷과 신발을 찾고, 헤어스타일도 가꾸고, 화장도 했다. 오늘날에는 이 밖에도 얼굴을 뜯어고치고, 명품 가방을 들고, 콜라병 같은 날씬한 몸매, 초콜릿 복근의 멋진 몸매를 만들려고 한다. 이를 위해 먹고 싶은 음식을 꾹 참고 다이어트와 운동을 하는 데도 많은 시간과 돈, 노력 등을 투자한다. 원술은 한마디로 멋쟁이로서 멋 내는 기술을 잘 아는 사람이라는 의미다.

원소의 자식들인 원담(袁譚)·원희(袁熙)·원상(袁尚)·원매(袁買)도 원소만큼이나 그 뜻이 오묘하다. 원담(袁譚)은 '멋을 이야기하다'라는 뜻이다. 사람들이 살아가면서 부리는 '멋'이 사람들의 이야기와 대화거리가 되는 모습이다. 옷을 새로 사 입은 사람을 보고는 "옷이 잘 어울린다."고 칭찬한다. 헤어스타일을 바꾼 사람, 성형수술을 한 사람들을 보고 이러쿵저러쿵 평가를 하면서 일상적인 이야깃거리가 형성되고 대화를 한다. 상대방과 대화를 할 때 보통 날씨, 정치, 경제, 연예나 스포츠적인 뉴스나 화젯거리를 소재로 삼는다. 하지만 상대방이 부린 멋에 대해 관심을 갖고 표현해 주면 어색함이 사라지며 대화가 술술 풀리고 친밀도 향상에 더욱 유리하다.

원희(袁熙)는 '멋이 빛나다'라는 뜻이다. 열심히 다이어트를 하고 운동으로 몸을 가꿔 탄력 있는 몸매를 지닌 여성이 군계일학처럼 멋져 보이고 빛나 보인다. 또한 근육질 몸매에 멋지게 정장으로 차려입은 신사 같은 남자도 멋져 보인다. 이 밖에도 명품 가방, 헤어스타일, 안경이나 선글라스 등 멋있게 차려입거나 가꾼 사람들도 멋있고 빛나 보인다.

원상(袁尚)은 '멋을 숭상하다'는 뜻이다. 사람들이 멋을 숭상하기에 미인대회, 가수왕, 육체미대회가 열리고, 성형수술이 성행하고, 명품 옷과 가방, 화장품 등이 불티나게 팔리기도 한다.

원매(袁買)는 '멋을 매매하다'라는 뜻으로 멋 산업이 돈이다. 시장에서는 의류, 신발, 가방, 화장품 등 신변 잡화와 음악, 드라마, 영화 등 모든 것이 멋을 기준으로 거래된다. 연예인이나 스포츠 스타들은 자신의 몸을 멋으로 팔기도 한다. 한국에서는 중·고등학교 학생들이 멋에 뒤지지 않기 위해 값이 비싼 특정 회사의 아웃도어 제품을 마치 교복처럼 입고 다닌 것이 대유행한 적이 있었다. 이것이 부모들의 등골을 휘게 한다는 한숨 섞인 자조의 목소리도 나오기도 했다. 일본에서도 초등생들 가방이 100만 원 내외에 달해 부모들의 부담을 가중시키고 있다. 그래서 멋이란 자기 분수에 넘치면 허영이 되기도 한다.

4대에 걸쳐서 최고위직에 오른 원소 일가, 멋의 계승과 중요성

원소(袁紹)는 4대에 걸쳐 삼공(三公)의 지위에 오른 명문 귀족 출신이라고 한다. 삼공의 자리는 고대국가 최고위 직위로 워낙 높고 귀하기 때문에 가문에서 한 번 오르기도 힘이 든 자리다. 왕위는 핏줄로 계승되지만 삼공 같은 자리는 계승이 아니라 유능한 인재로 인정받아 등용되어야 하므로 더욱 힘들다. 이를 4대에 걸쳐 역임했다는 것은 사람들이 멋을 내는 것이 인간 사회에서 계속 계승되며 고귀한 가치로 대접받음을 상징한다. 사춘기 청소년들이 멋을 부리려는 욕구가 아동기로부터 벗어나 성적인 성장과 아주 자연스럽게 이어주는 높고 귀한 자질이기 때문이다.

인간이 자신의 섹시함이나 멋을 제대로 표현해 내지 못하면 동물이나 다름없는 성적인 행동을 할 수밖에 없다. 거칠고 원시 상태에 있는 성 본능의 에너지를 멋으로 고양시키고 순화하여 표현함으로써 이성의 마음을 끌 수 있다. 그 결과 인간적인 방식의 고상한 짝짓기를 향해 나가는 것이 멋의 순기능이다.

코흘리개 아동 시절에는 멋을 부리는 미적 감각이 없어 부모가 해 주는 대로 자신의 패션을 맡긴다. 이 시절에는 멋보다 자신이 좋아하는 만화영화 등의 캐릭터가 신발이나 옷, 가방 등에 들어가 있느냐가 선택의 기준이 되며, 장난감에 더 관심이 많다. 사춘기부터는 원소처럼 멋을 부리려는 마음이 생겨남에 따라 이성이나 타인에게 잘 보이려고 패션이나 화장, 음악, 몸매 등에 관심을 갖게 된다. 그렇게 함으로써 아동기에 머물려는 십상시적 마음을 소멸시키면서 자연스럽게 성적인 성장으로 나갈 수가 있다.

이처럼 치렁치렁 옷자락을 늘이며 멋을 부리고 외모에 신경 쓰는 행태는 원소(袁紹) 같은 고대인들보다 오히려 현대인들이 더 극성이다. 눈, 코, 턱뼈, 종아리, 뱃살 등 온몸을 뜯어고치는 성형수술이 유행하고, 사계절로 의류와 신발 등 신상품이 쉴 새 없이 쏟아져 나온다. 수백만 원짜리 명품 가방 시장은 불황기에 오히려 매출이 더 오른다. 대부분의 화장품의 원가는 얼마 되지도 않지만 주름을 펴 주거나 미백 등 피부 미용에 좋다는 안티 에이징 화장품은 가격 여하를 막론하고 불티나게 팔리고 있다.

동물들의 다양한 구애 행위를 보면 신기하기도 하고, 한편으로는 왜 저럴까 하는 마음이 든다. 마찬가지로 동물들도 인간이 부리는 이러한 다양한 멋 내는 모습을 보고 신기하고 어리둥절해 하고 있을 것 같다.

오늘날에는 성형수술이 너무나도 보편화되어 잘나가는 연예인들의 현재 얼굴과 어릴 적 얼굴을 비교해 보면 동명이인(同名異人)이라고 느껴질 정도다. 부모가 양쪽 모두 얼굴을 뜯어고친 경우에는 자식과 부모 간에 얼굴이 전혀 연상이 되지 않는 경우까지 있다.

요즘에는 특히, 노래를 잘 부르면 짝과 쉽게 연결되는 원소(袁紹)가 되기도 한다. 대중이 모인 가운데서 노래를 잘 부르면 멋있어 보이고 이를 숭상하는 원희(袁熙)와 원상(袁尚)도 된다. 각종 가요대회에 나가서 우승하면 돈이 되는 원매(袁買)가 되는 세상이다. 고대사회에서는 보잘것없던 신분과 대우를 받던 가인(歌人) 계층의 사람들이 노래 하나 잘해 사회적, 경제적 신분과 지위가 보장되는 멋진 세상이 되었다.

이처럼 현대인들의 멋 부리는 행동 뒤에는 원소(袁紹)적 DNA가 고스란히 유전되어 발현되고 있다. 멋을 부리다 보면 결국 연애로 이어지고 연애하면서 자신의 성 본능을 이해하고 친숙해지며 성적으로 성장해 나간다. 멋쟁이들이 연애와 결혼이 빠르고, 수수하거나 멋을 부리지 못하는 사람들이 연애가 느린 것은 인간이나 동물의 세계나 공통된 현상이다. 역으로, 집 안에서 자녀들이 나이에 맞지 않게 멋을 부리지 않는다면 자녀들의 성적인 발달이 미숙하거나 성적으로 억압된 경우라 판단해 볼 수 있다. "우리 애는 통 멋을 부릴지 몰라."라고 말하는 부모는 자식의 성적인 성장 상태를 점검해 볼 필요가 있다. 어떤 이유로든지 원소적 멋 DNA가 손상되었거나 결핍 상태에 있을 확률이 높기 때문이다

동 탁 과 　 여 포 ,
적 토 마 와 　 초 선

- 사 춘 기 의 　 고 민 , 시 도 　 때 도 　 없
이 　 일 어 나 는 　 성 　 충 동 과 　 자 위 행 위

동탁(董卓),
시도 때도 없이 일어나 만행을 저지르는 성 충동

십상시가 상징하는 아동기에서 황건적이 날뛰는 사춘기가 도래했다. 사춘기 청소년들은 같이 몰려다니면서 겉으로는 사소한 일에도 까르르하면서 잘 웃는다. 하지만 마음속에는 그들을 매우 괴롭히는 악당 중에 악당이 있다. 바로 동탁(董卓)이라는 인물로서 그는 『삼국지연의』에서 온갖 만행을 저지른 최고의 악당으로 단연 손꼽힌다.

　董 = 감독하다, 동독하다, 거두다, 묻다, 감추다, 연근(蓮根)
　卓 = 높다, 높이 세우다, 뛰어나다, 세우다, 정지하다, 탁자(卓子)

연근이 식탁에 오를 때는 잘게 잘려서 구멍이 숭숭 뚫린 평범한 음식으

로 보인다. 원래의 생김새는 칡뿌리나 두툼한 바나나 같은 형태로, 남성의 생식기를 많이 닮았다. 동탁(董卓)은 연근이 상징하는 남성의 생식기가 책상이나 탁자처럼 항시 서 있는 것을 상징한다. 사춘기 시절 성적인 발기가 수시로 일어나 서 있는 모습을 특성적으로 표현한 것이다.

그의 자는 중영(仲穎)으로 '가운데(仲) 이삭(穎)'이라는 뜻이다. 이삭은 남성의 생식기를 상징하며 동탁이라는 이름 뜻과 잘 어울린다. 정사 『삼국지』의 저자 진수는 동탁에 대해 "탐욕스럽고 모질고 잔인하여 어질지 않았으니 글자로 나타낸 뒤로 이러한 자는 없었을 것이다."라고 평했다.

동탁의 구체적인 악행을 보면, 군대를 이끌고 순찰 중에 주민들이 춘절을 즐기는 것을 보자 거기에 있던 남자들은 목을 베고, 여자는 탈취하여 병사들에게 첩으로 주고, 재산을 몰수하였다. 심지어 궁녀나 공주를 농락하고 주연(酒宴)을 열 때마다 죄인을 끌고 와 혀와 팔다리를 자르거나 눈을 도려내기도 하고 큰 솥에 삶기도 했다. 포로들이 아픔을 견디지 못해 울부짖는 소리가 하늘을 진동해 동탁과 같이 식사를 하던 문무백관들이 끔찍한 광경 앞에서 벌벌 떨며 젓가락질도 제대로 못했다. 동탁 혼자만 태연히 먹고 마시면서 웃었다고 한다. 이러한 묘사를 통해 사춘기 시절에 세차게 일어나는 성적인 발기와 충동이 보통 사람들이 생각하는 것보다 매우 비인간적, 비윤리적임을 강조한다.

성 충동은 마치 물고기나 곤충 수준의 저급한 욕망이기 때문에 자아나 윤리 의식이 하는 말을 전혀 알아듣지 못한다. 사춘기 청소년들에게서 때와 장소를 가리지 않고 툭하면 흥분과 발기가 일어나게 하며, 온갖 괴이한 성적인 공상과 욕망을 불러온다. 예를 들어, 길거리나 인터넷상의 에로틱한 여성은 물론, 학교 교실에서 여선생님을 보고도 성적인 충동과 발기가 일어난다. 병원이나 장례식장에서조차 예쁜 여성을 보고 성적인 충동과 발기가 일어나 청소년들에게 온갖 만행적 공상을 저지르게 하며 괴롭힌다. 정상적인 어른들이라면 남들이 슬프거나 엄숙한 분위기에서는 성적인 것을 연상하지 않지만, 사춘기에는 그만큼 성적 충동과 발기력이 드셈을 의미한다.

동탁은 한(漢)나라의 국법 질서를 무너뜨리고 문란하게 했다. 청소년들도 동탁(董卓)처럼 시도 때도 없이 발기하는 자신의 남근 때문에 정신 전체적으로 혼란스럽고, 무질서하고, 정서적인 갈등을 겪는다. 이 동탁 때문에 사춘기를 질풍노도의 시기라고 표현하는 것이 딱 들어맞는다. 성적인 발기나 충동이 수시로 질풍노도처럼 일어난다. 사춘기 청소년들은 이를 효과적, 안정적으로 해소하거나 제어할 여건이나 능력이 부족해 수시로 갈등과 혼란 속에 빠지게 된다. 비유적으로 말하자면 곳곳에서 불이 자주 일어나고 사이렌 소리가 요란하나, 이를 끌 체계적인 소방서나 소방시설이 없는 도시와 같다. 이것이 사춘기 청소년들의 미숙한 성욕 해소 시스템이다.

부모나 주위 사람들이 보기에는 사춘기 청소년들의 마음속에서 이러한 동탁적인 성 충동이 활개를 치고 있다는 사실이 전혀 느껴지지 않는다. 겉으로는 오히려 평온해 보인다. 청소년들의 속마음과 그들이 처한 심리적 상황을 알기 위해서는 동탁적인 요소를 간과해서는 절대로 안 된다. 겉으로는 부모 속 안 썩이고 공부 잘하는 학생들의 마음속에도 사춘기의 한창때에는 동탁이 시도 때도 없이 일어나 괴롭힘을 당한다. 주변 사람들이 이를 제대로 알고 있어야 이들의 심리적 고충이나 행동을 이해하고 좀 더 다가갈 수 있다.

게임 속 대마왕과 동탁

인생을 자기 자신과의 싸움이라고 한다. 사춘기에는 동탁이 상징하는 자신의 격정적인 성 충동과 싸워 나가야 한다. 사춘기 청소년들이 게임에 몰두하는 이유 중 하나다. 게임 속에 등장하는 가장 다루기 어렵고 처부수기 힘든 고난이도의 대마왕은 동탁적 성 충동을 상징하는 경향이 높기 때문이다. 게임 속 대마왕은 힘과 무기도 강력하고 게임하는 사람을 정신없이 몰아붙인다. 현실 속에서는 성 충동이 바로 청소년들의 연약한 자아를 압도하며 정신없이 몰아붙인다. 그럼에도 불구하고 게임의 묘미는 수도 없는 시행착오와 실패를 거쳐서 악마를 다루고 대응하는 기술을 익혀서 마지막에 대마왕을 처치하는 것이다. 현실 속에서도 마찬가지다. 하루아침에 동탁적 성 충동을 처치한다는 것은 불가능한 일이다. 수많은 시행착오와 시간을 갖고 단계적으로 대응해 나가면 결국에는 동탁을 극복할 수 있다.

마음속에 동탁이라는 이름의 대마왕을 하나씩 갖고 있는 청소년들이 게임에 몰두할 때, 공부는 안 하고 게임만 한다고 무작정 나무랄 것이 아니다. 동탁적 대마왕은 청소년들의 발등에 떨어진 불이기 때문이다. 이러한 상황에 대한 이해심을 먼저 갖는다면 게임 중독 청소년들에 대해 좀 더 효과적인 대응 방안을 찾을 수 있을 것이다.

동탁의 미오(郿塢)별장,
청소년들의 은밀한 성적인 공간

동탁이 자기 멋대로 권력을 휘두르며 백성 25만 명을 동원해서 자신이 머무는 미오별장을 지었다. 이 별장은 그 당시 궁궐이었던 장안성의 규모와 똑같은 크기로 이삼십 년간 먹을 양식이 쌓여 있었다. 민간에서 뽑아 들인 소년과 아름다운 처녀 800명이 득실거렸고 금, 옥, 채색 비단, 값진 구슬 등이 수를 알 수 없을 만큼 많았다. 동탁이 이곳에서 주로 머물며 보름에 한 번, 또는 한 달에 한 번 정도 장안으로 가곤 했다.

현실에 있어서 동탁 같은 권력자가 권력의 상징인 궁궐을 벗어나 별장에서 한 달 내내 머물다가 한두 번 정도 궁궐을 방문한다면 권력을 잃게 되는 것은 시간문제다. 미오별장이 실제로 존재했는지 여부는 중요하지 않고 그 상징성에 대한 분석이 정확하게 이뤄져야 한다.

미오(郿塢)에서 '郿'는 '가장자리 마을'이라는 뜻이며, '塢'는 '둑이나 후미진 곳'이라는 의미다. 미오(郿塢)는 '가장자리의 후미진 곳'이라는 의미가 된다. 미오별장은 청소년들이 자기만의 후미지고 특별한 공간에서 생식기를 관찰하거나 성적인 공상을 비롯해 사춘기적 성적인 활동이 이뤄지는 공간이다. 이러한 곳은 자신의 방, 화장실 등 혼자 있으면서 방해가 되지 않는 별도의 공간이다.

이곳에 값진 보물이 많았다는 것은 성 본능이 지닌 보물적인 특성을 상징한다. 성 본능은 사람들로 하여금 성 충동을 일으켜 온갖 악행들만 저지르는 것이 아니다. 바르게 사용한다면 심리적 긴장감과 스트레스를 해소해 면역력을 증진시킨다. 성적인 즐거움과 쾌락, 자손을 선사하고, 삶의 활력을 제공하는 무궁무진한 에너지원이다. 가히 보물이라 칭할 만하다.

동탁이 죽은 후 미오별장에 있던 구체적인 보물의 양이 드러난다. 황금이 수십만 근, 백금이 수백만 근 등이다. 이를 오늘날의 계량단위로 환산하면 금괴가 수백 톤, 백금은 수천 톤에 달하는 어마어마한 양이다. 금 1kg이 현 시세로 약 5천만 원이라고 가정하면 수십조 원이 넘는 금액이다.

국가 전체를 다스리는 황제나 임금을 절세미인들이 섹스를 무기로 주물럭거렸기 때문에 경국지색 같은 고사성어가 생겨났다. 수조 원대의 광고 시장도 에로스적인 내용이 주를 이룬다. 드라마, 영화, 문학, 가요와 음반, 춤 등 문화 예술 분야도 성 본능의 에너지가 이끈다. 이 밖에 음주가무와 성매매 시장 등에서도 음으로 양으로 개인과 기업이 성 본능의 에너지로 거미줄처럼 얽혀 있다. 이처럼 성 본능의 에너지는 직업, 사회적인 지위, 인간관계, 건강, 문화 예술 등 모든 분야에 영향을 미치는 근원적이고 본능적인 에너지원이다.

이삼십 년간 먹을 양식을 저장하였다는 것은 저장 기술이 발달한 현재의 기술로도 거의 불가능한 일이다. 그 양식이란 실제의 양식이 아닌 동탁적인 성적 발기나 성 충동이 일어나게 하는 양식이나 에너지를 상징한다. 『삼국지연의』 구전(口傳)에 참가한 중국 대중들이 남성들의 성적 발기나 충동이 이삼십 년간은 줄기차게 일어날 수 있음을 정확하게 파악하고 있었다고 할 수 있다.

동탁이 한 달 내내 주로 머물렀던 미오별장에 대해 이처럼 자세하게 분석한 것에는 중요한 의미가 있다. 부부나 성인 남녀들은 침실이나 모텔 등과 같은 공간에서 타인의 간섭을 받지 않고 은밀하게 둘만의 성생활을 즐긴다. 이에 비해 성욕은 어른들에 비해 더욱 왕성하지만 자신의 성적인 욕망을 풀 대상과 공간도 마땅치 않은 처지에 있는 것이 사춘기 청소년들이다. 그들도 자신의 방문을 걸어 잠그든지, 아니면 화장실을 동탁적 미오별장으로 삼아 자신의 성 충동과 함께하고 욕구를 은밀하게 해소해 나간다.

부모들은 자신들의 성관계 현장을 자녀들에게 들키지 않기 위해 매우 신경을 쓴다. 자녀들 역시 자신의 자위행위 모습 등을 부모들에게 들키지 않기 위해 신경을 쓴다. 마찬가지로 자식들은 부모들이 성생활을 한다는 것을 상상하지 않는다. 부모들 역시 자녀들이 미오별장에서 자위행위 하는 것을 상상하지 않는 것이 불문율처럼 되어 있는 것이 윤리적 현실이기도 하다. 그러나 실제로 부모는 성생활을 하고 자녀들은 미오별장에서 자위행위라는 성생활을 한다. 일부 부모들은 자기 자식들은 자위행위를 안 할 거라고 생각을 한다. 이것은 자녀들이 우리 엄마 아빠는 성생활을 하지 않을 거라고 생각하는 것과 똑같이 잘못된 생각이다.

자녀들이 자기 방문이나 화장실 문을 걸어 잠근다고 해서 이상하게 생각할 것이 아니다. 그것이 동탁이 지은 미오별장과도 같은 역할을 한다고 생각하면 자녀들을 좀 더 인간적으로 이해할 수 있다. 반대로 자녀들이 미오별장에서 이상한 짓을 한다고 가끔씩 문을 불쑥 열고 들어가면 안 된다. 그렇게 되면 자녀들에게 불안감이 생기고 미오별장이 파괴되어 사춘기의 성생활을 원만하게 영위해 나갈 수 없기 때문이다. 미오별장은 악의 소굴이거나 파괴의 대상이 아니며, 부부 침실의 사생활만큼 자식의 미오별장 사생활도 존중되어야 한다.

십상시 시절에는 아이들이 까불며 예의가 없고 제멋대로 행동을 한다. 이렇게 되면 철없이 까부는 아이를 향해 엄마는 "네가 매를 번다."는 반응을 보인다. 이를 지켜본 할머니는 "놔둬라, 걔도 중학생만 되면 자기 방에 들어가서 나오지 않아."라고 말한다. 이러한 대화 속에는 오래 살아봐서 인생을 전체적으로 들여다보는 시야를 지닌 할머니가 바로 청소년들만의 공간인 '미오별장'의 존재를 알고 있음이 내포되어 있다.

동탁이 한 달 내내 미오별장에 머물렀고 장안에는 한 달에 한두 번 정도 들렀다고 한다. 사춘기 청소년들의 자위행위의 빈도나 성적 관심의 정도를 잘 표현한다. 미오별장과 반대선상에 있는 장안(長安)은 사람들의 일상적인 활동이 일어나는 공간이다. 상식적인 관점에서 보면 장안에 머물며 미오별장에 한 달에 한두 번 정도 방문해 자위행위를 하는 것이 맞는 것같이 느껴진다. 그러나 사춘기 시절에는 매일같이 자위행위를 하거나 발기가 일어나 생식기 영역에 오래 머물면서 이를 살피거나 공상을 갖게 된다.

미오별장이 규모 면에 있어서 황제가 기거하는 장안성과 높이로나 두께로나 똑같았다고 한다. 매우 불경스러운 일이지만 사춘기 시절에는 이런 일이 벌어진다. 성적인 공상과 자위행위에 머무는 시간이나 그 정도가 장안성이 상징하는 일상적인 생활을 하며 윤리 의식적 영역에 머무는 것과 비등함을 강조하고 있다.

우리나라의 서동(薯童) 설화도 동탁의 연근과 비슷하게 생긴 마가 상징하는 남근을 갖고 노는 아이에 관한 이야기다. 역시 자위행위와 성적 성장 과정을 주제로 다루고 있다. 서동(薯童)은 마를 파는 것을 생업으로 삼았다고 표현하고 있다. 자위행위를 마치 생업이나 매일의 일과처럼 행하는 사춘기 청소년들의 모습을 상징한다. 신혼부부나 부모들이 자녀를 비롯해 남들의 눈에 띄지 않는 시간대와 장소에서 매일 또는 주 몇 회씩 은밀하게 성생활을 한다. 자녀들 역시 부모들 눈에 띄지 않는 미오별장 같은 곳에서 매일같이 은밀하게 자신의 성생활을 영위하는 모습이다.

동탁은 조정에서 보낸 높은 관리

동탁이 권력을 잡기 전에 황건적과 싸우다 패해 도망칠 때 유비 삼 형제가 구출해 준 적이 있다. 동탁은 그 은혜도 모르고 세 사람이 무슨 벼슬에 있느냐고 묻고, 유비가 아무 벼슬도 없다고 하자 알은체도 안 한다. 장비가 화가 나서 동탁을 죽이려 한다. 이때 유비는 동탁이 조정에서 보낸 고관이라 맘대로 죽일 수 없다며 살려준다.

동탁은 조정에서 보낸 고관이며 조정은 나라 전체를 다스려 나가는 핵심 기관이다. 동탁 같은 성 충동이 사춘기 청소년들을 수없이 괴롭힌다 해도 그것은 한 사람의 전체 인격에서 그 존재 가치가 반드시 필요하다는 역설이다. 인간에게 이 무자비하고 덕이라고는 눈곱만큼도 없는 성 충동이 동물 수준으로 존재하고 있기에 인류의 씨앗이 보전되고 발전해 올 수 있었다는 의미다. 극단적으로 말하자면 전 인류를 대상으로 악의 한 축인 동탁과 같은 성 충동을 거세를 통해 없애버릴 수 있을 것이다. 그렇게 되면 후손의 생산이 불가능하다. 성 충동은 위험한 측면이 있지만 전체적인 관점에서 보면 인간의 후손 생산을 위한 본성이므로 이를 필요악처럼 존중해 나가야 한다는 의미다.

여포(呂布),
자위행위가 성 충동 동탁을 달래주다

이처럼 사춘기 시절 시도 때도 없이 발기하고 성 충동을 발동시켜 온갖 만행을 저지르던 천인공노할 동탁의 목을 창으로 찔러 죽이는 영웅이 있다. 칠성검으로 동탁을 죽이려다 실패한 조조, 한 황실의 적통 유비 현덕, 적토마를 타고 청룡언월도를 휘두르던 관우, 장비와 제갈공명 모두가 아니다. 그는 다름 아닌 여포(呂布)로서 『삼국지연의』에 나오는 무장들 중에서 가장 무용이 뛰어났던 인물로 평가받고 있다. 여포라는 이름 속에 숨어 있는 『삼국지연의』의 핵심적 상징성을 찾아내야 그의 진면목을 볼 수 있다.

呂 = 음률, 등뼈, 풍류, 나라 이름

布 = 베, 돈, 펴다, 베풀다

'呂'는 한자어를 찾을 때에도 눈에 확 띄는 글자로서 금방 찾을 수 있을만큼 특이하면서 간략한 글자다. '요철(凹凸)'이라는 한자는 움푹 들어가거나 튀어나온 상태를 뜻한다. '呂' 자의 생김새는 무엇인가를 꽉 움켜쥐어 가운데가 움푹 들어간 모습임을 알 수 있다. '呂'는 상형문자로서 사람의 등뼈가 이어져 있는 모습을 본뜬 글자다. 등뼈는 마디와 마디 사이에 굴곡이 있는데 마치 손으로 무엇인가를 쥐었을 때 손가락과 손가락 사이에 생기는 요철과 비슷하다. '포(布)'는 '펴다'라는 의미다. 이를 종합하면 여포(呂布)는 무엇인가를 쥐었다 폈다를 반복하는 동작을 상징한다. 사춘기 청소년들이 성적인 호기심이 생겨서 자신의 생식기를 이리저리 만져보며 쥐었다 폈다 주물럭거리다가 자위행위를 하게 되는 것을 상징한다. 또한 '呂'의 등뼈라는 의미는 뼈대나 기초적인 것을 의미한다. 대부분의 척추동물들이 등뼈로부터 갈비뼈가 연결되어 나가 몸통을 형성한다. 자위행위가 성생활의 기초와 뼈대가 되어 펼쳐짐으로써 나중에 몸통을 형성하게 됨을 상징한다.

그는 오원군(五原君) 구원(九原) 출신이다. '五'는 '여러 번 하다'는 뜻이고, '九'는 많다는 뜻이다. 사춘기 시절 자위행위의 속성이 점잖게 한두 번 하고 마는 것이 아니라 여러 번 하고, 많이 하는 근원이나 근본을 지녔다는 의미다. 그의 자가 봉선(奉先)이다.

奉 = 받들다, 섬기다, 기르다, 양육하다, 돕다

先 = 먼저, 앞서다, 이끌다, 나아가다, 높이다

봉선(奉先)은 '앞서서 받들다'라는 의미다. '奉'은 '두 손으로 받들다'라는 의미에서 생긴 회의문자다. 본격적인 성생활에 들어가기 전에 앞서서 두 손을 사용해서 자위행위를 받들고 양육해서 성생활로 이끌어 나간다는 의미다. 동물들과 다르게 사춘기에 성욕이 발생함과 동시에 이성 간 성생활을 할 수 없는 독특한 환경 하에 있는 인간이다. 따라서 성생활 이전에 우선적으로 받들어나가야 하는 대상이 봉선적인 자위행위다.

여포가 천하의 악독한 비행을 마구 저지르는 대마왕 동탁(董卓)을 죽인다. 다시 말해서 수시로 일어나는 성적인 발기와 충동을 자위행위를 통해 해소하고 잠재우는 모습이다. 물론, 개인에 따라 하루에 서너 번씩 이뤄질 수도 있고, 주 몇 회씩 이뤄질 수도 있으므로 개인 편차가 크다.

사춘기의 강렬한 성 충동과 발기는 본능적인 것으로 그것 자체를 해소하지 않으면 심리적 긴장감과 불안감, 공격적인 성향이 증가하게 된다. 운동이나 독서, 미술, 음악, 영화 감상, 여행, 인터넷 게임 등 다양한 취미 생활로 해소하는 것이 바람직하다고 하나 한계가 있다. 때문에 결혼이라는 안정적인 성생활을 가질 수 없는 청소년들로서는 그것에 앞서서 자위행위가 그 대안이 된다. 성적인 충동과 발기를 자위행위를 통해서 해소시킴으로써 어느 정도의 심리적 안정을 취할 수 있기 때문이다.

청소년들이 자위행위를 할 때는 죄책감을 동반하는 경우가 있다. 그러나 자위행위 자체만 놓고 보면 아무에게도 해를 끼치지 않고 개인의 긴장감을 해소해 주는 순기능이 있다. 오히려 권장할 만한 행위이다. 그럼에도 불구하고 인간 사회가 구성원을 재생산하기 위해서는 이성과의 성행위가 반드시 필요하다. 그러므로 자위행위가 사춘기에 맹위를 떨치다가 결혼으로 나가게 되면 토사구팽 되는 것이 보편타당하다.

성냥팔이 소녀,
자위행위와 함께 성장해 가는 사춘기의 자화상

　여포뿐만이 아니라 자위행위를 통해 자신의 성 본능과 친숙해지고 성숙해 가는 청소년들의 모습은 안데르센의 『성냥팔이 소녀』에도 잘 나타나 있다. 성냥팔이 소녀는 불쌍함의 대명사다. 이러한 불쌍함 속에 자위행위라는 진실을 문학적 섬세함으로 감쪽같이 숨겨 놓은 것이 『성냥팔이 소녀』가 대중에게 전해주려는 진실이다.

　　섣달 그믐날의 추운 거리를 한 굶주린 성냥팔이 소녀가 모자도 없이 맨발로 걷고 있었다. 성냥은 한 갑도 팔지 못하고 집에 돌아갈 수도 없는 소녀는 건물 벽에 기대어 주저앉고는 곱은 손을 따뜻하게 하기 위해 성냥 한 개비를 그었다. 빨갛게 타오르는 불꽃 속에서 온갖 환상이 소녀 앞에 나타난다.
　　첫 번째 성냥은 큰 난로가 되고, 이어서 맛있는 음식이 차려진 식탁, 그리고 예쁜 크리스마스트리가 나타난다. 트리에 달린 불빛은 높은 하늘로 올라가 밝은 별이 되었다. 그 불빛 속에 할머니가 나타나자 소녀는 그 행복한 곳으로 데려가 달라고 부탁한다. 소녀는 할머니를 계속 머물러 있게 하기 위해 남은 성냥을 몽땅 써 버린다. 그러자 사방은 밝아지고 소녀는 할머니에게 안긴 채 하늘 높이 춤을 추며 올라간다. 추운 밤이 지나고 날이 밝자 소녀는 미소를 띤 채 죽어 있었다. 그러나 소녀가 어떤 아름다운 것을 보았는지, 얼마나 축복을 받으며 할머니와 함께 즐거운 새해를 맞이하였는지 아는 사람은 아무도 없었다.

　성냥은 생김새가 남근과 흡사하고 뜨겁게 일어나는 속성도 남근의 충동적으로 일어나는 속성과 비슷하다. 그러나 성냥은 뜨겁게 지속되는 불이 아니다. 그것 자체로는 음식물을 조리할 수도 없고 집 안을 덥힐 수도 없다. 성냥은 불씨를 지피는 보조 수단이다.
　성냥과 비슷한 처지에 있는 것이 사춘기 청소년들의 자위행위다. 자위행위 자체는 청소년들의 춥고 긴장된 성적인 욕구를 아주 잠시 녹여 줄 수 있는 성냥 같은 것이다. 혼자만의 불장난이기에 이성과 친밀한 관계도 맺을 수 없고, 또한 보배 같은 후손을 가져다주지도 못한다.

안데르센 이야기 속의 성냥팔이 소녀는 여자가 아니라 성 충동 앞에 서 있는 가냘프고 연약한 사춘기 청소년들의 자아를 상징한다. 남들에게 들키지 않기 위해 숨어서 자위행위를 하는 수줍은 자아다. 사춘기 청소년들은 부모 형제가 있어도 자위행위 등 성적인 고민에 대해 쉽사리 터놓고 얘기할 수 없는 고아 같은 처지에 있다. 그리고 청소년들이 정신이상자가 아니고서는 누구나 혼자 남게 되는 고아 같은 분위기에서 자위행위를 한다.

성생활 측면에서 사춘기에는 누구나 섣달 그믐날의 추운 거리를 굶주린 성냥팔이 소녀처럼 모자도 없이 맨발로 걷고 있는 불쌍한 처지라 할 수 있다. 누구나 성적으로 이러한 혹독한 시련의 세월을 겪고 나서야 어른이 되어 안정적인 성생활로 나가게 된다.

소녀가 성적인 긴장으로 얼어붙은 마음을 잠시나마 녹여보려고 자위행위라는 성냥불을 켜댄다. 첫 번째 성냥은 큰 난로가 된다. 자위행위를 통해서 성생활로 나감으로써 큰 난로처럼 성적인 긴장을 충분히 녹이고 해소하며 몸과 마음을 따뜻하게 할 수 있음을 보여준다. 이어서 구운 사과로 주위를 두른 맛있는 거위 요리가 나온다. 성생활을 통해 다양하고 맛있는 성적인 쾌감과 인생의 재미를 맛보는 것을 상징한다.

다음은 예쁜 크리스마스트리가 나타나는데, 그 트리에 달린 불빛은 높은 하늘로 올라가 밝은 별이 되었다. 크리스마스트리는 예수라는 위대한 성인의 탄생을 축하하는 날이다. 별은 높은 은총과 별처럼 높고 성숙한 인간이 됨을 상징한다. 예수는 부활의 상징이므로 성냥팔이 소녀라는 자위행위가 죽음으로써 보다 성숙한 성생활로 부활할 것임을 예고한다. 이 과정을 할머니가 도와준다. 할머니는 오래 사셨기에 보통 지혜가 있고 손자들을 보살피고 잔소리하듯 자기 보살핌과 지혜의 상징이다. 청소년들이 자기 보살핌과 지혜로운 마음에 의지해 자위행위를 하면서 성적으로 성숙해 가는 모습이다.

사방은 밝아지고 소녀는 할머니 품에 안긴 채 하늘 높이 춤을 추며 올라간다. 사방이 밝아진다는 것은 어둠이 상징하는 성적인 혼돈과 무질서가 물러가고 밝은 새날이 오는 모습이다. 자위행위를 극복해 성적으로 보다 성숙하고 밝은 새날과 안정적인 성생활로 나가는 모습을 예고한다.

안타깝게도 안데르센 이야기에서는 추운 밤이 지나고 날이 밝자 성냥팔이 소녀가 미소를 띤 채 죽어 있었다. 소녀가 어떤 아름다운 것을 보았는지, 얼마나 축복을 받으며 할머니와 함께 즐거운 새해를 맞이하였는지 아는 사람은 아무도 없었다고 맺는다.

저자가 성냥팔이 소녀가 한 겨울 추위 속에서 덜덜 떨다가 동사하는 것으로 이야기를 마무리 짓는 것은 불쌍함의 극대화밖에 별다른 의미가 없다. 오늘날의 관점에서 본다면 성냥팔이 소녀의 죽음을 둘러싸고 복지 사각지대를 들먹이면서 성냥팔이소녀법 제정 등 사회복지 논쟁이나 불러일으킬 것이다. 그러나 이 부분을 자세히 살펴보면 성냥팔이 소녀 같은 청소년들이 성적으로 성숙해 가는 삶을 암시하는 극적 반전의 효과가 있다. 소녀는 보통의 소녀가 아닌 성냥팔이 소녀다. 청소년들이 자위행위를 통해서 순간적으로 성욕을 충족시키는 다소 불쌍하고 처량한 모습이다. 이런 소녀가 죽었다는 것은 청소년기에 자위행위를 하던 불쌍한 자아가 죽었다는 의미다. 자신의 성 본능에 대해 눈을 뜨게 해준 자위행위는 죽되 그것이 승화되어 보다 높은 단계로 올라간다. 연애와 결혼을 통해 보다 크고 안정적인 성생활로 부활해 나가는 계기를 마련하고 있는 모습이다.

동화 속에서 소녀가 하늘나라로 올라가 별이 된다는 암시는 자위행위가 승화되고 축복 속에 성적인 성숙으로 거듭남을 상징한다. 다만 '할머니의 품에 안긴 채'라는 단서 조항이 있다. 자기 보살핌과 지혜로운 마음의 품 안에 있어야 성적인 성숙을 이룩해 나갈 수 있음을 상징한다. 즐거운 새해맞이란, 자위행위가 죽음으로써 밝고 즐거운 마음으로 이성과의 보다 성숙해진 성생활을 힘차고 새롭게 출발하는 모습이다.

그러나 이러한 사실을 아는 사람이 아무도 없다. 청소년기 자녀들이 성적으로 성냥팔이 소녀와 같은 애처로운 처지에 있지만 어른들은 누구 하나 관심을 갖지 않는다. 그냥 공부나 열심히 하고 훌륭한 사람만 되라고 매일 잔소리한다. 그들은 성적인 긴장으로 추위에 떨면서 날마다 성냥을 켜고 또 켜며 한순간이나마 긴장으로 얼어붙은 마음을 달래고 있다.

성냥팔이 소녀와 여포는 사춘기 청소년들의 성적인 트레이드마크이며, 자화상이다. 자녀들을 키워 나갈 때 그들이 일정한 시기가 되면 반드시 성냥팔이 소녀가 된다는 사실, 이 통과의례를 명심해야 한다. 자녀들이 성냥을 다 켜고 할머니의 품속에서 정신적으로 죽어 하늘의 별이 되고 즐거운 마음으로 새해를 맞이할 수 있도록 도와주어야 한다. 이런 마음을 몰라주고 공부만 하라고 목청을 높이면 그것은 천부당만부당한 일이다.

성냥팔이 소녀가 엄동설한 추위 속에 얼어 죽는 이 잔인하고 불쌍한 이야기에 단순하게 감동받는다면 비극이다. 이 이야기 속에는 자위행위와 성적인 성장 시스템이라는 숨은 그림이 존재하고 있기에 무의식적인 감동을 불러일으키고 있는 것이다.

적토마(赤兔馬),
순식간에 붉고 힘차게 일어서는 남근의 발기력

　동탁이 여포를 자신의 부하로 끌어들이기 위해 적토마를 선물한다. 현대
전에서는 초음속 전투기와 폭격기가 군사력의 상징으로 되어 있지만 고대
사회에서는 빨리 달리는 말이나 기마부대가 막강한 군사력을 상징했다.
　『삼국지연의』에서 주의 깊게 살펴봐야 할 것이 적토마와 그 주인들의 변
천 과정이다. 적토마를 소유했던 주인들의 변천사를 살펴보면 인간에게 나
타나는 성적인 요소와 특성의 변천과 성장 과정을 잘 알 수 있게 된다. 적
토마의 주인은 동탁, 여포, 조조, 관우의 순으로 변한다.
　먼저, 적토마가 실제로 잘 달리는 성능 좋은 말이었는지 사실 여부를 살
펴봐야 한다. 말의 일반적인 수명이 25~35년이라고 하지만 최전성기는 3~6
세 라고 알려져 있다. 적토마가 실제의 일반적인 말이었다면 관우가 조조로
부터 말을 넘겨받았을 때는 이미 노쇠한 말이었을 것이다. 최초의 주인인
동탁은 언제부터 말을 소유하고 있었는지 설명이 없어서 그때 적토마가 몇
살이었는지 알 수가 없다. 그리고 여포가 동탁으로부터 적토마를 뇌물로
받고 자신의 양아버지 정원(丁原)을 죽인 것이 189년이다. 여포가 죽던 해인
198년에 조조에게로 적토마가 넘어갔다. 이때는 적토마가 영웅을 실고 전
장에서 힘차게 달리는 군마의 역할을 할 수 없다. 짐수레나 끌 수 있는 노
쇠한 말에 불과했던 것이 틀림없다. 그 이후로 관우가 적토마를 타고 전쟁
터에서 맹활약을 벌였으니 이는 더욱 과장된 표현이다. 그러므로 적토마는
실제 말을 의미하는 것이 아니라 인간의 어떤 속성을 상징하고 있다고 할
수 있다.
　적토마에 대해 정확히 알기 위해서는 『삼국지연의』에서 적토마에 대해 묘

사된 부분을 분석해 볼 필요가 있다.

> "온몸이 숯불처럼 빨갛고, 잡 털이 하나 없고, 머리부터 꼬리까지의 길이는 1장(丈)이요, 키가 8척(尺)인데, 코를 불며 소리치는 모습은 바로 하늘에 날아오를 듯, 또는 바닷속으로 들어갈 듯한 자세였다."

온몸이 숯불처럼 붉다는 것은 남근이 매우 힘차게 발기했을 때 숯불처럼 빨개지는 모습이다. 평상시에는 이런 모습을 볼 수 없지만 주변에서 볼 수 있는 개나 말 같은 동물을 비롯하여 남성의 성기도 성적 흥분이 고조되었을 때는 이런 모습으로 변한다.

잡 털 하나 없다는 것은 피부가 매끄럽고 팽팽하게 펴진 상태다. 남근이 평상시에 이완되어 있을 때는 표피가 주름져 쭈글쭈글한 상태지만 발기하게 되면 주름이 쫙 펴져 마치 잡 털 하나 없는 매끄러운 모습이 된다. 머리부터 꼬리까지의 길이는 남근의 머리인 귀두에서부터 뿌리가 있는 회음부까지의 길이를 의미한다. 남근이 발기하게 되면 외부로 돌출된 부분만 발기하는 것이 아니라 보이지 않는 뿌리까지 발기하게 됨을 의미한다. '장(丈)'은 길이의 단위이기도 하지만 어른이나 남자를 의미하는 뜻도 있다. 잡 털 하나 없이 팽팽하게 발기한 남근이 어른스럽고 남자답다는 의미다.

코를 불며 소리치는 모습은 발기가 절정에 달해 남근이 약간씩 주기적으로 끄덕이는 모습이다. '하늘로 날아오를 듯하다'라는 것은 발기가 되어 하늘을 향하는 모습이다. 바닷속으로 들어갈 듯한 자세는 발기된 남근이 바다가 상징하는 여근 속으로 언제라도 들어가려는 준비가 되어 있음을 상징한다.

적토마의 이름 속에는 남근이 지닌 발기력의 본성을 보여주는 중대한 의미가 담겨 있다. 토끼(兔)처럼 빠르고, 말(馬)처럼 천 리까지 잘 달리는 양면적인 속성이다. 토끼는 인간들이 생활 주변에서 경험하는 동물들의 교미 현상 목격 속에서 가장 빠르게 교미를 끝내는 동물이라고 할 수 있다. 수컷이 암컷 위로 올라감과 동시에 끝난다고 해도 과언이 아니다. 말은 위풍당당하게 멀리까지 달려 나갈 수 있는 동물이며 생식기가 굉장히 거대하다.

적토마는 숯불처럼 붉게 발기한 남근이 토끼처럼 빠르게 사정하는 속성을 지니고 있음을 보여준다. 이와는 반대로 말처럼 지구력을 갖고 일정한 속도로 천 리까지 잘 달려 나갈 수 있어 양면적인 속성을 지니고 있다. 다만, 그것을 누가 올라타서 어떻게 조종하느냐 여부에 따라서 두 가지 속성 중 하나를 나타내게 된다.

먼저, 첫 번째 주인이었던 동탁은 사춘기 때 시도 때도 없이 발기하는 남근의 속성이다. 자체로는 적토마를 탈 수가 없고 다만 청소년들을 괴롭힐 뿐이다. 적토마를 탄다는 것은 성적인 흥분과 발기에 올라타 즐기며 사정에까지 이르는 것을 의미하기 때문이다. 그래서 그가 적토마를 소유하고는 있었지만 적토마를 탔다는 내용은 없다.

두 번째 주인이었던 여포는 자위행위를 상징하므로 붉게 발기하여 잡 털 하나 없는 적토마를 잘 타고 다녔다. 자위행위를 할 때는 남성들이 성적인 흥분과 발기력에 올라타 사정을 즐기기 때문이다.

세 번째 주인은 조조다. 뒤편에서 좀 더 자세히 분석되겠지만 간웅 조조는 성생활을 시작했으나 경험이 적은 성생활 초기나 신혼 시기에 주로 해당한다. 나름대로 노력은 하지만 성 경험이 적어 파트너를 무시하고 자기 볼 일만 보고 끝내는 조루 장군 조조다. 토끼처럼 빨리 끝내는 측면으로 적토마를 애용했을 것이라고 추측된다. 따라서 그가 적토마를 타고 위용을 뽐냈거나 전공을 세웠다는 내용은 그 어디에도 없다. 빨리 사정하는 측면으로 적토마를 애용하고 자랑할 남자는 별로 없기 때문이다.

네 번째 주인이었던 관우(關羽)가 비로소 적토마의 진정한 주인이다. 적토마를 타고 완숙한 성생활을 했던 영웅이다.

방천화극(方天畵戟), 하늘을 향해 발기한 붉은 남근

여포의 주 무기가 방천화극이다. 손잡이에 색깔을 칠하여 장식하고, 끝이 우물을 뜻하는 '정(井)' 자 형태의 창이다. 방천화극은 실용적인 측면에서 실제 무기로 사용되진 않았다. 군대의 군기와 권위, 힘을 나타내는 일종의 의식을 행할 때 쓰는 의장용 무기였다.

방(方) = 모, 각, 방향,
천(天) = 하늘
화(畵) = 그림, 그리다, 채색, 색을 칠하다
극(戟) = 창

방천화극을 직역하면 '하늘을 향한 채색된 창'이라는 뜻이다. 뾰족하고 찌르는 기능이 있는 창은 남근을 상징한다. 예로부터 찌르거나 사물 속으로 들어가는 속성이 있으며 형태가 남근과 유사한 무기들이 동서양을 막론하고 남근의 상징물이 되고 있기 때문이다.

남근이 발기 전에는 혈관의 팽창이 없어 흰색이나 엷은 누런색을 띤다. 그러나 여포적인 자위행위를 할 때는 발기로 인해 혈관이 팽창하여 새빨간 진홍색을 띠며 채색된 창 같은 상태가 된다. 방향이 하늘을 향했다는 것은 발기로 인해 남근의 각도나 방향이 하늘 쪽을 향한 상태임을 상징한다. 적토마도 하늘로 날아오를 듯한 자세를 취하고 있듯이 여포적인 자위행위를 할 때도 남근이 하늘 방향을 향하기는 마찬가지다.

방천화극은 자위행위 시 붉게 물든 남근이 하늘 방향을 향하며 언제라도 찌를 듯한 무기의 모습을 하고 있음을 상징한다. 이 무기는 『삼국지』 최강 전사 여포가 사용하던 역시 최강의 병기임에도 불구하고 실전에서는 사용되지 못하는 무기다. 자위행위가 여성과의 성행위라는 실전에서 사용할 수 없다는 의미다. 성 충동을 달래주는 고독한 혼자만의 무기이기 때문이다.

방천화극에서 창을 의미하는 '극(戟)'의 모양은 우물 井 자를 닮았다. 찌르는 창의 기능과 갈증을 해소하는 우물물의 속성을 함께 지니고 있음을 상징한다. 남근을 발기시켜 창처럼 만들어 찌름으로써 성적인 갈증을 해소하는 자위행위의 모습이다.

여포가 적토마를 타고 방천화극을 휘둘렀다. 남성들이 성적인 흥분에 올라타 빨갛게 발기해 하늘을 향한 남근을 쥐었다 폈다 반복하면서 자위행위를 하는 전형적인 모습이다.

여포의 정원(丁原) 살해

동탁이 중앙의 정권을 잡은 후 술자리에 신하들을 모아놓고 소제(少帝)를 폐위시키려 하자 정원(丁原)이 적극 반대한다. 눈엣가시인 정원을 죽이려고 하나 그 뒤에 늠름한 장군 여포가 무장하고 버티고 있어 포기한다. 그래서 여포를 자기편으로 만들기 위해 모사를 꾸며 적토마와 금은보화로 매수하여 여포가 자신의 수양아버지인 정원을 죽이게 한다.

정원(丁原)은 '사나이(丁)의 근원(原)'이라는 뜻이다. '丁' 자는 원래 나무에 박는 못을 본떠 만든 글자로 고무래, 성년 남자나 장정이라는 의미다. 고무래나 못은 생김새가 남성의 생식기를 닮아 정원(丁原)은 사나이의 근원이자 남근의 근원이라는 의미가 된다. 그는 건양(建陽) 사람으로 '양(陽)을 세운다'는 뜻이다. '陽'은 남근의 의미도 지니므로 남근을 바로 세운다는 뜻이다. 그가 동탁과 대결할 때의 지위가 형주자사(荊州刺史)다.

荊 = 가시나무, 곤장, 아내

'형(荊)' 자는 고대 중국에서 여자들이 가시나무로 비녀를 삼았으므로 '아내'의 뜻이 파생되었다. 형처(荊妻)나 형부(荊婦)는 남에게 자기 아내를 낮추어 부를 때 사용하는 호칭이다. 따라서 형주는 '아내(荊)의 마을이나 영역(州)'으로 해석된다. 자사(刺史)는 찌르는 사관이라는 뜻이다. 형주자사(荊州刺史)는 아내의 땅에서 찌르는 사람이라는 의미가 되고, 찌른다는 것을 성행위를 상징한다. 아내의 땅에서 성생활을 하는 사람이라는 의미가 된다.

처음에는 여포가 남근을 바로 세워 성생활로 나가려는 정원을 수양아버지로 삼아 따르고 존경한다. 이것이 자위행위가 원래 지닌 의미다. 성 본능이 처음 출현하는 사춘기에는 경제적 능력, 배우자나 가정을 책임질 자세가 갖춰지지 않는다. 이러한 시기에 성생활로 나가게 되면 고대사회는 말할 것도 없지만 피임기구 등이 발달한 현대에도 덜컥 임신이 되어 커다란 문제를 야기한다. 동물 같으면 가임기가 되면 성생활로 곧장 나아가나, 사람은 한참을 돌아가야 한다. 이에 따라 성생활보다 어쩔 수 없이 한동안 불쌍한 성냥팔이 소녀처럼 자위행위를 통해 욕구를 해소하는 것이 사춘기 청소년들이 처한 현실이다.

자위행위는 성숙한 성생활로 안내하는 본연의 기능이 있다. 그러나 동탁적 성 충동의 꼬임에 넘어가게 되면 사나이들의 근원적인 마음인 남녀 간에 성생활로 나가려는 정원을 죽이게 된다. 동물과 달리 성욕이 생겨나는 시기가 도래해도 마음대로 성생활을 할 수 없는 청소년들이 일정 기간 자위행위를 위해 선택할 수밖에 없는 고육지책이다.

동탁이 여포에게 적토마를 넘겨준다는 것은 여포가 자신의 붉게 발기한 남근에 올라타고 언제든지 자위행위를 할 수 있는 상태가 됨을 의미한다. 자위행위의 시기가 본격적으로 열리는 모습이다. 여포는 정원을 죽임으로써 최강의 무용을 지니고 있으면서도 배신자로 낙인찍힌다. 사실은, 모든 남성들이 사춘기 시절에는 어쩔 수 없이 여포 같은 배신을 할 수밖에 없다. 성생활을 할 수 있는 여건이 안 되기 때문이다.

동탁토벌대,
남자라면 한때 누구나 자위행위 토벌대를 만든다

여포적인 자위행위가 동탁적인 무자비한 성 충동과 결탁하여 방천화극을 휘두르며 쾌락만 찾게 되면 정신을 혼란스럽게 만든다. 그렇게 되면 청소년들이 자위행위 과다에 따른 성적인 죄책감에 시달리는 현상이 벌어진다. 때문에 어느 시점에서는 이를 저지하기 위한 토벌대가 형성될 수밖에 없다.

190년 조조가 전국 각지에 동탁 토벌을 명하는 조서를 보내 지방에서 장수와 군사들이 모여들어 일명 동탁토벌대가 구성된다. 이 토벌대의 성격을 간단하게 말하자면 사춘기 청소년들이 자위행위를 안 하거나 억제하겠다고 다짐하는 마음이 모여드는 모습이다.

곰곰이 생각해 보면 이런 동탁토벌대를 중년 신사에서 노인에 이르기까지 사춘기 때 누구나 한 번 이상 구성하여 운영했던 기억들이 있을 것이다. 전국 각지에 조서를 보내 전국에서 군사들이 모여든다는 것은 자위행위를 토벌하기 위해서 온몸과 마음으로 다짐하고 대응하는 모습이다. 사춘기 소년들 본인 아니면 아무도 관심을 갖지 않을 이 모습을 동탁토벌대라는 역사적 사건과 대규모의 웅장한 전투로 표현한 것이다. 중국인들의 청소년들에 대한 배려와 인간 심리에 대한 섬세한 표현력을 느낄 수 있다.

주요 장군으로는 원소와 원술, 손견, 하후돈, 유비 삼 형제를 거느리고 있는 공손찬 등이다. 이들은 총 17진(鎭)으로 구성되어 있다. '鎭'은 '진압하다, 누르다, 진정시키다'라는 뜻이다. 그 대상은 동탁적 무자비한 성 충동, 그와 결합한 여포적인 자위행위다. 이들이 시도 때도 없이 일어나 성적으로 흥분하고 발기하고 자위행위를 하게 만든다. 매번 안 하겠다고 마음먹지만 혼자 있는 방이나 화장실 등에서 자기도 모르게 방천화극을 휘두르게 된다. 그 결과 사춘기 청소년들의 내면이 도탄에 빠졌기 때문에 이를 진압하려는 것이다. 동탁적 성 충동이 대마왕에 해당하므로 동탁토벌대는 현대사회에 있어서는 청소년들이 즐겨하는 다양한 게임의 선조 격이라 할 수 있다.

17진(鎭)에는 그 당시의 모든 유명 장수와 나중에 위·촉·오의 주요 장수가 되는 사람들이 모두 포함되어 있다. 17가지의 다양한 작전과 자세로 진압하거나 17회에 걸쳐서 거듭 억눌러도 잘 죽지 않는 성 충동과 자위행위의 위력을 상징한다. 자위행위를 다시 하면 죽겠다거나 자신의 손을 몽둥이로 때려도 막을 수 없다. 자위행위를 다시 하면 신으로부터 벌을 받거나 스스로 인간이 아니라고 생각해도 소용없다. 자위행위가 생각날 때 얼음물로 냉수욕을 하거나 허벅지를 꼬집고 스스로 얼굴을 때려도 전혀 소용이 없다. 대부분의 사람들이 실패하고, 할 만큼 하고 나거나 성생활로 나간 연후에야 잦아든다. 조조가 대의(大義)로서 내린 포고문의 내용을 살펴보면 다음과 같다.

> "동탁은 하늘을 속이고 땅을 모독하고 나라를 망치고 임금을 죽이고 궁궐을 더럽히고 백성을 해치어 그 어질지 못한 죄악이 가득 찼노라. 이제 천자께서 보내신 비밀조서를 받은 우리는 크게 의병을 모집하여 천하를 깨끗이 하는 동시, 모든 흉악한 놈들을 죽여 없애기로 맹세했노라. 모두 다 의병을 일으켜 만천하의 분노를 함께 풀고 황실을 도와 도탄에 빠진 백성을 건질지니 이 격문을 받는 즉시 거사하라."

이 문장 내용을 사춘기 청소년들이 성 충동과 자위행위를 진압하려는 내면 심리적 상황으로 풀어 재구성해 보면 다음과 같다.

> "동탁적인 성 충동과 발기가 시도 때도 없이 일어나 하늘처럼 높고 당당한 윤리 의식을 속이고 또한 자위행위를 자주 행함으로써 육체적인 측면도 손상되고 있다. 이것은 인격 전체를 망치고 자아를 죽이고, 체면을 손상시키고, 건강도 해치며 죄책감이 들게 하노라. 이제 성적으로 올바른 길을 가려는 내적인 사명감에서 온 마음으로 일어나 성 충동과 자위행위를 진압하고 억눌러 마음 전체를 깨끗하게 하여 혼란과 갈등, 불안에 빠진 마음을 진정시켜 평안을 찾을까 하노라."

다소 거창해 보이지만 대부분의 사춘기 청소년들이 이와 같은 의지를 갖고 성 충동과 자위행위를 진압하려고 시도한다. 그럼에도 불구하고 그것들은 마치 인터넷 게임 속에 나오는 대마왕같이 힘이 세서 극히 일부만 성공할 뿐 대부분은 실패하기 마련이다.

사수관(泗水關) 싸움,
자위행위에 대한 폄하

이들이 거창한 싸움을 벌인 곳이 사수관(泗水關)이라는 곳이다.

泗 = 지류, 웅덩이, 물가
水 = 물, 물을 적시다, 축이다
關 = 관계하다, 관문, 빗장

사수관(泗水關)은 '지류적으로(泗) 축이는(水) 관문(關)'이라는 뜻이다. 흡족하게 축이지 못하고 곁가지 식으로 축인다는 의미다. 남녀 간의 성생활에서 얻는 만족감은 흡족하며 본류(本流)적인 것이다. 이에 비해 동탁과 여포가 상징하는 자위행위에서 얻는 만족감은 지류(支流)적이며 흡족함보다 찜찜함이 남는 성생활이라고 폄하한다. 만약, 자위행위에서 이성 간의 섹스시 느끼는 만족감을 동일하게 느낀다면 인류에게 재앙이 되고도 남을 것이다. 그래서 지류적이고 찜찜함이 남게 함으로써 나중에는 이를 버리고 성생활로 나가게 하려는 인간의 진화된 성적인 장치이다.

첫 싸움에 동탁 진영에서는 화웅(華雄)이 나서고 토벌대 진영에서는 포충(鮑忠)이 나선다. 화웅은 매우 키가 크고 범과 같은 체격에 늑대 허리, 표범 머리, 원숭이 팔을 가진 맹장이었다.

華 = 빛나다, 화려하다, 찬란하다, 호화롭다, 사치하다, 번성하다
雄 = 수컷, 두목, 씩씩하다, 이기다, 웅대한

화웅의 이름 뜻은 '빛나고 화려한 수컷'이다. 동물의 세계에서 수컷은 암

컷을 보면 발정을 하여 거칠게 흥분하며 잘 통제되질 않는다. 화웅은 그를 묘사한 단어인 범, 늑대, 표범, 원숭이들처럼 거칠고 무섭게 일어나는 동탁 진영의 왕성하고 거친 성 충동을 상징한다.

이에 맞서는 포충(鮑忠)은 '절인 생선(鮑)에 충실하다(忠)'라는 매우 대조적인 의미다. 절인 생선은 살아서 펄쩍펄쩍 뛰는 물고기에 비해 축 늘어져 힘이 없거나 쭈글쭈글한 모습이다. 다시 말해 남근이 발기하지 않고 이완되어 늘어져 있는 상태를 상징한다. 이는 화웅이 지닌 화려한 수컷의 위용과 정반대가 된다. 이름 뜻만 봐도 누가 이길지 알 수 있듯이 화웅이 포충을 단칼에 벤다. 발기하여 뜻을 이루려는 욕망과 발기력을 죽여서 잠재우려는 금욕적인 태도가 충돌하여 욕망이 금욕적인 자세를 제거한다. 성 충동과 자위행위 억제에 실패하는 모습이다. 그러나 관우(關羽)가 조조로부터 하사받은 술잔이 식기 전에 화웅을 베고 돌아온다. 매우 드라마틱한 전투 장면으로 관우의 전광석화와 같은 검술력과 술이 어우러져 그를 한껏 미화하고 있다.

關 = 관계하다, 닫다, 끄다, 가두다, 관문, 기관, 빗장
羽 = 깃, 날개, 새, 부채, 낚시찌, 벗, 패거리, 편지

관우(關羽)는 '관계하는 데 있어서 날개'라는 의미다. 관계(關係)란 남녀 간의 성관계를 의미한다. 날개 없는 새가 날 수 없듯이 날개란 그만큼 중요한 것이며 남녀 간의 성관계 시 날개 역할을 하는 것이 바로 발기력이다. 발기가 되지 않으면 제아무리 돈이 많고, 잘생기고 남근이 크고, 마음씨조차 착하고 어질어도 소용이 없다. 전 세계적으로 존재하는 남근숭배사상에서 핵심은 발기한 남근의 모습이다. 남근석들은 하나같이 하늘을 향해 방천(方

天)하며 우뚝 서 있으며 이완된 형태의 남근석은 거의 볼 수가 없다. 발기가 되지 않아 이완된 남근으로는 성관계를 할 수 없고, 후손을 얻기 힘들어 인류 자체가 존립할 수 없기 때문이다.

동탁의 발기력은 사춘기 시절에 아무 때나 충동적으로 일어나 자위행위와 결탁하는 발기력이다. 이에 비해 관우의 발기력은 여성과 관계하기 위해 일어나는 진전되고 성숙한 발기력이다. 관우가 화웅을 단칼에 베는 것은 아무 때나 동물처럼 발기하는 것보다 여성과 정상적으로 관계할 때 발기하는 것이 최고라는 의미다.

호뢰관(虎牢關) 싸움, 자위행위는 여간해서 막을 수 없다

방천화극을 들고 있는 여포의 위용을 만천하에 떨친 것이 호랑이 우리의 뜻을 가진 호뢰관(虎牢關) 싸움이다. 이곳에서 여포는 공손찬과 싸움을 벌여 방천화극으로 그를 찔러 죽이려는 순간에 장비가 등장해 장비와 50여 합의 싸움을 벌인다. 승부가 나질 않자 관우가 82근의 청룡언월도를 휘두르며 가세해 말들이 '정(丁)' 자 모양으로 머리를 바꿔가며 또 30합을 싸운다. 그래도 승부가 나질 않자 유비까지 쌍고검을 들고 가세하여 여포를 삼면으로 에워싸고 차례로 주마등처럼 돌아가며 싸운다.

군마를 타고서 역동적으로 움직이며 창과 검이 날카로운 쇳소리와 불꽃을 내며 부딪치는 전투 장면은 그야말로 사나이들의 가슴에 불을 지르고도 남는다. 『삼국지연의』에서 관우와 장비는 일당백의 역할을 하는 최강의 장수들이다. 이들 한 명과 싸우는 것도 무척 버거운데 유비 삼형제와 싸워서 버틴 여포의 위용은 실로 엄청난 것이다. 여포가 상징하는 자위행위가 그만큼 강력함을 상대적으로 표현한 대목이다.

'정(丁)' 자는 나이가 젊고 기운이 좋은 남자를 지칭하는 장정(壯丁)이라는 의미가 있다. 이들이 정(丁) 자 모양을 만들며 싸우는 것은 자위행위와 장비와 관우가 상징하는 성생활로 나가려는 자세 중 누가 더 진정한 남자인가를 두고 싸우는 모습이다. 사람이라면 누구나 자위행위보다 남녀 간의 성생활이 인간이 지향하는 가치 있는 성생활임을 알고는 있다. 그러나 사춘기에서 결혼하기 전까지의 기간에는 남녀 간의 성생활이 어렵고 장애가 많다. 나중에 토사구팽을 하는 한이 있더라도 우선은 자위행위를 통해 발등의 불을 해소해야 한다. 이러한 심리적 현실을 반영한 싸움이 바로 여포와 유비 삼 형제의 싸움이므로 쉽게 승부가 나질 않는다.

장비와 관우만으로도 승부가 나질 않자 유비까지 가세하여 여포를 에워싸고 주마등처럼 돌아가며 싸운다. 주마등이란 무엇이 언뜻언뜻 빨리 지나감을 비유적으로 이르는 말이다. 자위행위를 하려는 욕망과 성숙한 성생활로 나가기 위해 자위행위를 참으려는 생각과 비난이 격렬하게 충돌하며 주마등처럼 빠르게 반복되며 지나가는 모습이다. '자위행위를 해야 한다'와 '하지 말아야 한다'는 생각이 교대로 일어나며 사춘기 청소년들을 갈등하게 만드는 모습이다. 모든 남성들이 이와 같이 심리적으로 치열한 갈등의 순간들을 겪으면서 성적으로 성장해 나간다.

특히, 자위행위를 비하하는 발언은 장비가 여포와 싸우러 나가서 다음과 같이 고함치는 말에 매우 잘 표현되어 있다.

"아비 성(姓)을 셋씩이나 가진 쌍놈의 새끼야, 게 섰거라, 연(燕) 땅의 장비를 몰라보느냐?"

자위행위가 일어날 때 스스로에 대해 그것이 후레자식 같은 행위이며, 비천한 행위라는 내적 비난이 일어나는 모습이다. 그러나 장비 같은 쌍욕으로 스스로를 비하한들 여간해서 막기 어려운 것이 자위행위다.

보통은 청소년기를 질풍노도의 시기라 하지만 대부분의 청소년들이 공부 문제를 빼고는 오히려 겉으로는 어른들보다 더 평온해 보이기까지 한다. 그 이면 속에는 자위행위를 둘러싸고 이와 같은 격렬한 내적인 갈등을 겪다가 어떤 때는 자위행위를 실행하기도 하고, 어떤 때는 참아내기도 하는 것이다.

유비 삼 형제가 협공을 통해 길길이 날뛰던 자위행위 욕구를 가까스로 호랑이 우리를 의미하는 호뢰관(虎牢關)으로 몰아넣는다. 맹수인 호랑이일지라도 강철 같은 것으로 제작된 견고한 우리 같은 곳에 갇히게 되면 힘을 쓸수가 없다. 자위행위의 기세를 꺾는 데 일단은 성공하는 모습이다.

사람 가운데는 여포, 말 가운데는 적토마

'사람 가운데는 여포, 말 가운데는 적토마(人中呂布 馬中赤兔)'란 말이 중국 세간에 전한다. '사람 가운데 여포'라는 의미는, 인간의 행동이나 인간성 가운데서 가장 두드러진 행위라는 의미다. 사람들이 보통 자위행위를 감추고 부끄러워하지만 남성이라면 누구나 여포처럼 방천화극을 휘두르며 자위행위를 한다는 의미다. 자위행위는 빈부귀천을 막론하고 사람이라면 누구나 하듯이 가장 두드러진 인간적인 행위다. 사춘기 청소년들뿐만이 아니다. 나이 지긋하신 노인, 대통령, 종교인, 아이돌 스타, 부모님, 선생님들도 모두 한때는 미오별장에서 마치 생업처럼 자위행위에 몰두했다. 그들도 동탁적인 성적 발기에 시달리며 이를 잠재우고 해소하기 위하여 여포처럼 방천화극을 휘두르며 성장해왔다. 그렇게 커왔으나 잊고 있을 뿐이다.

말 가운데는 적토마(赤兔馬)다. 성기의 모양이나 대소 여부를 떠나서 적토마가 상징하는 잡 털 하나 없이 팽팽해진 힘찬 발기력이 최고라는 의미다. 발기가 제대로 되지 않는 남근은 그림의 떡과 같이 아무짝에도 쓸모없기 때문이다.

미녀 초선(貂蟬),
주기적으로 일어나는 황홀한 성적인 공상

욕망의 화신이자 폭군 동탁과 어울렸던 여성이 의아스럽게도 바로 중국의 4대 미녀라고 알려진 초선(貂蟬)이다. 그녀는 사도(司徒) 왕윤의 수양딸로서 그의 부탁을 받고 미인계로 동탁과 여포 사이에 양다리를 걸쳐 두 사람을 이간질시킨다. 결국 여포가 질투심에 눈이 멀어 동탁을 죽이게 만든다.

초선은 담비의 꼬리와 매미의 날개로 만든 재상 전용 모자인 초선관(貂蟬冠)을 관리하는 시녀의 관직명이다. 정사에는 나오지 않고 『삼국지연의』에만 나오는 가공의 미녀다.

그녀의 이름 앞 자인 '초(貂)'는 야생동물 담비를 뜻하는데, 포악함의 대명사로 알려져 있다. 담비는 족제빗과의 동물로 보통 3마리가 무리를 이뤄 협동해서 사냥한다. 주로 다람쥐·산토끼 등을 사냥하기도 하며 벌과 같은 곤충, 개구리 등의 양서·파충류, 열매도 먹는 잡식동물이다. 어른 고라니와 노루, 어린 멧돼지, 너구리 같은 자기 몸집보다 훨씬 크고 사나운 동물도 팀을 이뤄 잡아먹는 관계로 '범 잡아먹는 담비'라는 속담까지 있다. 외모는 귀

엽고 순한 모습이지만 성격이 매우 잔인하여 배가 고프지 않아도 다른 동물을 해치는 습성이 있다. 담비는 족제빗과 동물들의 특이한 체형처럼 몸이 두께에 비해 매우 길고 다리는 짧아 그 모양 자체가 남성의 생식기를 연상시키거나 상징한다. 2~4마리, 평균 세 마리가 짝을 지어 사냥을 하는 것은 음경과 음낭 2개로 이뤄진 남성 생식기 부분을 연상시킨다.

남근의 모습도 뭉툭한 소시지나 가지처럼 생겨 외모상으로는 담비처럼 순하게 보이지만 실제로는 담비처럼 엄청나게 포악한 속성을 지니고 있다. 남성 가랑이 사이에 있는 작은 남근이 덩치가 훨씬 큰 인간 전체를 잡아먹는 사고가 종종 발생하기도 한다. 예를 들어, 작고 포악한 남근 삼 형제가 일으키는 성 충동을 잘 간수하지 못해서 성폭행이나 성희롱 등으로 패가망신하는 경우가 부지기수로 발생한다. '선(蟬)'은 매미라는 뜻이다. 매미의 모습도 몸통만 보면 남근과 비슷하게 닮은 측면이 있다. 이보다 더 중요한 매미의 특성은 한여름이 되면 주기적으로 시끄럽게 울어대는 것이다.

이러한 이름 뜻을 가진 초선은 경국지색을 일으킬 정도의 치명적인 아름다움을 갖춘 여인이다. 모든 사람들의 마음을 빼앗는다는 의미다. 초선은 순하면서도 포악성을 지녔고, 주기적으로 일어나 사람의 마음을 심란하게 하고, 아름다운 미녀처럼 사람들의 마음을 빼앗는다. 사춘기에 일어나는 성적인 공상의 모습이다.

초선이 성적인 공상을 상징하는 것임을 뒷받침하는 증거로는 그것이 머리에 쓰는 관을 장식하는 담비 꼬리와 매미 날개라는 성격에 있다. 머리는 인간의 사고 기능이나 공상이 일어나는 곳이다. 그곳에 쓰는 관이나 모자 역시 이와 관련이 있다. 그녀는 『삼국지연의』 속의 가공인물이지만 중국에서 그녀의 고향이 흔주(忻州)나 한단(邯鄲)으로 알려져 있다. 사람들에게 성적인 공상이 주는 기쁨(忻)과 달콤함(邯)을 상징한다.

성적인 공상이 일어날 때 처음에는 아름다운 여인과 데이트를 하거나 단둘이 있는 부드러운 장면으로부터 시작된다. 한창 진행되면 강렬한 나체를 연상하고, 애무와 성관계를 갖거나 성폭행과 변태적인 성욕을 표현하는 폭력적 공상까지 서슴없이 진행된다. 담비의 속성과 같은 모습이다. 이러한 공상이 하루에도 수십 번씩 일어나 매미처럼 주기적으로 울어댐으로써 사춘기 청소년들에게는 치명적인 아름다움이자 유혹이 된다.

드라마나 영화에서 등장인물이 아름다운 여성을 보고 멍한 상태로 성적인 공상에 빠져 있다가 다시 제정신으로 돌아가는 장면을 볼 수 있다. 이런 연출을 하는 의도는 사람들마다 성적인 공상이 존재하고 있음을 표현하려는 것이다. 성적인 공상은 성욕을 증진시키고, 건강한 젊은 남녀의 성관계를 이어주는 순기능의 역할이 있다. 결혼한 부부들조차도 성적인 판타지가 필요한 경우가 있다. 이를 적당히 가짐으로써 즐겁고 왕성한 성생활이 주기적으로 일어나는 데 도움이 되기 때문이다.

여포와 초선의 동거,
성적인 공상이 자위행위의 허한 곳을 채워주다

왕윤이 초선을 이용해 여포를 충동질시켜 동탁을 죽이게 만든다. 다시 말하면 성적인 공상을 상징하는 초선을 누가 차지하나를 놓고 갈등하게 만들어 동탁적 성 충동을 제거하는 모습이다.

사춘기 초기에는 성적인 공상 없이도 자신의 성기를 만지작거리며 단순한 물리적인 자극을 통해 사정에 이르게 되는 자위행위를 하게 된다. 동탁적 성 충동과 여포적 자위행위 간에 부자지간처럼 협업이 잘 이뤄지는 모습이다. 그러나 성 본능이 지향하는 궁극적인 목표는 이성 간의 성적인 결합에 있다. 따라서 성 충동이 일어나거나 자위행위를 할 때 언제부터인가 멋진 이성과 성적 결합을 갖는 에로틱한 공상을 수반하게 된다. 동탁과 여포가 초선을 모두 원했듯이 성적인 공상은 성 충동과도 잘 어울리고, 여포적인 자위행위를 하는 데도 필요하다. 한동안은 초선과 동탁이 동거하듯 성적인 공상이 성 충동과 동거하며 잘 어울리나 결국 여포가 동탁을 죽이고 초선을 차지한다.

사춘기가 깊어감에 따라 성적인 공상이 성 충동을 증진시키는 역할에서 자위행위를 좀 더 실감나게 하는 역할로 무게중심이 이동하는 모습이다. 에로틱한 공상이 수반되지 않고 단순한 남근 조작만으로 자위행위를 하는 것은 너무 쓸쓸하고 재미없기 때문이다. 평소에 마음에 두고 있던 아름답고 섹시한 상대와 성관계를 갖는 에로틱한 공상이 수반되는 자위행위를 시도함으로써 이를 조금이나마 보충하려고 한다.

초선이 동탁과 살다가 여포와 살게 되는 것은 적토마가 동탁에게서 여포에게로 넘어온 것과 비슷한 이치다. 적토마가 넘어가는 것은 발기력과 성생활의 중심이 넘어가는 것이고, 초선이 넘어가는 것은 성적인 공상의 중심이 넘어가는 모습이다. 사춘기 시절에 자위행위 시 성적인 공상을 하는 것은 성생활의 예행연습 성격을 지니고 있다.

이처럼 초선이 구국의 마음으로 동탁과 여포 사이를 이간질시키려고 자신의 본마음과 달리 이들에게 접근한다. 하지만 『삼국지연의』는 동탁이 제거되어 목적이 달성된 후에도 초선이 여포와 같이 사는 것으로 묘사한다. 성적인 공상의 성격상 자위행위를 상징하는 여포와 한동안 계속해서 사는 것은 사람들의 심리적 보편성에서 크게 벗어나지는 않는다. 다만, 여포가 죽은 이후에는 어떻게 됐다는 내용이 보이지 않고 흐지부지 마무리된다.

사춘기를 지나 부부간에 안정적인 성생활을 갖게 되면 구태여 초선적 성적인 공상에 의존할 필요가 없기 때문이다. 사춘기에는 자위행위의 흥을 돋우기 위해 여성의 나체를 억지로 떠올리며 공상하는 수고를 했지만 배우자와 성생활을 하는 마당에는 그럴 필요가 없다. 사춘기의 공상이 현실이 되어 바로 눈앞에 펼쳐져 있기 때문이다. 야사(野史)에서는 조조가 초선을 관우에게 주었다는 설이 있다. 때론 침체나 권태기에 빠진 부부 관계에 활력을 불어넣기 위해서는 에로틱한 공상 초선이 가끔씩 필요할 수도 있다. 따라서 부부가 같이 에로영화나 야동을 보면서 성적인 흥분을 고취시키기도 한다. 그러므로 사춘기 이후에는 초선을 데리고 살든 차 버리든 개인들의 성격과 선택에 달려 있다 할 것이다.

조조가
동탁을 죽일 수 없었던 절대적인 이유

여포가 동탁을 죽이기 이전에 조조가 동탁의 침실로 들어가 칠성보도(七星寶刀)로 암살을 시도한 적이 있다. 침대에 돌아누워 있던 배불뚝이 역적 동탁을 조조가 칼로 죽이려는 순간에 동탁이 거울에 비친 조조의 모습을 발견하고 뭐하는 거냐고 묻는다. 때맞춰 여포도 침실로 들어오자 암살을 포기하고 오히려 보검을 동탁에게 바친 후 도망친다.

조조가 동탁을 죽이는 것을 심리적인 측면에서 보면 조루증적 성행위로 성 충동을 달래거나 죽인다는 의미다. 빨리 사정을 해도 성적인 욕구를 어느 정도 달래줘서 성 충동을 잠재울 수 있기 때문이다. 이때 동탁은 조조를 등지고 있는 상태에서 조조의 행위를 가만히 거울에 비춰서 본다. 그 순간 조조가 자신을 해치려는 것 같은 이상한 낌새가 보인다. 조루증적 성행위가 성 충동을 달래서 잠재우기보다 오히려 해를 끼침을 객관적으로 발견한다.

남녀가 같이 도모하는 성생활이 혼자서 하는 자위행위보다는 훨씬 쾌감도 크고 가치도 있어 성 충동을 달래주거나 잠재울 수 있다. 그러나 남성이 일방적으로 끝내는 조루증적 성생활로는 남녀 모두 성적인 만족감을 얻을 수 없다. 성 충동을 달래주기는커녕 성적 불만으로 인해 성 충동이 더욱 거칠어지는 부작용만 초래한다. 조루증으로는 성 충동을 달래서 잠재울 수 없음을 깨닫는 모습이다.

이때 여포는 동탁에게 다가오고 조조는 동탁으로부터 삼십육계 줄행랑을 치는 것은 이들의 관계를 잘 설명해 준다. 인간의 성 충동이나 성욕은 남녀 간의 직접적인 성생활을 통해서 달래주거나 만족감을 느끼는 것이 최선의 해결책이다. 사춘기에는 이러한 해결이 거의 불가능해서 차선으로 자위행위를 통해서 해결하려 하지만 미흡하고 성에 차지 않는다. 그러나 남녀 간의 성생활이라도 남성이 조루증을 보인다면 성욕을 달래주는 순기능보다 오히려 성적인 욕구불만을 증가시킨다.

결국 남녀 간에 성생활이라도 조루증은 혼자서 해결하는 자위행위만 못하다는 평가다. 여포는 동탁 곁에 남아 있고 동탁을 해치려던 조조는 도망쳐 멀리 떨어지는 모습을 통해 이것을 알 수 있다. 이처럼 성 충동, 자위행위, 조루증의 심리적인 역학적 관계를 조조가 동탁을 죽이려는 사건으로 매끄럽게 연결하고 구성해서 표현해 놓은 것이 이 사건의 본질이다. 평소 접할 수 없는 성 심리를 고도로 정밀하게 표현한 중국 대중들의 혁신적 창의성과 섬세함을 엿볼 수 있는 대목이다.

이때부터 조조는 동탁에게 쫓기는 불안한 몸이 된다. 상대 여성보다 훨씬 일찍 끝내는 조루증적 남성들은 여성을 만족시키는 것은 둘째치고, 자신의 성욕이나 성 충동조차 만족케 할 수 없다. 오히려 동탁처럼 거칠어진 성 충동에 쫓기는 불안한 심정으로 성생활을 하는 것이 보통이다. 물론, 『삼국지연의』는 조루증 남성들의 이러한 불행을 묘사하고 즐기지만 않고 과학적이고 실전에서 사용 가능한 해결책을 내놓다. 나중에 관우가 다섯 관문의 천 리 길을 돌파하며 오관참육장이라는 고독한 과업을 수행하는 것을 통해 조루증을 완전하게 극복한다.

동탁과 천자 자리,
동물적 성 충동이 의식을 지배해서는 안 된다

동탁이 미오별장에서 나와 천자가 머무는 미앙전에 가서 죽는다. 미앙전은 동탁이 천자의 지위에 오르기 위해 미오별장에서 나와 입궁할 때 한 번 등장하는 궁전 이름이다.

> 未 = 아니다, 아직 ~하지 못하다, 미래(未來),
> 央 = 가운데, 중앙, 중심, 다하다, 멀다, 넓다

동탁은 미앙전에서 오매불망 그리던 천자의 지위에 오르려고 했다. 미앙전(未央殿)은 '가운데가 아니다'라는 뜻으로, 삶이나 생활의 중심이 아니라는 의미다. 시도 때도 없이 일어나서 사람을 괴롭히는 동탁적인 성 충동은 삶이나 생활의 중심이 될 수 없다는 의미다. 동탁 같은 거친 성 충동이 인격의 핵심인 천자의 자리에 오르고 삶의 중심이 된다면 그런 사람은 개, 돼지

처럼 행동하는 사람이 되기 때문이다. 또한 성추행이나 성폭행을 쉽게 저지를 수 있어 치명적인 결과를 초래한다. 결국, 동탁이 미앙전에서 죽는다는 것은 성적 욕망이 인격 전체를 지배하려다 수포로 돌아가는 모습이다.

사람들은 살아가면서 아름다운 미인을 봤을 때나 인터넷상에서 야한 누드 사진이나 동영상 등을 보게 되면 종종 성 충동이 일어나는 때가 있다. 다만 그런 성 충동이 인격의 중심을 차지하고 있지 않기 때문에 성 충동을 행동으로 옮기지 않고 자제를 한다. 보통 사람들이 지닌 윤리적 방어 시스템으로 인간과 동물의 가장 큰 차이점이다.

만약 동탁적 성 충동이 천자의 지위에 올랐다면 그것은 개인들의 인격적 파멸을 상징한다. 다양한 계층과 연령대에서 성폭행 사건으로 종종 뉴스에 오르는 사람들, 상습적인 성폭행범들이 있다. 이들은 동탁이 일시적 또는 장기적으로 천자의 지위에 올라와 있는 패륜적이고 비극적인 상태. 일명 발바리 같은 유형의 장기적인 성폭행범이나, 사이코패스 성향이 있는 성폭행범들은 동탁이 천자 자리에 항시 머물러 있는 유형이다. 이들은 『삼국지연의』의 시나리오와 정반대로 동탁이 의기양양하게 천자 자리에 올라 자신의 성욕을 마음껏 충족시키려 한다. 세상과 자신의 인격을 황폐화시키는 반사회적인 인간들이다.

성욕으로 인격이 파괴되려는 자들의 부정적인 징조들

『삼국지연의』에서는 이처럼 한 개인의 마음속에서 동탁적인 측면이 인격의 중심 자리로 올라서는 것을 막기 위해 계속되는 부정적 징조를 보낸다.

첫째는 동탁의 어머니가 "내 요즘에 간혹 살이 저절로 떨리고 가슴이 두 근거리니 좋은 징조가 아닌 것 같아 겁이 난다."고 말한다. 자녀들에 대해 부단한 마음으로 잔소리하고 보살피는 어머니는 심리적인 측면에서 보면 '자기 관리' 하는 자세를 상징한다. 한 개인의 전체적인 인격 속에서 어머니적인 자기 관리 자세가 있기에 개인들이 위험에 빠지는 것을 스스로 경계하고 예방할 수 있다. 동탁적인 성욕이나 성 충동이 기분 내키는 대로 성폭행 등 온갖 악행을 일삼으려는 것에 대해 자기 관리적인 마음이 위험을 감지하는 모습이다.

둘째는, 미앙전을 향해 가던 동탁이 탄 수레바퀴 하나가 갑자기 부러지고, 말이 갑자기 코를 불고 소리치며 날뛰더니 고삐 줄을 끊어 버린다. 성 충동이 천자의 자리인 인격의 중심 자리에 올라서려고 하자 평상시 거동에 이상이 생긴다. 자신의 감정이나 욕망에 대한 통제력을 상실해 가는 모습이다.

세 번째는 광풍이 별안간 몰아치고 노을빛 안개가 하늘을 덮는다. 성 충동대로 살려는 사람의 마음속이 광풍이 불듯 혼란해지고, 붉게 물드는 노을빛 안개처럼 위험과 불확실성이 커지는 상황이다. 성폭행 등에 대해서는 국가나 사회가 엄벌과 맹비난으로 단죄하기 때문이다.

네 번째는 동탁이 잠을 자는데 교외에서 수십 명의 아이들이 불렀다는 그 유명한 노래다.

천리초(千里草) 하청청(何靑靑), 십일상(十日上) 부득생(不得生)

'천리 풀이 어찌 푸르리오, 열흘 이상 못 산다'는 뜻이다. 천리초는 합하면 草+千+里=董이 되고, 십일상을 합하면 上+日+十=卓이 되어 결국은 동탁(董卓)이라는 이름이 된다. 그가 곧 죽게 됨을 암시하는 노래다.

동탁처럼 성 충동이 인격을 점령하여 00동 발발이나 초등생 성폭행 같은 사건을 연쇄적으로 일으키는 경우가 있다. 다만, 그것이 어찌 풀를 수 있으리오, 열흘 이상 못 가듯 곧 만천하에 드러나 죽게 된다.

이숙(李肅),
쾌락을 추구하면서도 한편으론 삼가는 자세

대부분의 사람들이 왕윤과 초선의 연환계에 넘어가 여포가 동탁의 목을 찔러서 죽인 것으로 안다. 그러나 동탁의 목을 베서 결정적인 마무리를 한 것은 다름 아닌 이숙(李肅)이라는 사람이었다.

> 李 = 자두, 자두나무, 심부름꾼, 다스리는 벼슬아치, 도리(道理)
> 肅 = 엄숙하다, 정중하다, 공경하다, 맑다, 경계하다, 엄하다, 삼가다

'李'가 뜻하는 자두는 달콤하며, 생김새가 복숭아처럼 중간에 골이 있어 마치 사람의 엉덩이, 또는 귀두와 흡사한 모습이다. 자두의 색상이 붉은색에서 자색까지 다양하게 있듯이 남근도 이완과 발기 상태에 따라 다양한 색상으로 변한다.

자두는 성적인 쾌감이나 성적인 것을 상징한다. '숙(肅)'은 '엄숙하다, 공경하다, 삼가다'라는 뜻이다. 이숙(李肅)은 자두가 상징하는 성적인 쾌감에 대해 공경하며 받들어 모시기도 하지만, 때론 삼가고 척결하는 이중적 자세를 취한다. 그가 동탁을 미앙전까지 안내하다가 마지막에는 죽이는 데 동참한다. 성적인 쾌락 추구를 위해 성추행, 성폭행 같은 행동도 서슴지 않고 하려던 사람이 결정적 순간에 마음이 변해서 삼가는 자세로 돌아서는 모습

이다.

　늙어지면 놀 수가 없고, 사는 동안 무한한 쾌락을 즐기며 살고 싶은 것이 인간의 마음이다. 그러나 하늘을 향해 고개를 들고 떳떳하게 살아가기 위해선 엄숙하고 삼가는 자세로써 성 충동을 다스려 나갈 것을 세상이 요구한다. 사람들에게 이숙적인 자세가 있기에 순간적인 욕망에 따라 성폭행범, 성추행범 등이 되지 않고 결정적인 순간에 돌아서서 인간성을 지킬 수 있는 것이다.

동탁의 죽음으로
자위행위가 순해지고 잦아들다

　동탁적인 성 충동과 발기는 자연스럽게 성기를 쥐었다가 펴는 여포적인 자위행위와 결탁한다. 성 충동이 일어나면 청소년들은 혼자만의 공간인 미오별장으로 이동하여 자위행위를 통해 욕구를 충족시켜 나간다. 이때 남근은 온몸이 숯불처럼 붉고, 잡 털이 하나도 없이 매끈한 적토마처럼 발기한다. 이 힘찬 적토마는 동탁적인 성 충동과 발기에서 탄생했지만 자연스럽게 여포적인 자위행위에 양도된다.

　동탁과 여포가 결합한 상태에서 성 충동과 자위행위가 연달아 일어나면서 온갖 만행을 저지르게 되면 청소년들의 내면을 도탄에 빠트리게 된다. 따라서 청소년들의 자아와 윤리적인 측면에서 이를 진압하려는 동탁토벌대를 구성하게 된다.

　성 충동과 자위행위가 너무 잦게 일어나 자신을 괴롭히며 학업을 방해하기도 하고 창피함과 죄책감도 들어 이를 억제하려는 마음의 자세가 생기는 것이다. 그러나 동탁이 여포적인 자위행위와 결탁되어 있는 한 천하무적이기 때문에 그를 제거하는 것이 쉽지 않다.

동탁토벌대의 17진(鎭)과 8로군(路軍)도 허사였다. 이렇게 동탁의 만행에 시달리다 보면 사춘기 청소년들의 마음속에서 최고의 진심이라는 뜻을 가진 왕윤(王允)이 나서게 된다. 당사자의 진심 이 외는 성 충동을 제압하기 어렵다는 의미다. 그 결과 성적인 공상을 상징하는 초선과 동탁적 성 충동, 여포적인 자위행위라는 삼각관계를 이용해서 서로 이간질을 시켜서 문제를 해결한다. 성적인 공상이 사춘기 초반에는 성 충동을 일으키는 데 사용되다가 나중에는 자위행위 시 실제와 같은 기분을 느끼는 데 사용되는 모습이다.

동탁적 성 충동이 천자에 자리에 오르려고 시도했으나 그것은 반인륜적이며, 역적의 길이므로 여포와 이숙에 의해 제거된다. 자위행위도 그만큼 잦아들고 온화해진다. 자위행위가 잦아들 시기가 되면 또 다른 성적인 문제에 봉착한다. 이제는 남녀 간의 성생활로 나가야 하며, 초기의 성생활에서는 성적 경험이 부족해 여성보다 일찍 끝나는 조루 증세가 문제로 대두된다.

여 포 와 조 조

- 자 위 행 위 와 성 생 활
이 혼 재 되 는 청 년 기

여포와 조조의 복양성 전투,
자위행위와 성생활의 대결

여포가 헌제에 의해 온후(溫侯)로 봉해진다. 여포가 온후(溫侯)가 되었다함은 동탁적인 극심했던 성 충동과 발기가 꺾여 자위행위가 온화한 제후가되어 어느 정도 안정을 되찾았다는 뜻이다. 한여름 시끄럽게 울어대던 매미 소리가 어느 날부터 갑자기 잦아들듯이 극성맞을 정도로 일어나던 자위행위도 어느 날부터 잦아들어 온화해진다. 자위행위가 가장 왕성할 때는 하루에도 몇 번씩 행해진다. 그러나 나이를 먹어 연애와 결혼을 향해 나가다 보면 그 기세가 꺾여 차츰 줄어들고 온건해지는 모습이다.

이후에 여포가 조조의 연주(兗州)와 복양(濮陽) 땅을 점령한다. 연주(兗州)는 '바른(兗) 고을(州)'이라는 의미로, 자위행위가 과도하지 않고 바른 상태에있는 모습이다. 복양(濮陽)에서 '복(濮)'은 단순한 지명이므로 글자를 분리해보면 'ㅣ(물)+僕(종, 마부)'가 된다. '僕(복)'은 종이나 마부 등 하인의 의미와 나를 낮추는 '저'의 의미로도 사용되듯이 사물을 낮추는 의미가 있다. 물과 낮다는 의미가 복합된 '濮'은 저급한 물가라는 뜻이 된다.

여포가 이 두 땅에 머문다. 아직 결혼하지 못한 총각 시절에 자위행위가 온건해져 적정하게 일어나는 상태라 할지라도 그것은 수준이 낮은 저급한 양기(陽氣)나 성생활에 머물고 있다는 평가다. 자위행위가 잘 통제되며 아무리 적정하게 행해진다고 해도 남녀간, 부부간의 성생활에 비해 가치가 낮다는 세간의 평가임 셈이다. 실제 성생활을 하면, 상쾌한 배설감, 만족감 등이 느껴지지만, 자위행위를 하고 나면 오히려 뭔가 찝찝한 마음이 남는다. 자위행위라는 저급한 행위를 했다는 내적인 자기 폄하에서 오는 인류의 오래된 성적인 관습에서 기인한다.

이 땅을 사이에 두고 여포와 조조가 싸움을 벌인다. 여포적 자위행위와 빨리 사정을 하긴 해도 성생활을 영위하려는 조조가 성생활의 흐름과 주도권을 놓고 쟁탈전을 벌이는 모습이다. 그러나 비록 저급할지라도 자위행위가 온화하게 일어나고 있는 복양성으로 조조가 쳐들어갔다가 말 그대로 개망신을 당한다.

성적인 성장 과정에서 보면 남성들이 여포적인 자위행위에 계속 머물 수는 없다. 처음에는 누구나 조루 장군 조조 소리를 듣더라도 이성과의 성생활로 적극 나가야 한다. 남성들이 여성과 성관계를 갖기 시작하는 성생활 초기에는 처음부터 카사노바 같은 노련한 성 전문가가 될 수 없다. 때문에 남성들 보다 훨씬 느리게 달아오르는 여성을 고려하기보다 자신의 욕구가 더 급하다. 이를 제어하지 못해 일찍 사정하게 되는 상대적인 조루 증세를 보이게 마련이다.

이것은 초보 운전자가 도로에 나갈 때 처음부터 운전을 여유 있게 할 수 없는 이치와 같다. 남성들이 여성과 첫 성관계를 가질 때는 성경험 자체가 매우 강렬하기 때문에 여유 있게 이것저것 따질 경황이 없다. 성적인 초긴장 상태에서 정신없이 성적인 운전을 하다가 어느새 끝마치기 마련이다.

운전을 배울 때 처음에는 진땀을 흘리고 긴장감 속에 운전을 하던 초보 운전자도 차를 자주 운전하다 보면 점점 기계 조작과 교통 환경에 익숙해진다. 나중에는 자신이 언제 초보 운전자였는지도 잊을 정도로 운전 실력이 늘어난다. 한 손으로는 운전을 하면서, 한 손으로는 스마트폰 통화를 할 정도의 여유까지 부린다.

성생활도 마찬가지다. 대중들이 조조를 미워하고 견제하지만 누구나 한때는 조조가 될 수밖에 없다. 시간이 충분히 흘러야 경험이 생겨 성생활의 베스트 드라이버가 될 수 있다. 사람들이 괜히 주는 것 없이 조조를 미워하는 것은 그를 희생양으로 삼아 자신의 내면에 존재하는 조루 증세를 견제하고자 하는 심리적 방어기제의 일종이다.

여포의 팔건장(八健將), 자위행위를 하는 건강한 여덟 가지 이유

여포와 조조가 복양에서 공방을 벌일 때 여포를 위해 싸운 여덟 명의 장수를 팔건장(八健將)이라 부른다. 장요(張遼), 장패(臧覇), 학맹(⊠萌), 성렴(成廉), 송헌(宋憲), 위속(魏續), 조성(曹性), 후성(侯成)이다.

八 = 여덟
健 = 굳세다, 건강하다, 튼튼하다, 꿋꿋하다
將 = 장수, 장차, 청컨대, 대저(대체로 봐서), 대부분, 양육하다, 마땅히 ~
하여야 한다.

팔건장(八健將)은 대저(大抵), 또는 마땅히 자위행위를 해야만 하는 여덟 가지 건강한 이유라는 의미다. 성적인 의학 지식의 증가로 오늘날에는 대부분의 사람들이 자위행위 자체를 나쁘게 생각하지 않지만 그래도 찜찜함은 남는다. 도덕적으로 엄격한 고대사회에서도 이미 자위행위가 이처럼 팔건장으로서 후한 대우를 받고 있었음을 알 수 있다.

팔건장의 첫째인 장요(張遼)는 『삼국지연의』에 자주 등장하는 장수이며 공을 많이 세운다. 정사에는 정원과 동탁 수하에 있었다는 내용이 있으나 『삼국지연의』에는 여포의 팔건장 시절부터 그가 등장한다. '張'은 이미 살펴본 대로 '베풀다'라는 뜻이며, '遼'의 뜻을 살펴보면 다음과 같다.

遼 = 멀다, 늦추다, 느슨하게 하다

장요(張遼)는 '먼 곳에 베풀다'라는 의미로, 멀고 긴 안목을 의미한다. 자위행위를 긴 안목에서 보면 남녀 간의 성생활로 이어주는 긍정적 기능이라는 의미다. 이와 같은 이름 뜻 때문에 장요가 건강하고 건전한 자위행위를 하는 여덟 가지 이유 중에 첫째가 되고 있다.

장패(臧霸)는 '감추는 것(臧)으로는 으뜸(霸)'이라는 의미다. 감추는 대상은 사람들이 자위행위를 하고 겉으로 전혀 드러나지 않게 감추는 것을 의미한다. 자위행위는 모든 허물에 숨김이 없는 부모 자식 간에도 몰래 감추며 하므로 역시 감추고 하는 것으로는 세상의 으뜸이다. 여포가 동탁과 함께 머문 미오별장이 장안으로부터 250리 밖에 있었듯이 자위행위를 하면서도 겉으로는 전혀 티를 내지 않는 모습이다. 이처럼 세상에 해를 끼치지 않고 감추고 하니 역시 팔건장이다.

성렴(成廉)에서 '廉'은 '저렴(低廉)'이나 '염가(廉價)' 등으로 쓰이는 한자어로 값이 쌈을 의미한다. 성렴(成廉)은 '값싸게 이루다'라는 뜻으로, 자위행위를 하는 데는 비용이나 시간, 노력이 크게 들지 않고 쉽게 할 수 있다는 의미다. 이에 비해 청춘 남녀들이 성관계를 갖기 위해서는 사전에 충분히 사귀며 그 값을 치러야 한다. 식사도 하고, 놀이동산과 영화관에 같이 가고, 모텔 비용, 여행 비용 등 많은 시간과 노력, 비용이 소요된다. 이에 비해 자위행위는 수많은 사춘기 청소년들이 애용하는 저렴한 성욕 해결의 수단이 된다.

인터넷 검색창에 '자위행위를 하면 좋은 점'을 입력하고 성인 인증을 받으면 자위가 주는 좋은 점 일곱 가지, 자위가 건강에 좋은 여덟 가지 등의 제목이 뜬다. 기분이 좋아져 우울증 예방에 좋다, 파트너가 필요 없어 경제적이다, 자존감에 좋다, 수명에 좋다, 성병에서 자유롭다 등이다. 값싸게 이룬다는 성렴(成廉) 같은 팔건장과 일치하는 내용도 있음을 알 수 있다. 고대사회나 오늘날 자위행위의 좋은 점을 7, 8가지의 예로 든 것은 자위행위가 지닌 긍정적인 측면이 한두 가지가 아니라 다양하고 많음을 강조하는 것이다.

여포적 자위행위를 뒷받침하는 팔건장과 성관계를 맺으려는 조조 세력이 복양(濮陽) 땅이 상징하는 수준 낮은 성생활을 놓고 일진일퇴의 공방전을 벌였던 것이다.

자위행위를 우습게 보고
막아보려다 개망신당하는 조조

여포의 유인작전에 속아서 조조가 복양성으로 들어간다는 것은 자위행위의 한복판으로 들어가는 모습이다. 조조의 목적은 수도 없이 계속되는 자위행위를 막고 이를 행하던 에너지를 남녀 간의 성생활의 에너지로 돌리려는 것이다. 성적인 성장이라는 관점에서 보면 바람직하다. 그러나 아직 성생활이 여의치 않은 청년 시절에 성생활의 대체재라 할 수 있는 자위행위를 우습게 보고 막으려다 조조가 말 그대로 개망신을 당한다. 조조가 범하는 실수는 청년 시절에 자위행위를 막아보려는 모든 사람에게서 공통적으로 발생하는 실수이기도 하다.

> 조조가 조심해야 한다는 부하들의 만류에도 불구하고 맨 앞장을 서서 복양성 안으로 들어간다. 이때 '탕' 하고 터지는 포 소리를 신호로 사방 성문에서 하늘을 찌를 듯한 불길이 치솟는다. 커다란 징 소리와 북소리가 일제히 울리며, 강물이 뒤집어지듯 바다가 끓는 듯한 함성이 일제히 진동한다.

조조는 중국에서 북쪽인 위쪽 방향에 세력을 두고 있어 인간의 신체와 비교하면 머리에 해당한다. 그래서 조조는 이성(理性)이나 자아 의지를 상징하는 측면도 지니고 있다. 조조가 복양성 안으로 들어간다는 것은 이성적인 의지를 갖고 여포가 상징하는 자위행위를 붙잡으러 들어가는 모습이다. 조조가 막상 자위행위와 맞서자마자 사방에서 하늘을 찌를 듯한 불길이 치솟는다.

남성들이 여성의 나체를 보거나 성관계를 가지려 할 때도 매우 강렬한 성적인 충동이 일어난다. 자위행위를 할 때도 이에 못지않은 성 충동이 일어난다. 자위행위의 욕망이 일어나는 모습을 마치 사방에서 하늘을 찌를 듯한 불길이 치솟고 활활 타오르는 모습으로 표현하고 있다. 커다란 징 소리와 북소리처럼 자위행위를 하려는 욕구가 마음속에서 시끄럽게 울려 퍼지며 들고 일어난다. 결국 강물이 뒤집어지는 듯하고, 바다가 끓는 것처럼 자위행위 욕망이 격렬하게 요동치며 밀려오자 이를 제압하려던 조조의 자아 의지가 후퇴하며 포기하려고 한다.

조조가 얼굴을 가리며 도망치다 여포와 만나게 되자 여포가 조조의 투구를 탁
치며 조조가 어디 있느냐고 묻는다. 조조가 손을 들어 반대 방향을 가리키며 누
런 말을 탄 자가 조조라고 둘러댄다. 여포가 그쪽 방향으로 향해 감으로써 비겁
하지만 여포와 대적하는 위기에서 가까스로 벗어난다. 그러나 성문은 불이 한참
타올라 불덩어리가 되어 있었다. 게다가 성 위에서 계속 마른 나무와 풀을 무더
기로 떨어뜨리니 땅바닥도 모두가 불이 붙었다.

사방이 불타고 연기가 자욱한 가운데 한참 타오르던 큰 대들보가 쓰러지며 조조
가 탄 말을 쳐서 조조와 말이 함께 고꾸라진다. 조조가 불타는 대들보에 눌려서
한참을 발버둥 치다가 밀쳐내고 가까스로 빠져나온다. 이때 손, 팔, 머리털, 수염
등이 몽땅 타 버리는 화상을 입고 부하에 의해 구출된다. 그런 후 조조는 오히려
얼굴을 뒤로 젖혀 껄껄 웃으며 되지못한 자의 계책에 당했다며 보복을 다짐한다.

조조가 여포를 잡기 위해 복양성에 들어간 것은 자위행위의 현장에 서
있는 것이다. 성문이 한참 타올라 불덩이가 되고 땅바닥도 모두가 불인 것
은 자위행위의 욕망으로 몸과 마음이 한참 타오르고 있는 모습이다. 한참
타오르던 큰 대들보가 불덩이째로 떨어져 조조를 덮쳐 눌러 삽시간에 조조
의 손과 팔과 머리털과 수염이 몽땅 타 버리고 온몸에 화상을 입는다.

한참 타오르던 큰 대들보는 자위행위를 함으로써 남근이 한참을 타오르
다가 사정이 일어난 후 급속히 이완되어 떨어지는 모습을 역동적으로 묘사
한 것이다. 남근이 성적 욕망으로 타오르며 극에 달한 후 사정을 하고 이완
되며 조조를 덮친다. 조조가 자위행위 방어에 실패해 심리적 타격과 충격
을 받는 모습이다. 조조는 여포적 자위행위를 복양성처럼 저급하고, 우습
게 생각하며 이를 막아내려 했기 때문이다.

머리털과 수염이 다 탄 것은 매우 초라하고 흉한 몰골로, 남자로서 지녀
야 할 것이 아무것도 없는 개망신의 순간이다. 스스로 큰소리는 쳤지만 막
상 자위행위를 막아내지 못함으로써 남자로서의 자존심이 상하고, 자신의
생각과 의지에 대해 초라함이 느껴지는 남성들의 내면 모습이다.

이때 조조가 그렇게 비참하게 당하고서도 얼굴을 뒤로 젖히며 껄껄 웃는 것은 '어이없음'의 표현이다. 우습게 봤던 저급한 자위행위 하나 다스리지 못하는 자기 자신에 대해 어이없고 기가 막히는 상황이다.

사춘기 시절을 경험한 남성들이라면 자위행위를 막아보려고 복양성에 제일 앞장서서 들어간 조조 같은 행동을 수도 없이 했을 것이다. 그러나 조조처럼 호기를 부리다 결국 자위행위의 불타오르는 욕망 앞에 남성으로서 개망신을 당한 경험이 한두 번이 아닐 것이다.

복양성 전투는 중국에서 1,800년 전에 발생한 고리타분한 전투 이야기가 아니다. 오늘날, 이 순간에도 사춘기에 처한 전 세계 모든 청소년들이 겪는 자위행위를 둘러싼 내면 속 전투 모습이다. 한때는 이와 같이 자위행위 충동에 당하며 머리털과 수염이 다 타듯 초라한 몰골을 했던 사람들이 결국 이를 다 통과한다. 이들이 성인이 되어 의젓하게 성생활을 하며 사회 곳곳에서 맡은 역할을 잘해내고 있는 것이 세상 돌아가는 이치이기도 하다.

전위(典韋),
고지식함이 다시 희망을 살리다

이와 같은 위기에 처한 조조를 구해내는 사람이 전위(典韋)다. 모든 것을 불태울 듯이 일어났던 자위행위가 가져온 죄책감, 자존심의 상처, 자위행위 앞에 초라한 남성들의 자아를 구해내는 모습이다.

典 = 표준, 기준, 모범, 책, 법, 법전, 예, 의식
韋 = 가죽, 무두질한 가죽, 가죽 띠, 에워싸다

'韋'를 단순하게 가죽이라는 뜻으로 적용하면 전위(典韋)라는 이름은 표준 가죽, 모범 가죽 등의 뜻이 된다. 이렇게 되면 조조의 부하로서 자위행위로 부터 상처받은 조조를 구해 낸 전위(典韋)의 역할이나 의미를 알 수 없다.

공자가 책을 매우 많이 읽어서 책을 엮어 놓은 가죽 끈이 세 번이나 끊어 졌다는 '위편삼절(韋編三絶)'이라는 고사성어가 있다. '韋'가 가죽 끈이나 따라는 의미로 사용되고 있다. 끈은 물건을 에워싸거나 묶는 기능이 있으므로 전위(典韋)는 책이나 법전을 묶거나 에워싼다는 의미다. 말하자면 표준, 모범, 책, 법전 등에 묶여 있거나 에워싸여 있는 고지식한 사람이나 이론가를 의미한다. 또는 어떤 기준이나 법, 예의 등을 가죽처럼 질기게 따지며 물고 늘어지는 사람이라고 볼 수 있다.

조조가 자신을 구한 전위를 은나라 때 천하장사였던 악래(惡來)라고 추켜 세우지만 여기에는 매우 부정적인 의미가 있다. '惡' 자는 '악하다, 나쁘다, 더럽다, 추하다, 못생기다, 흉년이 들다, 병들다, 똥, 재난(災難), 잘못' 등 온갖 부정적인 의미를 지니고 있는 한자어다. 전위가 악래(惡來)라 함은 사람들이 지닌 고지식한 측면이 이와 같이 악하고, 추하고, 똥 같아 여겨우며 부정적 인 것을 불러오는 데 천하장사라는 의미다. 고지식한 사람은 자기주장만 하고 다른 사람의 말을 전혀 들으려고 하지 않아 인간관계가 잘 이뤄지지 않고 역겹기 때문이다.

그럼에도 불구하고 고지식한 전위가 자위행위를 막으려다 실패해서 초라해진 조조를 구해낸다. 조조처럼 이성적인 자아 의지를 상징하는 고상한 인격 측면이 저급하다고 생각했던 자위행위에 당했다. 이렇게 되면 자신에 대해 실망하며, 자위행위의 힘이나 위상이 이성적인 자아보다 크다고 인정하는 것이 객관적인 자세라 할 것이다. 그러나 사람들에게는 전위처럼 고지식한 측면이 있어서 자위행위의 힘을 절대 인정하지 않는다. 오히려 자아

의지나 이성의 힘으로 다음에 다시 자위행위를 정벌하려고 시도한다. 저급한 자위행위 욕망에게 자신의 이성이 굴복했다는 것을 도저히 인정할 수 없기 때문이다. 조조만 그런 것이 아니라 대부분의 남성들이 그렇게 행동한다. 이것이 사춘기 시절에 자위행위를 억제하려고 하지만 계속해서 실패해도 크게 상처받지 않고 다시 회복하는 청소년들의 속마음의 비밀이다.

만약, 자위행위의 힘을 이성적인 자아 의지보다 세다고 인정하면 자신이 더욱 초라해지고 회복하기 어려운 상처를 받는다. 때문에 전위적인 고지식함이 조조를 지켜냄으로써 저급한 자위행위에 당한 남성들의 자아를 지키는 윤리적인 방어기제가 된다. 이것은 마치 축구, 프로야구 등 스포츠 경기에 있어서 객관적 실력 차이 때문에 자신이 응원하는 팀이 매번 져도 크게 상처받지 않는 이치와 같다. 상대편의 실력을 인정하지 않고 다음번에는 이길 수 있다는 고지식한 희망으로 계속 TV 앞에 앉거나 운동장에 나가 응원하는 것과 같은 심리다.

마릉산, 성생활의 활력과 우월성으로 자위행위에 보복하는 조조

> 조조는 여포에게 속아서 당한 것과 동일한 방법으로 여포에게 보복을 한다. 자신이 화상을 입어서 죽었다고 거짓 소문을 내서 여포가 군대를 이끌고 쳐들어오자 마릉산(馬陵山)에 군대를 매복시켰다가 기습 공격을 해서 여포가 패해 다시 복양성으로 돌아간다.

사춘기 시절에는 이성(異性)과 안정적인 성생활을 할 수 없으므로 성적 욕구를 주로 자위행위를 통해서 푼다. 좀 더 성장한 청년기에는 자위행위와 이성(異性)과의 섹스가 혼합된 성생활을 하기도 하고, 결혼이나 동거를 해야 안정적이고 주기적인 성생활을 할 수 있다. 여포와 조조가 복양성과 마릉산에서 서로 한 번씩 승리를 주고받는 것은 청년기의 자위행위와 성생활이 혼재된 측면을 반영한다.

복양성이 의미하는 자위행위를 하려는 저급한 성 충동이 일어났을 때 조조가 이를 의지로써 참아낼 수 있다고 생각했다가 실패했다. 반대로 자위행위를 하려는 여포적인 사람이 조조가 의미하는 여성과 성생활의 영역에 들어왔다가 역시 대패를 한다. 이때 조조가 군대를 매복시킨 곳이 마릉산(馬陵山)이라는 곳이다. 말 잔등처럼 완만한 언덕 모양의 산이라는 의미다. 말을 타고 달리는 동작과 리듬은 성행위 동작과 비슷하여 마릉산은 여성의 몸에 올라 타 성행위를 하는 것의 전형적인 상징이다. 1980년대 한국 영화계를 주름잡았던 〈애마부인〉은 에로와 섹스 심벌의 대명사였으며, 속편을 13편까지 제작할 정도로 엄청난 인기가 있었다.

자위행위의 욕구를 상징하는 여포가 마릉산이 의미하는 실제 성생활에 임해서 많은 군사를 잃듯 자위행위의 가치를 잃고 대패한다. 여포처럼 자위행위밖에 몰랐던 젊은이가 애인과 관계를 갖거나 또는 친구들과 몰려가 사창가 등에서 성행위를 할 수 있다. 이때 그것이 자위행위보다 훨씬 강렬하며 쾌감이 큰 것을 경험하기 때문이다. 그렇게 되면 차원이 전혀 다른 새로운 성생활에 눈을 뜨며 자위행위의 가치가 줄어들기 시작한다. 청년 시절에는 이처럼 자위행위와 섹스가 일진일퇴의 공방전을 벌이며 되풀이되고 결국에는 자위행위가 잦아들고 대신에 결혼을 통한 안정적인 성생활로 나가게 된다.

신궁 여포,
자위행위가 연애와 성생활의 균형을 잡으며 나간다

> 원술이 부하 장수 기영(紀靈)을 보내 유비를 치려고 한다. 그리고 여포가 유비를
> 돕는 것을 막기 위해 사전에 좁쌀 20만 석을 여포에게 보내준다. 이때 원술 진영
> 은 10만 명 내외의 병력이었고, 유비는 5천 명의 병력밖에 되지 않아 열세에 있었
> 다. 그래서 유비는 여포에게 도움을 청한다.
> 여포는 원술의 곡물을 받았지만 원술이 유비를 도모한 다음 자신을 치려는 것
> 을 알고 두 사람 사이를 중재하게 된다. 여포가 150보 거리쯤 되는 원문(轅門) 밖
> 에 자기 창인 방천화극을 세우게 하고, 스스로 활로 쏴서 창끝에 달린 곁가지를
> 맞히면 두 사람이 싸움을 멈추고, 못 맞히면 맘대로 싸우라고 한다. 기영과 유비
> 두 사람이 이를 받아들여 여포가 화살을 쏘니 정확하게 곁가지에 맞는다.

원술은 그의 형인 원소와 마찬가지로 남녀 간의 성생활보다 멋 부리고
순수하게 연애하는 감정에 더 가치를 두는 사람이다. 이와는 반대로 유비
는 갖춰진 성생활을 하려는 진영이다. 두 사람이 싸우려 하는 것은 순수한
연애만 하려는 마음과 이제는 준비되고 갖춰진 성생활을 해야 한다는 두
마음이 한 사람의 인격 속에서 갈등하는 모습이다.

아직은 원술 진영이 상징하는 순수하게 연애만 하려는 세력이 커서 그의
병력은 10만 명 내외가 전투에 참가했다. 유비의 병력은 원술의 이십 분의
일 정도인 5천 명이다. 이것은 연령적으로나 경제적, 사회적으로 준비가 덜
되어 아직은 성생활을 할 상태가 아님을 알 수 있다. 그래도 유비 진영에서
는 성생활로 나가야 한다고 주장하고, 원술 진영에서는 순수한 연애에 머
물러야 한다고 주장하며 생각이 두 갈래로 나뉘는 모습이다.

인생의 어느 시기에서는 이처럼 순수한 연애에만 머물 것인가, 아니면 성
관계를 가질 것인가를 두고 갈등하게 마련이다. 수줍은 사춘기 청소년들이
나이 먹으면서 저절로 성관계를 시작한 것이 아니라 이러한 치열한 과정을

거쳐 온 것이다. 이때 원술이 내보낸 장수가 기영(紀靈)이다.

紀 = 벼리, 세월, 밑바탕, 실마리, 단서, 법, 도덕, 기율, 터
靈 = 신령, 영혼, 정신, 감정, 영적인 존재, 하늘

벼리는 그물코를 꿴 굵은 줄로, 일이나 사물의 줄거리를 뜻한다. 줄거리나 중심이 영적이며 정신적이라는 의미가 기영(紀靈)의 이름 뜻이다. 벼리는 모든 그물코를 당기거나 벌리거나 하면서 그물 전체에 영향을 끼친다. 기영의 영적이고 도덕적인 마음이 모든 가치관이나 생활 태도에 영향을 끼치는 것을 의미한다.

기영은 황순원의 『소나기』에 나오는 주인공들 같은 맑고 순수한 연애 감정이다. 원술과 기영은 유비 진영을 향해 섹스만 아는 속물이라 비난한다. 성생활로 나가려는 유비 진영은 이러한 원술과 기영을 향해 이상주의자, 몽상가라고 비난함으로써 서로 대립할 수밖에 없다. 이러한 상황은 연애 시절을 전후해서 젊은 남녀에게 벌어지는 성생활을 둘러싼 흔한 내적 갈등의 모습이다.

아직은 안정적인 성생활을 할 수 있는 여건이 아니고, 그렇다고 순수한 연애에만 계속 머물 수도 없는 노릇이다. 이러한 갈등을 바로 여포적인 자위행위가 중재해서 해결한다. 자위행위 자체는 이성과 몸을 섞지 않으면서 자기 혼자 성욕을 해결함으로써 처녀성이나 총각성을 잃지 않고 순수한 연애 감정도 유지하는 행위이기 때문이다. 그 해결 방식을 살펴보면 여포가 원문(轅門) 밖에 자신의 창인 방천화극을 세워놓고 이를 150보 떨어진 곳에서 활을 쏘아 맞히면 이를 양 진영에서 받아들이게 하는 것이다.

원문(轅門)은, 보통 사람들은 물론 군사에 정통한 사람들도 들어보기 힘

든 용어다. '轅'은 '끌채'라는 단일한 의미로만 쓰이는 한자다. 수레를 소나 사람이 끌 수 있도록 본체와 연결하여 앞쪽 좌우에 돌출시킨 긴 막대기 부분을 일컫는다. 그러므로 원문은 무엇인가를 좌우로 균형을 잡고 끌고 나가는 문이라는 의미를 내포하고 있다.

방천화극은 자위행위를 할 때 발기되어 하늘을 향한 채 붉게 채색된 남근의 위용이다. 원문 밖에다 방천화극을 세우면 방천화극이 수레를 끌고 나가는 소나 사람의 자리에 위치하게 된다. 자위행위가 좌우 끌채를 이끌고 나간다는 의미가 된다. 좌우 끌채에 해당하는 것은 원술 진영의 순수 연애 태도와 유비 진영의 성생활로 나가려는 태도다. 결과적으로 자위행위가 순수 연애 감정과 성생활로 나가려는 자세의 균형을 맞추면서 이끌고 나간다는 의미다.

순수한 연애에만 머물려는 마음과 성생활로 나가려는 마음 등 두 마음에 대해 어느 한쪽에만 일방적으로 머물 수 없는 시기가 있다. 그 대안으로 비록 곁가지적인 성생활이지만 자위행위를 받아들이라는 의미다.

이러한 상황에서 유비는 화살이 맞기를 기원하고, 원술 진영의 기영은 맞지 않기를 바란다. 남녀 간의 준비된 성생활을 하려는 유비 진영에서는 꿩 대신 닭이라는 태도로 자위행위를 통한 성적인 욕구 해소를 받아들인다. 이에 비해 순수한 연애에 머물려는 원술 진영에서는 자위행위조차도 세속적이고 육체적 욕망의 일부로 간주함으로써 이를 받아들이는 데 저항이 따르는 모습이다.

결과적으로 여포가 방천화극의 곁가지를 정확하게 맞힌다. 성생활을 할 여건이 충분히 갖춰지지 않은 사춘기나 청년 시기에는 어쩔 수 없는 대안이 자위행위다. 원술 진영에서도 울며 겨자 먹기 식으로 이를 받아들여 심리적 갈등이 해소된다. 이때 균형감을 잃어 순수한 연애에만 치우치면 결혼과 성생활로 나가는 시기를 놓칠 수도 있다. 반대로 덥석 성관계를 가져서 임신과 출산으로 연결되어 인생의 중요한 시기를 위기에 빠트릴 수도 있다. 방천화극이 수레의 양 끝채를 이끌어 나가기 때문에 두 태도의 균형을 유지하는 역할을 여포적 자위행위가 앞장서서 한다는 의미다.

고대나 근대사회까지도 값싸고 효율적인 피임약은 없었던 반면에 도덕적으로 보다 엄격했다. 이런 상황에서 젊은이들은 순수한 연애 감정과 성생활을 하려는 마음의 균형을 유지하기 위해 자위행위를 선택할 수밖에 없었다. 특히, 여포가 매우 먼 거리에 있는 목표물을 쏘아 맞혔다. 장기적인 시각에서 보면 자위행위가 성적인 욕구 해소와 성적인 성장을 향해 나가는 데 있어서 대안이라는 의미다. 이렇게 자위행위로 이끌어 나가다 보면, 결국은 나이 먹고 성생활의 여건이 갖춰짐으로써 본격적인 성생활의 터전이 마련된다.

조조의 대완마(大宛馬), 남성들의 거물 숭배

조조가 여포 부하로부터 적토마를 넘겨받기는 했으나 탔다는 기록이 없고, 그가 탔던 말 중에 하나가 대완마다. 대완마는 조조의 애마로서 전투 후 개선(凱旋)할 때 애용했다. 대완마는 그 당시 서역에서 생산된 말로 중국산에 비해 크고 빨리 달려 선호했다고 한다.

大 = 크다, 존귀하다, 훌륭하다, 자랑하다, 뽐내다, 중시 여기다
宛 = 완연하다, 굽다, 뚜렷하게, 동산, 언덕

대완(大宛)은 '크고 매우 뚜렷하게 드러나 보이다'라는 뜻이다. '완(宛)'의 의미에는 굽거나 구부정하다는 뜻이 있어, 대완(大宛)은 구부정하면서 크고 아주 뚜렷하게 드러나 보인다는 의미다. 마(馬)는 보통 남근을 상징하는 의미로 사용된다. 대완마(大宛馬)는 남근이 아주 크고 뚜렷하게 보이며 구부정한 상태로 있는 모습을 표현한다.

아마도 일상생활 속에서 이런 모습의 대완마를 볼 수 있는 곳은 여러 명의 남성들이 속옷을 벗는 목욕탕이 아닐까 생각된다. 남성이나 여성이나 생식기의 크기나 형태가 천차만별이다. 얼굴이 다르고 손과 발, 유방이나 어깨의 형태, 키가 다른 것처럼 신체의 대소는 순수하게 개성적인 것이다.

남성들이 큰 남근을 부를 때는 말처럼 크다 하여 말의 그것이라 부르고, 평상시 작게 오그라드는 남근은 앞에 번데기라는 접두사를 붙여서 부르기도 한다. 이처럼 다소 비속적인 용어로 구체적인 예를 드는 것은 중국의 대중들이 커다란 성기인 대완마의 허와 실을 논하고 있기 때문이다.

목욕탕에 갔을 때 작은 남근 소유자와 큰 남근 소유자는 완연(宛然)하게 구분이 된다. 이때 대부분의 사람들이 크면서 구부정하게 매달린 대완마(大宛馬)의 소유자를 부러워하게 된다. 평소에는 남의 성기를 제대로 볼 수 없기에 목욕탕에 갔을 때 유난히 대완마가 뚜렷하게 드러나 보인다.

조조가 개선할 때 대완마를 탔다는 것은 큰 남근의 소유자가 개선장군처럼 부럽게 느껴지는 남성들의 심리 상태를 반영한다. 실제로 목욕탕에 가보면, 대완마의 소유자인 남성들은 개선장군처럼 누가 보라는 듯이 걸어 다닌다. 이에 비해 작은 남근의 소유자들은 될 수 있으면 남에게 안 보여주려고 구석으로 가거나 등을 돌리고 목욕을 하는 것이 사람 심리다. 남성들이 자기 것과 상대방의 남근을 본능적으로 비교할 때 나오는 자연스러운 반응이다.

대완마를 일명 절영마(絶影馬)라고 부르기도 하는데, 그 뜻은 그림자도 못 따라올 정도로 빠르다는 뜻이다. 남들이 부러워하는 큰 남근의 소유자가 실상은 그림자도 못 따라올 정도로 빠르게 사정한다는 의미다. 섹스 파트너에게 의리 없고 간사한 조루 장군 조조가 탄 대완마에 적합한 별칭이다. 실제로 말은 성기의 크기로는 단연 으뜸이지만 교미를 시작하자마자 사정하는 속도 또한 그림자가 못 따라올 만큼 빠르다. 물론 큰 남근의 소유자들이 모두 조루 장군이 아닌 것만은 사실이다. 다만, 큰 남근 자체가 여성에게 오르가슴을 안겨주거나 성적인 만족감을 주는 핵심 요인이 아니라는 사실을 대완마를 통해 강조하고 있다.

완성 전투 도중에 대완마는 화살 세대를 맞고도 쓰러지지 않고 날쌔게 달리나 결국 눈에 화살을 맞고 쓰러진다. 사람의 눈이나 말의 눈이나 공통 기능은 사물을 본다는 것이다. 대완마 같은 큰 남근 자체가 여성들에게 성적인 만족을 줄 수 있다고 바라보는 것이 잘못된 시각이라는 비난의 화살을 날려서 죽이는 모습이다.

최근에 스위스 취리히에 있는 한 병원 대학이 발표한 '여성의 관점에서 잘생긴 남성 성기 모양 요소' 연구를 발표했다. 16세에서 45세까지의 여성을 대상으로 성기의 길이, 굵기, 요도의 위치, 귀두의 모양, 음낭의 모양, 피부, 털, 일반적인 성기의 겉모습 등 여덟 가지 요소를 대상으로 한 조사였다. 그 결과 일반적인 성기의 겉모습이 가장 중요한 요소였고, 털과 피부가 그 뒤를 이었다. 성기의 길이는 단지 8개 항목 중 여섯 번째에 그쳐 대부분의 여성들이 사이즈를 중요하게 생각하지 않는다는 것을 재확인한 연구였다.

이처럼 대물에 대한 여성들의 실제의 반응을 조사한 결과를 놓고도 남성들은 이를 믿지 못한다. 그것은 대물 숭배 심리가 인류의 가장 오래된 성적인 신앙과 같은 것이며, 신앙은 과학적 결과에 의해서도 변치 않는 속성을 지니고 있기 때문이다.

완성(宛城) 전투와 장수(張繡),
여성의 몸에 수를 놓듯 애무하기

조조가 이와 같은 상징성을 지닌 대완마를 타고 벌인 전투가 형주에서 벌어진 완성(宛城)전투다.

형주 완성에서 장수(張繡)가 조조가 장악하고 있는 궁궐을 습격할 계획을 세우자 조조가 197년 5월에 먼저 15만 대군을 이끌고 장수를 치기 위해 출정한다. 장수는 전세가 불리하므로 모사 가후의 제안에 따라 항복하고 조조를 위해 매일같이 완성에서 잔치를 열어 대접한다. 그러나 조조가 장수의 큰어머니뻘 되는 추씨를 데려가 연일 잠자리를 같이하자 장수가 분노하여 조조를 공격한다. 먼저, 호거아(胡車兒)를 시켜 조조의 잠자리를 지키고 있던 호위대장 전위의 무기인 쌍철극을 빼앗은 후 밤에 조조의 영채를 기습한다. 이에 전위가 조조를 필사적으로 지키고 조조는 그사이에 조카 조안민 등과 함께 도망친다. 전위는 조조를 끝까지 지키다가 전사하고 조조는 탈출 과정에서 눈에 화살을 맞은 대완마와 조카 조안민과 장남 조앙까지 잃는다.

한편 조조의 부하 하후돈이 거느린 청주 병사들은 점령 지구의 백성들을 마음대로 노략질했다. 이에 분노한 우금이 본부 군사를 거느리고 청주 병사들을 쳐죽이고 백성들을 위로한다. 조조는 후방을 지키던 우금이 배반하여 청주 군사들을 죽였다는 보고를 받고 그를 치러 간다. 그러나 오히려 우금의 활약으로 조조를 쫓던 장수의 추격대를 무찔러 장수는 다시 유표에게로 도망친다. 조조는 우금에게서 자초지종을 듣고 나서 공로를 인정해 그를 익수정후로 봉하고, 청주 병사를 관리하지 못한 하후돈은 책망을 한다.

완성(宛城)과 대완마(大宛馬)에는 '宛' 자가 동일하게 들어가 있다. 이 전투는 남성들의 대물 숭배 사상을 꼬집는 전투가 펼쳐지게 됨을 예상해 볼 수 있다. 결국 조조가 이 싸움에서 대패하여 고지식하지만 충실한 부하인 전위(典韋), 조카 조안민, 큰아들 조앙(曹昂)과 대완마를 모두 잃는다.

형주(荊州)는 삼국이 이 땅을 두고 치열한 공방전을 벌였으므로 『삼국지연의』에서 차지하는 비중이 크다. 앞에서 형주가 아내의 땅이라는 상징성이 있다고 살펴봤다. 삼국이 형주 땅을 놓고 그토록 공방전을 벌였다는 것은 결국 아내의 마음을 차지하기 위해 공방전을 벌였다는 의미다.

조조가 진을 친 곳이 육수(淯水)였다. 육수는 산동성(山東省) 장구현(章丘縣)에서 발원해 소청강이라는 곳으로 흘러드는 강이다. '淯(육)'이 원래 '育(육)'의 고자(古字)로서, '育'은 '기르다'라는 의미 외에 '급히 가다'라는 의미가 있다.

'育'은 원래 '아이를 낳다'라는 뜻이었다. '育'의 윗부분은 아이를 의미하는 '子'가 뒤집힌 상태다. 태어날 때 아이의 머리가 거꾸로 선 모습이다. 아랫부분은 산모의 뜻에서 고기 '肉'으로 변한 것이다. 산모라는 뜻을 지니면서 여성의 신체에서 고기와 가장 비슷한 부분은 여성의 생식기다. 발가벗은 아이가 거꾸로 선 모습은 남근을 상징하고, 아래쪽 고기 부분은 여근을 상징한다. 조조가 이곳에 주둔한다는 것은 남근이 여근을 향해 삽입을 시도하는 것을 의미한다.

사정 욕구를 잘 제어하지 못하는 조조는 대완마가 상징하는 대물을 지니기는 했지만 급하게 삽입하려는 진영에 주둔한다. 결과적으로 자기 볼일만 보고 끝내는 조루증이 발생할 수밖에 없다. 반면에 이곳을 지키며 조조와 대적한 적장이 장수(張繡)다. '베풀어(張) 수를 놓다(繡)'는 뜻으로 수를 놓는 데 정성을 다한다는 의미다. 고대사회에서 수(繡)를 놓는 것은 여자의 할 일인데, 전쟁터에서 수만 명의 병사를 지휘하는 장군의 이름을 수를 잘 놓는 사람으로 지어준 것은 이해가 안 된다.

수(繡)는 헝겊과 같은 흰 바탕의 천 등에 색실로 울긋불긋한 그림이나 글자

따위를 바늘로 떠서 놓는 작업이다. 이때 한 손으로는 바탕이 되는 헝겊이나 천을 주물렀다 폈다 하고 한 손으로는 바늘을 넣었다 뺐다 하면서 진행한다. 이 과정은 남녀 간의 성행위 모습을 상징한다. 바탕 헝겊이 상징하는 여성의 몸 자체는 애무와 전희 전에는 백지 상태처럼 변화가 없고 냉랭하다. 수를 놓는 것처럼 남성이 여성의 몸을 주무르며 애무하고 바늘로 찌르듯 자극하여 점점 성적인 흥분 상태로 아름답게 물들이고 채색해 나간다.

수(繡)의 다양한 문양과 색깔은 다양한 방법으로 다양한 성감대를 애무하며 채색해 나가는 화려한 섹스 테크닉을 상징한다. 육수 땅에 주둔하여 급하게 삽입하려고만 하는 조조는 애무와 전희를 생략하기 때문에 대완마 같은 큰 성기를 지니고도 완성에서 패배한다. 처음에는 장수가 조조의 군사가 15만 대군으로 너무 많아 싸울 엄두를 내질 못하고 화평 교섭을 통해 항복하다시피 한다. 조루중의 위세가 너무 심해 이를 극복할 엄두를 내지 못하고 일단 애무 없는 남근 위주의 섹스를 인정하는 모습이다. 이 장면은 뒷부분의 적벽대전에서 조조의 백만 대군을 두려워한 동오의 손권이 항복하려는 모습과 흡사하다.

추(鄒)씨와 놀아나는 조조,
음부에만 매달리는 조조

완성전투에서 장수로 하여금 화평(和平)에서 주전(主戰)으로 돌아서게 만든 계기가 있다. 그의 큰어머니뻘 되는 추(鄒)씨가 조조와 놀아난 사건이다.

'鄒'는 맹자가 태어난 '추(鄒)'나라와 마을을 뜻하는 의미밖에 없고 단어의 사용 빈도도 거의 없다. 한자에서 우측에 'ß'가 붙은 한자어는 땅이나 고을

의 고유한 이름이나 성씨를 나타낼 뿐 다른 의미는 거의 드러나지 않는다.

글자를 분해해서 그 뜻을 살펴야 대중들이 숨겨 놓은 숨은 의미를 찾아낼 수 있다. '鄒'는 '芻+阝'의 합자로서, '芻(추)'는 말이나 소가 먹는 풀인 꼴이나 이것을 먹는 짐승을 뜻하고, '阝(부)'는 고을이나 언덕을 뜻한다. '鄒'는 꼴이 나거나 꼴 먹는 언덕이라는 의미다. 꼴은 풀의 일종이고, 삼고초려에서 살폈듯이 풀은 남녀의 생식기 언저리에 난 음모를 상징한다. 따라서 조조의 행위는 남성들이 성행위 시 여성의 다양한 성감대 중 추씨가 상징하는 음모가 수북하게 난 여성의 음부만 끼고서 놀아나는 모습이다. 조조는 '육수(淯水)'에 주둔하고 있기에 애무는 하는 둥 마는 둥 하고 오직 삽입 성교에만 몰두하고 있기 때문이다.

조조의 이와 같은 행동에 대해 장수가 화가 나서 항복했던 마음을 바꾸고 싸우게 됐던 것이다. 장수는 여성의 몸 전체에 다양한 애무로 수를 놓아 아름다운 성적인 흥분 상태로 만들어 나가는 작업을 하려고 했다. 그러나 조조는 처음부터 음모가 무성하게 난 여성의 불두덩 주변에 머물며 마치 꼴 먹는 짐승들처럼 그곳만을 애무하며 남근 삽입을 시도했기 때문이다.

물론, 보편적으로 여성들은 자신의 음부를 남성들이 애무해 주는 것 자체를 싫어하지는 않는다. 다만, 처음부터 직행하여 끝까지 음부에만 머물며 애무하는 것은 마치 꼴 먹는 짐승 같은 섹스 같아서 싫어한다. 실제로 대부분의 짐승들은 생식기 이외는 성감대가 발달하지 않았기 때문에 생식기를 잠깐 애무하고는 곧장 삽입하여 섹스를 마무리 짓는다.

조조가 추(鄒)씨와 이렇게 놀아나는 가운데 그의 막사를 지켰던 위나라 장군이 역시 전위(典韋)다. 앞에서 그가 고지식한 사람이라 자위행위를 못 막은 상처에서 조조를 구해낼 수 있었다고 했다. 그리고 '典'이 표준, 책, 법, 예, 의식이라는 뜻이므로 표준적이고 책대로 하는 무두질, 예나 의식적으로 치르는 고지식한 무두질, 전희라는 의미도 된다.

섹스 시 남성들이 다양한 전희와 애무 없이 고지식하게 성기 삽입으로 직행하게 되면 여성들은 황당하고 냉랭한 반응을 보인다. 애무를 하여 여성의 몸을 성적으로 부드럽게 만드는 무두질의 과정이 반드시 필요하다. 전위(典韋)는 애무를 한다고 하지만 의례적이고 전형(典型)적인 무두질만 하며, 음모가 난 생식기 위주의 섹스만을 고집하는 고지식한 남성이다. 수를 놓듯이 세심하고 정성스럽게 애무를 하는 장수(張繡)에 의해 죽음을 맞이하는 것이 당연하다.

솔직히 말해서 본능적인 측면에서 보면, 남성들은 삽입 위주의 섹스밖에 할 줄 모른다. 여성의 신체 이곳저곳을 수놓듯 애무하는 기술은 후천적이며 교육과 경험의 결과다. 애무는 문명화된 섹스의 일종이며, 남녀 관계를 평등하게 생각하고 여성을 배려하는 섹스의 성격을 지닌다.

호거아(胡車兒),
극한의 인내심으로 사정 욕구를 견뎌내는 자세

전위가 죽는 과정을 살펴보면, 그가 워낙 맹장이라 함부로 쳐들어갈 수가 없어서 장수(張繡)는 자신의 부하 호거아(胡車兒)와 작전을 의논한다. 작전의 내용은 전위에게 술을 먹여 곯아떨어진 틈을 이용해 그의 주 무기인 쌍창을 먼저 제거한 후 조조를 치자는 것이었다. 이처럼 전쟁 시 상대 장수에게 술을 먹여 잠에 곯아떨어지게 한 후 이를 틈타 공격하는 것은 매우 그럴 듯해 보이지만 현실적으론 불가능하다. 그 대신 이 작전을 실행한 호거아의 이름 뜻에 대한 자세한 분석이 요망된다.

호거아(胡車兒)는 5백 근이 넘는 짐을 지고도 하루에 7백 리를 걷는 장사다. 오늘날 수치로 환산하면 300kg이 넘는 짐을 지고 280km를 걷는 격이된다. 보통 사람들이 맨몸 도보로 한 시간에 5km를 걸으므로 휴식은 말할 것도 없이 밥 안 먹고 잠 안 자며 하루 종일 걸어도 120km밖에 걸을 수 없다. 요즘 군인들도 20kg이 조금 넘는 무게의 군장을 메고 2,30km를 걷고 녹초가 되는 것이 현실이다. 〈어벤져스〉 같은 할리우드 영화 속 주인공들에게나 가능한 이야기다.

이러한 과장된 수치를 통해 호거아라는 장수가 매우 무거운 짐을 지고 아주 먼 거리까지 갈 수 있는 극한적 인내심의 소유자임을 알 수 있다. 호거아를 내리누르는 5백 근의 짐은 섹스 시 남성들이 느끼는 사정 압력이라는 매우 지탱하기 힘든 곤혹스러운 짐을 상징한다. 이런 성적인 압력을 견뎌내는 모습을 인류는 전쟁을 통해 그동안 동서양을 막론하고 매우 과장되게 표현해 왔다.

조선시대 임진왜란에 관한 구전설화에서 길길이 날뛰며 쳐들어온 왜놈들에게는 조조 같은 조루 장군의 역할을 맡겼다. 조선의 위대한 명장이자 대중들의 영웅 이순신은 이를 막아내는 역할을 한다. 그래서 울돌목의 명량해전에서 이순신이 12척의 배로 130여 척의 배를 막아낸다. 12척의 배로 130척의 배를 막아낸다는 것은 남성들이 성관계 시 느끼는 사정 욕구의 중압감을 잘 표현한다. 결과적으로 이순신이 12척의 배로 130척의 왜선을 물리친다는 것은 사정 압력을 물리치며 섹스를 잘 이끌어가는 모습을 상징한다. 명량(鳴梁)은 들보가 운다는 뜻이고, 들보는 발기하며 버티고 있는 남근을 상징하여 남근이 울면서 버틴다는 의미가 된다.

드라마나 소설 속에서 사람들이 극심한 고통이나 감당할 수 없는 압제를 받을 때 울면서 버티는 모습을 통해 그 사람의 인내심과 저항 의식을 표현한다. 모든 남성들에게 삽입 단계 시 느껴지는 심정은 명량과 같다. 울돌목의 거센 흐름같이 사정 압력이 부글부글 끓고, 우르릉 쾅쾅거리며 길길이 날뛴다. 때문에 그 고통이 말할 수도 없이 크지만 여성과 함께하려는 자존심을 지키기 위해 남근이 울면서 버틴다.

이 사정 압력에 굴복하면 조루증을 나타내는 왜군들에게 진다. 그 결과 나라를 잃는 슬픔처럼 남성의 자존심을 잃는 비애를 느낀다. 이순신이 12척의 배로 130척의 왜선에 저항하며 버텼던 이유가 설화적으로 잘 설명되는 대목이다. 대한민국에서 이순신은 중국에서 신으로 숭상받고 있는 관우를 능가하는 애국심의 화신(化神)이다. 그가 치른 한산대첩 등 수많은 전투 중에서도 명량해전이 최고의 전투로 자주 인용되고 있으며, 그 전투를 통해 그의 애국심, 용맹성, 불굴의 의지, 위대한 정신이 부각되고 있다.

보통의 남성들 역시 성행위 도중 평균 잡아 10배가 넘는 적과 같은 조기 사정 욕구와 대적해야 한다. 그만큼 남성들에게 있어서 사정 욕구가 조절이 어렵고 힘들다는 반증이다. 그 적들에 대해 이순신의 용맹성과 불굴의 의지에 버금가는 인내심으로 견뎌내야만 여성과 성적인 클라이맥스에 같이 도달할 수 있다. 이순신의 명량해전이 영화나 드라마, 오페라 등으로 만들어져 보다 많은 사람들에게 회자될수록 조기 사정 욕구에 맞서는 남성들의 위대한 인내심도 덩달아 강조된다.

고대 그리스에서 벌어진 페르시아 전쟁에서는 스파르타의 왕 레오니다스가 이끄는 300명의 전사가 페르시아의 100만 대군을 맞이해 싸운다. 뜨거운 열문(熱門)이라는 뜻을 지닌 테르모필레를 지키다 전원 장렬하게 전사한다. 이순신이 10배의 적을 상대로 싸웠지만 레오니다스는 무려 3,000배가 넘는 적을 상대로 용맹성과 불굴의 의지를 보였던 것이다. 테르모필레 전투는 임진왜란보다 2,000년 앞선 기원전 480년 전에 발생한 전투로, 과장과 신화적인 요소가 더욱 가미된 결과라 할 것이다. 설화 아닌 실제 전투에 있어서 300명의 병사로 100만 대군과 싸우려는 자세는 불굴의 용기나 불멸의 애국심이 아니라 불멸의 미친 짓으로 간주되고 말 것이다.

여근 속에서 남근이 느끼는 사정 압력은 약간 과장해서 남성들의 자아 의지보다 보통 10배 내지 3,000배까지 커서 불가항력적인 측면이 있다. 오죽했으면 신라의 선덕여왕이 삼국유사에 "남근입어여근, 필즉사의(男根入於女根, 必卽死矣)."라는 말을 남겼을 정도다. 해석하면 남근이 여근에 들어가면 반드시 곧 죽는다는 뜻으로 사정 압력이 그만큼 크다는 뜻이다. 이러한 사정 압력이 없다면 남성들의 조루 증세는 당연히 존재하지도 않을 것이며 섹스 시간이 최소한 1시간 이상 될 것이다. 다만, 현실은 평범한 모든 남성들에게도 길길이 날뛰며 몰려오는 조루 장군의 해적선 130여 척을 이순신처럼 12척의 배로 막아 내는 불굴의 의지를 주문한다.

胡 = 되, 오랑캐, 수염, 풀, 오래 살다, 멀다, 크다
車 = 수레
兒 = 아이, 젊은 남자의 애칭

'胡' 자는 오랑캐를 뜻하고, 오랑캐는 멀리서 오기 때문에 '멀다'는 뜻과 오래 산다는 뜻이 파생되었다. 호거아(胡車兒)의 한자어 뜻은 '오랑캐의 수레를 끌고 가는 남자' 또는 '멀리 가는 수레를 끌고 가는 남자'라는 뜻이 된다.

호거아(胡車兒)는 오랑캐처럼 길길이 날뛰는 사정 욕구라는 무거운 짐을 지고 하루에 수백 리를 가는 그의 능력에 부합하는 이름이다. 섹스 시 조루 증세 압력에 버티며 오래가는 인내심을 상징한다. 호거아가 조조의 맹장 전위가 지니고 있는 무기를 사전에 제거함으로써 승리를 이끌어낸다. 조

조처럼 대물에 의존해 삽입 위주의 섹스를 하려는 남성들의 전통적인 고지식한 성생활 태도를 죽여서 극복하는 모습이다.

조안민(曹安民)과 조앙(曹昂),
남성들에게 편한 섹스는 없다

조조는 이 싸움에서 조카 조안민(曹安民)을 잃는다. 한자어 뜻은 '짝(曹)에 대해 편안한(安) 나(民)'라는 의미다. 남성들이 여성과 성적인 클라이맥스에 같이 도달하기 위해서는 호거아 정도의 노력과 인내심을 갖고 사정 압력을 견뎌내야 한다. 이러한 과정은 결코 편안하거나 수월한 과정이 아니라 고난의 행군이다. 조루 증세가 있는 남성들에게는 사정 욕구를 참는 것만큼 고역이 없다. 짝에 대해 의리를 지키기 위한 고역을 하지 않고 자기 편안한 섹스를 하고 끝내는 조안민이 죽는 것은 당연하다.

조조의 큰아들 조앙(曹昂)도 죽는다. '昂'은 '오르다'는 뜻으로 무엇인가 별안간 치솟아 오를 때 사용되는 한자다. 앙등(昂騰)은 물건 값이 갑자기 많이 오른 것을 의미하고, 격앙(激昂)은 '감정이나 기운 따위가 격하게 일어나 높아지다'라는 의미다. 조앙(曹昂)의 이름 뜻은 '짝에 대해 무엇인가 별안간 높이 오르다'라는 뜻이다. 짝보다 일찍 끝내는 조루 증세를 가진 사람이 별안간 여성의 몸에 오르거나 삽입하고 사정하려는 욕구가 앙등하는 모습이다. 별안간 삽입하고 사정하려는 욕구가 장수(張繡)와 호거아가 상징하는 인내심을 갖고 애무와 전희를 하려는 자세에 의해 죽는다. 부부간에 성적인 화합을 위해서 남성들이 없애고 거쳐야 하는 단계다. 조조가 조앙과 조안민을 잃는다는 것은 오히려 남성들의 성생활 능력이 증가하고 있는 모습이다. 상대에 대한 배려와 수고 없이 자기 편안한 대로 끝내고, 별안간 높아지는 사정 욕구 같은 성적인 약점을 극복하고 성숙으로 나가는 바람직한 현상이다.

우금(于禁),
부동심으로 대물 숭배 생각에서 벗어나기

조조가 복양성에서 여포에게 대패하고 달아날 때는 고지식한 전위가 살려줬지만 완성전투에서는 전위마저 죽는다. 이때도 그를 다시 살려주는 부하 장수가 있었으니 바로 우금(于禁)이다. 대중의 비난과 조롱을 받는 간웅이었지만 조조는 부하 복이 많은 사람이다. 바꿔 말하면 여성과의 성생활 시 조루증이라는 간사한 행동을 하는 조조가 진작 없어져야 할 대상인 것 같지만 수호자가 있는 불사신이다. 남성들에게 있어서 나이 들어 성욕이 조금이라도 있는 그날까지 보호되어야 할 존재가 조루증이다. 야생과 같은 상태, 비좁은 공간 등 열악한 환경에서 종족의 번식을 위해서는 빨리 사정하는 것이 위험 회피에 도움이 되기 때문이다.

> 于 = 어조사, 향하여 가다, 행하다, 구하다, 굽히다, 크다, 아!(감탄사)
> 禁 = 금하다, 억제하다, 삼가다

우금(于禁)은 특이한 한자어 이름이 많은 중국에서도 매우 특이한 이름이다. 무엇인가를 금하다는 '禁' 자를 이름에 사용했기 때문이다. 앞부분의 한자어가 뜻하는 바를 모두 금하거나 억제하고 삼간다는 의미가 된다. 우금(于禁)은 '于'가 의미하는 어떠한 행위나 동작, 구함과 감탄 등 모든 것을 금하고 억제하는 마음 자세를 의미한다. 무엇인가 구하지도 않고, 유행을 따르거나 권력이나 권위에 굽히지도 않고, 큰일이 벌어져도 감탄하거나 흔들리지 않는 일종의 부동심을 지닌 자세다. 부정적으로 보면 목석같은 사람이지만 긍정적인 측면으로 보면 마음의 무게중심이 확고하여 시류에 흔들리지 않고 자신의 개성대로 사는 사람이다. 그의 고향도 태산(泰山) 거평(鉅平)이다. 무엇에도 흔들리지 않는 태산 같은 마음과 크고 단단한 평정심을 지닌 사람이라는 의미다.

촉나라의 관우, 장비, 조자룡, 마초, 황충이 오호대장군이었다면 위나라의 장요, 악진, 우금, 장합, 서황을 오장군으로 부른다. 완성전투에서의 그의 역할은 태산 같은 부동심으로 대완마가 상징하는 큰 남근을 숭배하는 속물적인 근성에 흔들리지 않는 것이다. 전위는 조조가 자위행위에 상처받은 마음을 고지식함으로 구해냈지만 우금은 조조가 대물을 숭배하다가 상처받은 마음을 부동심으로 구해내고 있다.

자위행위 억제 시에는 실패해도 전위 같은 고지식한 마음으로 계속해서 시도해도 별다른 문제점이 발생하지 않는다. 그러나 큰 남근에만 의존하는 섹스를 벌이다 실패했음에도 이를 계속 고수하려는 고지식한 태도는 여성에게 성적인 불만을 안겨주고 불행이 더 커지므로 죽어 마땅하다. 그 대신 큰 남근에 대해 마음속으로 감탄하고 부러워하지 않는 부동심이 필요한 것이다. 큰 남근은 남자의 체면과 허영심을 채우기 위해 필요할 뿐, 정작 여성들에게는 그다지 실속이 없는 대상물이기 때문이다.

거대 남근을 숭배하게 되면 여성에 대한 애무와 전희는 등한시하고, 남근 위주의 삽입 성행위에 중점을 둠으로써 섹스를 그르친다. 물론, 섹스의 최종 단계에서 남근 삽입은 반드시 필요하고 거물도 필요할지도 모른다. 그러나 포르노 비디오와 달리 실제의 섹스에서 남근이 섹스의 전 과정을 진행하는 것은 아니다. 애무와 전희 시에는 남근의 역할이 거의 필요 없다. 여성의 몸에 애무와 전희로 아름다운 수가 놓아졌을 대 비로소 남근의 역할이 필요해진다. 불꽃놀이의 모든 과정이 잘 준비되었을 때 뇌관을 작동시키는 마지막 버튼 역할을 남근이 한다. 그래야 불꽃이 하늘로 치솟으며 연쇄적으로 폭발하여 밤하늘을 멋지게 수놓듯 성적인 클라이맥스에 남녀가 동시에 오를 수 있기 때문이다.

여백사 일가 살해 사건, 조조의 쫓기는 듯한 성생활 태도

조조의 성생활 철학을 단적으로 보여주는 사건이 있다. 조조가 왕윤에게서 받은 칠성보검으로 동탁의 침실로 들어가 살해하려다 실패한 후 동탁을 피해 도피하던 중 벌어진 '여백사 살해 사건'이 바로 그것이다.

여백사는 조조의 아버지와 친구 사이다. 조조가 동탁을 죽이려다 실패한 후 쫓기는 신세가 되어 피신 길에 그 집에 묵게 된다. 마침 집에 술이 떨어져 여백사가 술을 사러 나간 사이에 조조는 자신을 위해 돼지를 잡으려는 여백사의 가족들이 자신을 죽이려고 칼을 가는 줄 알고 8명을 모두 살해한다. 그 후 자신이 실수한 것을 뒤늦게 알게 되어 도망치다 술 등을 사가지고 오는 여백사를 만나 뒤탈을 없애기 위해 여백사마저 참살한다. 이를 보고 같이 동행하던 진궁이 크게 놀라 "알면서도 고의로 사람을 죽이는 것은 엄청난 불의요!"라고 비난한다. 이에 대해, 조조는 "차라리 내가 천하 사람들을 버릴지언정 천하 사람들이 나를 버리게 하지는 않으리라!" 하고 유명한 말을 한다.

이 이야기는 겉으로 보기에는 크게 과장됨이 없고 대중들의 미움을 받는 조조라는 이기적이고 간사한 인간이 얼마든지 보일 수 있는 행동이다.

윤리적, 사법적인 관점에서 볼 때 민가에서 죄 없는 사람 8명을 죽이고, 그 죄를 감추기 위해 한 사람을 더 죽인 범죄행위는 극형에 처하고 온갖 비난을 받아 마땅하다. 범죄를 저지르고 나서 "내가 천하 사람들을 버릴지언정 천하 사람들이 나를 버리게 하지는 않으리라!"라는 말은 더욱 가관이다. 늦었지만 엄정한 법질서와 윤리를 바로 세우기 위해 지금이라도 다시 조조의 범죄를 기소하여 그 죄를 처벌해야 할 만큼 비윤리적이고 사악한 범죄였다.

그러나 『삼국지연의』에서 중국의 대중들이 원했던 조조의 역할은 사악한 범죄자적 성격을 지닌 영웅이 아니다. 모두가 미워하는 조조의 사악한 행위를 통해 조루 증세를 지닌 사람의 성 철학의 단면을 보여주는 것이 대중들이 원하던 본래 목적이다.

조조가 여백사를 죽이게 된 가장 큰 동기는 동탁을 죽이려다 실패하고 쫓기는 신세에서 발생했다. 결국 성 충동에 쫓기는 상황에서 그러한 참극이 발생한 것이다. 조조는 그의 얼굴이 그려진 초상화가 전국 곳곳에 붙고 막대한 현상금까지 걸린 현상수배범이다. 조조가 동탁적 성 충동에 쫓기고 있어 항상 불안한 상태에 있음을 상징한다. 조루중인 사람들은 성관계 시 언제라도 사정과 직결될 수 있는 성 충동에 쫓기고 있기 때문에 불안하다. 성적인 불안감에 쫓기기 시작하면 성행위에 들어가 보지 않아도 그 결과를 뻔히 알 수 있다. 야구에 있어서 슬럼프에 빠졌거나 자신감 없고 불안한 타자가 매번 헛방망이질을 하는 이치와 같다.

조조 같은 사람은 성행위 중에 자신에 대한 확고한 믿음이 없고 민감하여 조그만 것도 부정적으로 확대 해석하는 경향이 있다. 여백사(呂伯奢) 가족 일가를 죽이는 불상사도 그래서 발생한 것이다.

呂 = 법칙, 음률, 등뼈, 풍류
伯 = 맏, 첫, 큰아버지, 남편, 뛰어나다, 나타나다
奢 = 사치하다, 자랑하다, 지나치다, 과분하다, 많다, 아름답다

여포(呂布)라는 이름을 분석할 때는 '呂' 자와 '布' 자가 잘 어울리고 자위행위 동작을 상징한다고 쉽게 분석할 수 있었다. 하지만 여백사의 의미를 분석하는 것은 간단하지가 않다. '呂'는 음률이나 풍류라는 뜻이 있다. 풍류는 멋스럽고 운치 있게 노는 것을 의미한다. 여백사는 살아가는 데 있어서 멋스럽게 노는 풍류를 첫째로 여기며 넘치도록 즐기는 삶의 자세다.

부부 관계를 가질 때 느긋한 마음으로 리듬과 박자를 타면서 마치 풍류를 즐기듯 해야 오르가슴도 크고 화합과 만족감을 얻을 수 있다고 한다. 이와 반대로 조조처럼 동탁적인 성 충동에 쫓기듯 불안한 가운데 성생활을 하면 도중에 불상사가 일어나고 성적 욕구불만만 가중시킨다.

조조가 여백사 집에 왔다는 것은 자신의 조급하고 불안에 쫓기는 듯한 성생활 태도를 여백사 같은 마음으로 완화하고자 했던 것이다. 여백사 집에 한참을 머물렀다면 그의 쫓기는 듯한 성생활 태도가 치유될 수도 있었다. 그러나 조조가 워낙 성 충동에 쫓기는 극심한 조루 증세를 보여 비극적이고 사악한 결과를 초래했던 것이다. 성관계 때마다 성 충동에 쫓겨 조급하고 불안한 남성들이 여백사처럼 여유를 가지려고 하나 뜻대로 안 되는 모습이다. 여백사의 느긋한 성생활 자세를 뒷받침하는 것이 그가 살고 있는 성고(成臯)라는 지명이다.

成 = 이루다, 갖추어지다, 구비하다, 무성해지다, 익다, 성숙하다,
臯 = 물가의 언덕, 느리다, 늦추다, 못, 늪, 부르다

성고(成皐)라는 지역 명과 여백사라는 이름은 서로 잘 어울린다. 성행위를 늦추거나 느리게 진행하는 자세를 갖추고 있다는 의미다. 이런 성고(成皐) 지방까지 와서 여백사를 만나 그를 죽인다는 것은 성 충동으로부터 쫓기고 있는 조조의 급박하고 불안한 성생활의 단면을 잘 부각시키고 있다.

여백사가 굳이 술 사러 나가는 것으로 이야기가 설정된 것에도 특별한 의미가 있다. 여백사가 가족들과 같이 뒷마당에서 돼지를 잡다가 이를 오해한 조조가 한 번에 모두 죽이는 장면으로 처리해도 되기 때문이다. 풍류를 즐기는 것을 첫째로 삼는 여백사가 말짱한 정신으로 부부 관계에 임하면 기분이 안 나기 때문에 술로써 분위기를 만들려는 모습이다. 현대인들도 부부 생활의 풍류를 느긋하게 즐기거나 좀 더 대담한 성생활을 하기 위해 포도주를 비롯해 술을 가볍게 마시는 경우가 많다는 것은 다 알려진 사실이다.

조조가 여백사 가족을 먼저 죽인 후, 나중에 여백사를 죽이는 것은 구분된 의미가 있다. 여백사 가족을 먼저 죽인다는 것은 사정하려는 성 충동에 쫓기는 조조 같은 사람은 조그만 자극에도 민감해서 조기 사정이라는 대형 사고를 치기 때문이다. 다음에 술을 사오는 여백사마저 죽이는 것은 민감한 조루 증세를 가진 사람은 술을 마셔도 크게 도움이 안 됨을 의미한다. 조조가 여백사를 죽이고 동행했던 진궁이 책망하자 다음과 같이 말한다.

"寧交我負天下人(영교아부천하인) 차라리 내가 천하 사람들을 버릴지언정
休交天下人負我(휴교천하인부아) 천하 사람들이 나를 버리게 하지는 않으리라!"

조조의 극단적인 이기심이 드러나는 말로서 그 속에는 조조의 성생활 철학이 담겨 있다. 성행위 시 여성과 정을 나누다가도 급박하면 아무 때나 삽

입하고 마음대로 조롱하고 배신하겠다는 비열함이다. 남녀가 성관계를 가질 때는 같이 시작해서 같이 오르가슴에 도달하자는 묵시적 약속이 있다. 이것이 바로 성생활의 의리다.

남녀 간의 성행위에 있어서 배신한다는 것은 묵시적인 약속인 동시에 오르가슴에 도달하자는 약속을 어느 일방이 깨는 것이다. 남녀 간의 성 생리적인 구조로 볼 때 이 약속을 깨는 것은 항상 남성일 수밖에 없다. 남성들은 호거아처럼 5백 근이 넘는 짐, 페르시아 전쟁의 스파르타 병사들처럼 3,000배가 넘는 적과 같은 사정 압력과 매번 싸워야 하기 때문이다. 조조는 생리 구조상 남성이 여성을 배신할 수 있어도 여성은 결코 남성을 배신할 수 없다는 성적인 불평등에 대한 역설적인 표현을 한 것이다. 이처럼 성충동에 쫓기는 듯한 조조의 조루 증세도 나중에 관우의 오관참육장을 통해 극복되어 남녀가 행복해하는 원만한 성생활로 나가게 된다.

하비성(下邳城)과 여포, 성적 열등감에 머무는 것

여포가 하비성에서 최후를 마치고 뒷부분에서 관우는 하비성에서 패해 조조의 수하로 들어가게 된다. 하비성은 이처럼 『삼국지』에서 으뜸가는 영웅들이 죽거나 고배를 마신 장소로, 심리적으로 중대한 의미가 있다.

下 = 아래, 천한 사람, 하급, 열등, 내리다, 낮추다, 못하다
邳 = 크다, 혼령, 도깨비, 유령, 정신, 감정

'下'는 아래쪽을 의미해 '천하고 열등한 상태'를 뜻하기도 한다. '하비(下邳)'는 '천하거나 열등함이 크다'는 뜻이며, 열등한 감정이나 마음을 상징한다. 청소년기에는 자위행위를 통해 성 본능에 눈뜨고 동탁적인 성 충동을 잠재우고 달래주는 긍정적인 기능이 있다. 그러나 나이가 차고 결혼 적령기에 도달한 사람이 자위행위만 하는 것은 바람직하지 않다. 사회 구성원의 재생산이라는 측면에서 볼 때 성생활로 나아가지 못하고 자위행위에만 머물러 있게 되면 인구 감소를 불러온다. 경제도 위축되고 국가와 민족을 멸망시킬 수도 있다. 나이 찬 성인이 되어서도 자위행위를 계속하게 되면 하비(下邳)적인 열등감을 불러일으키는 것은 당연하다.

자위행위가
천박하고 지류적인 행위라고 비난을 쏟아붓다

여포가 하비성을 지키고 있어서 함락되지 않자 조조가 포위를 풀고 일단 허도로 돌아가 잠시 군사들을 휴식시키려고 한다. 조조의 부하인 곽가와 순욱이 근수(近水)와 사수(汜水)의 물줄기를 하비성 안으로 몰아넣어 성을 점령하는 계략을 제시하자 조조가 받아들인다. 근수(近水)와 사수(汜水)의 두 물길이 하비성으로 들어가자 동쪽 성문만 남고 나머지 성문은 모두 물에 잠긴다. 그럼에도 불구하고 여포는 적토마는 물도 평지처럼 잘 건널 수 있다며 아내 엄씨와 초선을 끼고 좋은 술만 퍼마신다.

近 = 가깝다, 알다, 천박하다, 생각이 얕다, 근처
水 = 물, 강, 물을 적시다(축이다)

근수(近水)는 '천박하게(近) 죽이다(水)'라는 뜻이다. 자위행위를 통해 성적인 욕망과 갈증을 천박하게 죽이는 것을 의미한다. 사수(泥水)는 앞에서도 분석되었듯이 본류적인 남녀 간의 성생활에 비해 성적 욕망을 '지류(支流)적으로 죽이는(水)' 행위라는 의미다.

자위행위는 사춘기 시절에는 성적인 욕망을 달래주고 자신의 성(性)에 대해 알아가는 건강한 생리적인 욕구였다. 결혼 적령기에 도달한 시점에는 남녀 간의 성생활로 나아가야 하기 때문에 마냥 자위행위에 머물 수 없다. 그래서 자신이 한동안 애용해 왔던 자위행위를 미숙하고 천박한 가치, 본류가 아닌 지류적인 가치라고 강물을 쏟아붓듯 맹렬하게 비난을 쏟아붓는다. 토끼 사냥이 끝나자 개를 잡아먹는 토사구팽과 같다.

모든 것에는 때가 있고 사람은 사춘기 시절에만 머물 수 없고 청년 시절을 거쳐 신혼과 중년, 노년 등 계속 앞으로 나아가야 하기 때문이다. 이러한 성적인 변화와 성장 과정은 인류가 결혼 제도를 만들어 낸 이래로 수천 년에 걸쳐서 반복적으로 되풀이되며 입증되어 온 것이다. 때가 되면 자위행위가 죽어야 하는 것이 당연하다.

조조에게 넘어온 적토마,
여포적 자위행위에서 성생활로 중심 이동

조조가 천하 맹장 여포를 제압할 때 여포의 부하인 후성(侯成)의 배신으로 먼저 적토마가 조조에게 넘어온다. 적토마를 갖고 있다는 것은 성적 발기력이나 성생활의 주도권을 잡고 있다는 의미다.

동탁이 여포에게 적토마를 넘겨주고 결국은 여포에게 죽었고, 여포는 조조에게 적토마를 빼앗기고 결국 조조에게 죽는다. 조조는 관우에게 적토마를 넘겨주고 적벽대전에서 패해 도망치다 화용도에서 관우에게 붙잡힌다. 거의 죽은 목숨이나 다름없었지만 관우가 아량으로 살려준다. 적토마가 넘어간다는 것은 사춘기, 청년기, 결혼생활기 등 시절에 따라 성생활의 중심이 이동함을 의미한다.

여포는 자위행위를 통해서 성 충동을 달래주는 역할을 수행했다. 하지만 사회 구성원과 후손의 생산이라는 성 본능 본연의 목적과 충돌하므로 결국은 죽을 수밖에 없는 운명이다. 물론, 결혼하여 성생활을 주기적으로 갖는 사람도 때론 자위행위를 할 수도 있기 때문에 현실에서는 여포가 완전하게 죽지 않는다. 사춘기가 시작되는 13세 전후부터 본격적인 성생활에 들어가는 시기 전까지 대략 10여 년 동안은 자위행위가 여포처럼 펄펄 날며 맹위를 떨친다. 여포를 일명 날아다니는 장수인 비장(飛將)이라고 부르는 이유다. 여포가 죽은 후에는 조조적인 남녀 간의 성생활로 그 무게중심이 이동한다.

방천화극의 제거,
공허한 자위행위의 무기를 제거하다

여포는 하비성(下邳城)에서 술과 여자, 싸움에 지쳐서 꾸벅꾸벅 존다. 여포가 술과 여자에 취했다는 것은 자위행위에 취해 생활해 온 것을 의미한다. 싸움에 지쳤다는 것은 자위행위를 둘러싼 갈등에서 지친 모습이다.

자위행위가 본래 지향하는 큰 목적인 성생활로 나가야 하는데 자위행위가 습관이 되어 버려 이를 버리지 못해 열등감이 느껴진다. 성생활로 나가려는 마음과 갈등하며 힘이 빠지고 지치는 모습이다. 결국은 부하들에 의해 여포의 방천화극이 제거되고 오랏줄에 묶여 조조 앞으로 끌려 나가 백문루 아래서 죽음을 맞이하게 된다.

여포의 방천화극은 마치 게임 속에 나오는 보검이나 최강의 무기 같은 존재이기에 사전에 제거된다. 자위행위 시 방천(方天)이 뜻하는 하늘 또는 허공을 향해 사정을 하려는 욕구를 제거하는 모습이다. 방천화극을 휘두르는 자위행위가 사춘기 시절에는 성적인 욕구와 외로움을 달려주는 긍정적인 행위였다. 그러나 나이 찬 성년이 된 마당에도 허공에다 사정을 하여 정액을 허비하는 것은 비생산적인 일이며, 정력의 낭비라는 비난까지 불러온다. 성적으로 어른이 되려는 자세에 의해 자위행위의 결정적인 무기인 방천화극이 제거되는 것은 당연한 일이다.

진궁,
자위행위와 조루증적 성생활 가치의 평가

> 이때, 한때 조조를 돕다가 떠나서 여포를 모시던 진궁(陳宮)도 함께 붙잡혀 조조의 심문을 받는다. 조조가 진궁에게 자신을 버린 이유를 묻자, 진궁은 조조가 바르지 못한 자라는 것을 알았기 때문에 버렸다고 대답한다. 조조가 다시 묻는다.
> "내 마음이 바르지 못하다면, 그대는 어째서 저따위 여포를 섬겼느냐?"
> "여포는 꾀는 없지만 너처럼 음흉하고 간사하지는 않다."

진궁(陳宮)은 조조가 동탁을 죽이려다 실패하고 현상금이 걸린 채로 도망치다 위기에 빠졌을 때 구해준 장본인이다. 그러나 조조가 여백사를 죽이는 것을 보고 조조를 떠나 여포에게로 갔다. 여포와 조조를 둘 다 잘 아는 진궁의 이러한 평가는 자위행위와 조루 증세에 대한 중국 대중들의 마음이 반영된 평가라 할 수 있다.

진궁(陳宮)은 앞에서 살펴본 대로 자궁에 베풀려는 자세다. 조조가 여백사를 죽인 것에서 드러났듯이 조조처럼 조루 증세를 지닌 사람들은 성 충동에 쫓기는 불안한 성생활을 해서 자기 볼일만 보고 끝낸다. 여성이나 자궁에 베풀려는 마음이 없다. 이러한 사실을 알고 그럴 바에는 차라리 자위행위를 하는 것이 낫겠다며 여포를 모신 것이다.

사춘기 시절에는 성욕이 매우 왕성하게 일어나지만 인간 세상은 이성과의 섹스를 매우 엄격하게 금지시킨다. 섹스는 하고 싶지만 아무리 생각해도 꾀와 대책이 거의 없다. 자위행위는 꾀와 대책이 없는 사춘기 청소년들이 팔건장의 하나인 장패(臧覇)처럼 은밀하게 자신의 성적인 욕구를 해소하는 행위다. 자위행위 자체가 남들에게 해를 끼치지는 않는다.

반면에 자위행위보다 훨씬 진보한 것이지만 여성과의 성생활 초기에 보이는 조루 증세는 상대 여성에게 분명히 욕구불만이라는 해를 끼친다. 그래서 무자비한 성욕을 상징하는 동탁조차도 조루 장군 조조를 좋아하지 않고 체포령을 내렸던 것이다. 자신의 욕구만 채우고 끝내는 조루 증세는 음흉하고 간사하고 의리 없는 행위라는 대중들의 평가가 담겨 있다. 성생활 초기에는 대부분의 남성들이 남녀 간의 성적인 불평등 때문에 조루증을 피할 수 없다. 그래도 성생활로 나가야 한다.

백문루에서 죽은 여포와
성냥팔이 소녀 죽음의 동질성

여포가 체포되어 죽음을 맞이한 백문루(白門樓)는 '깨끗하고 밝은 문루'라는 뜻이다. 하비성이 의미하는 자위행위의 열등한 상태에 비해 깨끗해지고 밝아진 상태라는 의미다. 문루는 성문 위에 지은 누각이다. 문은 통과의례를 상징하고, 누각은 먼 곳을 내다볼 수 있으므로 앞날에 대한 전망을 뜻한다. 자위행위가 죽음으로써 성적인 열등감이 사라지고, 앞으로 깨끗하고 밝은 성생활이 시작됨을 암시한다.

남녀 간의 성생활에는 임신과 출산, 양육 등 사회적, 경제적, 정신적인 책임이 뒤따른다. 이러한 책임을 부담하기엔 아직 미숙한 사춘기 청소년들은 자위행위를 통해 성적인 욕구불만을 해소하고 자신의 성(性)을 이해하고 받아들여 나간다. 이를 통해 결국은 성생활로 나갈 수 있도록 연결해 주는 것이 자위행위의 주된 목적임이 백문루에서 밝혀진다. 여포가 그런 의미를 깨닫는 순간 죽는다. 헛된 죽음이 아니라 보다 큰 것을 위한 희생이자 장엄한 죽음이요, 성숙한 성생활로 부활하는 것이다.

여포가 백문루 아래에서 죽었던 것은 성냥팔이 소녀가 죽는 장면과 동일한 의미를 지닌다. 여포는 술과 여자에 몸과 마음이 상하고 싸움에 지쳐서 꾸벅꾸벅 졸지만, 성냥팔이 소녀는 성냥을 켜면서 추위에 떨고 졸음이 온다. 추위가 상징하는 성적인 긴장감을 성냥불 정도의 자위행위를 통해서는 근본적으로 해소하고 녹일 수 없다. 결혼 적령기가 되어 가는 사람이 날마다 성냥불을 켜대듯 자위행위에만 몰두하면 천박하고 지류적인 행위라고 비난받는다. 성냥이 떨어져 가고, 여포가 싸움에 지쳐서 꾸벅꾸벅 졸듯이 자위행위의 동력이 자꾸 쇠약해지며 소녀도 나중에는 죽음을 맞이하게 된다.

여포가 죽지 않고 전투에서 승리하고 삼국을 지배하고, 성냥팔이 소녀가 죽지 않고 새해를 맞이한다면 그것이야말로 인류의 비극이 된다. 자위행위가 멈춰지지 않으면 결혼과 성생활에 많은 지장을 초래해 인구 감소를 불러오기 때문이다. 자위행위는 청년기 어느 시점에서 반드시 죽거나 멈추고 성생활에 그 무게중심을 내줘야 한다. 그렇게 됨으로써 결혼, 가정의 형성,

자녀의 출산 등으로 자연스럽게 이어져 인류 문명을 지탱해 나갈 수 있다.

동화는 엄동설한에 성냥불로 몸을 녹이다 얼어 죽은 소녀의 얼굴에 미소와 행복한 표정이 있었음을 강조한다. 이것을 통해 소녀의 죽음이 예사 죽음이 아니라 진통 끝에 부활과 밝은 새날이 옴을 암시한다. 여포도 백문루라는 흰색의 밝고 깨끗한 문루에서 죽음을 맞이함으로써 밝은 새날을 맞이함을 암시한다.

같은 자위행위의 죽음을 상징하지만 동서양이 자위행위를 바라보는 시각이 다르다. 서양은 불쌍한 소녀의 죽음, 동양은 최고 영웅의 죽음을 통해 표현한다. 서양적 시각은 성생활을 하지 못하고 자위행위로 근근이 성욕을 해소해 나가는 불쌍한 사춘기 청소년들에 대한 다소 부정적 시각이다. 동양적 시각은 성생활과 비교하지 않고 자위행위 자체의 활력과 역동성 측면에서 바라보기 때문에 긍정적임을 알 수 있다.

유비가 성생활로 나가기 위해
자위행위를 토사구팽하다

여포가 백문루에서 죽게 되자 발버둥 치며 유비에게 "이 귀 큰 놈아!" 하면서 욕을 해댄다. 원술이 기영을 보내 유비를 치려고 할 때 자신이 원문에서 활을 쏴서 화해시켜 살려줬는데 은혜도 모른다는 것이다. 여포적인 자위행위가 그동안 순수한 연애 감정과 성생활을 하려는 욕망 사이에서 무거운 부담을 지면서 이를 이끌어오는 노고를 했음을 알아달라는 의미다.

팔건장의 하나였던 장요가 여포에게 추태를 떨거나 두려워하지 말고 죽음을 받아들이라고 말한다. 장요(張遼)는 넓고 멀리 내다보는 원대한 시야를 의미한다. 넓은 시야에서 보면 한때는 자위행위가 필요한 역할을 했지만 이제는 성생활로 나갈 여건이 갖춰졌기에 자위행위가 죽고 성생활의 밝은 새 날을 맞이해야 한다는 의미다.

앞에서 진궁이 여포와 조조가 상징하는 자위행위와 조루증적 성생활에 대해 평가를 내렸다. 자위행위는 남에게 해를 끼치지 않는데 조루증은 여성의 생식기에 베풀지 못하고 성적인 욕구불만을 끼친다는 평가였다.

『삼국지연의』에서 의리와 덕을 가장 많이 따지는 유비가 지난날 여포가 자신을 살려줬건만 백문루에서는 여포를 죽이라고 조조에게 건의한다. 성적인 욕망 해소를 위해 여태껏 잘 써먹었던 자위행위를 성생활을 앞둔 시점에서 토사구팽하는 유비의 모습이다.

자위행위는 사춘기의 일정 기간 동안은 마치 사냥에 필요한 개와 같은 역할을 한다. 없어서는 안 될 성생활의 도구이며 사람 중에 여포이듯이 너무나 인간다운 행위이기도 하다. 그러나 사냥이 끝나면 개가 필요 없어져 개를 삶아먹듯이, 성인적 성생활의 시기가 도래하면 자위행위는 결국 토사구팽당할 수밖에 없는 운명이다. 인생이 변화 성장하는 과정에서 그동안 잘 사용해 오던 기존의 자세나 습관 등을 버려야 성장으로 나갈 수 있음을 보여주는 고사성어이기도 하다.

현재 성생활을 갖고 있는 모든 성인 남녀들은 그들이 사춘기 시절 한때 애용했던 자위행위를 유비처럼 토사구팽했기에 성숙하고 풍요로운 성생활이 가능한 것이다. 토사구팽이 헌신한 사람에 대한 배신과 변절이라는 부정적인 의미가 있지만 성적인 성장 측면에서는 누구나 실행해 나가야 하는 아름다운 배신이다.

Ⅲ

한창때의 전투,
불타는 영혼의 향락

유비, 관우, 장비, 도원결의

유비,
자신의 욕구를 죽여서 성생활 준비를 갖춘 사람

　유비는 한(漢) 왕실의 정통성을 이어받아 조조나 손권에 비해 대중들에게
인기가 있었다. 애석하게도 자신이 주도한 이릉전투에서 대패해 삼국 통일
의 꿈을 이루지 못하고 쓸쓸하게 죽어간 비운의 인물이기도 하다. 대중들
은 그를 생각할 때마다 천하제일의 책사 제갈량의 의견을 무시하고 오나라
정벌에 나섰다가 대패하고 만 것에 대해 지금까지도 아쉬워하고 있다. 이런
평가를 받는 그의 삶의 자세는 조조와 어떻게 다른지 이름에 담겨 있는 그
의 성격과 인생철학을 살펴봐야 한다.

　　유(劉) = 죽이다, 베풀다, 이겨내다, 승리하다, 예쁘다, 아름다운 모양
　　비(備) = 갖추다, 준비하다, 예방하다, 채우다

유비(劉備)를 직역하면, 죽이거나 이겨내서 갖추거나 예방한다는 뜻이다. 『삼국지연의』에서 유비의 행동을 전체적으로 판단해 볼 때, 죽이는 대상은 자신의 성질, 참지 못하는 마음, 자신의 이기적인 욕구 등이다. 자기 자신의 욕구와 감정을 죽이거나 이겨낼 수 있는 사람은 가정과 사회생활을 하는 데 있어서 매우 강점을 지니고 실수를 줄일 수 있다. 성생활에 있어서도 마찬가지라 할 것이다.

"인생은 자기 자신과의 싸움이다."라고 한다. 유비는 자기 자신과의 싸움에서 이긴 사람으로서 대중들이 정말로 좋아할 만한 대상이었다. 자신의 성적인 미숙에서 오는 조루 증세를 미리 죽이거나 이겨냄으로써 원만한 성생활을 준비하고 갖춘 사람이 유비다. 이런 유비를 남성들은 자신과 동일시하고, 여성들은 성적인 상대로 좋아하는 것이다.

현덕(玄德)과 맹덕(孟德), 잠자리의 오묘한 덕과 허망한 덕

현(玄) = 검다, 오묘하다, 심오하다, 통달하다, 깊은, 하늘, 북쪽, 현무(玄武)
덕(德) = 덕

그의 자인 '현덕(玄德)'은 '검은 덕', '오묘한 덕', '현무의 덕'이라는 여러 가지 의미가 있다. 그중에서도 특이한 것은 현무가 의미하는 '거북의 덕'이다. 중국 고서에 "현무는 거북과 뱀이 모인 것을 이르며 북방에 위치하고 있으므로 현(玄)이라고 하며, 거북과 뱀의 몸에 비늘과 두꺼운 껍질이 있으므로 무(武)라고 한다."고 기술되어 있다. 거북의 목이나 뱀은 전 세계적으로 남성의 생식기를 상징한다. 남성 생식기의 머리 부분을 거북이 머리를 닮았다 하여 귀두(龜頭)라고 부른다. 거북이는 느림보라는 별명이 있을 정도로 느림을 상징하는 동물이다.

'현덕(玄德)'은 오묘한 덕이라는 의미에다 거북이 상징하는 느림의 의미가 추가된다. 거북은 조조의 빠르게 사정하는 조루 증세의 정반대선상에 있는 여유 있고 느리게 진행되는 성적인 태도를 상징한다. 유비는 조조와는 달리 자신의 급하게 사정하려는 욕구를 죽이고 성적인 자질을 준비하고 갖춘다. 여성과 함께 클라이맥스에 도달하는 오묘한 현덕(玄德) 또는 성덕(性德)을 실천하는 사람이다.

현덕(玄德)이 '검은 덕'을 지칭할 때도 성적인 의미가 발생한다. 현무(玄武)는 북쪽 방향을 지칭하고, 태양의 운행 방향으로 봤을 때 북쪽은 해가 완전히 어둠 속으로 잠긴 캄캄한 한밤중이다. 현덕(玄德)은 낮과 정반대되는 밤의 덕이라는 의미다. 대낮에는 일과 일상생활을 잘하는 것이 미덕이지만, 한밤중에는 우리가 흔히 말하는 밤일, 성생활을 잘하는 것이 현덕이 된다. 남성들이 밤과 잠자리에서 여성에게 베풀어 주는 현덕은 조루증을 피하고 성적인 클라이맥스에 함께 도달하는 일이다. 이것을 자꾸 강조하는 것은 남성들은 자연 상태에서는 여성과 오르가슴에 함께 도달하지 못하고 의지를 갖고 노력해야만 도달할 수 있기 때문이다.

유비는 삼국을 통일하지 못했음에도 남녀 모두가 좋아하는 의인이고 오묘한 현덕(玄德)의 소유자로 칭송받는다. 이러한 현덕이 사회적으로 큰 영향을 끼치는 것은 아니지만 가화만사성해야 치국평천하를 이룰 수 있듯이 부부 화목에 기본이 되는 덕목이다.

그가 태어난 곳이 탁군(涿郡) 탁현(涿縣)으로 '탁(涿)'을 강조하고 있다. '涿'은 '듣다, 치다, 갈다'라는 뜻이 있다. 이것만으로는 유비의 성격을 밝히는 데 부족하므로 글자를 분해해서 살펴봐야 한다. '涿'은 '氵(수)+豖(축)'의 합성 글자로 '氵'는 물을, '豖'은 '발 얽은 돼지 걸음'이라는 매우 특이한 의미가 있다. 보통 물은 전 세계적으로 인간의 감정 상태를 상징하는 대상물이다. 안정된 마음은 잔잔한 호수로, 흥분이나 분노는 격렬한 파도로 표현하고, 물처럼 감정이 메말랐다거나 풍부하다고 말하기도 한다.

항상 꿀꿀거리며 먹을 것을 찾는 돼지는 인간의 욕망이나 욕심을 상징하는 대표적인 동물이다. 돼지의 발을 얽어매게 되면 돼지가 제대로 행동할 수 없다. 유비 고향이 '탁(涿)'이라 함은 물과 돼지가 상징하는 자신의 감정적 욕망이나 욕심을 얽어매서 통제하는 자세를 지니고 있음을 상징한다.

삼국지 최고 맞수인 유비와 조조는 그들의 자(字)에서도 정반대의 의미를 지니고 있다. 인의예지를 중요시하는 유비의 현덕(玄德)은 여성에게 예를 다하고 성적인 의리를 지키는 오묘한 덕이요, 밤 자리의 덕으로 존경받는다. 이에 비해 간웅 조조의 맹덕(孟德)은 동 닿지 않는 엉터리 뺑덕이다. 성행위 시 자기 볼일만 보고 끝내서 여성들에게 생각하던 바와 달리 허망함만 안겨주는 맹랑(孟浪)한 덕이다.

'孟' 자는 '처음'이라는 뜻이 있으므로 맹덕(孟德)은 성생활 초기에 나타내는 덕이나 행위를 의미하기도 한다. '玄'은 깊거나 심오하다는 의미가 있다. 그래서 현덕(玄德)은 성생활이 깊어지거나 심오해짐에 따라 나타나는 덕임을 알 수 있다. 우리가 간웅 조조를 미워하지만 성생활 초창기에는 누구나 조루증 조조와 같은 덕을 여성에게 안겨 줄 수밖에 없다. 반면에 성생활의 경험이 증가하고 깊어지면 현덕 유비와 같은 덕을 여성에게 베풀 수 있음을 의미한다. 조조는 마냥 미워만 하고 유비는 마냥 존경하고 흠모할 만한 일이 못 된다. 시기만 다르지 모두가 남성 자신에게 나타나는 모습이기 때문이다.

독서를 안 하고,
큰 귀와 긴 팔을 지닌 유인원 같은 유비

『삼국지연의』는 대중들의 상식과 달리 덕과 의리가 있는 선비 같은 유비를 '원래 책 읽기를 좋아하지 않는 사람'이라고 단적으로 묘사하고 있다. 유비는 촉한(蜀漢) 정통론의 주인공이며 촉나라의 황제다. 유교적인 덕치를 실현해 나가기 위해서는 무엇보다 성현들의 말씀이 담긴 사서삼경 등 책을 많이 접해 왕으로서의 자질과 도량을 쌓아나가야 한다. 그럼에도 불구하고 유비가 책 읽기를 좋아하지 않았다고 구체적으로 표현한 것은 다소 의아스러운 측면이 있다. 귀는 어깨까지 닿고 팔은 무릎 아래까지 내려간다. 이대로라면 매우 독특한 정신 구조와 기이한 신체의 소유자가 유비의 모습이다. 조금 과장해 표현하면 책은 읽을 줄 모르고 나무에나 잘 매달리는 유인원 같은 모습이다.

책 읽기를 좋아한다는 것은 지적인 사람이며 머리가 발달한 사람이다. 유비가 원래 책 읽기를 좋아하지 않았다는 것은 성생활에 있어서 생각하고 따지는 지적인 측면은 별로 필요가 없다는 의미다. 섹스는 머리와 생각으로 하는 것이 아니라 서로에 대한 배려와 사랑의 마음을 갖고 가슴과 감정으로 하는 행위다. 또한 성생활은 책이나 학문적 이론보다는 실전 경험이 중요함을 역설한다. 섹스를 책에서 본 이론대로 한다고 해서 조루 증세가 사라지지도 않는다.

대중들이 오늘날로 따지면 책을 읽지 않아 교양이 없거나 학식이 부족한 유비를 좋아한다. 그가 이론적 지식보다는 마음과 감정에 충실한 자세를 지녔기 때문이다. 반면에 유비와 대조적으로 어려서부터 책을 많이 읽은 조조는 사고적이고 이론적인 측면이 발달했지만 조루 증세를 지녔고 간사하다. 섹스는 지적인 활동이 아니라 본능과 가슴의 활동으로 해야 함을 의미한다 하겠다.

여포가 죽을 때 유비에게 '귀 큰 놈'이라고 욕을 했듯이 유비의 양쪽 귀가 어깨까지 닿았다는 것은 실제로는 불가능한 괴이한 상태. 귀의 가장 큰 기능은 외부의 소리를 듣는 것이다. 유비의 귀가 사실 여부를 떠나 그토록 괴이할 정도로 크고 발달했다는 것은 하찮은 작은 소리까지 귀담아 들을 수 있는 자세를 지녔음을 상징한다. 겸손한 사람의 자세다

이와 관련해서 '듣다'는 의미의 한자 '聽'을 분해해 보면 재미있는 뜻이 나온다. '귀(耳)'가 큰 임금(王)이 십사(十四) 세부터 일심(一心)으로 듣다'라는 뜻이다. 여기서 귀가 큰 임금은 유비, 십사 세의 나이는 사춘기를 뜻한다. 큰 귀를 갖고 사춘기 시절부터 내면의 소리와 작은 소리까지 잘 들어 바른 성생활을 하는 사람이 유비다.

유비는 두 손이 무릎 밑까지 내려올 정도로 매우 길다. 마치 원숭이 팔처럼 긴 모습으로, 보통 사람들은 무릎 위 30cm 위까지밖에 안 내려온다. 『삼국지연의』에서 굳이 정사와는 달리 현덕한 군주 유비의 모습을 유인원처럼 표현한 것에는 특별한 이유가 있다. 팔이 길면 보통 손을 잘 쓰고, 원숭이처럼 잘 올라가며 잘 매달린다. 성행위 시 손을 잘 써 애무를 잘하고, 여성의 몸에 올라가서 원숭이처럼 떨어지지 않고 오랫동안 잘 버텨낼 수 있는 모습을 상징한다. 성행위를 시작하자마자 오래 버티지 못하고 금방 내려오는 조조 같은 사람에 비해 팔이 길어 월등하게 길게 버틴다. 유비의 긴 귀와 무릎 아래까지 닿는 긴 팔은 매우 기형적인 생김새다. 이를 통해 이런 상징성을 나타내려는 것이 아니라면 대중의 사랑을 받고 있는 그의 신체 모습을 굳이 『삼국지연의』에서 괴이하게 언급할 필요가 없다.

관우,
부부 관계 시 날개 역할을 하는 발기력

관우는 대춧빛 같은 붉은 얼굴에 9척 장신이며 길이가 2척이나 되는 아름다운 긴 수염을 지니고 있어서 미염공(美髥公)이라고도 불렸다. 한때 조조 밑에 있다가 벗어나면서 다섯 개의 관문을 통과하며 여섯 명의 장수를 베기도 한 오관참육장(五關斬六將)의 주인공이다. 조조가 건네준 술잔이 식기 전에 동탁의 부하 화웅을 베기도 했다. 독화살을 맞고 화타가 치료를 하게 되어 칼로 뼈를 긁어내며 치료할 때 관우는 태연하게 바둑을 두었다고 한다.

『삼국지연의』 최고 영웅이며 죽은 뒤 민간신앙의 대상이 되어 관성제군(關聖帝君), 관제군(關帝君), 관제(關帝)라고 불린다. 그가 태어난 산시성 윈청시에는 높이가 무려 80m에 달하는 그의 동상이 세워져 있기도 하다.

앞에서 관우(關羽)라는 이름이 '관계하는 데 있어서 날개'라는 뜻이며, 발기력을 상징한다고 이미 분석했다. 대완마처럼 큰 남근의 소유자라도 힘찬 발기력이 없으면 바람 빠진 풍선처럼 무용지물이 되고 여성과 관계를 할 수 없다. 그의 자가 운장(雲長)이다. 남녀 간의 육체적 정사를 의미하는 운우지정(雲雨之情)의 장(長), 또는 최고 어른이라는 의미다. 발기력이 성생활을 하는 데 그런 역할을 한다는 의미다. 관우의 원래 자는 장생(長生)이다. 이 말은 불로장생이나 장생불사(長生不死)의 줄임말로 늙거나 죽지 않고 영원히 산다는 뜻이다. 성생활과 발기력에 대한 사람들의 소망이 담긴 말이다.

대춧빛 얼굴과 긴 수염,
붉게 발기한 남근과 아름다운 음모

『삼국지연의』는 관우의 대춧빛 같은 붉은 얼굴을 강조한다. 현실에 있어서 붉은 얼굴은 매력적이지도 않고 무서워 보이며 피부병의 일종이다. 관우의 대춧빛 같은 붉은 얼굴은 남근이 힘껏 발기하여 삽입 직전의 빛깔로서 섹스 시의 바람직한 발기 상태를 표시한다. 발기는 평소보다 5배나 폭증한 혈액을 남근에 가두는 역할을 하기 때문에 저절로 검붉은 대춧빛을 띠게 된다.

그는 수염이 길고 아름다운 미염공이라 불린다. 일상 대화 속에서 다루기에 거부감을 느낄 수 있는 남근 주변에 난 음모를 아름답게 표현한 것이다. 관우의 미염이 실제 수염일 수도 있다. 그러나 동탁은 성 충동, 여포는 자위행위, 조조는 조루 증세를 상징하며 서로가 성적인 주제로 매우 자연스럽게 연결됐다. 따라서 그의 대춧빛 얼굴이 발기한 남근을 상징하므로 그의 수염은 아름답고 섹시한 음모를 상징함이 당연하다.

여성들은 무모증(無毛症) 여성들이 전체의 약 4.4% 정도로 알려져 있지만 대부분의 성인 남성들은 아름다운 음모인 미염(美髥)이 나 있다. 여성들은 무모증인 경우에도 생식 활동에 지장이 없으나 무모증 남성들은 성호르몬에 이상이 있는 경우가 대부분으로 알려져 있다. 관우의 얼굴빛처럼 붉게 발기한 남근과 미염은 사춘기 이후 남성들이 갖는 성적인 징표다. 임신 능력이 있음을 외부에 알리며 성숙한 남성미의 상징이 된다.

해현(解縣),
사창가에서 욕구를 해소하는 동서고금의 젊은이들

　그의 고향은 해현(解縣) 또는 해양(解良)으로 불린다. 이곳은 중국 최대의 염호(塩湖)인 해지(解池)가 있어 소금 생산지로 유명했던 곳이다. 한(漢)나라에서는 소금이 국가 전매품이어서 밀매가 성행했다. 관우는 소금 밀매에 관여하다가 염상(塩商)을 죽이고 유비가 사는 곳으로 도피했다고 한다.

　『삼국지연의』에서 가장 의로운 인물로 유비와 관우를 들 수 있다. 이들이 지녔던 인품과 달리 두 사람 모두 모순되는 성격이나 행동을 했다. 유비는 기본 덕목이 되는 사서삼경 같은 책을 읽기 싫어했으며, 관우는 불법적인 소금 밀매를 한 전과자이자 살인자였다. 전쟁터가 아닌 이상 그가 누구이던 간에 살인자는 동서고금을 막론하고 지탄의 대상이며 예외 없이 법으로 엄하게 처벌되는 것이 현실이다. 기본적인 현실이 이러한데 나중에 결과만 좋으면 다 된다는 식으로 모든 것이 용서되지 않는 것이 인간 세상이다.

　『삼국지』 최대 미스터리 사건이자 오늘날까지도 풀리지 않은 관우의 해현 살인 사건 전말을 풀어 볼 필요가 있다. 그의 고장인 해현(解縣)의 한자어와 그곳에서 많이 나던 소금의 의미를 살펴봐야 한다.

　　解 = 풀다, 풀어헤치다, 열다, 벗다, 끄르다, 없애다, 해소하다, 대소변을 보다

　'解'는 무엇을 열거나 풀고 벗고 끄르게 하는 것이며, 욕구를 해소한다는 의미가 있다. 관우처럼 힘차게 발기한 남근을 통해 대소변을 보듯이 시원하게 성적 욕구를 해소(解消)한다는 의미다.

　그의 고향에는 중국 최대의 염호(塩湖)인 해지(解池)가 있어 소금 생산지로

유명했던 곳이라고 한다. 해지(解池)는 성적인 욕구를 푸는 못이라는 의미다. 이러한 해지가 매우 큰 것이 있었다는 것은 남성들이 욕구를 푸는 대규모 사창가나 기생집이 몰려 있었음을 의미한다.

남성의 정액은 보통 유백색으로 밤꽃 냄새가 나지만 때에 따라 조그마한 젤리나 소금 같은 형태가 나오기도 한다. 사람들의 성생활이란 마치 소금과 같은 측면이 있다. 없으면 인생이 싱겁고 맛이 없고 욕구불만으로 스트레스를 받아 병이 생기게 한다. 적당할 때 가장 맛이 좋으며, 지나치게 되면 소금에 절듯이 색골이 되어 피골이 상접해지고 독이 된다. 그러므로 소금이 없으면 음식의 맛을 낼 수 없고 부패하기 쉽듯이, 성생활이 없으면 사는 재미가 없고 생활에 활력이 없어 침체되기 쉽다. 동서양을 막론하고 고대사회에 있어서는 소금이 금처럼 귀한 대접을 받았다. 평소에는 소금이 상징하는 성생활이 누구나 즐기고 있어 귀한 줄 모른다. 그러나 막상 젊은 나이에 배우자와 사별하여 싱글이 되면 성생활이 황금보다 더 귀하고 가치가 있음을 실감하게 되는 이치의 반영이다.

관우의 고향을 '해량(解良)'이라고 할 때는 성적 욕구를 해소함이 좋다는 뜻이다. 여기에는 비록 숨어서 하는 매춘이기는 하지만 섹스를 통해 욕구를 해소하는 것이 자위행위보다 더 좋다는 의미가 담겨 있다. 그러나 해량(解良)은 원래의 지명인 '해량(解梁)'을 『삼국지연의』의 작자가 잘못 표기한 것으로 알려져 있다. '해량(解梁)'은 직역하면 '들보를 풀거나 해소하다'라는 뜻이다. 앞서 명량(鳴梁)해전에서 살폈듯이 '梁'은 들보처럼 발기해 있는 남근을 상징한다. 따라서 '해량(解梁)'은 발기한 남근의 욕구를 해소하거나 풀어주는 장소라는 의미가 된다. 남성들의 성적인 욕구를 푸는 장소로 사창가를 더욱 정확하게 지칭하고 있다.

소금을 나라에서 전매했다는 것은, 소금이 상징하는 성생활은 국가나 세상에서 전매를 인정한 결혼한 부부간에만 거래가 가능했다는 의미다. 성생활의 전매 제도는 인류 문명의 속성상 가정을 형성하고 지켜나가기 위해 인간이 발명해낸 인간만의 고유한 성 문화다. 오늘날에도 성생활은 고대사회와 크게 다르지 않게 연인과 부부 사이의 전매 상품이라 할 수 있다. 낯선 이성과의 하룻밤은 인정되지 않는 전매이기에 불법 성매매를 하다가 들켜서 각종 부작용을 일으키기도 한다.

관우가 소금을 밀매하는 불법을 저지른다. 나이가 차지 않아 성생활의 전매가 허락되지 않은 남성들이 불법적인 매춘 등을 밀거래하는 것을 상징한다. 관우는 여포적 자위행위의 단계를 넘어서 남근으로 성생활을 추구하는 단계를 상징하기 때문이다. 결혼 전에 남성들이 기생집 등에 가서 매춘을 하며 성욕을 푸는 것을 관우가 해지에서 소금 밀매를 하는 것으로 표현했다.

남성들은 공개적으로는 허락되지 않는 자위행위를 미오별장에서 은밀하게 하며 성욕을 푼다. 좀 더 나이를 먹게 되면 법적으로는 허락되지 않는 성생활을 해량 같은 사창가에서 불법 전매를 한다. 이 두 장소는 남성들이라면 다 알고 있는 성적인 욕구를 푸는 은밀한 장소로, 인간 사회의 매우 오래된 불편한 진실이다.

그가 염상(鹽商)을 죽였다는 것은 사창가에서 몸 파는 기녀와의 거래를 죽이고 끊은 것을 의미한다. 그 후 관군에게 한동안 쫓겨 다니는 신세가 된다.

남성들은 젊어서 한때 사창가에 드나들며 매춘을 하다가 혼기가 차면 이를 끊게 된다. 관군이 의미하는 성생활을 관허(官許) 또는 허가받은 결혼을 통해 안정적인 성생활로 나가야 하기 때문이다. 관군에게 쫓긴다는 것은 불법 매춘이 아닌 결혼을 통해 합법적이고 안정된 성생활을 해 나갈 것을 종용받고 있는 젊은이들의 모습이다.

관우의 이곳 생활에 대한 자세한 내용이 없다. 대부분의 남성들이 이용하는 사창가에서의 매매춘은 드러내 놓고 권장할 만한 것이 아니기 때문이다. 사창가에 드나든다는 사실이 알려지면 오히려 비난이 따르고 오늘날에는 성매매방지법으로 처벌받는 사회 분위기까지 있다. 그러나 아무리 처벌이 강력해도 남성들이 해지(解池)에서 성적 욕구를 해소하려는 행위는 예나 지금이나 누가 가르쳐주지 않아도 변함없이 이어지고 있다. 그것은 누가 알려주지 않아도 미오별장에서 자위행위를 통해 욕구를 해소하는 것과 마찬가지기 때문이다.

이곳의 소금은 내륙에 있는 소금 호수인 염지(鹽池)에서 났기 때문에 개흙 등이 도처에 있어 환경이 더럽고 지지분하다. 사창가 등에서 남성들이 성적인 욕구를 해소하기 위해 매매춘을 하는 것이 염지처럼 더럽고 지저분한 행동이라는 의미가 내포되어 있다. 사창가에서 매매춘을 하면 각종 성병에 걸릴 확률이 높아지기 때문이다.

스마트폰 속 해지(解池)

오늘날 성매매특별법으로 단속을 강화하고 집창촌까지 없애고 있는 실정이지만 오히려 풍선 효과를 유발하고 있다. 단속으로 해지가 완전히 없어진 것이 아니다. 오히려 오피스텔이나 주택, 인터넷이나 스마트폰 속으로 파고들어 변형된 제2, 제3의 해지(解池)를 만들어내고 있다. 그 가장 좋은 예가 정보화시대답게 스마트폰 앱 속에 해지(解池)를 만들고 상호 간에 은밀한 성매매 거래를 하는 유형이다.

이러한 과정은 모두 불법이라 성을 팔거나 매수하는 사람 모두가 서로에게 약점을 드러내는 꼴이 된다. 그래서 이를 악용하여 상호 간의 협박, 갈취, 폭행, 살인 등의 사건이 꼬리를 물고 일어나고 있는 것이 오늘날의 현실이기도 하다. 사람의 욕망이 있는 한 장소를 없애 버린다고 그 욕망 자체가 결코 사라지지 않는다. 이에 대한 인식 및 교육, 세심한 대처가 더 중요함을 알 수 있다. 최근의 조사에 의하면 성매매특별법이 시행되고 있음에도 불구하고 2,30대 남성의 54% 정도가 성매매 경험이 있다고 한다. 이 수치를 인용하면 젊은 남성들의 절반 이상이 실정법을 어기는 범죄자인 셈이다. 해량에 있었던 관우도 그랬다.

미국의 여성 비평가 이브 세지윅(Eve Sedgwick)이 주장한 것처럼 남성들은 성매매에 대해 '동성 연대성'을 갖고 있다. 남성들끼리 끈끈한 유대감을 형성하기 때문에 매춘에 대해선 별로 죄의식이 없고 서로 너그럽게 넘어가 준다. 솔직히 말하자면 성매매를 단속하고 판결을 내리는 남성 판검사조차도 젊었을 때 한때는 두 명 중 한 명 이상은 관우처럼 해지를 드나들기 때문이다. 동서고금을 통해 쭉 이어져 온 남성들의 음지적(陰地的) 성생활 전통이라고 할 수 있다.

오늘날 거의 신처럼 추앙받는 관우가 1,800년 전에도 남들 모르게 해지를 드나들었다. 『삼국지』를 읽는 현대인들도 관우를 따라 해지를 드나드는 풍습이 변함없이 계승되고 있는 것이 인간 사회의 단면이다. 여성들은 성매매를 한 남성들에 대해 60% 이상이 관계를 끝내겠다고 한다. 이처럼 관우가 욕구를 해소했던 해지에 대해 남녀의 생각과 입장이 첨예하게 대립하고 있다. 성매매 문제는 칼로 무 자르듯 쉽게 다루거나 결론 내기 쉽지 않은 인류의 가장 오래된 난제라 할 것이다.

구체적인 예를 들어서 최근에 한 오피스텔을 경찰이 성매매 단속을 했다. 168개의 전체 호실에서 19개의 호실이 성매매 장소로 쓰여 11%가 넘었다고 한다. 이곳에서는 남성들이 낮 타임 성매매를 하고 다시 직장으로 들어가기도 했다. 성매매를 제공하는 여성들 중 여대생이 30%가 넘었고, 이들은 쉽게 돈을 벌어서 해외여행을 가거나 명품 가방 등을 사기 위해서 성매매에 나섰다고 한다. 한편에서는 성매매를 한 남성과는 관계를 끊겠다는 여성도 있지만, 다른 한편에서는 남성들의 욕구를 이용해 돈벌이에 나서며 쉽게 살아가려는 여성들도 있는 것이 현실이다.

해지(解池)는 마치 청소년들이 자위행위로 욕구를 달래던 미오별장처럼 음지에서 진행되기 때문에 당사자들 이외는 접근하기 어렵다. 그럼에도 불구하고 오늘날에는 일부 어린 중·고 여학생들까지도 남성들이 관우처럼 해지를 이용한다는 사실을 알고 이를 악용하는 경우도 있다. 남자 친구들과 공모해 협박하며 돈을 뜯어내다 경찰에 적발되는 경우가 심심찮게 일어나고 있을 정도다.

성매매는 시장의 법칙에서 보면 서로에게 이익이 되는 것을 교환하려는 인간의 영원히 사라지지 않을 원초적인 거래 욕구의 성격을 띠고 있다.

해지(解池)의 치밀한 의미 분석을 통해서 그동안 살인자로 오해했던 『삼국지』 최고의 영웅 관우에 대한 의문이 풀렸다. 사람을 죽이고 떠돌아다니다가 자신의 과거를 숨기고 의리 있는 영웅으로 살아가는 살인자를 추앙하는 모순에서 벗어날 수 있게 되었다. 그 대신 보통 사람이자 우리들의 이웃 아저씨 같은 관우의 모습을 보게 되었다.

청룡언월도(靑龍偃月刀),
힘찬 초승달 같은 발기력

관우의 무기는 청룡언월도(靑龍偃月刀)다. 역사적으로 볼 때 이 무기는 당·송 때에 출현했고, 훈련할 때 사용하여 위엄과 웅장함을 보이는 것으로 실전에는 사용되지 않았다고 한다. 무게도 20kg에서 50kg까지 나가는 것으로 알려져 있어 코끼리 정도의 힘이 있는 사람이나 휘두를 수 있는 무게다. 이 무기 역시 여포의 방천화극같이 남근의 발기 상태와 관련된 상징성을 지니는 무기다.

청룡언월도는 청룡과 언월이 합성된 개념이다. 사신도(四神圖) 개념에서 청룡은 동방(東方)을 지키는 용으로 동쪽이 상징하는 시작과 떠오름의 표상이다. 이완되어 있던 남근이 발기하며 떠올라 언월도 같은 형태를 취하는 모습이다. 언월도(偃月刀)는 초승달 또는 반달 모양의 칼로 직선 상태로 쭉 뻗어 끝부분이 약간 들려 곡선으로 휘어진 모습이다. 남근이 힘차게 발기되어 직선을 넘어 초승달처럼 약간 휘어져 곡선의 형태를 띠는 모습이다. 최고의 발기 상태를 나타낸다. 잡 털 하나 없는 붉은 적토마와 청룡언월도가 상징하는 발기력은 관우의 대춧빛 얼굴과도 어울린다. 청룡언월도 같은 단단한 발기력과 발기 강직도가 있기에 성행위 시 남근의 삽입이 가능하다.

여성들이 지렁이를 보면 혐오하고 징그러워하는 무의식적이고 원초적인 이유가 흐물흐물한 남근을 연상시키기 때문이다. 남녀 간의 운우지정의 대장인 관우의 청룡언월도 같은 남근은 성생활을 수월하게 하지만, 지렁이 같은 남근은 성생활을 가질 수 없기 때문이다.

장비(張飛),
제비처럼 오랫동안 체공하는 발기 지속력

장비는 보통 둥근 눈에 삐쭉삐쭉 나 있는 수염, 우람한 체격에 성격은 단순, 무식, 과격하고 술을 좋아하는 것으로 묘사된다. 관우(關羽)와 장비(張飛)가 의형제 간이지만 한자어 이름에 있어서도 날개(羽)와 날다(飛)는 뜻이 엇비슷하다.

장비(張飛)의 한자어 이름 뜻은 나는 것에 베풀거나 성하게 난다는 의미다. 난다는 것은 떨어지려는 중력에 저항하는 것이다. 발기한 남근이 이완되어 떨어지려는 것에 저항하여 발기력을 유지하는 것을 상징한다. 성행위에 들어가면 먼저, 관우에 의해 남근이 단단하게 발기하여 날개를 활짝 편다. 다음은 장비에 의해 오랫동안 날며 충분한 발기력을 유지함으로써 여성과의 성 생리적 보조를 맞춰나갈 수 있다.

장비는 적장과 싸울 때 항상 적장을 향해 "내가 연인(燕人) 장비다."라고 자신의 고향을 밝히며 감히 자신을 상대할 수 있느냐는 식으로 엄포를 놓는다.

燕 = 제비, 잔치, 향연, 주연, 잔치하다, 즐겁게 하다, 편안하다

찰나의 순간에 목숨이 오가는 전쟁터에서 독수리, 호랑이, 독사 등 맹수나 맹독성 동물로 상대에게 공포심을 유발하는 것이 승리에 더 효과적이다. 그럼에도 불구하고 장비는 하필 자신이 연약한 제비임을 강조한다. 이런 소리를 듣는 적들은 물론, 독자들도 공포심은커녕 도대체 뭐하는 거지? 하고 의구심을 갖게 된다.

하찮은 동네 조폭들도 자기 몸에 있는 문신을 보여주면 상대방이 공포심을 느낀다는 사실을 알고 이를 악용해 서민들을 갈취하는 것이 보통이다. 장비가 싸움터에서 제비를 강조하는 것은 조폭이 자기 몸에 귀여운 토끼나 강아지를 그려놓고 사람들을 협박하는 것이나 다름없다. 그러나 제비에는 보통 사람들의 허를 찌르는 깜짝 놀랄 만한 비밀과 반전이 숨겨져 있다. 그 비밀을 풀면 관우의 해현(解縣)에 버금가는 '燕'의 메가톤급 심리적 의미 에너지를 느낄 수 있다.

제비는 예전에는 전국 방방곡곡에서 쉽게 볼 수 있던 철새로서 민가에 집을 짓는 특이한 속성 때문에 인간과 친근하게 지내왔다. 『흥부전』의 소재로도 등장하고, "한 마리의 제비가 왔다고 봄이 온 것이 아니다."라는 속담을 비롯해, 대중가요 노래 가사에도 단골로 등장하는 새다.

제비는 빠르기도 하지만 가장 큰 행동적 속성은 둥지 재료를 얻기 위해 땅에 내려앉는 것 외에는 거의 땅에 내리지 않고 체공한다는 사실이다. 빨랫줄이나 전선 등에 앉아 있다가 날개를 퍼덕이며 일단 날아오른 후에는 기류를 타고 마치 제트기처럼 난다. 수면 위를 날 때도 속력을 줄이지 않고 그대로 날아 '물 찬 제비 같다'는 말도 나왔다. 날아다니는 곤충을 잡아먹고 땅 위에 있는 먹이도 날면서 잡아먹는다. 높이 날다가 땅 위로 스치듯이 날기도 하며 급강하와 급상승을 반복하며 원을 그리듯 재주를 부리며 날지만 땅에는 내려앉지 않는다.

제비가 지면으로 내려와 앉는다는 것은 발기력이 이완되어 죽는 것을 의미한다. 체공 시간이 긴 제비의 속성은 장비(張飛)라는 이름 뜻과 같으며, 남근의 발기 지속성을 상징한다. 제비는 지면으로 내려오는 것이 상징하는 사정할 것 같으면 급상승해 사정으로부터 멀어지는 재주를 부린다. 이렇게 되기 위해서는 성생활 교범에 나오는 것처럼 남근을 여근 속에 삽입해 즐기다가 사정 욕구가 급박해지면 빼내는 동작을 반복해야 한다. 그래야만 제비가 공중에 오랫동안 체공하듯 긴 발기력을 유지할 수 있기 때문이다. 그렇지 않고 남근이 여근 속에 계속 머물면 선덕여왕 말대로 남근은 곧 반드시 죽는다.

극심해지는 사정 욕구와 이를 다시 완화시키는 단순한 반복 동작이다. 하지만 이런 성적인 테크닉을 부리는 과정에서 당사자는 제비가 그리는 원과 같이 어지러운 쾌감을 느끼게 된다. 이러한 행위가 오래 지속될수록 남녀 모두에게 유익한 덕이 된다. 그래서 그의 호가 익덕(益德)인 것이다.

남성들이 단순 무식한 장비에 열광하는 이유는 제비처럼 하강과 급상승을 반복하는 이 단순한 섹스 방식이 가장 스릴 있는 섹스 방식이기 때문이다. 또한, 섹스를 길게 끌며 즐길 수 있게 해준다. 이 과정에서 조금이라도 하강적인 동작에 치우치거나 머물게 되면 그 순간 대형 참사가 발생한다. 고속 자동차경주 시 직선 코스에서 속도를 최고조로 올렸다가 코너에서는 줄여야 한다. 그러나 너무 흥분하고 기분을 내다보면 미처 속도를 줄이지 못한 채 곡선 코너에 접어들고 그 순간 원심력으로 차량 전복 사고가 일어난다.

사람들은 아이 때 타는 그네를 비롯하여 바이킹과 롤러코스터의 상승과 하강을 반복하는 동작에서 짜릿한 스릴감을 느낀다. 이와 같은 놀이들도 지나치면 죽거나 사고가 나기 때문에 안전한 한도 내에서 단순하게 상승과 하강을 반복함으로써 재미가 느껴지는 것이다.

삽입 단계에서 사정 욕구가 치밀어 오르면 이것저것 따질 것 없다. 단순 무식하게 제비가 급상승을 하듯 빼내어 여근의 몸 밖 허공에 머물러야 한다. 그런 후 사정 욕구가 완화되면 다시 하강하는 스릴을 즐겨야 한다. 중국 대중들이 장비와 제비를 뜻하는 '燕' 자에 이러한 단순하면서 역동적인 성행위 속성을 연계시켜 놓고 제비 같은 장비를 좋아했던 것이다. 동서고금을 통틀어 모든 남성들은 장비와 같은 단순하면서 스릴 있는 섹스를 즐기는 것을 좋아한다.

제비의 이러한 속성은 제비 신체가 지닌 색상에도 잘 나타나고 있다. 요즘은 공해 때문에 제비 실물을 보기 어렵지만 인터넷상에서는 쉽게 볼 수 있다. 제비 이미지를 보면 머리 부분인 목덜미와 이마 쪽만 붉고 배는 흰색이며, 날개는 검정과 파란색이 섞여 있다. 이마와 목덜미 부분의 붉은색은 발기된 상태를 상징하고, 몸통과 날개는 사정과는 먼 차갑고 안정적인 상태를 유지함을 의미한다.

『삼국지연의』에서 장비의 턱을 제비턱이라고 묘사하고 있다. 남성들이 삽입 운동을 할 때 붉은 머리 부분이 상징하는 최소한의 부분만 삽입을 해서 최소한의 자극을 받아야 함을 의미한다. 남근 전체를 삽입한 채 성행위를 하면 금방 사정에 도달하고 발기력도 죽게 됨을 제비가 알려주는 것이다. 이러한 사실은 관우가 조루증 극복을 위한 오관참육장의 마지막 과정에서도 강조되고 있다.

페르시아 전쟁 테르모필레 전투에 나오는 뜨거운 열문 같은 여근 속에 들어가 아무 일 없다는 식으로 버틸 수 있는 남성은 지구상에 없기 때문이다.

제비를 뜻하는 '燕'의 의미에 '잔치, 향연, 즐겁다, 편안하다'라는 의미도 있다. 남근이 땅에 내려오지 않고 발기력을 유지한 채 제비처럼 오래 날아야 성적인 잔치와 향연을 벌일 수 있으며, 부부가 함께 성생활을 더욱 즐길 수 있음을 의미한다.

장판(長坂)대전,
섹스 시 남성들이 처한 불안정성과 불확실성

　이런 이름 뜻을 가진 장비가 최고의 수훈을 세운 전투가 장판(長坂)대전이다. 이 전투가 벌어진 곳이 당양현(當陽縣) 또는 장판파(長坂坡)였기에 당양전투 또는 장판파 전투라고 부르기도 한다. 조조가 50만 대군을 이끌고 유비를 쫓다가 장판교에서 장비와 대치한다. 장비는 20여 명의 군사들로 하여금 나뭇가지를 말에 달고 달리게 해 먼지를 일으킨다. 이렇게 하니 군사가 많은 것처럼 보여 다리를 가로막고 다음과 같이 외친다.

　　"나는 연(燕)나라 사람 장익덕이다, 누가 감히 생명을 걸고 나와서 싸울 테냐!"

　이 말은 정사에서도 나오는 부분으로 오늘날로 치자면 영화나 드라마 속의 명장면과 명대사에 해당하는 부분이다. 적군과 죽고 죽이는 싸움을 할 때 이렇게 신사적으로 말을 해가며 싸우는 군대는 없다. 다만, 드라마나 소설 속에서는 전부가 이렇게 싸운다. 그렇게 해야만 전투 장면이 재미가 있기 때문이다. 실전에서는 이런 말이 필요 없다. 적군이 눈에 보이면 먼저 화살을 쏘고, 창을 던져야 이길 수 있는 것이 현실이다. 오늘날에는 눈으로 먼저 보는 사람이 쏘는 것이 아니다. 대포나 미사일 같은 대부분의 무기들이 눈에 보이지 않는 수십 내지는 수백 킬로미터 밖에서 발사된다.

　옛날에는 인격이 고상하고 신사적이어서 싸우기 전에 서로 간에 대화하고 호통치며 싸운 것이 아니다. 다만, 이를 통해 인간 내면 심리의 갈등 상황을 상징적으로 표현하고자 했던 것이다. 그렇지 않으면 그들이 무엇 때문에 싸우는지 전혀 알 수가 없기 때문이다.

장비가 이렇게 외친다고 겁먹고 하후걸이라는 사람처럼 말에서 떨어져 죽거나, 50만 대군을 이끌고 있는 조조가 머리를 산발한 채로 도망치진 않는다. 중국의 대중들이 이 대사를 통해 강조하고 있듯이 성행위 시 연(燕)나라 제비처럼 곡예하듯 스릴 있는 섹스를 하는 장비를 추켜세우고 있다.

長 = 길다
坂 = 산비탈, 경사진 비탈, 언덕

장판(長坂)은 긴 산비탈이나 언덕을 의미한다. 산비탈이나 언덕은 평평하지 못한 불안정성을 지니고 있다. 주의하지 않으면 넘어지거나 미끄러지는 사고가 발생할 수 있다. 남성들은 성행위 내내 안정된 평지와 같은 상태에 놓여 있는 것이 아니다. 오히려 긴 산비탈이나 경사면에 서 있는 것 같은 불안정한 상황에 처해 있다. 조금이라도 한눈을 팔거나 조심하지 않으면 언제 사정이 일어나 섹스를 망칠지 모른다. 그러한 불안정한 상태가 일어나는 장소는 장판 같은 여성의 긴 두 다리 사이이기도 하다.

장비가 군사들을 이용해 뿌연 먼지를 일으켜 앞이 제대로 보이지도 않는다. 섹스 시에 언제 일어날지 모르는 사정의 불확실성을 상징한다. 장판이 상징하는 불안정성과 뿌연 먼지가 상징하는 언제 일어날지 모르는 사정의 불확실성을 보고 조루 장군 조조가 겁을 집어먹는 모습이다. 이렇게 해석하지 않고는 장판교에서 한 명의 장수를 겁먹고 50만 대군이 물러나는 우스꽝스러운 상황이 도저히 이해될 수 없다.

섹스 시 남성들이 처하는 사정의 불안정성과 불확실성에 맞서 장비는 자신이 '연(燕)'나라 사람을 내세우며 제비처럼 스릴 있는 섹스를 한다고 자랑한다. 삽입해서 얼마 못 가 사정하며 조루중으로 이어지는 조조의 입장에서는 장비의 행위가 기가 찰 노릇이다. 조조가 머리를 산발한 채 혼비백산하여 도망친다. 장비처럼 삽입했다 빼내기를 반복하는 제비 같은 섹스를 하다가 자신은 언제 사정이 일어날지 모른다. 조조는 조루 장군이기 때문이다.

머리가 산발되었다는 것은 정신이 혼란한 상태를 표현한다. 조루증을 지닌 조조 자신과 제비처럼 스릴 있게 즐기는 장비적인 성생활 능력을 비교하는 데서 오는 두려움과 혼란함의 일종이다. 삽입 자체만으로도 사정으로 이어지는 조루 중세를 지닌 사람들은 가히 장비 같은 섹스를 상상할 수도 없다.

그곳이 당양(當陽) 땅이었다는 것은 제비처럼 스릴이 있으면서 섹스를 길게 끌어가는 자세가 남자로서 지녀야 할 '당연한(當) 양기(陽氣)'라는 의미다.

모름지기 섹스는 모든 남성들로 하여금 사정의 불안정성과 불확실성이라는 장판교 위에 서게 한다. 장비는 그러한 위험에 맞서 제비처럼 스릴 있고 용기 있는 섹스를 했기 때문에 대중들의 인기를 한 몸에 받는다. 남성다운 성생활 자세기 때문이다. 이에 비해 현대인들과 아무런 이해관계가 없는 조조가 비겁하고 간사하게 느껴진다. 그러한 상황을 지레 겁먹고 도망쳐서 남자로서 옹졸함을 보였기 때문이다

조조, 유비, 장비의 덕

장비의 자가 익덕(益德)이다. '더할수록(益) 좋은 덕(德)'이라는 의미다. 제비의 속성이 갖는 사정의 한계선을 넘나들며 급강하와 급상승을 더 할수록 남녀 모두에게 스릴 있는 유익한 덕이 된다는 의미다. 섹스의 지속 시간을

늘려 즐거움도 늘어나는 모습이다.

『삼국지연의』에서는 그의 자를 날개를 뜻하는 '翼' 자를 써서 '翼德'이라고 부른다. 제비 날개가 가져다주는 덕이라는 의미다. 제비 날개는 하강과 상승을 반복하는 강력한 추진력으로 삽입과 빼내기를 반복해서 성생활에 덕이 됨을 의미한다.

'翼' 자는 '羽+異'의 구조로, '기이하고 색다른(異) 날개(羽)'라는 뜻이다. 남성들이 남근을 삽입했다가 사정 욕구가 차오르면 빼내고, 가라앉으면 다시 삽입하기를 반복하는 기이하고 색다른 행위를 한다는 의미다. 포르노 비디오 등에서 삽입 운동을 하다가 남근을 빼내고 체위를 바꾸는 것도 체위를 바꾸는 것 자체가 목적이 아니다. 연인 장비처럼 사정 욕구가 차오르면 남근을 빼내면서 사정 욕구를 가라앉힌 후 체위를 바꿔 스릴 있게 즐기며 섹스를 지속하는 모습이다.

앞서 유비의 현덕(玄德)과 조조의 맹덕(孟德)이 대조적임을 살펴봤는데, 조조의 맹덕은 장비의 익덕(益德)과도 대조적임을 알 수 있다. 조조 같은 남자는 자존심이 워낙 강하고 고지식해서 여근 속으로 한번 들어가면 빼내지를 못한다. 한번 삽입되었던 성기를 빼내는 것은 물러나는 것이며, 섹스에 김을 빼는 행위라는 잘못된 편견이 있다. 연인(燕人) 장비처럼 삽입으로 급강하했다가도 돌발적 사고가 일어나기 전에 급상승하듯 남근을 빼내어 사정 욕구를 조절하지 못한다.

관우가 상징하는 발기 강직도가 아무리 좋아도 조루 증세를 상징하는 조조와 결합되면 남근이 오래 버티지 못하고 쉽게 죽는다. 관우처럼 단단하게 발기한 남근을 장비가 상징하는 발기 지속력이 뒷받침해야만 성생활이 원만해진다. 발기 지속력은 더할수록 좋은 다다익선적인 익덕이 된다.

점강모(點鋼矛)와 장팔사모(丈八蛇矛),
뱀같이 오래가는 발기력

장비의 무기는 점강모(點鋼矛) 또는 장팔사모(丈八蛇矛)라고 부른다. 우선 점강모의 한자어 뜻은 다음과 같다.

點 = 점, 측면, 점찍다, 불붙이다, 켜다, 지시하다, 조사하다, 끄덕거리다
鋼 = 강철, 단단하다
矛 = 창

창이나 칼 같은 무기는 생김새가 남근과 비슷하고 찌르거나 사람의 살 속으로 들어가는 속성이 있어 남근을 상징하기에 매우 적합하다. 그래서 남성이 벌거벗은 채로 여자 목욕탕에 들어가면 성립되는 죄가 '불법 무기소지 죄'라는 성적인 농담도 있다. 강모(鋼矛)는 단단하게 발기한 남근을 상징한다.

'점(點)' 자는 '불붙이다'라는 뜻과 '끄덕거린다'는 뜻이 있다. 점강모는 '불붙은 발기한 남근'이나 '끄덕거리는 발기한 남근'이라는 뜻으로 해석된다. 남근의 발기가 점화(點火)되어 펌프질하듯 계속 끄덕거리면서 발기 지속력이 유지되는 모습을 상징한다.

다른 이름인 장팔사모(丈八蛇矛)는 뱀 모양의 창이란 의미다. 뱀은 생식기가 두 개이며 생식기에 손톱 같은 가시가 돌출해 있다. 이것이 암컷의 생식기 속에 들어가면 걸려서 1시간에서 길면 24시간 교미가 지속된다고 알려져 있다. 남성들이 이러한 형태를 보고 뱀을 정력제로 찾는 것이고 장비가 지녔던 뱀 모양의 창인 장팔사모의 의미라 할 수 있다.

유비의 쌍고검과 조조의 의천검

유비와 조조의 무기도 이름이 있으므로 분석해서 그들의 마음자세나 속성을 어떻게 표현하고 있는지 살펴봐야 한다. 유비는 두 개의 검인 쌍고검(雙股劍)을 무기로 썼다. 쌍고검은 청룡언월도나 장팔사모의 반도 안 되는 짧은 칼로 한자어를 분석하면 '두 개의 넓적다리(雙股)를 찌르다(劍)'라는 의미다. 유비현덕(劉備玄德)은 이름 뜻대로, 자기를 죽여서 성행위를 느리게 진행하는 현덕을 실천한 사람이다. 쌍고검은 급하게 사정하고 싶은 충동이 일어날 때 자신의 허벅지를 찔러 주의를 다른 곳으로 환기시킴으로써 사정 충동을 죽인다는 의미다.

성행위 도중에 사정 압력이 급박하다고 남성들이 유비처럼 칼로 찌를 수는 없다. 생식기와 가까운 허벅지 부위를 손으로 세차게 꼬집어 사정 충동을 일부 연기할 수는 있을 것이다. 실제로 그렇게 행동하기보다는 그런 정신 자세를 지니고 있음을 상징한다. 자신을 죽여 조루 증세에 대비하거나 이를 예방한다는 유비의 이름 뜻과 어울리는 무기다. 민간에 알려진 바에 따르면 쌍고검은 여성이 사용하는 칼이다. 여성들이 독수공방하면서 욕정을 극복할 때 자신의 허벅지를 바늘로 찌르는 것은 고전 드라마에 자주 등장하는 장면이다.

여성에게 의리 없는 조조의 무기는 두 가지로, 하나는 쇠를 진흙 베듯이 베는 청강검(靑鋼劍), 다른 하나는 의천검(倚天劍)이다. 청강검의 한자어 뜻은 푸름이 상징하는 젊음이 굳센 검이란 뜻이다. 젊기는 하나 노련한 성적인 경험이 없는 풋내기라는 의미다. 남근이 처음에는 청강검처럼 무쇠라도 뚫을 것처럼 단단하고 강해도 여근 속에 들어가면 언제 그랬느냐는 듯 죽어 이완된다. 강함만이 능사가 아니다. 강함만 믿을 것이 아니라 제비처럼 상승과 하강을 반복하며 유연한 대처로 조루 증세를 물리쳐야 한다. 또 다른 검인 의천검(倚天劍)의 뜻은 다음과 같다.

倚 = 의지하다, 치우치다, 기울다, 맡기다, 기이하다, 불구
天 = 하늘, 하느님, 임금
劍 = 검

의천검의 뜻을 통해 조조가 간사하고 의리 없는 조루 장군의 배역을 맡고 있음이 여실히 증명된다. 의천검의 '倚'는 '의지하다. 치우치다, 기이하다, 불구(不具)'라는 의미다. 의천검은 의로운 하늘을 추구하는 검이 아니다. 치우치고 불구자 하늘과 같은 검이다. 성행위 시 배우자는 어떻게 되든 말든 자기 볼일만 보고 끝내는 기이한 조루 대왕이 조조다. 불구자처럼 성기가 제대로 작동하지 못하는 남근의 소유자라는 비난이 담겨 있다.

조루 증세 때문에 실생활 속에서 받는 비난보다 『삼국지연의』의 비난이 훨씬 더 심하다. 그래서 틈만 나면 조조의 일거수일투족을 더 가혹하게 조롱한다. 어떠한 남성이라도 조루 증세를 경계하지 않으면 생리적 속성상 언제라도 불상사를 당할 수 있기 때문이다. 남성은 성행위 내내 평지처럼 안정된 가운데 섹스를 하는 것이 아니다. 장판 같은 긴 비탈과 먼지가 뿌옇게 이는 사정의 불확실성 속에서 섹스를 치러야 한다. 따라서 조루 증세를 시간만 나면 경계하고 비난해 나갈 필요성이 있다.

살아가는 데 있어서 조루 증세가 부부간의 신뢰감을 단번에 깨트릴 정도로 치명적인 약점이 아닌 것은 사실이다. 다만, 그것이 장기간 지속된다면 화합에 문제가 생길 수도 있다.

도원결의,
복숭아 같은 엉덩이 위에서 세 남자가 결의하다

도원결의는 원래『삼국지연의』시작 부분에 나오는 이야기지만 십상시, 동탁, 여포, 원소, 조조, 유비, 관우, 장비 등을 제대로 이해하지 못하면 진정한 의미를 알기 어려우므로 순서를 바꾼 것이다.

도원(桃園)은 복숭아 동산, 또는 정원이라는 의미다. 복숭아꽃은 핑크색이고 복숭아는 뽀얀 살색으로 중간 부분이 갈라져 생김새가 사람의 엉덩이와 거의 비슷하다. 경건해야 할 제사 분위기를 엉덩이 모양의 복숭아가 해칠 수가 있어서 제사상에 올리지 않는 금기 과일이다. 핑크빛은 남녀 생식기 부근의 색으로 예나 지금이나 성적인 분위기를 상징하는 색이다. '도색(桃色)'은 국어사전에 정의하기를 '남녀 사이에 일어나는 색정적인 일'이라고 정의하고, 중국에서는 '치정(癡情)'이라는 의미가 있다. 도색잡지, 도색사진, 도색영화도 다 마찬가지로 성적인 의미다.

도원결의는 결국 핑크빛 엉덩이 위에서 한 결의라는 의미다. 유비, 관우, 장비가 비록 태어난 장소와 시간은 달라도 죽을 때는 함께 죽게 해달라며 사나이들만의 굳센 의리를 불태웠던 도원결의가 성적인 다짐이었다.

복숭아를 성적인 의미로 사용하기는 2,500년 전 그리스와 페르시아 간에 벌어진 페르시아 전쟁도 마찬가지다. 페르시아 전쟁의 주요 전투로는 마라톤전투, 영화 <300>의 배경이 된 테르모필레전투, 살라미스 해전 등을 들 수 있다. 페르시아는 서구 쪽에서 고대 이란을 부르는 명칭으로 페르시아는 라틴어로 'persia'라고 표기하고, 복숭아는 'persicum'이다. 페르시아 전쟁은 복숭아 전쟁이라는 의미로, 적벽대전처럼 인간의 성(性)과 관련된 숨겨진 성전(性戰)을 상징적으로 표현하고 있다.

도원결의는 성적인 무질서와 혼란을 회복하겠다는 굳센 다짐이다. 세 사람이 다짐을 한다는 것은 바른 성행위를 위해 지켜나가야 할 세 가지 중요한 자세가 단단하게 결합하여 뜻을 이루겠다는 모습이다.

　유비는 자신의 욕구나 급한 마음을 죽여서 조루 증세에 대비하고 예방하겠다는 자세다. 맏형인 유비 같은 자세가 갖춰져 있더라도 발기가 되지 않으면 성행위를 이룰 수 없고 모든 것이 허사다. 유비적인 자세에다 관우의 발기력을 갖춰야 한다. 관우(關羽)는 성관계 시 날개와 같은 역할을 하는 발기력, 발기 강직도를 상징한다. 온몸이 숯불처럼 붉고 잡 털 하나 없는 적토마처럼 남근이 팽팽하게 발기하는 모습이다.

　그러나 이 두 사람만으로도 성행위를 원만하게 치를 수 없다. 제비같이 땅에 내려오지 않고 오랫동안 체공하는 장비의 발기 지속력이 절대적으로 필요하다. 발기력이 꺼지지 않고 오랫동안 버텨줘야 여성과 성적인 진행 속도를 맞출 수 있는 익덕(益德)이 되기 때문이다.

　도원결의라 함은 섹스 시 여성과 보조를 맞추겠다는 준비된 자세, 발기 강직도, 발기 유지력이 하나로 뭉쳐서 원만한 성생활을 영위해 나가려는 내적 자기 결의의 모습이다. 반대로 이 세 가지 자세 중에 어느 하나만 빠져도 성행위가 삐걱거리게 되고 여성이 원하는 성생활을 제공할 수 없게 된다.

　요즘은 의약 기술의 발달로 관우적인 발기 강직도가 약하면 발기부전 치료제를 먹고, 장비적인 발기 지속력이 약하면 조루증 치료제를 먹는 세상이다. 도원결의를 약물이 대신해 주는 세상이 된 셈이다.

관 우 의   오 관 참 육 장

- 초보 남성들의 고민, 다섯 가
지 조루 증세 난관 돌파하기

관우가 조조 밑에 있다가 유비가 있는 곳을 알게 되어 그곳으로 가며 조조의 다섯 관문을 지나간다. 첫째 관문인 동령관에서 이곳을 지키던 공수를 베고, 낙양관에서는 낙양 태수 한복과 그의 부하 맹탄을 벤다. 사수관에서는 변희를, 형양관에서는 왕식을, 황하를 건너는 관문에서는 진기를 베고 유비가 있는 곳으로 가게 된다. 이 고사는 오늘날에는 겹겹이 쌓인 난관을 돌파하며 뜻을 이뤄가는 고사성어로 자주 언급된다.

관우가 실제로 도원결의를 맺은 것은 조조다?

혼히들 도원결의를 예로 들며 관우가 유비, 장비와 서로 목숨을 내놓을 정도까지 가까운 사이로 알고 있다. 유비는 관우의 원수를 갚기 위해서 공명이 말리는데도 불구하고 오나라와 대대적인 전쟁을 벌이다 결국은 삼국 통일도 못 하고 죽기까지 한다.

그러나 자세히 살펴보면 관우와 조조의 관계가 도원결의를 함께 맺은 유비나 장비의 관계보다 더 깊고 의리가 있었음을 알 수 있다. 조조는 관우가 하비성에서 나와 흙산에서 저항할 때 죽이지 않고 그를 자기 수하로 받아들였다. 3일에 한 번 작은 잔치, 5일에 한 번 큰 잔치를 차려줬고, 각종 금은보화와 최고의 명마인 적토마까지 내어준다. 관우가 다섯 개의 관문을 돌파하며 떠날 때 자신의 부하를 죽여도 그를 죽이지 말라는 명령까지 내린다.

반대로 관우는 적벽대전에서 패해 도망치던 조조를 살려준다. 관우는 당시 조조를 놓아주면 목숨을 내놓겠다는 군령장까지 공명에게 썼지만 화용도에서 조조를 살려준다. 도원결의에서는 유비, 관우, 장비가 죽을 때 한날한시에 같이 죽겠다고 했지만 그들이 실제로 죽은 시점을 보면 도원결의가 무색해진다.

관우가 219년 12월에 손권에게 잡혀 죽은 후 장비는 1년 7개월 후에 부하들에 의해 죽었다. 유비는 3년이 훨씬 더 넘은 시점인 동오 출정이 실패로 돌아간 후 223년 4월에 죽는다. 관우가 죽자마자 같은 날 죽지는 못했지만 다음 달인 220년 1월에 죽은 사람이 바로 조조다.

화타가 관우를 치료해준 적이 있고, 조조도 치료하려고 했지만 화타가 자신을 해치려는 줄 알고 화타를 죽였듯이 두 사람 모두 화타와 인연이 있다.

관우와 조조는 서로 반대편에서 서로를 견제하기는 했지만 서로 도와주고 살려주며 거의 같은 시기에 죽었던 특별한 관계였다. 관우를 죽인 것도 조조가 아니고 손권이다. 조조는 오히려 관우의 시신을 잘 거두고 대소 관원들을 모두 참석시켜 성대하게 장사를 치르고 형왕(荆王)으로 왕호까지 추중했다. 이러한 사실들은 관우가 상징하는 발기력과 조조가 상징하는 조루 증세가 애증의 형태로 서로 불가분의 관계에 있음을 의미한다.

역적과 동거,
자신의 조루증을 인정하기

관우가 도저히 상종도 하기 싫은 역적 조조를 죽이지는 못할망정 그의 수하로 들어가 일정기간 부하 노릇을 한다. 관우의 대쪽 같고 불같은 성격상 어쩔 수 없이 조조의 수하로 들어갔다고 해도 기회를 봐서 조조를 죽이고 도망쳐 나왔을 것이다. 간신 조조도 역적 동탁을 죽이려고 시도하다가 여의치 않아 도망쳤듯이 의리 있는 맹장 관우가 그렇게 하지 않는다는 것은 이상하기 때문이다. 그러나 관우는 그곳에서 오히려 3일에 한 번은 작은 잔치, 5일에 한 번은 큰 잔치와 적토마까지 선물 받았으며, 조조를 위해 전쟁에 나서 공을 세우기까지 한다.

조루증을 지닌 남성들은 관우가 조조를 역겨워하는 것만큼이나 자신이 조루증이라는 사실이 역겹고 도저히 인정하기 어렵다. 될 수 있으면 자신의 조루증과 직면하지 않기 위해 성관계도 회피하려고 한다. 이렇게 도망치기만 하면 자신의 조루증을 영영 극복할 수 없다. 조루증을 극복하는 가장 중요한 마음가짐은 관우가 역적 조조의 힘과 존재를 인정했듯이 자신이 조루증이라는 현실을 인정하는 자세다. 조루증을 인정하고 같이 동거하며 성관계를 주기적으로 갖다 보면 결국 경험이 쌓여 원만한 성생활의 길로 나갈 수 있다.

이 과정에서 많은 남성들이 자신이 조루증이라는 사실조차 인식하지 못하는 경우가 있다. 상대 여성이 드러내놓고 성적 불만을 제기하거나, 조루증이라고 놀리거나 비난하지 않기 때문이다. 그래서 자신이 조루증임을 의식조차 못하는 가운데 성생활의 경험이 쌓여서 자연스럽게 조루증이 극복되기도 한다.

미(麋)부인,
멀티 오르가슴을 위해 조루증 참아내기

관우가 오관을 돌파하면서도 거추장스럽고 장애물이 될 법한 미부인과 감부인 두 부인을 앞장세우고 호위하며 나간다. 외형상으로는 그녀들이 유비의 처이므로 자신에게는 형수가 되기 때문이다.

구전설화의 영역에서 남성들은 육체적인 면, 여성들은 정신적인 측면을 상징하는 경우가 많다. 이 두 여성도 삶의 가치관이나 자세, 명분 등을 상징하므로 남성들이 조루 증세에서 벗어나기 위해 앞세우는 명분이자 가치관을 대변한다.

미부인에서 '미(麋)'는 큰사슴이나 궁궁이를 뜻한다. 궁궁이는 산골짜기 냇가에 나는 다년생 풀이다. 인터넷에서 궁궁이의 모습을 보면, 한 개의 줄기가 뻗어 오른 후 수십 개의 꽃대로 나뉘어 그 위에서 다시 수십 개의 꽃들이 우산 형태로 피어오른다. 이것은 캄캄한 밤하늘을 향해 지상에서 쏘아올린 불꽃이 상공에서 수십 개로 퍼지며 연쇄적으로 폭발하며 아름답게 수놓는 모습을 연상시킨다. 큰사슴처럼 먹을 것이 풍부하고 궁궁이처럼 동시다발적으로 피어오르는 성적인 쾌락이다.

남성이 조루증적 사정 욕구를 일관되게 참아오다가 마지막에 가서는 불꽃이 분출하듯 오르가슴이 풍부하게 연쇄적으로 터지는 모습을 상징한다. 현대의 코믹 영화에서도 성적인 오르가슴을 표현하기 위해 화산 속에서 용암이 솟구쳐 오르거나 불꽃 놀이하는 장면을 의도적으로 비춰주곤 한다. 고대사회에는 불꽃놀이가 없었다. 멀티 오르가슴을 시각적으로 표현하기 위해 사방팔방으로 폭발하듯 피어오르는 꽃에 비유하고 있는 것이다.

현대인들은 불꽃놀이에 대해 열망하고 환호성을 지른다. 이를 프로이트적 관점에서 보면, 조루 증세를 꾹 참아냄으로써 더 큰 오르가슴을 맛보려는 대중들의 근원적 열망이 표출되는 모습이다.

앞부분 도원결의에서 페르시아 전쟁을 언급했다. 이 전쟁 중에서도 가장 유명한 것이 마라톤 전쟁이다. 마라톤은 그리스 본토 동해안에 있는 아티카 주에 있는 지명이다. 마라톤이라는 지명의 어원은 이곳에 라틴어로 야생 회향(茴香)을 뜻하는 '마라트럼(marathrum)'이 자라고 있기 때문이다. 회향은 지중해 지방이 원산지로 역시 인터넷을 찾아보면 꽃이 궁궁이와 거의 동일한 형태로 피어오른다. 성적인 관점에서 볼 때 마라톤 전투도 궁궁이 꽃처럼 대중들의 멀티 오르가슴에 대한 열망이 담긴 전투다. 사정 욕구를 참아내며 마라톤을 하듯 성행위를 일정한 속도로 진행시킨다. 결승점에 가서는 마라트럼의 모든 꽃이 일제히 피어오르듯 멀티 오르가슴을 연쇄적으로 터트린다.

일부에서는 미부인의 성씨인 '미' 자를 '죽, 문드러지다, 싸라기, 써서 없어지다' 등을 의미하는 '糜'로 쓰기도 한다. 성적 쾌락 추구가 일단 시작되면 다 써서 문드러지고 없어질 때까지 추구하는 속성이 있음을 의미한다.

또한, 고삐나 코뚜레를 의미하는 '縻'로 쓰기도 한다. 고삐나 코뚜레에 걸린 동물처럼 사람들이 성적 쾌락 추구에 얽매이는 모습을 표현한다.

관우가 미부인을 앞세우며 나간다는 것은 단지 조루증에서 벗어나기 위한 오관 돌파가 아니다. 궁궁이 꽃이 불꽃처럼 터져 오르듯 성생활을 좀 더 크고 풍요롭게 즐기기 위해 조루증을 극복하겠다고 확고한 목적과 성 철학을 앞세우는 모습이다.

유비의 부인과 대비해서 조조의 부인도 살펴볼 필요가 있다. 조조의 원래 정실은 정부인(丁夫人)이나, 이를 폐하고 변(卞)씨를 후첩으로 들인다. 변씨는 조비를 낳고, 조비가 위나라 황제로 등극함에 따라 변황후(卞皇后)가 된다.

보통 본처와 후처 간에는 죽고 살기 식의 갈등과 반목, 질투 등이 발생한다. 그러므로 사나이답고 일꾼다운 '丁'의 가치와 조급하다는 '卜'의 가치가 대조적임을 알 수 있다.

성생활에 있어서 조조가 원래는 사나이답고 일꾼다운 가치를 추구했으나 조급하다는 '卜'을 후처로 들여 본처보다 더욱 사랑하고 아낀다. 때문에 남자답고 일을 잘하는 '丁'을 버려 사내답지 못하고 밤일도 못하며 조급하게 사정하는 조루 장군 조조가 되었던 것이다. 조조의 후처 변씨 같은 조급한 마음으로 섹스에 임하면 큰사슴이나 궁궁이 같은 풍요로운 성생활을 할 수 없음을 잘 대변해 준다.

감(甘)부인,
즐겁고 달콤한 성생활을 위해 조루증 참아내기

또 한 명의 부인이 감부인(甘夫人)이다.

甘 = 달다, 맛있다, 상쾌하다, 즐기며 지칠 줄 모르다, 만족하다, 기분 좋다

감부인은 성적인 달콤한 쾌감과 만족감을 상징한다. 같은 섹스를 하더라도 조루 증세로 끝나면 성적 불만인 상대 여성의 기분을 의식하지 않을 수가 없다. 따라서 섹스가 재미 없고 달콤하지도 않다. 만약 상대 여성이 "당신 왜 이래?"라며 조루증을 지적이라도 하는 날에는 달콤하고 즐거워야 할 섹스가 치욕과 불쾌한 섹스로 바로 돌변한다. 심지어는 그런 수치스러운 말을 참지 못해 살인 사건으로까지 비화되는 경우도 종종 발생한다.

여기서 감부인과 미부인은 여포의 수하에 들어갈 때나 조조의 수하의 들어갈 때도 떨어지지 않고 같이했다. 이것은 첫째, 감부인이 상징하는 성적인 즐거움과 쾌락이 미부인과 어울려 불꽃놀이처럼 풍요롭게 펑펑 터지는 것을 의미한다. 둘째는 사람들이 감부인적인 성적인 쾌락 추구를 미부인처럼 문드러지고 다 써서 없어질 때까지 지속적으로 행한다는 의미이기도 하다. 셋째는 사람들이 성적인 쾌락 추구에 고삐나 코뚜레로 얽매인 것처럼 성적인 속박에서 쉽게 벗어나지 못하는 모습이다. 성적인 쾌락과 즐거움에는 풍요로움과 함께 집착과 속박이 함께하는 복합적인 측면을 표현한다.

여포와 조조는 감부인과 미부인이 자신들의 수하에 들어왔을 때 이들을 정중하게 모신다. 여포적인 자위행위와 조조적인 조루 증세를 나타내는 사람도 성적인 즐거움과 쾌락을 추구하므로 해칠 하등의 이유가 없기 때문이다. '감(甘)'씨가 이처럼 사람들의 기나긴 인생살이에서 즐거움과 쾌락을 추구하는 것은 뒷부분에서 다루게 될 감녕(甘寧)이라는 인물의 성격에도 다시한 번 조명될 것이다.

관우가 탈출하는 데 엄청난 장애가 되는 이 두 부인을 앞세우며 오관을 돌파했다는 것은 정사 『삼국지』와는 다른 허구적 내용이다. 보통의 남성들이 두 부인이 상징하는 성생활의 즐거움과 멀티 오르가슴의 대폭발이라는 명분을 앞세우며 조루 증세를 극복해 나가는 모습을 드라마틱하게 표현한 것이다. 그렇지 않고는 천 리 길이 넘는 적진의 다섯 관문을 치명적인 장애물이 되는 두 부인을 앞세우고 혼자서 돌파한 관우의 행동을 그 누구도 이해할 수 없을 것이다.

동령관(東嶺關)의 공수,
여자 근처만 가도 일어나는 왕 초보 조루 증세

관우가 다섯 개의 관문을 돌파하며 벤 첫 번째 장수가 공수(孔秀)라는 사람이다. 언뜻 보면 구멍에 밝다는 공명(孔明)과 이름이 비슷하나 의미는 정반대로 조루 증세를 일으키는 성적 장애물이다.

'秀'는 벼를 뜻하는 '禾'와 '곧, 이에'를 뜻하는 '乃'의 합성어다. 벼처럼 곧 고개를 숙인다는 뜻이다. 성적인 문제점을 논할 때 고개 숙인 남자를 지칭하는 이미지를 벼가 고개 숙인 모습으로 표현한다. 공수(孔秀)는 '구멍(孔)만 봐도 벼처럼 곧 고개를 숙인다(秀)'는 극심하고 무기력한 조루 증세다.

관우가 벤 첫 번째 조루 증세는 여성의 몸이나 생식기 근처에 가기만 해도 곧 사정이 일어나 남근이 금방 고개 숙이는 심각한 상태다. 이런 상태는 여성에 대한 성 경험이 매우 부족한 성생활의 초창기에 나타나는 것으로, 일명 성생활의 왕 초보 시기에 대부분의 남성들에게서 나타난다. 노련한 카사노바 같은 남성들조차도 성생활 초기에는 예외 없이 공수(孔秀)처럼 성생활을 시작한다. 관우가 공수를 베어냈다는 것은, 왕 초보 상태에서도 주기적으로 성생활을 가짐으로써 섹스를 시작하자마자 사정을 하는 증세가 차츰 완화되는 모습이라 할 것이다.

공수를 벤 첫 번째 관문의 이름이 동령관(東嶺關)이다. '東'은 해가 뜨는 방향으로 하루나 어떤 일이 시작되는 시점을 의미한다. 동령관은 무엇인가를 시작하는 시점에서 넘어야 할 큰 고개라는 의미다. 왕 초보 성생활 시기에 여성 근처만 가도 자기도 모르게 사정이 일어나 이내 고개 숙이는 공수 같은 절대적 조루 증세를 극복하는 관문이다.

운전에 대해 공포증을 가진 사람들은 운전도 하기 전에 이마에 식은땀이

나고, 심장은 쿵쾅거리며 뛰고, 운전대를 쥔 손에도 땀이 가득 차게 된다. 아예 운전석에 오르지 못하거나 핸들을 붙잡지 못하는 사람도 있다. 간혹 접촉 사고도 낸다. 그러나 겁이 많고 도저히 운전을 못 할 것 같았던 사람들도 자꾸 운전하다 보면 어느새 불안감을 극복하고 자연스럽게 운전하는 모습을 주변에서 보게 된다.

조루 증세도 마찬가지다. 여성과 성관계를 갖기 위해서는 사정을 어느 정도는 조절할 수 있어야 하는데 초창기에는 이것이 제대로 안 된다. 여성과 성관계를 갖는 것 자체가 두렵고 불안해지는 이유다. 그렇다고 해서 성관계를 꺼리면 영원히 조루 증세를 극복할 수 없다. 관우가 경멸하던 조조 밑으로 들어갔듯이 보통의 남성들도 자신의 조루증을 인정하고 일정 기간 동거해야 한다. 이렇게 되면 운전대를 잡는 것조차 두려웠던 초보 운전자가 나중에 능숙한 솜씨로 운전을 하듯이, 조루 증세에 대한 두려움을 극복하고 역시 능숙한 솜씨로 즐겁고 달콤한 성생활을 운전해 나갈 수 있게 된다.

낙양관(洛陽關)의 한복과 맹탄, 섹스를 쉽게 생각해 일어나는 조루 증세

두 번째 관문인 낙양관(洛陽關)을 돌파하며 벤 장수는 한복(韓福)과 맹탄(孟坦) 두 장수다. 한복(韓福)에서 '한(韓)'은 '우물 난간'이라는 뜻이고, '복(福)'은 '음복(飮福)하다'라는 뜻이다. 우물 난간서 음복한다는 뜻이 된다. 음복은 제사를 지낸 후 제사를 지낸 음식이나 술을 후손들이 먹는 행위다.

제사를 지내기 위해서는 우물가에서 물을 떠다가 음식을 씻거나 국을 만들고 전을 부치며 각종 요리를 한다. 한밤중이 되기를 기다려 법도에 맞게 제사상을 차리면 몇 번씩 절을 한 후에 음복을 하게 된다. 음복 자체는 별미를 먹는 것으로 편하고 좋지만 쉽게 저절로 되는 것이 아니다. 먹기 전까지 해야 할 일과 치러야 할 의식 등이 많고 시간도 걸린다.

남녀 간의 성생활은 서로의 의사를 확인 후 술이나 음식을 곁들이며 분위기도 잡을 필요가 있다. 침대에 들어 몸을 합치고 키스하고 서로의 성감대를 애무하면서 여성이 충분히 달아오르기를 기다린다. 여성이 몸짓이나 교성 소리로 신호를 보낼 때 삽입과 화공으로 마무리 짓는 단계로 진행된다. 한복은 우물가서 음복하듯 편하고 쉽게 별미를 먹는 것 자체에만 관심을 가진 사람이다. 성생활의 즐거움을 여성과 함께 나누기 위한 노력과 정성을 생략하며 우물가서 음복하듯 자기 편의적으로 행동하는 사람이다. 보통의 남성이라면 신경 써야 할 애무와 전희에 대해 아예 귀찮게 생각한다. 때문에 삽입으로 직행해 상대적인 조루 증세가 된다.

그의 이런 자세는 부하 장수 맹탄에게도 똑같이 나타난다. 맹탄(孟坦)에서 '孟'은 조조의 자를 분석할 때 살폈듯이 '동이 닿지 않다'라는 특별한 뜻이 있다. '坦'은 '평평하다, 평탄하다, 편하다' 등의 의미다. 맹탄(孟坦)은 동이 닿지 않거나 조리에 맞지 않게 평탄하거나 편하다는 의미다. 평탄하거나 편하다는 말 자체는 좋은 뜻인데, 앞부분에 동이 닿지 않다는 부정적인 의미가 있다. 결과적으로 평탄하거나 편해서는 안 되는데도 불구하고 평탄하거나 편함을 추구하는 사람이라는 의미다.

맹탄 같은 사람은 정성과 노력이 수반되는 애무와 전희의 과정을 무시하고 '맹탄(孟坦)'스럽게 행동해서 섹스를 그르친다. 섹스를 자기 편의적으로 쉽게 생각하고 여성 성감대를 애무해주는 것 자체를 귀찮게 여긴다. 형식적인 애무 후 자기 볼일만 보고 잠자리에 곯아떨어지는 이기적이고 상대적인 조루 증세를 보이는 유형이다. 앞에서 호거아가 죽인 조조의 부하 전위(典

韋) 같은 사람이다.

섹스란 남성들에게 있어서는 사정 압력이라는 무거운 짐을 지고 마라톤을 완주하는 것과 같다. 때문에 호거아 같은 인내심으로 이를 수행해 내겠다는 확고한 의지를 필요로 한다. 자기 멋대로 맹탄스럽게 행할 일이 아니다.

조조가 통과한 다섯 관문은 남성이 여성과 섹스를 치를 때 단계적으로 나타나는 조루 증세의 장애물과 어려움을 상징한다. 첫 번째 관문인 동령관(東嶺關)은 '해가 뜨는 고개'라는 의미로, 섹스 초창기인 왕 초보 시기에 나타나는 조루 증세와 성적인 어려움을 의미한다. 이 시기는 성적인 경험이 거의 없는 시기로, 남근도 예민하고 긴장도 많이 돼서 남성들이 조루증에 대해 대책이 없다고 봐도 무방하다. 유일한 해결책이란 그럼에도 불구하고 성생활을 자주 갖는 것밖에 없다. 초보 운전자가 차에 자주 오르다 보면 운전을 배우는 이치와 같다.

두 번째 관문은 낙양관(洛陽關)으로 '洛'이 '잇닿다, 접하다'라는 뜻이고, '陽'은 남근을 의미한다. 낙양관은 첫 번째 관문인 동령관보다 성생활이 조금 진척되어 성 경험이 잇닿고 자주 접하는 시기라는 의미다. 이 시기에는 구멍만 봐도 고개 숙일 정도의 심리적 긴장이나 예민함은 잦아들었지만 또다른 문제점을 유발시킨다. 여성과 클라이맥스를 같이하기 위해 반드시 요구되는 애무와 전희를 귀찮다는 식으로 생략하거나 맹탄스럽게 여기는 태도가 조루증의 요인이 된다.

첫 번째 관문에서 발생하는 조루 증세와 두 번째 관문에서 발생하는 조루 증세는 질적인 차이가 있다. 공수(孔秀)가 발생시킨 조루 증세는 여성과의 성 경험이 거의 없었던 남성들이 귀두의 예민성, 심리적인 긴장 등으로 초창기에 보이는 어쩔 수 없는 기질적 조루 증세다. 이에 비해 한복은 성생활을 잇달아 하고 여성과 접촉이 많아지는 시기에 발생하는 조루 증세로 상대적이다. 성관계를 자주 갖다 보니 남근과 심리 상태도 어느 정도 안정되어 섹스를 시작하자마자 사정하는 조루 증세는 없어졌다. 그러나 여성을 전혀 배려하지 않고 자기 기분 내키는 대로 쉽고 편하게 한복스럽고 맹탄스럽게 섹스를 진행함으로써 상대적인 조루증이 된다.

한복은 우물가에서 음복하는 조급함을 접고, 다양한 애무와 전희를 펼치는 등 자신의 노력 여하에 따라 여성과 클라이맥스를 맞출 수 있다. 하룻밤을 자도 만리장성을 쌓아야 한다는 속담이 한복과 맹탄 같은 남성들에게는 치유책이 될 것이다.

사수관(汜水關)의 변희,
애무 단계에서 일어나는 성급함

세 번째 사수관에서는 변희(卞喜)라는 장수를 벤다. 사수관(汜水關)은 기수관(沂水關)이라고도 한다.

汜 = 지류, 웅덩이, 물가
沂 = 물, 지경(地境), 가장자리, 변두리

사수관은 동탁토벌대와 동탁이 싸운 장소로, '汜'는 '지류(支流) 또는 웅덩이'라는 뜻이다. 기수관(沂水關)이라고 할 때 '沂'는 '가장자리, 변두리'라는 뜻이다. 사수관이나 기수관은 섹스의 본류나 핵심 단계에 도달하지 못한 상태에서 일어나는 조루 증세다.

세 번째 관문을 지키고 있던 장수가 변희(卞喜)이며, 이름 뜻은 '성급한(卞)

기쁨(喜)'이라는 의미다. 대부분의 남성들이 성행위에 들어가면 처음에는 의기충천하여 애무와 전희를 열심히 한다. 생각보다 애무 시간이 길어지면 아직 여성이 충분히 달아오르지 않았음에도 별안간 이 정도면 됐다는 생각이 들기 시작한다. 이렇게 되면 변희처럼 성급하게 삽입하고 기쁨을 맛보려는 상대적 조루중이 나타난다.

다섯 관문의 적장들 중 유독 변희(卞喜)가 지닌 무기가 특이하다. 그의 주무기는 유성추(流星鎚)라고 불리며, 줄의 양 끝에 울퉁불퉁한 금속으로 된 추가 달려 있는 독특한 형태다. 무기의 이름이 유성(流星)을 포함하므로 유성의 속성에 대한 분석이 이뤄져야 한다. 유성은 조용하던 밤하늘에 어디선가 갑자기 나타나 눈 깜짝할 사이에 하늘을 가로질러 날아가 이내 소멸하고 마는 속성이 있다. 세 번째 관문의 조루 중세를 가장 선명하게 표현하는 속성이다.

변희 같은 남성들은 잠자리에서 처음에는 애무도 열심히 하며 나무랄 데 없이 잘 진행해 나간다. 그러나 밤하늘의 별들처럼 아무 일 없이 조용히 섹스를 진행하다가도 유성처럼 별안간 급한 사정 욕구가 생겨난다. '어?' 하며 손 써볼 시간도 없이 눈 깜짝할 사이에 사정이 일어나고 섹스가 끝나 버린다.

여성이 활활 타오르며 주작이나 용처럼 몸을 들썩이고 뒤트는 본격적인 섹스가 시작되지도 않았다. 아직은 지류적이고 변두리 섹스 단계다. 이런 상황에서 유성 같은 조기 사정이 일어나 섹스를 그르치게 된다.

변희는 관운장이 관문마다 장수를 죽이며 온다는 통지를 받고 사수관 앞에 있는 진국사(鎭國寺)라는 절에 무사를 매복시켜 놓는다. 관우를 이곳으로 끌어들여 술잔을 던지는 것을 신호로 죽이려 한다. 그러나 관우와 함께 포동(蒲東) 땅이 고향인 보정(普淨)이라는 승려가 관우에게 이런 사실을 알려 줘 실패한다. 진국(鎭國)은 나라를 누른다는 의미다. 나라는 전체를 의미한다. 변회처럼 성급하게 성적 회열을 맛보려는 사정 욕구가 바른 성생활의 전체적인 면을 눌러서 망친다는 의미다.

관우를 살려준 보정(普淨)이라는 승려는 '두루(普) 맑게 하다(淨)'라는 의미다. 사정 욕구가 유성처럼 나타나 마음을 흐리는 것에 대해 두루 맑게 한다는 의미다. 관우의 실제 고향은 하동(河東)이지만 이곳에서 언급되는 포동(蒲東) 땅은 성생활에 있어서 남다른 의미가 있다. 앞에서 미부인(糜夫人)은 성행위 내내 조루 증세를 참고 있다가 나중에 가서 오르가슴을 궁궁이 꽃처럼 동시 다발적으로 터트리는 자세라고 했다. 이와 같은 멀티 오르가슴의 불꽃을 터트리기 위해서는 도중에 사정이 일어나 남근이 죽어서는 안 된다. 여성의 오르가슴이 터질 때까지 끝까지 최상의 발기력을 유지해야 한다.

포동(蒲東)에 있어서 '蒲'는 부들을 뜻한다. 부들은 연못 가장자리나 습지에서 1.5m 내외로 자라는 여러해살이 풀이다. 인터넷에서 그 모습을 보면 긴 줄기에 상단 끝부분에는 7~10cm가량 되는 핫바나 소시지 모양의 누런 열매이삭이 달려 있다. 이 열매 이삭은 단단함을 유지하다가 나중에 솜처럼 확 부풀어 올라 바람에 날리며 씨앗을 퍼트린다.

여성과 오르가슴의 합일을 이루기 위해서는 남근이 부들과 같은 형상을 유지해야 한다. 단단한 발기력을 최후까지 유지하다가 여성이 절정에 올랐다고 판단되는 순간 남근이 부들처럼 사정을 확 터트려야 한다는 것이 포동 땅에 담긴 의미다.

동쪽은 떠오르는 기운이나 시작하는 초심을 유지하는 자세라고 살펴봤다. 포동(蒲東)은 초지일관의 자세로 남근의 상태를 부들처럼 끝까지 단단하게 유지해야 함을 상징한다. 보정이 관우에게 포동 땅을 언급하며 변회적인 갑작스런 조루 증세의 출현을 경계하게 함으로써 조루 증세의 세 번째 관문을 벗어나는 모습이다.

남성들은 잠잠하던 밤하늘에 유성처럼 나타나 잘 나가던 성행위를 망치는 이 관문에서 좌절하는 경우가 꽤 많다. 만만치 않은 관문이다. 여성과 화합하는 성생활을 위해서는 호숫가, 시냇가, 인터넷에서 부들을 볼 때마다 유성과 함께 그 원리를 마음속에 되새기며 반드시 극복해야 할 관문이다.

여기서 두 번째 관문의 한복과 세 번째 관문 변회의 성격이 엇비슷하여 확실하게 구분하고 넘어갈 필요가 있다. 한복은 섹스를 자기 편한 대로 쉽게 생각하고 애무와 전회 자체를 귀찮아하는 상대적 조루 증세다. 변회는 애무와 전회의 중요성을 알고 실천하기는 하나 "이만하면 됐겠지."라는 성급한 마음 때문에 나타나는 상대적인 조루 증세다.

형양관(滎陽關)의 왕식,
남근 삽입을 왕으로 생각하는 마초 기질

네 번째 형양관에서는 왕식(王植)이라는 장수를 벤다. 왕식(王植)은 '심는 것(植)을 왕(王)'으로 생각하는 자세를 뜻한다. 다시 말하면 꽂는 것, 삽입하는 것을 으뜸으로 생각하는 자세를 상징한다. 충분한 애무와 전회보다 오로지 삽입하는 것을 으뜸으로 삼는 삽입 성교 위주의 성생활 태도다. 생각보다 이런 자세로 섹스를 하는 남성들도 꽤 많은 것이 사실이다. 애무보다 남근을 삽입한 상태에서 전후좌우로 최대한 오랫동안 움직이면서 열반의 경지에 도달한 여성의 표정과 신체 반응을 보고, 교성 소리를 듣고 싶어 하는 것이 남성들의 심리이기 때문이다. 이것 때문에도 수많은 남성들이 상대적인 조루 증세를 보인다.

왕식 같은 남성들은 자신의 남근을 마치 전가의 보도처럼 휘두르며 삽입하고 힘차게 피스톤 운동을 하는 것만이 남성적인 성행위라는 태도를 견지한다. 그러나 앞서 선덕여왕의 고사에서 언급된 것처럼 남근이 여근 속으로 들어가면 곧 반드시 죽게 된다. 남근 위주의 섹스를 하는 사람들은 대부분 거물숭배사상도 지니고 있다. 애무와 전희 없이도 거물 하나만 있으면 충분하다고 생각하는 남성들의 가장 오래된 고지식한 편견이다.

호반(胡班),
남근 삽입 위주의 오랑캐적 섹스와 정석 섹스를 구별하라

삽입 성교 위주의 자세를 지닌 왕식 역시 관우를 죽이려는 계책을 세운다. 관우를 직접 대적할 수 없음을 알고 처소에 들게 한 후 이곳을 천명의 군사로 에워싸고 있다가 불을 질러 태워 죽이려 한다. 그러나 왕식의 부하 호반(胡班)이 관우가 수염을 길게 드리우고 앉아 등불 앞에서 책을 보고 있는 모습에 반해 왕식의 계략을 미리 알려줘서 화를 모면한다.

관우가 이때 본 책이 무슨 내용이라는 묘사가 없어 사서삼경을 본 것인지 군대 전술에 관한 책을 본 것인지는 알 수 없다. 세 번씩이나 적장들이 지키고 있는 죽음의 관문을 넘어온 관우다. 네 번째 관문에서도 무엇인가 기다리고 있음이 예견되는데 한가롭게 책을 본다는 것은 상황에 맞질 않는다. 책을 본다는 것은 이론을 공부하는 것이며, 정석적이고 교과서적인 성생활을 하려는 자세라 할 수 있다. 즉, 충분한 애무 후에 삽입해야 한다는 교과서적인 섹스 자세를 견지하는 모습이다.

관우의 수염은 남성 생식기 주변에 난 아름다운 음모의 모습이며, 그의 대춧빛 얼굴은 발기력을 상징한다. 호반이 책 보는 관우의 모습에 반한 것은, 충분한 애무를 가지며 정석대로 섹스하는 남근이 매우 아름답고 진정한 남근의 모습임을 표현한다. 삽입하는 섹스만을 최고요, 왕으로 삼는 왕식과는 구별되는 성적인 태도다.

이때 관우를 구해준 호반(胡班)은 '오랑캐(胡)와 벌려 서거나 이별하다(班)'라는 뜻이다. 여성에 대해 성적인 예의가 없고 길길이 날뛰며 못된 짓을 하는 오랑캐 같은 섹스와 자신을 구분 짓고 이별하는 자세를 의미한다. 애무보다 삽입하는 것을 으뜸으로 치는 왕식적인 자세는 여성에 대해 예의가 전혀 없는 오랑캐적이며 야만적인 섹스다. 반면에 충분한 애무를 곁들여 교과서적이고 정석대로 하는 관우적인 섹스는 예의가 바른 지성인의 섹스라는 평가를 엿볼 수 있다.

남성들은 시작부터 남근 위주의 삽입 섹스를 하거나 성행위 도중에 이처럼 왕식처럼 삽입 성교로 전환하고 싶은 욕구를 계속 느낀다. 여성의 흥분 상태를 살피면서 이제나저제나 때를 기다리다가 참지 못하고 삽입하여 대사를 그르치는 경우가 자주 발생한다. 이때 바로 호반적인 자세의 도움이 필요하다. 여성이 충분히 달아오르지도 않았는데 삽입하는 것은 오랑캐적인 성행위 태도라고 생각하며 배격해야 한다. 그런 매너 없는 자세와 자신을 구분하고 벌려 설 줄 알아야 한다. 자신의 애인이나 부인에게 오랑캐나 강간범처럼 달려드는 남성을 좋아할 여성은 세상천지에 단 한 명도 없다.

네 번째 관문은 형양관(滎陽關)이다. '滎'은 실개천이라는 뜻으로 폭이 매우 좁고 작은 개천으로 도랑 수준의 보잘것없는 개천이다. 형양은 '실개천(滎) 같은 남근(陽)'이라는 뜻이 되므로, 속이 좁고 작은 보잘것없는 남근이라는 의미다. 삽입 섹스 위주의 오랑캐적 남근을 지닌 남성들이 속이 좁고 보잘것없다는 평가다. 관우가 네 번째 조루증의 원인이 되는 남성들의 뿌리 깊은 삽입 위주, 대물 위주의 섹스 방식을 베어내고 극복한다.

활주(滑州)와 황하관(黃河關),
질 속에서 일어나는 조루 증세

다섯 번째 마지막 관문인 활주(滑州)의 황하관(黃河關) 어귀에서 진기(秦琪)라는 장수를 벤다.

滑 = 미끄럽다, 반드럽다, 매끈매끈하다, 부드럽다

'滑'은 미끄럽고 반드럽고 매끈매끈하고 부드러운 상태를 의미한다. 그래서 '滑' 자가 들어간 활주로(滑走路)는 비행기가 이착륙할 때 덜컹거리거나 큰 충격 없이 매끄럽고 부드럽게 이착륙하라는 사람들의 소망이 담긴 이름이다. '주(州)'는 원래 냇물에 둘러싸인 삼각주를 본떠서 한정된 구역을 의미하는 상형문자로, 고을이나 영역을 뜻한다. 활주(滑州)는 삼각주 모양의 영역인 사타구니 사이에 있고 미끄럽고 부드러운 곳인 여성의 생식기 속인 질 내부를 의미한다. 여성의 질 속을 상징하는 활주관의 의미를 보충하기 위해서 이곳의 태수였던 유연(劉延)의 이름 뜻도 살펴볼 필요가 있다.

劉 = 죽이다, 베풀다, 이겨내다
延 = 늘이다, 끌다, 오래다

유비와 같은 성씨를 가진 유연의 이름 뜻은 이처럼 죽여서 늘이거나 오래 끈다는 의미다. 사정하려는 급박한 충동을 죽여서 성관계 시간을 늘리거나 오래 끄는 자세. 유연은 조루 장군 조조의 부하다. 매끄러운 질 속에서 조기에 사정하려는 욕구를 죽여서 성행위 시간을 늘리려는 유연과 조조가 같은 진영이라는 것이 사리에 맞지 않아 보인다.

조루증을 어쩔 수 없이 지니고 있는 뭇 남성들이라고 해도 여성의 질 속에서만큼은 유연(劉延)처럼 오래 끌고 싶어 하는 마음이 있다. 질 속에서 버티지 못하고 너무 빨리 끝나면 성생활이 재미가 없고 불쾌해지기 때문이다. 삽입 후 어쩔 수 없이 사정 시간을 짧게 끝낸 남성들이라도 다음번에는 좀 더 길게 끌어보겠다는 아쉬움 섞인 다짐을 하게 된다. 그 결과 일부는 조루증 치료제도 구입해서 먹고, 귀두 둔감화 수술, 민간요법을 쓰기도 한다.

유연이 관우를 활주의 경계에서 맞이한다는 것은 활주가 상징하는 여성의 질 속으로 함부로 삽입하지 말라는 경계의 표시다. 그곳은 남근의 천당이자 무덤이기 때문이다. 유연처럼 사정 욕구를 죽이고 오래 끄는 자세와 관우적인 발기 강직도를 유지하려는 자세는 서로 일맥상통한다. 이렇게 서로 통하는데도 유연이 관우에게 황하를 건널 배를 빌려주지 않는다. 조조의 심복 하후돈이 두렵기 때문이다. 결국 관우는 하후돈의 부하 진기를 베고 배를 타고 황하를 건넌다.

이 부분은 남성들의 성행위 최종 단계인 남근을 질 속에 삽입할 때의 심리를 매우 정밀하게 표현하고 있다. 남성들은 남근의 삽입 단계에서 누구나 자신의 사정 욕구를 죽이고 이겨내서 오래 끌고 싶어 한다. 그러나 위풍당당하고 자신만만한 태도도 일단 여근 속으로 들어가는 순간 허망해진다. 그 속에서는 어느 한구석 발 디딜 곳이나 붙잡을 데가 없다. 오로지 남근의 발기력과 인내심으로 버텨내야 하는 것이 남성들의 애처로운 처지다. 대부분의 경우에 있어서 남성들이 생각한 것보다 일찍 사정 욕구가 물밀 듯이 밀려와 항거 불능 상태에 빠지는 것이 보통 남성들의 성생활 모습이다.

명량해전의 이순신처럼 10배가 넘는 적을 상대하는 불굴의 의지와 충정, 호거아처럼 수백 킬로그램이 넘는 무거운 짐을 견뎌낼 수 있는 인내심이 있는 경우에만 예외다. 이것은 결코 과장된 표현이 아니다. 여근 속으로 들어간 남근은 정말로 그 정도의 인내심과 충정으로 버틸 것을 요구받는다.

삽입 단계에서는 누구나 유연처럼 오래 끌고 싶은 마음은 있지만 조조의 심복 하후돈의 눈치를 봐야만 한다. 황하를 관할하는 하후돈(夏侯惇)의 이름 뜻을 직역하면 '하나라(夏) 임금(侯)과 돈독하다(惇)'라는 의미다. 중국 고대의 하나라는 황하의 홍수와 범람을 다스린 우(禹)임금이 세운 나라다. 하나라는 조루 생활의 마지막 관문인 황하와 불가분의 관련이 있는 나라다.

황하(黃河)는 맑지 못하고 늘 누런 황토 색깔을 띠며 거세게 흐르는 강이다. 황하는 섹스의 최종 단계에서 남근이 여근 속으로 들어갔을 때의 심리적, 생리적 불확실성의 상황을 상징한다. 남성들이 천하를 얻을 기세를 갖고 자신만만하게 삽입을 한다. 그 순간 맑고 투명함과 확실했던 마음이 없어지고 언제 일어날지 모르는 사정 충동으로 마음이 탁해지고 어지러움과 혼돈이 일어나는 곳이다. 이 황하 속으로 일단 들어가면 남성들이 유연처럼 사정 충동을 이겨내려고 젖 먹던 힘까지 다 써보기는 한다. 하지만 그곳을 직접 관할하는 장수 자체는 유연이 아니다. 사정의 범람이나 홍수와 친한 하후돈이므로 어찌 될지 모른다는 의미다.

진기(秦琪),
여근 속에서 허망하게 고꾸라지는 남근

오관참육장의 맹장 관우는 하후돈의 부하 진기를 베고 배를 타고 황하를 쉽게 건넌다. 조루증 극복의 마지막 관문인 여성의 질 내부에서 일어날 수 있는 조기 사정을 극복해 내는 모습이다. 남성들이 애무와 전희를 아무리 잘해도 여성의 질 속에서 남근이 제대로 버텨내지 못하면 성생활이 풍요롭지 못하고 재미가 없다. 그러므로 다섯 번째 관문을 관우가 통과하고 극복해 내는 과정을 매우 세심하게 살펴봐야 한다.

진기(秦琪)라는 이름에서 '진(秦)'은 벼 이름과 중국 최초로 통일국가를 이룬 진시황의 진(秦)나라를 뜻한다. '진(秦)'은 春(봄)+禾(벼)의 형성문자로 '봄 벼'라는 뜻이다. 봄 벼는 누렇고 단단한 가을 벼에 비해 풋 익고 약하다. 봄 벼는 성적인 경험이 적어 단련되지 못하거나 노련하지 못한 상태를 상징한다. 진기(秦琪)를 직역하면 진나라의 옥구슬이라는 뜻이다. 보통 남성의 성기를 옥경(玉莖)이라고 미화해서 부르기도 한다. '琪'는 '옥(玉)'과 '그(其)'의 합성어로서 '옥 같은 그것'이라는 뜻이다. 남근을 에둘러 표현하는 의미가 된다. 따라서 진기(秦琪)는 '진나라의 남근'이라는 의미다.

진기는 진시황의 나라, 중국 최초의 통일국가를 뜻하는 한자어가 들어가 있어 언뜻 보면 남근에 대해 좋은 의미인 것 같다. 그러나 『삼국지』의 주인공 중 한 명인 관우가 죽이는 대상이므로 결과적으로는 부정적인 의미를 지니고 있다고 추론해 볼 수 있다.

진나라에 대해서도 보다 자세한 고찰이 필요하다. 진(秦)나라는 진시황으로 대변되며, 중국 역사상 최초로 통일국가라는 대업을 이뤄냈지만 국가경영 경험이 매우 부족했다. 불만 세력을 잘 아우르고 달랬어야 하는데 진시황이 절대 권력을 휘둘러 모든 책을 불사르고 유학자들을 땅속에 생매장하는 분서갱유 등의 폭정을 저질렀다. 그 결과 국가로서 존속 기간이 불과 15년에 불과할 정도로 매우 단명했다. 단명한 국가로는 기네스북에 오를 정도이며 어떻게 보면 전혀 국가라고 볼 수도 없는 짧은 기간이다. 진나라가 중국 최초의 통일국가라는 타이틀을 갖고 있지만, 그 뒤를 이어서 중국을 재차 통일시킨 유방의 한나라가 진정한 통일국가로 대우받고 있다.

나라라고 볼 수도 없을 정도로 15년 만에 별안간 허망하게 고꾸라진 진나라는 성적인 측면에서 볼 때 조루증을 상징하기에 딱 안성맞춤이다. 반면에 4백여 년간 아주 길게 이어진 한나라는 사나이다운 성생활을 하는 나라라는 의미다. 유비, 관우, 장비, 제갈량이 한나라의 정통성을 그토록 강조했던 이유가 된다. '한(漢)'이라는 한자어에는 사나이라는 뜻이 있다. 단명한 진(秦)나라에 비해 국가를 길게 끌어갔던 한나라처럼 성생활 시 여성과 보조를 맞추기 위해 길게 끌어가는 사람이 진정한 사나이라는 의미다. 진(秦)나라는 벼라는 뜻이 있어 사나이 대장부는커녕 고개 숙인 남자라는 의미다.

한나라를 세운 유방(劉邦)의 이름 뜻은 자기 성정(性情)을 죽여 나라를 세운 사람이라는 뜻이다. 나라를 세웠다는 것은 유비(劉備)처럼 여성과 성생활을 원만하게 치러 성적인 자존심을 크게 세운 사람임을 의미한다.

진기(秦琪)는 진나라처럼 웅장하게 일어서기는 했지만 경험이 부족해 여근 속에서 단명하는 용두사미(龍頭蛇尾)형의 남근이라는 의미다. 여근 속에서 홍수처럼 범람하며 밀려오는 사정 욕구에 의해 어른의 남근이라고 부르기도 민망할 정도로 허망하게 끝나는 조루 증세다. 조루증이 상대적이라고 하지만 삽입 상태에서 진기처럼 빨리 끝나는 사람은 몇 초가 걸리지 않는 경우도 있다. 이러한 진기로부터 자유로울 남성은 아무도 없기에 관우가 이 부분을 극복하는 방법과 과정을 주의 깊게 살펴야 한다.

한수정후(漢壽亭侯) 관우,
사나이의 목숨은 삽입 시 균형 유지에 있다

관우가 이런 자세를 지닌 진기와 대면할 때 자신이 한수정후(漢壽亭侯)임을 강조하며 내세운다.

漢 = 사나이
壽 = 목숨, 수명, 오래 살다
亭 = 정자, 역참, 여인숙, 머물다, 꼭 알맞다, 적당하다, 균형이 맞다, 치우
    치지 않다
侯 = 과녁, 제후, 오직, 어찌, 아름답다

한수정후는 '사나이의 목숨은 오직 과녁과 균형이 맞는 데 있다'라는 의미다. 치우쳐서도 안 되고, 꼭 알맞아야 한다. 과녁은 바로 남근이라는 무기가 들어가는 여근이다. 남근은 여근 속에 꼭 알맞게 들어가야 한다. 더 들어가면 사정으로 무너지고, 덜 들어가면 재미가 없다. 꼭 알맞게 들어가 균형을 잃어서는 안 되며, 치우쳐서도 안 된다는 의미다.

한수정후라는 칭호는 관우가 공을 세우자 조조가 조정에 건의하여 내린 직함이다. 쇠로 만든 직인까지 만들어 줬지만 조조를 떠나면서 벽에 걸어두고 온다. 이것은 조루증 남성들에게 시사하는 바가 매우 크다. 남성들은 결혼 후 성생활을 충분히 가진 시점에서는 애무와 전희도 충분히 거치고, 여성이 달아오르기 전에 급하게 삽입하는 것도 자제하게 된다. 문제는 앞선 과정이 순조롭게 진행되었어도 남근을 삽입하는 순간 바로 나타난다. 여근 속에서 최대한 버티려고 노력해 보지만 얼마 버티지 못하고 사정이 일어난다. 그래서 성에 안 차는 경우가 대부분이다. 때문에 한수정후 같은 자세가 반드시 필요한 것이다.

남근의 과녁이 되는 여근 속에서 절대로 치우쳐서는 안 되고 균형을 맞춰야만 한다. 그래야 사나이의 목숨이 살 수 있는 법이다. 관우가 조조의 진영 벽에다 한수정후의 인을 걸어 놓고 나온 것은 조루증 조조에게 그 의

미를 두고두고 되새기면서 조루증을 경계하라는 의미다. 삽입 단계에서는 남근이 여근이라는 과녁에 더 들어가서도 안 되고, 덜 들어가서도 안 되게 반드시 균형을 맞춰야 한다. 섹스의 전희 단계서는 카사노바보다 훨씬 테크닉이 좋으나 삽입 단계에서는 매번 성에 차지 않고 찜찜함이 남는 남성들이 귀담아들을 만한 내용이다.

배와 관우,
삽입 시 흘수(吃水)를 지켜야 섹스가 안전하고 즐겁다

『삼국지연의』에서 황하라는 강을 굳이 조루 증세 극복의 마지막 관문으로 삼았다. 이곳이 섹스의 마지막 과정인 삽입 단계에서 나타나는 조루 증세의 거친 속성을 표현하기 위해서다.

배는 물속에 항상 일정 부분만 잠기며 전체가 푹 잠기면 침몰하는 참사가 발생한다. 해양 용어로 배가 물속에 잠기는 깊이를 흘수(吃水)라고 한다. 수백 명의 아까운 인명을 앗아간 세월호 참사도 이 흘수를 제대로 지키지 않은 것이 원인 중 하나다.

　　吃 = 말을 더듬다, 먹다, 마시다, 참고 이겨 내다. 견디다. …에게 …당하다

'吃'은 우리나라에서는 주로 말을 더듬는다는 뜻으로 사용하는 한자지만, 중국에서는 다양한 의미로 쓰이는 한자어다. 흘수(吃水)를 직역하면, '말을 더듬게 하는 물의 깊이' 정도의 뜻이다. 겉으로 봐서는 배가 물속에 잠기는 상황과 전혀 어울리지 않는 엉뚱한 의미지만 자세히 살펴보면 인간사의 오

묘한 이치가 담긴 말이 흘수다. 배가 물속에 잠겨서 침몰하게 되는 위급한 상황이 되면 사람들이 긴장을 하여 상황 판단도 제대로 못 하게 되고 "구, 구명조끼 어디 있어?" 등 말을 더듬게 된다. 선조들의 삶의 지혜가 고스란히 담겨 있는 단어가 바로 흘수다.

대부분의 사람들이 말을 더듬는 것은 매우 긴장하거나 잘못을 했을 때로 조루증을 지닌 사람들에게도 해당된다. 성인 만화에서 성관계를 하다가 남성이 조루증을 느끼는 순간에도 말을 더듬는 모습으로 표현한다. 식은땀을 흘리며 혹 빛이 된 어이없는 표정의 주인공 옆으로 "어, 어!" 하는 말풍선을 그려 놓음으로써 조기 사정을 하며 말을 더듬는 내면의 모습을 잘 표현한다.

'吃'이 참고 이겨내거나 견디고 지탱하다는 뜻으로 사용되면 사정의 압력과 위험을 견뎌내는 깊이가 흘수라는 의미다. '…에게 …당하다'라는 뜻으로 사용되면, 조루증으로 인해 여성에게서 핀잔과 망신을 당하는 깊이라는 의미가 된다.

'吃'을 좀 더 확장적으로 해석해 보면 '口(구)'와 '乞(걸)'로 나누어 볼 수 있다. '구멍(口)에 구걸하다(乞)'라는 뜻이 되고, 구멍이 상징하는 여근이나 여성에 빌거나 구걸하게 되는 깊이라는 의미가 된다. 조기 사정으로 인해 욕구불만이 된 여성에게 보이지 않는 핀잔을 받게 되므로 빌거나 구걸하게 되는 깊이가 바로 흘수다.

섹스의 최종 단계인 삽입 단계에서 남근도 배처럼 분명하게 흘수가 있음을 『삼국지연의』가 밝혀두는 것이다. 배의 크기나 재질에 따라서 같은 짐을 실어도 흘수의 깊이가 달라진다. 남자들에게 일률적으로 어느 정도 깊이라고 딱 정해서 말할 수는 없지만 개인마다 사정을 일으키는 흘수가 분명 존재한다. 어떤 사람은 귀두 부근이 흘수의 한계점이라 그곳을 넘겨 여근 속에 잠기게 하면 쉽게 사정이 일어난다. 다른 사람은 귀두를 지나 음경의 중간까지 여근 속에 잠겨도 사정에 어느 정도 버틸 수 있다. 이런 식으로 모든 남성들은 자신의 성기의 예민성, 버티는 인내력 등에 따라 귀두에서 음경의 뿌리 사이에 어느 부분이 홀수의 한계점이 된다. 이 한계점을 넘으면 배가 침몰하듯 성행위도 갑작스럽게 조기 사정으로 침몰하여 참사를 맞이하게 된다.

삽입 단계에서 남근이 여근 밖에 있다면 홀수 값이 '0'이 되고 조기 사정으로부터 가장 안전하다고 할 수 있다. 여근 속으로 들어가는 깊이가 깊어질수록 사정을 일으키는 홀수 값이 높아져 사정 욕구가 치솟게 된다. 남근이 여근 속에서 아직 단련이 덜 되어 여근 속으로 약간만 들어가도 사정 압력과 홀수 값이 치솟는 남성들은 삽입 시기를 최대한 뒤로 미뤄야 한다. 그런 사람들은 홀수 값이 '0'인 상태라야 안심할 수 있으므로 애무에 좀 더 긴 시간을 할애해야 한다.

성관계를 진행하다 보면 남성 스스로가 처음에 마음먹은 것보다 조기에 삽입을 시도하게 된다. 상대 여성이 보채는 경우도 있어서 의도하지 않은 조기 삽입도 맞이하게 된다. 이러한 경우에도 전면 삽입보다는 자신이 견딜 수 있는 사정 한계선인 홀수를 제대로 유지하기 위해 노력해야 한다.

여성과 성관계를 가질 때 처음에는 이 홀수의 존재와 한계점을 구별하는 것이 쉽지 않다. 성관계를 주기적으로 가지면서 성적 경험이 많아지다 보면 자신의 홀수의 존재를 인식하게 된다. 그렇게 되면 남근을 완전 삽입한 채로 섹스를 진행하지 않는다. 황하를 배를 타고 건너는 관우처럼 자신이 버텨낼 수 있는 깊이만큼 삽입을 조절하며 섹스를 진행한다. 이것이 삽입 상태에서의 조루증 극복의 정석이라 할 것이다.

한수정후는 배의 홀수를 지키는 사람이다. 그래서 황하 나루터에서 조조 부하 진기가 누구냐고 묻자, 한수정후 관우라고 당당하게 말했던 것이다. 여근이라는 과녁 속에서 치우침이 없이 꼭 알맞은 자신의 흘수를 지켰기에 섹스를 원하는 만큼 길게 즐길 수 있는 것이다. 한수정후로 흘수를 지키는 것, 이것이 바로 조루증 극복의 마지막 관문이며 수천 년간 내려온 성생활의 비밀이기도 하다.

앞에서 제비의 속성을 통해 장비의 발기 지속력과 섹스를 오래 끄는 자세를 살펴봤다. 제비턱 장비야말로 삽입 단계에서 단순 무식하게 제비처럼 흘수를 엄격하게 유지하는 섹스의 재주꾼이다. 그 재주의 비밀은 제비의 이마와 목덜미 부분만 붉듯이, 귀두와 바로 그 아랫부분까지만 여근 속에 잠기게 하여 나머지는 자극과 압력을 받지 않는 흘수 유지에 있다.

사정 욕구적인 면에서 안정되고 여유 있고 확실한 애무기는 육전(陸戰)에 해당한다. 이에 비해 남근을 삽입한 상태는 마치 물위에서 싸우는 것처럼 모든 것이 요동치며 불안정하고 불확실한 수전(水戰)이다. 약간의 균형만 잃어도 배가 뒤집히듯이 욕심을 내다보면 섹스의 균형이 깨지고 성행위가 침몰하게 된다. 수전은 배로 싸움을 한다. 수전을 잘 치러내고 좋은 뱃놀이를 위해서는 남근의 일정 부분이 항상 수면 위로 드러나게 조절하는 자세가 필요하다.

진기처럼 남근을 너무 맹신하고 남근에 의한 전제 정권적 섹스를 해서는 안 된다. 여성의 질 속은 활주(滑州) 같아서 돌처럼 단단했던 남근도 그 속에 전체가 들어가면 이내 부드러워지고 결국 죽기 때문이다.

이 부분의 종합적인 이해를 위해 남성들의 사정 시스템을 살펴볼 필요가 있다. 남성들이 성적으로 충분히 흥분하면 방광 출구가 닫히면서 정액이 전립선 분비선의 안쪽에 위치한 정구(精丘)라는 공간으로 모인다. 이를 누정(漏精)이라고 한다. 정구는 구조나 위치상 여성의 자궁에 비견되는 곳이어서 일명 '남성 자궁'이라 불리기도 한다. 정구가 정액으로 가득 차면 평상시의 세 배 정도 팽창하고, 이렇게 증진된 압력으로 사정이 유도된다.

생리학적으로 누정이 완전히 이뤄지면 사정은 피할 수 없다. 정액이 정구에 가득 찬 상태는 총알이 장전된 상태와 다름없다. 언제라도 방아쇠만 당겨지면 총알처럼 붙잡을 틈도 없이 쏜살같이 배출될 태세를 갖추고 있다. 그러므로 정액이 누정되어 정구에 모여 있는 상태에서 삽입 후에도 방아쇠가 당겨지지 않고 어느 정도는 버텨줘야 원만한 성생활이 이뤄질 수 있다.

여근 속에서 남근은 모두 죽게 마련이다. 그러나 어느 정도는 버텨줘야 여성과 화합하는 성생활이 가능하다. 그것을 위해 자신의 남근을 진나라의 옥처럼 너무 맹신해서는 안 된다. 남성들마다 자신의 남근을 여성의 질 속으로 과연 어느 깊이까지 삽입하느냐에 따라 조기 사정이 일어날 수도 있고 그렇지 않을 수도 있다. 배의 모양이나 상태에 따라 뱃전이 잠기는 깊이가 다르고 배가 물에 뜰 수 있듯이 남성들의 사정 한계선도 개인마다 다르다. 남성들은 자신의 사정 한계선에 걸맞은 흘수를 철저하게 지켜나가야 풍요롭고 즐거운 섹스를 영위해 나갈 수 있다.

모든 남성들에게 조루 증세 극복의 마지막 관문인 질 내부의 삽입은 피할 수도 없고 동시에 가장 원하는 최종 목적지가 되기도 한다. 다만, 그 내부는 활주같이 매끄럽고 누런 황하같이 출렁이는 곳이다. 언제 전복 사고가 일어날지 모른다. 흘수를 반드시 지킴으로써 배가 침몰되지 않고 나아가는 이치를 성생활의 원리로 지켜나가야 한다.

조선의 거북선·판옥선과 왜군의 안택선,
흘수를 지킨 과학의 승리

모든 남성들이 애무와 전희는 각양각색의 방법으로 진행하지만 결국은 여근 속으로 모여든다. 조루증 남성들이 가장 곤혹스러운 상황에 처하는 것도 이 부분이므로 좀 더 다양한 사례를 살펴볼 필요가 있다.

조선의 정신을 이어받은 대한민국 하면 가장 먼저 떠오르는 인물이 이순신 장군이다. 그가 7년간 조선 반도를 유린하며 길길이 날뛰던 침략 왜군을 물리쳐 나라를 지켜낸 후 장렬하게 전사했기 때문이다. 이순신은 수많은 전투를 치렀지만, 명량해전에서 12척의 배로 133척의 왜군을 물리치며 대승을 거뒀다. 이것은 삽입 단계에서 밀려오는 도저히 감당할 수 없는 사정 욕구에 대해 극한적 인내심으로 버티는 모습이라고 살펴봤다. 섹스의 마지막 단계인 삽입 단계에서 아무런 경계심 없이 남근의 흘수가 다 잠기게 되면 백전백패한다.

이순신이 명량해전에서 12척의 배로 133척의 왜선을 감당했던 것은 조선의 배 거북선과 판옥선, 왜군의 배 안택선의 흘수와 불가분의 관계가 있다. 거북선과 판옥선은 물에 잠기는 배의 하단 부분이 평평한 평저선이었고, 왜군의 배 안택선과 세끼부네는 그 부분이 뾰족한 첨저선이었다. 평저선은 첨저선에 비해 흘수가 낮고 속도는 느린 데 비해 물에 잠기는 부분이 적어 급격한 방향 전환이 용이하다.

판옥선과 안택선은 남근에 비유된다. 판옥선은 남근의 삽입을 무작정 깊숙이 하지 않고 자신에게 맞는 삽입 깊이인 흘수를 유지하는 자세다. 그렇게 함으로써 사정 욕구를 경계하고 사정 욕구가 거세지면 재빨리 방향 전환을 하듯 삽입 깊이를 조정하여 느리지만 오래 버틴다. 이에 비해 안택선은 배의 하단 부분이 물에 깊숙이 잠겨서 위급할 시 급격한 방향 전환이 힘들고 사정 욕구가 급해질 때 속수무책이 된다. 한마디로 흘수를 낮게 책정한 조선 수군이 흘수를 깊게 책정한 침략 왜군의 배를 물리치는 모습이다.

안택선(安宅船)이라는 배의 이름은 '편안한 댁'이라는 뜻으로 편안한 사람이라는 의미. 전함을 이런 식으로 부르는 것은 상식에 어긋난다. 이것은 장비가 싸울 때마다 자신이 제비나라 사람이라고 분위기에 어울리지 않은 말을 내뱉던 것과 비슷하다. 그러나 그 속에는 숨겨진 비밀이 있었고, 안택선에도 역시 남성들의 성 심리를 들여다 볼 수 있는 비밀이 숨겨져 있다.

앞서 완성전투에서 힘들고 인내심이 요구되는 섹스의 과정을 조조의 조카 조안민(曹安民)은 자기만 편하고 쉽게 치르는 자세라고 분석한 바 있다. 오관돌파의 두 번째 관문의 적장 한복과 맹탄도 같은 성격을 나타냈다. 안택선 역시 노력과 정성으로 치러도 될까 말까 한 섹스를 자기 편한 대로 치르는 이기적이고 상대적인 조루 증세를 상징한다.

이에 비해 조선을 위기에서 구한 거북선은 평저선인 판옥선 위에다 철갑판을 씌운 형태다. 판옥선처럼 남근 삽입의 흘수를 낮거나 적정하게 유지하면서 철갑 거북이처럼 성행위를 무디고 느리게 진행하는 의미가 추가되었다. 거북선 역시 전함이라면, 용이 불을 내뿜는 용선(龍船)이나 호랑이, 상어 같은 무서운 동물 이름이 들어가는 것이 더 효과적이다. 다만, 거북이의 느리고 무딘 속성이 성생활을 표현하는 데 더 효과적이기 때문에 사용되었다. 그 결과 섹스에 있어서 최강의 전선으로 각광받고 있다.

자기 편리하고 빠르게 섹스를 진행하는 안택 섹스와 이에 맞서 거북이처럼 힘들고 느리게 진행하는 거북 섹스는 임진왜란이 만들어낸 최고의 설화다. 사람들이 물 밖에 나와서 느리고 힘들게 걷고 있는 거북이에게서 섹스는 힘들지만 느리게 진행해야 남녀 간 화합에 좋다는 힌트를 얻어 설화로 재구성해낸 것이라 판단된다.

판옥선(板屋船)은 널따란 판자를 뜻하는 '板'이 뾰족한 것에 비해 무디고 안정적인 느낌을 준다. '板'은 중국에서 단단하고 무미건조하다는 의미가 있다. 남근이 무디고 단단함을 유지하며 사정하려는 욕구에 대해 아직 맛을 못 느끼는 무미건조한 상태에 있는 모습이다. 집을 뜻하는 한자어는 '家(가), 堂(당), 室(실), 宅(택)' 등 많지만 '屋'은 집이라는 의미 외에도 지붕과 덮개의 의미도 지니고 있다.

지붕이나 덮개는 황개(黃蓋)에서도 살폈듯이 남근의 귀두 부분을 상징한다. 따라서 판옥선은 무딘 지붕 덮개, 나아가서 무딘 남근이라는 의미가 된다. 거북선과 마찬가지로 무디고 느리게 성행위를 진행해 나감으로써 백척간두 위기에 처한 나라를 구하는 조선 수군의 자세. 이것은 섹스의 최종 단계인 삽입 단계에서 물밀듯이 쳐들어오는 사정 욕구 때문에 백척간두 위기에 처한 남성으로서의 자존심을 판옥선적 섹스 자세로 구하는 모습이다.

임진왜란 관련 설화에서 왜군은 조루 장군 조조와 위나라처럼 조루 증세의 역할을 한다. 평화로운 선비의 나라 조선 반도를 침입해서 삼천리강산을 유린하고 조선의 국왕마저 도성을 버리고 노숙을 하며 떠돌이 생활을 하게 만들었다. 적벽이 불타오른 것처럼 최후에는 노량 앞바다를 불바다로 만들고 자기들 볼일 다 본 후에는 쑥 빠져나간 조루 장군의 나라다.

왜군이 조루 증세 진영을 상징한다는 증거는 안택선 같은 전함 이외에도 부지기수로 많다. 조선을 침략한 두 명의 왜군 주요 장수 이름을 살펴보면 더욱 확실해짐을 알 수 있다. 임진왜란을 일으킨 왜군의 총지휘관이 도요토미 히데요시로서 한자어로는 풍신수길(豊臣秀吉)로 표기한다. 그의 이름에서 중요한 부분이 '臣'의 의미다. '臣'은 신하나 하인이라는 뜻으로, 임금이나 높은 사람 아래에 있는 하인(下人)이며, 어떤 것에 종속된 것을 의미한다.

'臣'은 남자라는 주인에게 딸려 있으면서 아래에 있는 남근에 대해 상징적으로 높여 부른 경칭이다.

'秀' 자는 공수(孔秀)에서 이미 분석되었듯이 구멍만 보면 이내 고개를 숙이는 남근이라는 뜻이다. 풍신수길(豊臣秀吉)은 풍성하고 단단하게 발기한 남근이 이내 곧 벼처럼 고개를 숙임이 길하다는 의미가 된다. 단단하게 발기한 남근이 곧 죽는 조루 증세를 나타냄이 길하다는 의미다. 임진왜란을 총지휘한 풍신수길이 조루 장군 조조와 같은 의미이므로 그의 부하들 역시 조루 증세를 의미하는 선상에 서 있다.

조선을 침략한 왜군 중 가장 유명한 장수가 소서행장(小西行長)이다. 그의 이름에서 '西'는 뜨겁게 타오르며 운행하던 태양이 지며 수그러드는 방향이다. 한자의 어원상으로는 이리저리 펄펄 날며 먹이를 잡아먹던 새가 날개를 접고 둥지에 깃들이는 것을 의미한다. 소서행장은 무엇인가 짧게 깃들이는 행위의 우두머리라는 뜻이다. 성행위를 짧게 끝내는 조루 대장이라는 의미다. 치열했던 임진왜란이 종결된 가장 큰 원인은 풍신수길의 죽음에 있다. 조루 대왕이 죽어서 조루중이 사라지며 전쟁이 종결된 것이다.

거북선을 조종했던 이순신(李舜臣)의 한자어 이름도 분석하면 의외의 뜻이 나온다. '李'는 자두를 뜻하며 앞서 자두가 성생활이나 그 쾌감을 상징한다고 분석한 바 있다. '舜'은 중국의 전설상의 가장 뛰어난 임금 중 한 명이며, '臣'은 앞서 풍신수길에서 분석한 대로 남근을 상징한다. 거북선을 만들어 몰았던 이순신(李舜臣)은 성생활에 있어서 순임금처럼 가장 뛰어난 남근이라는 의미가 된다. 안택선의 소유자인 풍신수길(豊臣秀吉)에도 같은 '臣' 자가 들어가 있지만 이순신과는 정반대의 의미다. 이순신은 순임금 같은 남근의 소유자이고, 풍신수길은 위풍당당하게 발기한 남근이 벼처럼 이내 고개 숙인다는 의미다.

왜군에게 한양(漢陽)이라는 도성까지 잃고 쫓겨 다닌 왕이 조선의 제14대 왕인 선조(宣祖)다. 베푸는 조상이라는 의미다. 부부간의 성생활은 남성 혼자서 재미를 보거나 볼일을 보고 끝내는 자위행위가 아니다. 성행위 내내 사정하고 싶은 마음은 굴뚝같지만 참고 견디며 여성과 같이 오르가슴에 도달하는 베푸는 섹스, 화합의 섹스를 해야 한다.

한양(漢陽)은 '漢'이 사나이라는 뜻이 있어 사나이들의 양기라는 뜻이다. 선조처럼 여성에게 베푸는 자세가 길길이 날뛰는 조루 증세에 쫓겨서 사나이들의 양기인 성적인 자존심을 잃고 표류하며 온갖 마음고생을 하는 모습이다.

이런 조선의 위태로움을 알고 명나라에서 이여송(李如松) 장군을 원군으로 보낸다. 이여송(李如松)은 '李'가 상징하는 성생활을 '松'과 같게 하다는 의미다. '松'은 소나무 외에 '느슨하다, 긴장이 풀리다. 여유가 있다'라는 뜻이 있다. 이여송은 조루중에 대해 긴장을 풀고 성생활을 느리고 여유 있게 진행하는 자세라는 의미다. 이러한 느긋한 자세로 조루 증세에 빼앗긴 성생활의 실지를 다소 회복하게 된다.

조루 증세 진영인 왜군이 조선 침략의 명분으로 내세운 것이 '명나라를 치는데 길을 빌려달라'는 정명가도(征明假道)다. 사람들은 임진왜란 이후 정명가도의 의미에 대해 쭉 이렇게 생각해왔다. 하지만 설화적인 방식으로 접근하여 정명가도의 한자어를 재분석하면 조루 증세의 속성과 명분이 극명하게 드러난다. '明'은 그 당시 동북아의 최강국 명나라를 의미하여 정의와 세상의 중심을 의미했다. 한자어 자체로는 무엇인가에 밝거나 질서 있는 것 등을 의미한다. 왜군의 조루 진영에서 내세웠던 정명(征明)은 밝음과 질서를 친다는 매우 부정적인 의미가 된다. 전쟁의 명분으로 치려면 무질서와 불법과 어둠의 세력을 쳐야 한다. 이때는 정명(征明)이 아닌 정암(征暗)이 된다. 밝음과 질서를 치는 정명(征明)은 오랑캐나 하는 짓이고 세상의 이치와는 맞지 않는다. 정명가도(征明假道)는 밝음과 질서를 치는 행위이며, 범해서는 안 되는 큰 것을 치는 반역의 길이요, 거짓과 가짜의 길(假道)이라는 의미다.

정명가도(征明假道), 바다 건너온 오랑캐 같은 조루중의 나라에서 내세울 만한 명분이었다. 여성과 화합을 이루려는 정신을 갖고 있었던 선비의 나라 조선에서는 이를 절대적으로 받아들일 수 없었다. 그 결과 미친 듯이 날뛰는 조루 증세로 인하여 삼천리 금수강산이 불타고 도성마저 함락되어 자존심이 상하는 치욕을 겪었다. 그러나 온몸과 마음 전체에서 조루 증세에 저항하고 이겨내려는 의로운 마음, 의병이 각지에서 일어나고 이순신 같은 자세가 있었기에 결국 막아냈다.

서양의 자존심을 지킨 살라미스 해전도
흘수를 지킨 승리

2,500년 전 치열하게 전개되던 페르시아 전쟁의 흐름은 살라미스 해전에서 바뀐다. 아테네가 테르모필레 전투에서 패하는 등 전황이 불리해져 신탁을 물은 결과 '나무로 만든 성벽'으로 모든 백성을 피신시키라는 신탁이 떨어진다. 아테네군을 이끌던 테미스토클레스(Themistocles)는 나무로 만든 성벽이 배를 의미한다고 판단하게 된다. 200척의 삼단노선을 만들어 모든 백성을 태워 육상에서 완전 철수하고 살라미스 섬으로 이동시킨다. 이순신의 명량대첩처럼 살라미스의 좁은 해협으로 페르시아 해군을 끌어들여 대승을 거둔다.

아테네가 육지에 있던 모든 백성을 배에 태워 살라미스 섬으로 이동시킨다. 성행위가 육전이 상징하는 애무와 전희 시기에서 수전인 남근 삽입 시기로 전환되는 모습이다. 지금까지 애무 단계에 머물던 모든 몸과 마음을 신고 삽입 성교에 총력을 기울여야 한다는 의미다. 애무와 전희 시에는 모든 남성들이 사정 욕구에 대해 여유가 있지만, 남근 삽입기로 들어가면 사정 욕구가 거세져 젖 먹던 힘까지 다해 방어해야 하기 때문이다.

살라미스 해전도 남근이 운다는 명량해전처럼 이름 뜻 분석이 중요하다. 살라미스(salamis)는 소금을 뜻하는 'sale'과 접미사가 결합된 구조로 소금이라는 의미를 내포하고 있다. 이탈리아에서 생산되는 소시지의 일종인 살라미(salami)는 훈제를 하지 않고 저온에서 장시간 건조시켜 생산한다. 보존 기간이 길지만 짜기 때문에 한 번에 덥석 먹을 수 없고 얇게 베어 먹는다. 협상 전략 중에도 자신이 지닌 카드를 한 번에 쓰기보다 여러 번에 걸쳐서 조금씩 써가며 효과를 극대화하는 전략을 '살라미 전술'이라고 한다.

남근 삽입 시기가 바로 살라미 전술을 요구한다. 자신의 홀수를 지키지 않고 남근을 덥석 깊숙이 삽입하면 결국 오래 버티지 못하고 조기 사정이라는 매우 쓴맛을 보게 된다. 살라미를 칼로 얇게 베어 먹는 것처럼 삽입 성교를 진행하기 위해서는 자신의 홀수에 맞게 삽입하고 차츰 그 깊이를 조절해 효과를 극대화시켜 나가야 한다.

선조와 이순신, 적장 풍신수길, 소서행장 이름에 고유한 성적인 자세가 있었으므로 아테네 군을 이끈 테미스토클레스 이름 분석도 필요하다.

테미스토클레스(Themistocles)는 헤라클레스(Heracles)가 '헤라(Hera)의 영광(cles)'이듯이 테미스(Themis)의 영광이라는 뜻이다. 테미스는 하늘의 신 우라노스와 땅의 신 가이아 사이에서 태어난 신으로 '정의, 공정, 질서, 율법' 등을 의미한다. 양손에 저울과 칼을 들고 있는 모습으로 묘사된다.

성적인 측면에서 테미스가 들고 있는 칼은 남자의 무기인 남근을 상징하며, 저울은 균형을 잡아야 함을 강조한다. 남근이 여근 속에 들어가는 순간 약간의 균형만 잃어도 곧바로 사정으로 직행하기 때문이다. 앞에서 한수정후(漢壽亭侯)가 삽입 시 균형을 잡는 것에 사나이의 목숨이 달려 있다는 의미라고 했듯이 테미스의 의미도 마찬가지다.

남성들이 테미스처럼 남근의 균형을 잘 잡기 위해서 가정 먼저 요구되는 것이 자신의 홀수를 지키는 일이다. 그 결과 여성과 오르가즘에 같이 도달하는 정의롭고, 공정하고 질서 있는 섹스가 된다. 반대로 이를 제대로 지키지 못하면 순식간에 섹스 질서가 무너지고 불공정하고 불의한 섹스가 된다. 섹스의 마지막 단계에서는 동서양을 막론하고 이처럼 홀수와 균형을 강조하고 있다. 그곳에서는 아무것도 기델 것이 없고 오직 균형을 지키는 것만이 최선이자 최후의 방법이기 때문이다.

테미스토클레스(Themistocles)는 남근의 균형이 가져온 영광이라는 의미다. 남근의 삽입 깊이를 조정하는 홀수의 균형을 잡아야 영광을 맛볼 수 있다.

아테네 해군의 배인 삼단노선이 조선의 판옥선처럼 밑 부분이 평저선이었다는 증거가 없어 물속으로 얼마가 잠겼는지 알 수는 없다. 다만, 삼단으로 노를 젓기 위해서는 수면으로 드러난 부분이 매우 많았을 것으로 추정된다. 삼단의 노가 모두 수면 위로 배치되어 물에 잠기지 않는 부분이 저절로 높아지는 구조다. 이것은 상대적으로 물에 잠기는 부분이 낮았다는 의미가 된다.

페르시아 측에는 잔 다르크처럼 여전사 아르테미시아가 함장으로 참전했다. 그 당시의 여성의 활동, 육전보다 몇 배 더 힘든 해전의 성격으로 보아 그녀가 실존 인물이었는지는 의심이 간다. 설화적으로 볼 때는 남성의 성생활을 표현하기 위해 『삼국지연의』처럼 가공의 인물을 끼워 넣은 것 같다. 아르테미시아(artemisia)의 어원을 살펴보면 다음과 같다.

arte = 밀착하여, 꼭 끼어, 촘촘히, 빽빽한

'misia'는 라틴어 missile(던지는 무기, 미사일), missio(보냄, 파견, 무기발사, 확실한 죽음)와 관련이 있다. 밀착하고 빽빽한 상태에서 무기를 쏘거나 발사하여 확실한 죽음을 맞이한다는 뜻이다.

밀착되고 빽빽한 상태는 남근이 완전히 삽입된 상태에서 느껴지는 감각이며, 사실 남성들은 이러한 느낌을 원한다. 그러나 이 상태로 무기로 쏘면 남근이 얼마 못 가 조루 증세를 보이며 확실한 죽음을 맞이할 수밖에 없다. 때문에 삽입의 깊이를 조정하는 홀수를 지키라는 것이다.

아르테미시아가 여장군이었다는 것은 한수정후 관우처럼 사나이답지 못하고 이기적인 여자 같은 섹스 자세라는 비난이 담긴 평가다. 남성들이 홀수를 지키지 않고 처음부터 밀착하고 꼭 끼는 감각을 원해 완전 삽입한 상태에서 진행하면 원하는 것보다 일찍 사정이 일어나 섹스를 망치게 된다.

아르테미시아는 해전 중에 아테네 수군에게 쫓겨 달아난다. 아군인 페르시아군의 함선들이 앞을 막자 아군 배를 들이받아 부수며 출로를 열고 탈출을 한다. 이 광경을 먼 산 위에서 보던 페르시아의 왕 크세르크세스는 아르테미시아가 적함을 물리치는 것으로 오인하고 "우리 측 남자들은 여자가 되고 여자들은 남자가 되었구나."라는 유명한 말을 한다.

성적인 측면에서 남자들은 삽입을 할 수 있고 여자들은 삽입을 하지 못한다. '남자들이 여자가 되었다'는 의미는 남자답게 삽입을 해야 할 시기에 여자처럼 삽입을 하지 못했다는 것이다. '여자들은 남자가 되었다'라는 의미는 여자처럼 삽입을 하지 말아야 할 때는 무식하게 삽입을 했다는 의미다. 결국은 삽입의 시기와 깊이를 제대로 맞추지 못해 전쟁에서 지고 있음을 상징한다. 이처럼 홀수를 지킨다는 것이 대전쟁의 승패를 가를 만큼 섹스에서는 매우 중요한 작전이며 전략인 것이다.

임진왜란과 페르시아 전쟁은 실제의 전쟁이었지만 『삼국지연의』처럼 역사라는 텃밭을 이용하여 인간의 성생활을 그 속에 담아냈다. 『삼국지연의』를 분석하다 임진왜란과 살라미스 해전에 대해 살펴본 것은 이들 전쟁에서 공통적으로 강조하는 성적인 자세를 살펴보기 위함이다. 4백여 년 전 임진왜란은 거북선과 판옥선, 1,800년 전 삼국지는 한수정후 관우의 황하관 돌파, 2,500년 전 살라미스 해전은 삼단노선을 통해 삽입 단계에서 흘수의 깊이를 잘 조정해야 남녀가 행복하고 즐거운 성생활이 된다고 강조한다. 즉, 흘수의 깊이를 지키는 것은 조루 증세 극복의 최종 관문이며 수천 년 전부터 동서고금의 남성들이 실천해온 성생활 전략임을 알 수 있다. 아울러, 이러한 이야기를 입에서 입으로 다듬고 구전시켜온 불특정 대중들은 나라를 지키다 순직한 무명용사와 같다. 그분들이 있었기에 현대인들이 인간의 성생활에 대한 바른 통찰력과 지혜를 얻게 해준다.

유비 삼 형제의 재회,
조루증 극복을 위한 자세의 재 결집

관우가 조루 증세와 동거할 때 장비가 숨어 있었던 망탕산(芒碭山)도 남성들의 심리를 세밀하게 묘사하고 있다. 장비는 성관계 시 공중에 오래 체공하는 제비처럼 성관계 시간과 발기 지속력을 유지하는 자세다. 그런 자세도 성생활 초기에 부닥치는 조루 증세 앞에서는 맥을 못 춘다. 그래서 망탕산에 숨어 있게 된다.

髡 = 까끄라기, 가시, 비늘, 북망산, 독초, 지친 모양, 어둡다

碭 = 무늬 있는 돌, 찌르다, 넘치다, 지나치다. 크다

까끄라기는 벼, 보리 등에 붙어 있는 깔끄러운 수염으로 잘못 만지면 찔려서 가시와 비슷하다. 망탕산은 까끄라기나 가시처럼 사람을 찌르고 독초처럼 독설을 퍼붓고, 북망산처럼 죽을 맛 심정이 넘치는 상태다. 조루 증세 때문에 관우가 하비성이 상징하는 성적인 열등감에 빠져 있었다. 장비는 스스로에게 못난 놈이라고 독설을 퍼붓고 자책하며 죽을 맛인 상태에 처해 있는 모습이다. 급강하와 급상승을 하며 제비 같은 재주를 부릴 수 있는데도 불구하고 조루중 때문에 아무 소용이 없기 때문에 느끼는 자책감이다. 그곳에 한 달 정도 있다가 나와서 고성(古城)에 머물다가 관우와 재회하게 된다. 이것으로 보아 장비도 조루중 때문에 자책감을 느끼기는 했지만 오래 머물지 않고 빠져나옴을 알 수 있다.

두 번째로 장비가 머문 곳은 특별한 이름이 없는 고성(古城)으로 오래된 성이라는 의미다. 이것만으로는 장비가 그곳에 머문 특별한 의미를 밝힐 수가 없으므로 의미를 좀 더 확대해서 해석해야 한다. 성이란 일정한 테두리에 갇혀서 머무는 공간이다. '古'가 의미하는 옛것이라 함은 이미 끝났거나 지나간 것을 의미한다. 고성(古城)은 이미 지나간 것, 끝난 것에 머무는 마음이다. 장비가 조루 중세 때문에 가까스로 자책감에서는 빠져나왔지만 조루중이 일으킨 지나간 일에 대해 후회하고 아쉬워하며 머무는 모습이다.

유비는 조조에게 패하고 청주(靑州)땅 원담(袁譚)에게로 의탁한다. 원담은 원소의 아들로, '멋을 이야기하다'라는 의미라고 분석된 바 있다. 원소는 성생활보다 멋을 부리며 순수한 연애 감정에 충실하는 자세다. 이러한 원담과 유비가 같이 있는 것은, 조루중으로 여성을 만족시키지 못할 바에는 성

생활보다 순수한 연애에 충실하겠다는 자세다.

관우는 조루증과 동거하며 이에 대한 경험을 쌓아 이를 극복했다. 유비는 조루증을 보일 바에야 여성과 순수한 대화나 나누며 연애에 충실하겠다는 자세에 머물고 있다. 장비는 조루증에 대한 후회의 심정에 머물고 있다.

이들의 재집결지가 관우나 유비가 있던 곳이 아니라 장비가 머물고 있던 고성이다. 후회하는 마음의 영역에서 다시 만난다는 의미다. 생활 속에서 자신의 행동이나 잘못에 대해 후회하지 않고 그냥 지나가거나 잊어버린다면 아무런 발전이 없다. 일일삼성(一日三省) 하라는 가르침도 지나간 일에 대해 후회하고 반성하며 성장해 나가라는 의미다. 지나간 자기 자신의 조루증에 대해 후회하는 마음이 있었기에 이를 다시는 되풀이하지 않겠다는 세 사람의 자세가 재결집하는 모습이다.

만약 조루증에 대해 당한 남성이 망탕산처럼 스스로를 자책하고 고성처럼 후회하며 되돌아보는 마음이 없었다면 성생활의 발전이 없게 된다. 몇 초 전에 낚시를 물었다 혼이 난 망둥어가 그것을 다시 무는 것처럼 조루증은 다시 반복되고 오관돌파도 없었을 것이다. 자신의 조루증에 대해 일정 부분 자책하고 후회하는 자세가 부정적인 면만 있는 것이 아니라 이를 개선해 나갈 동기를 부여함을 알 수 있다.

이때 장비는 오관참육장을 성공시킨 관우가 조조 밑에 있었다고 믿지 못하고 증거를 보이라고 한다. 관우는 자신이 죽인 진기의 아저씨인 채양이 달려들자 단칼에 죽인다.

蔡 = 풀, 거북, 법, 먼지, 쇠약해지다, 줄이다, 흐트러지다, 내치다

'蔡'는 긍정과 부정의 뜻이 혼재해 그의 이름만 분석하면 아리송한 뜻이

나온다. 『삼국지연의』에서 그가 진나라 남근을 뜻하는 진기(秦琪)의 아저씨라고 알려준다. 채양과 진기의 피는 같은 측면이 있기에 이름도 이와 유사한 부정적인 의미선상에 있다고 볼 수 있다. 그러므로 채양(蔡陽)은 풀 같고, 먼지 같고, 쇠약하고, 줄어들거나 흐트러진 양기를 지닌 사람이라는 의미다. 이런 부정적인 뜻은 모두가 조루 증세를 가진 사람에게서 나타나는 증세다. 여근 속으로 들어가기 전에는 무쇠 장군처럼 위풍당당하지만 들어가고 난 후에는 이내 풀 같고, 먼지 같고, 쇠약해지고, 줄어들고, 흐트러진 양기로 돌변한다. 그것을 단칼에 베어냄으로써 조루 증세를 극복했다고 선언하는 모습이다.

보통 남성들도 관우 같은 영웅이다, 오관참육장을 통과하므로

의학적으로 조루 증세를 '약간의 성적 자극으로도 질 내 삽입 전, 삽입 당시, 삽입 직후 또는 개인이 원하기 전에 빠르게 극치감에 도달하게 되는 경우'로 정의하고 있다. 이러한 증상들이 동령관, 낙양관, 사수관, 형양관, 황하관과 이를 지키는 장수들로 표현된 조루 증세의 주요한 다섯 가지 모습이다.

이와 같은 조루 증세를 벗어나기 위해서는 관우처럼 다섯 관문을 통과하면서 조루 증세를 유발하는 적장들을 인정사정없이 베어내야 한다. 오관참육장이라는 조루 증세 극복의 길은 부모, 스승, 친구와 같이 갈 수 없다. 혼자서 천 리를 달려 나가야 하는 고독한 먼 길이다. 『삼국지연의』에서 관우의 이와 같은 행보를 '단기천리(單騎千里)'라고 부르며, 혼자서 가야만 하는 길임을 강조했던 것이다.

조조 같은 의리 없는 사람이 되지 않고 매일 밤 여성과 화합을 이루는 아름다운 불꽃놀이 같은 성생활을 위해서는 오관을 돌파해야 한다. 인간은 동물들과 달리 섹스를 후손 생산뿐만이 아니라 소통, 인생의 풍요와 재미를 위해 사용한다. 자연 상태에서는 남녀 간에 오르가슴에 도달하는 속도의 차가 너무 크기 때문에 오관참육장을 실행하여 그 균형을 맞춰 나갈 필요가 있다.

이런 과정이 거창하고 영웅적인 이야기 같아 보인다. 곰곰이 생각해 보면 대부분의 남성들이 자신도 알게 모르게 이 호쾌하고 스릴 넘치는 오관참육장의 과정을 통과했다. 따라서 보통의 모든 남성들도 영웅이다. 오관참육장은 부부간의 성생활을 해 나가는 데 있어서 특수한 비법이라기보다 자신의 성생활을 돌이켜 볼 수 있는 거울이다. 성생활 초기에 조루 증세가 있어서 고심하고 있던 남성들이 다섯 관문으로 구분하여 이를 벤치마킹하면 조루 증세를 극복해 나가는 데 실제로 많은 도움이 될 것이다.

관우가 조루 대왕 조조로부터 벗어날 수 있었던 가장 중요한 요인 중 하나가 미부인(糜夫人)과 감부인(甘夫人)이라는 성적인 가치를 수호했기 때문이다. 오관참육장의 과정은 상대 여성을 위해서 무조건 괴로운 조루증을 참자는 것이 아니다. 그것을 참고 견디면 끝에 가서 훨씬 풍부한 오르가슴과 즐거운 성생활을 영위할 수 있다는 긍정의 목표가 있었기 때문이다. 남성들이 다닥다닥 피어난 궁궁이 꽃 같은 미부인과 아름다운 감부인을 모신다는 목적만 확고하다면 조루 증세의 공포를 이겨내고 오관참육장에 성공할 것이다.

원소와 조조의 관도전투

- 독신과 순수한 사랑이냐, 결혼과 성생활이냐

관도전투는 삼국시대 초기인 200년에 조조와 원소가 화북(華北)의 주도권을 놓고 벌인 전투로 적벽대전, 이릉전투와 함께 삼국시대 3대 전투로 손꼽힌다.

조조가 손권을 장군으로 봉하고 서로 손을 잡았다는 소식을 듣고 원소는 70만 대군을 동원하여 90리에 걸쳐 동서남북으로 진을 세운 후 조조 군을 공격한다. 조조는 군사력은 열세지만 똑같이 수십 리에 걸쳐 진영을 구축하며 전진해 이에 대응했다. 마침내 양군이 접전을 벌였는데, 조조 군이 패주하여 요새로 들어가 굳게 지켰다. 원소는 더욱 진군하여 관도까지 조조 군을 몰아붙였고, 토산을 쌓거나 지하도를 파서 성벽을 무력화하려고 했으나, 조조도 내부에 똑같은 것을 만들어 대응했다. 원소는 망루를 만들어 토산에서 조조 진영 안으로 화살을 쏘았다. 조조군은 이 공격에 크게 고전하였으나, 우금이 토산의 지휘를 맡아 분전하여 조조군의 전의를 불태웠다. 또한 조조는 발석차를 만들어 망루에 대응했다.

그러나 싸움이 장기전 양상이 되자 조조 진영의 군량과 마초가 다 떨어져 가서 조조가 관도에서 철수하려고 한다. 이에 대해 책사인 순욱에게 조언을 구하자 끝까지 버티고 싸우라는 의견을 제시해 조조가 다시 전의를 고취시킨다. 이때 원소 수하에 있던 허유가 조조의 장기 출정으로 비어 있는 허도(許都)를 기습하자는 계략을 올렸으나 원소가 거절하자 조조 진영에 투항한다. 그리고 허유가 순우경이 원소 군의 군량과 군수품을 오소(烏巢)에서 지키고 있다는 사실을 알려주고 이곳을 기습할 것을 조조에게 제안한다. 조조가 직접 5천의 군사를 이끌고 기습해 오소 땅에 저장된 군량 등을 모두 불태우고 순우경의 귀, 코, 손가락을 모두 자른 뒤에 원소 진영으로 보낸다. 화가 난 원소가 순우경의 목을 벤다.

연애와 미혼 상태에 언제까지 머물 수는 없다

성적으로 자유분방한 동물들과 달리 일정 시기가 되면 배우자를 선택하여 가정을 꾸려 나가야 하는 것이 인간 세상의 성적인 관습이다. 젊은 시절 한껏 멋 부리고 뽐내며 아이돌 스타처럼 많은 사람들의 찬사를 받아도 결국은 한 사람의 짝이나 배우자를 선택하여 결혼한다.

이 과정에서 어떤 사람들은 자신의 동정(童貞)을 잃거나 자유로운 처녀 총 각 시절이 아쉬워 결혼을 뒤로 미룬다. 그러다 뒤늦게 결혼하거나 아예 결혼 적령기를 놓쳐 버리기도 한다. 멋적인 측면에서 봤을 때 결혼은 멋의 무덤이다. 배우자가 있는 사람인 유부녀, 유부남에 대해 이성으로서의 멋과 매력이 급격히 떨어지기 때문이다. 여기에 더해 결혼하게 되면 미혼 시절 지녔던 이성에 대한 긴장감이 대폭 이완되며 몸매도 변하고 패션이나 화장에도 소홀하게 되는 것이 일반적인 현상이다.

멋과 자신의 동정(童貞), 순수한 연애 감정을 일부 희생하는 한이 있어도 남녀는 결혼해 가정을 이루고 살아가야 한다. 그래야만 인류가 우주의 한 귀퉁이라도 차지하고 종족을 보존해 나갈 수 있기 때문이다. 인류가 지구 상에 출현하여 선악과를 따먹고 에덴동산에서 쫓겨나 세속 문명을 형성한 이래로 끊임없이 반복해온 근원적인 틀이다. 승려, 신부, 수녀들과 같은 일부 독신주의자들에 비해 대부분의 남녀들이 살아가는 모습이며 주류적인 삶이기도 하다.

원소의 치렁치렁한 옷이 상징하는 멋을 부리며 연애하고 언제까지나 독신으로 살 수만은 없다. 결혼하고 가정을 꾸려 안정적인 성생활을 유지하기 위해서는 원소의 세력이 쇠퇴해야 한다. 그 대신 미숙하지만 주기적인 성생활을 갖는 조조의 세력이 강성해져야 한다. 주기적인 성생활을 통해 사회 구성원인 자녀도 생산하고 즐거움도 얻을 수 있기 때문이다.

결혼은 결코 쉬운 문제가 아니다. 서로 다른 가정환경과 성격이 다른 남녀가 만나서 서로를 이해하며, 결혼에 필요한 집과 살림살이도 장만해야 하고, 자식을 낳아 키워나가야 하기 때문이다. 구속감과 책임감을 감당하기 싫어서 결혼이 계속 지연되기도 한다. 이처럼 결혼을 앞둔 청춘 남녀들의 심리적인 갈등과 성장해 가는 모습을 치열한 관도대전으로 표현하고 있다.

관도(官渡)전투,
청춘의 방황을 끝내고 결혼 생활로 넘어가다

관도전투는 삼국시대 초기인 200년에 조조와 원소가 화북(華北)의 주도권을 놓고 벌인 전투로, 삼국지 3대 전투 중 하나다.

관도(官渡)는 직역하면 '官'을 넘었다는 의미다. '官'은 벼슬, 벼슬아치, 관청, 임금, 직무, 아버지 등의 의미가 있다. 그러므로 관도는 이러한 것들로 나갔다는 의미가 된다. 벼슬에는 지위와 권한이 따르고, 이것을 갖게 되면 보통 어른으로서 대접을 받는다. 옛날에는 결혼하지 않으면 남녀의 나이가 서른을 넘어도 어른 대접을 해주지 않던 시절이 있었다. 우리나라의 경우에는 결혼한 사람만 머리에 상투를 틀 수 있었고, 결혼하지 않은 사람에게는 나이가 많더라도 반말을 하곤 했다.

그래서 결혼도 벼슬인 셈이다. 결혼한 사람은 미혼인 사람들에 비해 성적인 특권을 지닌다. 미혼인 사람들은 마음대로 성관계를 가질 수 없지만 결혼한 사람들은 배우자와 날마다 성관계를 가질 수 있는 성적 전매 특권이 보장되어 있다. 관도(官渡)전투가 의미하는 '벼슬을 넘었다'는 것은 어른 세계로 들어갔고, 결혼생활로 나아갔다는 의미다.

멋 부리며 미혼에 머물려는 원소 세력과 성적 혈기 왕성한 조조 세력이 결혼을 사이에 두고 대접전을 벌여 조조 측이 승리를 거두는 것이 관도대전이다.

관도대전을 일상생활 속에서 보면 미혼으로 지내던 처녀, 총각 들이 마음에 드는 배우자가 나타났거나 결국은 혼기가 차서 결혼으로 나가는 흔한 모습이다. 그들의 내면을 들여다보면 좀 더 미혼에 머물려는 마음과 하루라도 빨리 결혼하려는 마음 간에 치열한 갈등이 일어나고 있음을 관도대전을 통해 알 수 있다.

관도에서 물러나려는 조조,
큐피드의 황금 화살과 납 화살

조조가 원소 군과 치열한 공방을 벌였으나 시일을 끌게 되어 군량과 마초가 떨어져 가고 있었다. 조조가 견디다 못해 관도를 버리고 허도로 돌아가려고 한다. 원소 진영이 상징하는 결혼하지 않거나 성생활로 나가지 않으려는 세력과의 갈등과 다툼에 지쳐서 조조가 심리적으로 밀리는 모습이다.

당사자가 결혼할 생각이 없으면, 부모나 친구 등 주변에서 아무리 결혼을 권유해도 소귀에 경 읽는 꼴밖에 안 된다. 나중에는 지쳐서 결혼을 하든지 말든지 네 멋대로 하라며 포기하고 싶은 생각도 든다. 조조가 바로 이런 상황에 처해 있다.

　그리스로마신화는 청춘 남녀가 서로 사랑하고 결혼하기 위해서는 반드시 큐피드의 화살을 맞아야 한다고 설정하고 있다. 큐피드의 화살은 두 종류가 있다. 황금 화살을 맞은 사람은 격렬한 사랑을 느껴 상대방이 싫다고 해도 죽기 살기로 쫓아다닌다. 반대로 납 화살을 맞은 사람은 사랑에 대해 혐오를 느껴 아무리 멋진 상대방이 사랑을 고백해도 무덤덤하거나 거절을 한다. 이 두 종류의 화살을 각각 맞은 대표적인 사례가 태양신 아폴론과 그가 따라 다닌 연인 다프네였다. 큐피드로부터 황금 화살을 맞은 아폴론은 신의 체면을 구겨가며 처녀 다프네를 쫓아다닌다. 다프네는 납 화살을 맞았기 때문에 최고 미남 신의 사랑까지 거절하며 필사적으로 도망 다닌다.

　결혼하지 않으려는 미혼 남녀를 결혼으로 돌아서게 만드는 가장 좋은 방법이 큐피드의 황금 화살을 맞도록 하는 것이다. 사랑을 불러일으키는 황금 화살과 반대로 사랑을 혐오하는 납 화살의 상징성을 살펴봐야 젊은이들의 사랑과 결혼 심리를 이해하는 데 도움이 될 것이다. 황금은 반짝거리며 밝게 빛나고, 귀하며 가치가 있어 애지중지한다. 사람들은 황금을 보는 순간 마음이 확 빨려 들어가는 느낌이 든다. 이런 속성들은 사람들이 사랑을 느끼는 상대에 대한 매혹적이며 긍정적인 태도를 상징한다. 사랑하는 사람은 많은 사람들 가운데 마치 황금처럼 반짝반짝 빛나며 밝아 보인다. 보통 사람들과 다른 특별한 사랑의 감정이 느껴지고, 귀하게 여겨져 애지중지하며 서로 보호한다. 무엇보다도 사랑하는 사람을 만나면 마치 황금을 본 사람처럼 자신의 마음이 확 빨려 들어감을 느낀다. 그래서 사랑을 한다. 이런 심리 상태를 일반적으로 표현하길, 사랑에 눈이 멀었다거나 콩깍지가 씌었다고 한다. 황금에 눈이 멀거나 사랑에 눈이 멀거나 매한가지다. 큐피드가 쏜 황금 화살에 맞았다는 것은 이러한 황금빛 사랑의 감정에 꽂혔다는 의미다.

반대로 납은 무겁고 칙칙한 어두운 색을 띠며 보통의 물건에 비해 크게 드러나지도 않을뿐더러 가치도 없다. 사랑을 느끼는 감정이 활발하게 떠오르지 않고 무겁게 가라앉아 있으며, 사랑에 대해 어둡고 부정적으로 바라보는 모습이다. 세상에서 매우 귀하고 특별한 가치를 지니는 황금에 비해 납은 가치가 떨어지고, 일상적인 보통의 물건과 비교해도 특별한 가치가 없다. 이성에 대해 특별하거나 귀한 가치를 느끼지 못하고 그 사람이 그 사람으로 느껴지는 상태다. 그래서 사랑을 하지 못한다. 큐피드가 쏜 납 화살에 맞은 사람들은 사랑과 결혼에 대해 온갖 부정적인 이유를 둘러댄다. 주변에 있는 사람이나 아무리 좋은 사람을 소개해 줘도 특별한 감정을 느끼는 경우가 거의 없다. 남들이라면 좋아할 소개팅이나 맞선에 대해서도 거절하거나 건성으로 대답한다. 조조가 관도대전에서 물러나려는 것은 이처럼 큐피드가 쏜 납 화살에 맞아 온갖 핑계를 대며 사랑과 결혼을 하지 않으려는 태도에 지쳐서 물러나려는 모습이다.

순욱(荀彧), 결혼은 '인륜지대사'이므로 좋은 말로 계속 권유하라

이에 대해 조조의 책사인 순욱이 관도에서 비록 조조가 열세에 있지만, 이 싸움이 천하를 좌우하는 일대사(一大事)라며 물러나지 말고 계속 싸울 것을 조언한다.

苟 = 풀이름
彧 = (글이나 말이) 빛나다, 찬란하다, 아름답다, 무성하다

'苟'은 막연히 풀이름만을 의미해 무슨 뜻인지 알 수가 없다. 글자를 분해해 보면 풀이라는 뜻의 '초(艹)'와 열 번이라는 뜻의 '순(旬)'이 된다. '초(艹)'는 글자의 모습이 '십(十)'이 두 번 있는 모습이다. '苟'은 숫자들로 형성된 한자다. 여기서 연상되는 의미는 열 번이나 스무 번, 이 둘을 합친 삼십 번이라는 횟수 개념이라 할 것이다.

'彧'은 글이나 말이 빛나고 훌륭하다는 의미다. 순욱은 '말이나 글을 열 번, 스무 번, 삼십 번 거듭 빛나고 아름답게 하는 사람'이라는 뜻이 된다.

실제로 순욱 같은 사람들이 있다. 대부분의 사람들이 감정의 동물이기에 대화를 하다가 상대방이 억지나 고집을 부리면 자연적으로 언성이 높아지고 화를 내고 포기한다. 이에 비해 협상력이나 설득력을 지닌 사람들은 어떠한 경우에도 언성을 높이거나 화를 내지 않고 차분하게 좋은 말을 거듭하며 문제를 풀어나간다.

순욱 같은 사람은 결혼과 성생활을 회피하는 젊은이들에게 화를 내거나 결코 포기하지 않는다. 열 번이고 스무 번이고 좋은 말로 더 잘 타이르고, 맞선 등을 주선해서 결혼하게끔 만들려고 한다. 부모가 포기하게 되면 중이 제 머리 못 깎는다고 정말로 자식들이 혼기를 완전히 놓쳐서 노처녀, 노총각으로 늙을 수도 있기 때문이다. 특히 연애와 혼사가 자유롭지 못했던 고대사회에서는 더욱 그랬다.

그가 조조에게 보낸 편지 속에는 관도대전이 바로 천하를 좌우하는 일대사(一大事)이므로 결코 포기하지 말라는 내용이 있다. 사람들은 결혼을 '사람이 행하거나 지켜야 할 인륜지대사(人倫之大事)'라 말한다. 순욱이 조조에게

말한 천하를 좌우하는 일대사(一大事)와 그 의미가 정확하게 일치함을 알 수 있다. 결혼의 의무가 없는 동물들과 달리 모름지기 인간 세상에서 인륜에 어긋나지 않고 떳떳하게 살아가려면 결혼하는 것이 '하나의 큰일'이라는 의미다. 그의 자가 문약(文若)이다.

文 = 글월, 문장, 글, 문서, 서적, 학문, 법도, 예의, 조리
若 = 같다, 너, 반야(般若)

문약(文若)은 순욱이 하는 말이 글월이나 문장, 책, 학문, 예의, 법도와 같다는 뜻이다. 이것은 종교 지도자들이 곧잘 하는 말로, "내가 하는 말이 곧 생명이요, 진리요, 법도요, 예의다."라는 의미와 같다. 학식과 사회생활 경험 측면에서 권위를 지닌 사람을 상징한다. 사회 경험이 풍부하고 세상 물정 잘 아는 인생 선배가 결혼하지 않으려는 젊은이들에 대해 끝까지 인내심을 갖고 좋은 말로 이끌어 주려는 모습이다. 결혼을 미루고, 아이 낳는 것을 미루는 우리 사회의 젊은이들에게 지금 순욱 같은 인생 대선배가 절실히 요구되고 있다.

심배(審配),
짝을 고르고 또 고르는 젊은이들

관도전투에서 원소를 도운 참모는 심배(審配)다. 이름은 '배우자(配)를 심사하다(審)'라는 뜻이다. 나의 짝이나 배우자가 될 사람을 살피고 심사해서 고르려는 자세를 의미한다. 그의 자는 정남(正南)이다. 정남(正南)은 태양이 가

장 한복판에 있어 높은 때다. 태양은 사람의 눈을 의미하기도 한다. 젊었을 때는 정남 심배처럼 눈높이를 높게 하고 배우자를 한창 고르는 것을 쉽게 볼 수 있다.

사람들이 결혼하지 못하고 있는 노총각 노처녀에 대해 보통 "너무 고른다.", "너무 따지는 것이 많다.", "눈높이가 너무 높다."라고 말한다. 그래서 숫제 아무것도 모르는 이른 나이에 일을 저질러 결혼을 하는 것이 낫다고 말하는 사람도 있다. 심배가 원소의 부하라는 것은 눈이 높아 짝을 고르기만 할 뿐 쉽사리 결단을 내리지 못하는 우유부단한 원소의 심리를 잘 대변하고 있다.

오소(烏巢),
눈이 높아 결혼하지 못하는 사람들의 엉뚱한 명분

심배가 까마귀 집을 뜻하는 오소(烏巢)의 식량 창고를 지켜야만 조조에게 이길 수 있다고 원소에게 간언한다.

> "군사를 쓰는 데는 곡식이 얼마나 중요한지를 잊어서는 안 됩니다. 오소(烏巢) 땅은 우리의 곡식이 쌓여 있는 가장 중요한 곳이니 반드시 지켜야 합니다."

심배가 무엇보다 강조하고 있는 것이 곡식이다. 군사를 쓰는 데 있어서 곡식이 중요하기 때문에 오소 땅을 지키려 한다. 곡식은 에너지다. 원소와 조조는 연애에만 머물 것인지, 성생활로 나갈 것인지를 놓고 대립하고 있다. 여기서 군사용 곡식은 실제의 곡식이 아니다. 성생활을 둘러싸고 대립과 갈등을 벌이는 원소와 조조가 자신들의 주장을 관철하기 위한 정신적인 에너지인 가치나 명분 에너지다. 원소는 결혼하지 않고 살려는 가치를 지키려 하고 조조는 결혼에 방해가 되는 원소 측의 가치를 불태워 없애려 한다.

오소(烏巢)는 까마귀 집이라는 뜻이다. 이곳을 지키려는 원소가 추구하는 가치는 까마귀 집 같은 가치로서 부정적이다. 까마귀는 까치와 마찬가지로 나무 높은 곳에 집을 짓는다. 서양에서는 물고기 떼를 찾기 위해 배의 돛대 높은 곳에 설치한 통을 crow's nest(까마귀 망루)라고 부른다. 또한 마을 근처에 집을 지어 자주 볼 수 있는 까치집과 달리 까마귀 집은 산속에 지어 보기가 쉽지 않다. 집이 거칠고 엉성한 모습이며 해마다 집을 수리해서 쓰기 때문에 점점 커지는 경향이 있다. 까마귀들은 하늘로 매우 높이 올라가서 떼를 지어 선회를 한다. 기러기처럼 대형을 갖춰서 질서 있게 나는 것이 아니라 뒤죽박죽으로 무질서하게 난다. 오합지졸이라는 말이 여기서 생겨났다.

이런 속성을 지닌 까마귀의 집은 미혼에 머물며 심배처럼 짝을 고르는 사람들이 짓는 현실과 동떨어진 마음의 집을 상징한다. 자신의 외모, 경제력, 사회적 지위나 능력 등은 생각지도 않고 까마귀처럼 현실에서 동떨어진 장소와 높은 곳에 머물며 짝을 고르는 모습이다.

오소에는 곡식뿐만이 아니라 군수품 등도 있었다. 남들의 비난 등에 대해 자신을 방어하거나 반박할 무기 등도 갖추고 있는 모습이다. 노처녀나 노총각에게 왜 결혼을 안 하느냐고 물으면, 그들은 혼자 사는 것이 편하거나 일이 바빠서 생각하지 않는다고 말한다. 혼자 사는 것을 비난이라도 하게 되면, 결혼은 청춘과 인생의 무덤이라고 응수한다. 일부는 대중가요 가사처럼 결혼은 미친 짓이라고 공격적인 어조로 답변하기도 한다. 대다수의 사람들이 살아가는 가치관이나 생각과는 동떨어진 까마귀 집다운 엉뚱한 명분이다.

조조가 오소를 불사르고 파괴하는 것은 결혼하지 않고 혼자 살려는 사람의 동떨어진 가치관 등을 모조리 태워 없애 버리는 것을 의미한다. 사람의 마음을 움직이는 것은 그 사람이 지닌 가치관에 의해 좌우되기 때문이다. 원소처럼 멋 부리며 결혼하지 않고 편하게 살려는 인생관과 가치관의 본거지를 먼저 쳐부수어야 결혼에 나설 수 있기 때문이다.

허유(許攸),
미혼과 결혼 시기는 세상이 허락하는 바다

> 허유는 당초 원소 수하에 있었으나 원소가 조조 군을 물리칠 자신의 계책을 받아들이지 않자 원소를 배신하고 조조에게 전향한다. 허유는 조조를 만나자마자 군량미가 얼마나 있느냐고 묻는다. 조조가 처음에는 일 년 치 분량이 있다고 대답한다. 이에 대해 허유가 비웃자 조조가 반년, 3개월, 1개월이라고 계속 줄여서 답변한다. 허유는 마지막으로 양식이 이미 다 떨어지지 않았느냐고 정곡을 찌르는 말을 하고, 조조가 사실을 인정한다.

허유는 원소 수하에 있다가 원소가 자신의 계책을 알아주지 않자 조조에게 전향한 사람이다. 허유(許攸)의 이름 뜻은 '허락한(許) 바(攸)'라는 매우 특이한 뜻이다. 그가 가서 있는 곳은 무엇인가를 허락받은 곳이나 사람이라는 의미가 된다. 그가 원소 곁에 있을 때는 원소가 의미하는 상대를 고르는 것과 결혼을 하지 않는 것이 허락되는 바가 된다. 이는 미혼이나 독신 시절에 해당한다. 그가 조조에게로 넘어가면 조조적인 결혼과 성생활이 허락한 바가 된다. 이제는 결혼이나 성생활로 넘어가야 한다는 의미다.

사람들 인생살이에서 각 시기마다 허락된 바가 다르거나 변함을 의미한다.

학창 시절에는 공부가 허락한 바가 되기 때문에 공부만 하고 일은 안 해도 사회적으로 비난받지 않는다. 그러나 대학까지 다 졸업하고 수년이 지난 후에도 일자리 잡을 생각은 안 하고 매일 도서관으로 출근하면 백수라는 비난을 받는다. 이때는 공부 대신 일을 해서 경제적으로 독립하는 것이 허락한 바가 되기 때문이다.

마찬가지로 사춘기나 혼기가 차지 않은 미혼 시절에는 결혼에 대해 허락한 바가 없어 부모나 주변 사람들로부터 결혼을 독려받지 않는다. 그러나 혼기가 찼거나 지나게 되면 결혼하는 것이 허락한 바가 되어 부모 등으로부터 결혼을 재촉받기 마련이다. 그래서 가족 간의 모임, 명절날 등에는 결혼하지 않는 노처녀, 노총각에게 결혼하라고 권유하는 집중포화가 쏟아진다. 맞선 상대를 주선해주겠다는 제의도 귀찮을 정도로 많이 들어와 이런 모임과 날들이 더욱 스트레스를 준다. 반대로 세상이 허락한 바가 없는 나이 어린 시기에 남녀 간의 불장난으로 인해 임신이 되어 조기에 동거를 하거나 부모가 되는 경우도 발생한다. 이럴 경우에는 세상이 허락한 바가 없어서 매우 스트레스를 받는 생활이 한동안 이어진다. 미혼이나 결혼 시기는 개인들이 결정하는 것이 아니라 세상이 허락하는 바다. 허락한 바에 맞게 처신하고 행동해 나가는 것이 중요함을 알 수 있다.

허유는 군량미가 모두 떨어졌다는 것을 조조로 하여금 실토하게 만든다. 군량미가 다 떨어진 것을 통해 굶어죽거나 싸우다 죽거나 매한가지임을 느끼게 한다. 더 이상 물러날 곳이 없는 만큼 싸움의 승패를 미룰 수 없다는 자세다. 마치 항우가 진나라를 칠 때, 타고 온 배를 침몰시키고 밥 지어 먹을 솥을 깨트리고 결사 항전으로 싸워 이겼다는 파부침주(破釜沈舟) 자세와 같다. 결혼하지 않으려는 젊은이들에게 "언제 장가갈 거야?" 또는 "국수 언제 먹여 줄 거야?"라고 지나가는 말로 해서는 백날 말해도 소용이 없다. 그 대신 결혼하지 않는 사람에 대해 실제로 그 사람을 움직일 수 있는 말이나 비난을 결사 항전의 자세로 하는 것이 필요하다. 조조는 간사하지

만 영리하여 그런 비난의 직격탄을 날려서 관도대전에서 승리하는 발판을
마련한다.

순우경(淳于瓊),
남근을 소변 용도로만 사용하는 덜떨어진 남자

　까마귀 집인 오소를 지키고 있던 원소의 부하 장수가 순우경이다. 그의
자는 중간(仲簡)이며, 워낙 술을 좋아해 부하 장수들과 술을 마시고 자다가
조조의 기습 공격으로 사로잡힌다. 조조가 원소를 모욕하기 위해 순우경의
귀와 코, 손가락, 발가락을 모두 자른 채 원소에게 보내고 화가 난 원소가
순우경을 벤다.

> 淳 = 순박하다, 깨끗하고 맑다, 도탑다, 수수하다, (물을) 뿌리다, 흠뻑 적
> 　　시다
> 于 = ~에서, ~부터, ~까지, ~보다, 행하다, 굽다, 크다
> 瓊 = 구슬, 붉은 옥

　순우경(淳于瓊)은 성씨가 순우(淳于)이고, 이름이 경(瓊)이다. '淳'은 순박하거
나 맑고 도타운 사랑이나 인정이 많음을 의미한다. 청춘 남녀의 순수한 사
랑의 속성이다. 〈겨울연가〉의 주인공들도 순박하고 순수한 사랑을 해서
그 드라마를 보고 급속도로 한류 열풍이 불었다. 드라마 속 주인공의 촬영
장소는 주요 관광지가 되어 있을 정도다.
　'于'는 '~보다'라는 뜻이 있다. 순우(淳于)는 '~보다 순박하고 순수한 사랑'이
라는 뜻이 된다. 이름인 '瓊'은 붉은 옥(玉)을 뜻하며, 보통 발기한 남근은 붉

은 색의 옥경(玉莖)이 된다. 따라서 순우경의 이름 뜻은, 성생활을 하기보다는 맑고 순수한 감정이 오가는 연애에 더 가치를 두는 자세라는 의미다.

이 밖에도 순우경(淳于瓊)의 한자어 뜻을 좀 더 살펴보면 '물 뿌리는(淳) 굽은(于) 옥(瓊)'이라는 뜻도 조합된다. '瓊'은 남근을 의미하므로 순우경은 물 뿌리는 굽은 남근이라는 뜻이다. 단단하게 발기하지 않고 굽은 상태로 물 뿌리는 역할을 하는 남근은 섹스보다 소변을 보는 생리적 기능이 더 강조되어 있는 아동적 남근이다. 그의 자는 중간(仲簡)이다.

仲 = 버금, 둘째, 가운데, 중간
簡 = 대쪽, 편지, 문서, 간략하다, 홀, 무기, 질박하다, 단출하다

중간(仲簡)은 '사람의 가운데 달린 질박한 홀이나 무기'라는 뜻이다. 질박하다는 것은 성적인 색깔이 없고 수수함을 뜻한다. 그 밖에 남근을 단출하게 소변보는 기능으로만 사용하여 아동들의 생식기와 같다는 비아냥의 표현이다. 아직 여성들과 육체적 관계를 경험해 보지 못해 동정(童貞)을 지닌 숫총각의 남근을 의미한다.

순우경의 이름, 자 등을 종합하면, 그는 여성과 성관계를 가질 마음이 없고 남근을 소변보는 기능으로만 사용하는 질박한 아동적 남근의 소유자다. 어른이라면 남근을 생식기능으로 사용해야 하는데 그렇지 못한 병신이라는 의미가 내포되어 있다. 이런 순우경이 오소를 지킨다는 것은, 여성과 성생활을 하지 않는 질박한 남근의 소유자가 현실과 동떨어진 생활을 하는 모습이다. 각종 스트레스와 미래에 대한 불확실성, 어려운 경제 현실로 인해 주변에 순우경 같은 사람이 점점 증가하는 것이 오늘날 추세다.

순우경은 술에 취해 곯아떨어졌다가 붙잡힌다. 술에 취했다는 것은 자아

도취 상태에 있는 순우경의 모습이다. 남근을 남근답게 사용하지 않으면서 자신이 고고한 삶을 살아가고 있다고 착각하고 자아도취 상태에 있는 사람들의 모습이다. 조조가 이런 사람들의 근거지를 신랄한 비난을 통해 모두 불태워 꼼짝 못하게 한다.

사람들은 황순원의 『소나기』나 〈겨울연가〉 같은 순수한 사랑에 열광한다. 그러나 남녀가 이성적인 사랑을 하는 것의 최종 목표가 성생활임은 의심의 여지가 없다. 성생활을 통해 임신과 출산을 하여 종을 번식시키고 인류 문명을 계속 이어나가야 하기 때문이다.

조조가 원소를 모욕하기 위해서 순우경을 직접 죽이지 않고 그의 귀, 코, 손과 발가락을 모두 잘라서 원소에게 보낸다. 결혼과 성생활 적령기에 도달한 남성이 성기를 아이들처럼 오줌 누는 기능으로만 사용하면 병신, 장애자, 덜떨어진 사람이라는 신랄한 비난이다. 귀가 없으면 소리를 잘 들을 수 없다. 주변이나 세상의 소리를 잘 듣지 못하고 까마귀처럼 현실과 동떨어진 성적인 가치관을 지니고 있다는 비아냥거림이다.

코를 베도 역시 냄새를 맡는 데 지장이 생긴다. 냄새를 맡는다는 것은 현실감각을 상징한다. 남근을 제대로 사용하지 못하는 순우경 같은 사람은 현실감각이 떨어진다는 평가다. 손가락이 전부 잘리면 인간 고유의 글 쓰고 물건을 조작하는 행동 등을 전혀 할 수가 없기 때문에 역시 병신이다. 발가락이 전부 잘리면 균형을 잡거나, 걷거나 뛰는 데 많은 불편함이 따른다. 순우경 같은 사람은 바르게 처신하거나 바른 행동을 할 수 없다는 비난이다. 멀쩡한 성기가 달려 있어도 성생활을 위해 사용하지 않는 남성은 한마디로 말해 온전한 생활을 하지 못하는 병신 같다고 조롱하는 모습이다.

이런 비난을 통해 섹스를 하지 않고 동정(童貞)을 지키며 자신이 고고하다는 자아도취 상태에 있던 사람의 정신적인 가치를 무너트리는 데 성공한다. 조조는 곡식이 다 떨어졌다. 이제 더 이상 쓸 수 있는 카드가 없으므로 이번이 마지막이라는 생각을 갖고 원색적이고 신랄한 비난으로 거칠게 몰아붙인 것이다.

실제에 있어서도 나이나 학력, 경제력, 외모 등 모든 여건이 갖춰져 있는데도 결혼하지 않는 사람들이 주변에 종종 있다. 이런 사람에 대해 세상은 생식기에 이상이 있는 사람을 의미하는 "혹시 고자 아냐?"라고 묻기도 한다. 그렇지 않고는 인륜지대사인 결혼을 회피할 아무런 이유가 없다고 생각하기 때문이다.

현대사회에 있어서 결혼은 필수가 아닌 선택이 되어가고 있다. 그러나 순욱이 말했듯이 결혼은 인류 문명의 기초단위인 가정을 형성하고 지켜 나가기 위한 천하일대사요, 인륜지대사이다. 사회 구성원이라면 그 누구도 이러한 사실과 의무로부터 자유로울 수는 없다. 그럼에도 불구하고 현대사회는 민주사회라 다양성을 존중하기 때문에 순우경 같은 남녀들도 존재하는 것이 현실이다.

창정(倉亭)전투,
결혼과 성생활로 가치관을 갈아탄 전투

관도대전 이후 원소가 다시 병력을 모아 창정(倉亭)에서 조조와 일전을 벌인다. 창정(倉亭)은 '곳집(倉)의 역마을(亭)'이라는 의미다. 곳집은 오늘날 물류 창고 같은 것이며 곡식이나 물건 등을 보관하는 곳이다. 곡식은 앞서 살폈듯이 에너지로서 인간의 정신적인 에너지인 가치관 등을 상징한다. 역마을은 말을 갈아타는 곳이다. 창정(倉亭)은 삶의 가치관을 갈아타는 곳이라는 의미가 된다. 또한 '卒'에는 '창졸(倉卒)'처럼 '갑자기'라는 뜻이 있다. 원소는 그동안 배우자를 고름에 있어서 까마귀 집처럼 현실과 동떨어진 상태에서 우유부단했다. 그런 사람의 가치관을 갑자기 변하게 하는 전투가 창정전투라 할 것이다. 주변에서 평생 결혼할 것 같지 않았던 노처녀, 노총각이 어느 날 갑자기 결혼 날짜 잡고 청첩장을 보내는 모습이기도 하다.

십면매복지계,
결혼하지 않는 온갖 핑계에 대응하는 반박 논리

창정전투가 초반에 소강상태에 빠지자 조조가 부하들에게 계책을 묻고, 모사 정욱(程昱)이 십면매복지계(十面埋伏之計)를 권한다. 처녀가 아이를 낳아도 할 말이 있다는 속담처럼 노처녀, 노총각도 결혼하지 않거나 하지 못하는 온갖 이유가 있기 마련이다. 십면매복지계(十面埋伏之計)는 결혼을 미루는 온갖 핑계에 대해 십면이 상징하는 많은 반박 논리로 매복하고 있다가 역공을 가해 꼼짝하지 못하게 하는 작전이다.

결혼하지 않는 사람들의 이유는 매우 다양하다. 집값이 너무 비싸서 결혼할 엄두가 안 난다. 결혼을 하게 되면 자유가 없어진다. 하고 싶은 일을 못 한다. 가족을 부양하느라 집안일이나 직장에서 뼈 빠지게 일만 해야 한다. 휴일에도 양가를 방문하고 경조사가 많아진다. 아이들 기르는 것이 쉽지 않다. 부부 싸움을 하거나 이혼을 하면 엄청난 갈등과 스트레스를 받는다, 등 온갖 핑곗거리가 많다.

십면매복지계란 이처럼 예상되는 노처녀, 노총각들의 결혼 회피 핑계와 논리에 대해 사전에 철저히 대응 논리를 갖추었다가 반박하는 것이다.

집값이 너무 비싸서 결혼을 하지 못한다는 것은 단지 핑계일 뿐이다. 지금 집을 갖고 있는 어른들은 대부분 지하 단칸방 월세부터 시작했다. 이 핑계는 오소의 까마귀 집처럼 눈높이가 높아서 결혼을 하지 못하는 것일 수 있다. 결혼을 하게 되면 자유는 속박되지만 포근한 가정생활을 할 수 있다. 하고 싶은 일에 제약에 생길 수 있지만 가족을 부양한다는 자부심이 생긴다. 자녀를 낳고 키워 아버지나 어머니로서 자식들의 존경과 효도를 받을 수 있다. 경조사가 많아지면 상부상조하고 인간관계가 넓어진다. 아이들이 있으면 집안에 웃음꽃이 핀다. 가정생활에 돈이 많이 들어가는 만큼 열심히 일한다. 사생활은 없어지지만 결혼하면 같은 밥을 먹어도 더 맛있고, 여행이나 취미 생활도 같이해 더 즐겁다. 주기적인 성생활은 생활의 활력소가 된다. 부부 싸움은 화를 조절하고 상대방을 배려하고 인내심을 배우는 인격 수양의 동기를 부여한다.

이러한 다양한 십면적 대응 논리를 매복시켜 놓았다가 상대가 내놓는 핑계를 적절히 반박하는 것이 십면매복지계다. 물론, 이렇게 십면매복지계를 쓴다고 해서 결혼하지 않으려던 사람들이 단번에 결혼으로 돌아서는 것은 아니다. 대신 치열한 말싸움이 될 것이다. 그들이 방어막으로 삼거나 기대려는 정신적인 언덕인 결혼하지 않으려는 이유와 가치관의 힘을 빼거나 제거함으로써 서서히 무너지게 하는 효과가 발생한다.

원래 십면매복지계는 한(漢)나라를 세운 유방의 모사 한신이 항우와 구리산(九理山)에서 최후의 결전을 벌일 때 사용한 전술이다. 구리산(九理山)은 '아홉 가지 이유(理由) 있는 산'이라는 의미다. 여러 가지 다양한 이유로 산처럼 버티는 모습이다. 한신이 이곳에서 항우를 잡는다는 것 역시 아홉 가지 이유에 대해 열 가지 대응 논리로 미리 갖추고 매복하고 있다가 반박하여 잡는다는 의미다.

조조의 부하 정욱(程昱)은 이름 뜻이 '한도(程)에 밝다(昱)'라는 의미다. 남녀의 결혼 적령기나 한도에 밝은 사람이라는 의미다. 사회적으로 볼 때 평균적인 결혼 적령기가 있고, 생리적인 측면에서도 결혼 적령기가 분명히 있다. 이를 놓치게 되면 갈수록 더 따지고 눈만 높아져 짝을 맺기 어렵게 되고, 임신도 쉽지 않게 된다. 결혼 적령기를 놓치면 더 이상 결혼할 수 없다며 상대방을 위협 반, 설득 반으로 변하게 만들려는 것이다.

십면매복지계는 한신이나 정욱 같은 사람만 사용하는 것이 아니다. 보통 사람들도 생활 속에서 사용해야 할 때가 꽤 많이 있다. 공부하라고 해도 전혀 귀를 기울이지 않는 자녀와 대화할 때도 필요하다. 자녀들은 자신의 게으름이나 의지가 없는 것은 인정하지 않고 화를 내거나 온갖 핑계를 대기 마련이다. 이때 무턱대고 공부하라고 윽박지르는 것보다 합리적인 반박인 십면매복지계를 미리 갖추고 대비하면 좀 더 효과적일 것이다. 십면매복지계에는 성현들이 미리 만들어 놓은 모범 답안이 없다. 개인들이 그때그때의 상황에 맞게 심사숙고하며 예상 핑계와 반박 논리를 만들어 적용해 나가야 한다. 예를 들어 기자회견 후 답변을 하거나 국정감사장에서 질문에 대해 예상 답변을 준비하는 것도 십면매복지계의 응용된 형태다.

십면매복지계로 상대방의 마음을 당장에 바꿀 수 없다. 그러나 유도미사일처럼 상대방의 이유와 핑계의 근거지를 정밀하게 타격하기 때문에 상대방으로 하여금 스스로 서서히 변화하게 만든다. 이 밖에 각종 협상에 있어서도 상대방의 온갖 요구나 핑계에 대해 역시 십면매복지계를 갖춘다면 최종적인 타협이나 계약 성사에 많은 도움이 될 것이다.

원소의 죽음,
연애와 독신 시절이 끝나다

이 과정에서 조조는 패하는 척하면서 원소 군을 황하까지 끌어들인다. 이곳에서 배수진을 치고 싸우기 시작해 십면(十面)에 매복하고 있던 군사들이 뛰쳐나와 원소 군을 궤멸시킨다. 이 충격으로 원소는 기절했다가 입에서 계속 피를 쏟아낸다. 원소는 이 전투 후 얼마 있다가 셋째 아들 원상이 조조의 부하 장요에게 대패하고 돌아온 것에 더욱 충격을 받아 피를 몇 말이나 토하고 죽는다.

원상(袁尙)은 앞에서 분석되길, 멋을 숭상하는 자세라고 했다. 멋 부리길 좋아하고, 옷, 신발, 가방, 화장품, 헤어스타일, 성형수술, 자동차 등 온갖 멋을 내주는 대상을 애지중지하고 숭배하는 자세다. 장요는 멀리 내다보는 긴 안목이다. 원상이 장요에게 패한다는 것은, 멋 부리기를 좋아하며 연애와 미혼 시절에 머물려는 자세가 인생을 길게 내다보는 안목을 지닌 장요에게 패하는 것이다. 인생을 길게 보면 결혼 적령기도 되었으니 이제 멋을 그만부리고, 총각 딱지 떼고 결혼하라는 의미다.

원소가 흘린 피의 양을 계산해 보면, 한 말은 약 18리터이므로 몇 말은 대략 50리터가 넘는다. 사람의 피는 6리터 내외이므로 이 부분은 매우 과장된 표현이다. 원소가 십면매복지계에 패했을 때는 피를 계속 토해냈고, 아들이 장요에게 대패하고 돌아왔을 때는 피를 몇 말이나 쏟아내고 죽는다. 이를 봐서는 십면매복지계보다 인생을 긴 안목으로 바라보는 자세가 젊은이들의 결혼관에 더 큰 영향을 끼침을 알 수 있다. 물론, 1차적인 충격은 십면매복지계가 컸다. 그것으로 결혼하지 않으려는 가치관이 생명력을 잃기 시작한 것이며, 여기에 더해 인생을 긴 안목으로 바라보는 것이 결정타가 된 것이다.

젊어 한창때는 혼자서 충분히 밥 벌어 먹고, 몸도 성해 주위 사람의 도움이 필요하지 않을 수 있다. 그러나 인생은 생로병사의 과정을 겪기 마련이다. 나이 들어 병약해졌을 때 누군가의 도움이 필요하다. 배우자나 자식이 필요한 대목이다. 대가 끊기고 죽어서 장례와 제사를 지내줄 사람도 없다. 여러 가지 이유로 인생을 장기적으로 보면 결혼이 필요하기에 독신과 청춘의 방황을 끝내고 결혼해서 안정을 찾으려는 모습이다.

이처럼 처녀, 총각들이 결혼하지 않으려 하는 측면은 어제오늘의 일이 아니라 고대사회부터 쭉 이어져 왔다. 결혼은 긍정적인 측면도 많지만 책임과 의무, 속박이 따른다. 때문에 결혼하지 않으려는 젊은이들이 이것저것 핑계를 너무도 많이 댔기 때문에 2,000년 전에 십면매복지계까지 생겨났다.

오늘날도 마찬가지다. 높은 집값, 불안한 직장, 양육의 어려움 등 현실적 어려움이자 다양한 핑곗거리가 있고 어느 정도는 이해가 가는 대목이다. 금수저나 흙수저 등 부모 탓, 세상 탓, 경제 탓 등 구리산(九理山)처럼 높은 핑곗거리만 찾으며 결혼하지 않는 요즘 젊은이들에게 쓸 수 있는 십면매복지계도 생각해 봐야 할 시점이다.

똑같이 어려운 상황 속에 있는 젊은이들 중에 결혼하는 젊은이들은 왜 결혼하는가? 결혼하는 사람들이 모두 부모 도움으로 결혼하는가? 스스로의 힘으로 열심히 일하며 기본부터 착실하게 출발하는 자세로 결혼하는 젊은이들도 많지 않은가. 동물들은 짝짓기를 위해 목숨까지 거는데 약간의 어려움과 장애물로 결혼하지 않는다면 인간으로서 인류지대사인 결혼에 대해 너무 무책임한 행동이 아닌가. 젊은이들 스스로가 이러한 물음들에 답하게 해야 한다.

그리고 인생을 장요처럼 긴 안목으로 바라보라. 독신과 결혼해서 가정을 꾸리는 것 중 어느 것이 살아가는 데 진정으로 보람과 도움이 될 것인지.

삼 고 초 려 를 통 해
공 명 을 얻 다

**- 주기적인 성생활을 하면 성
에 밝은 사람이 되는 이치**

공명(孔明),
이 두 글자가 인문학의 지동설이 되다

    신선들의 옷이라는 학의 깃털로 만든 학창의(鶴氅衣)를 입고 무기 대신 항상 부채를 들고 다녔던 제갈량은 『삼국지연의』에서 가장 핵심적인 인물이다. 그의 생각이나 계책대로 상대편 장수들이 척척 움직여주니 그는 신에 버금가는 존재로 그려진다.

    앞서 살펴봤듯이 공명(孔明)은 구멍(孔)에 밝은(明) 사람이라는 뜻이다. 『삼국지연의』 속에서 공명은 신에 가까운 유능한 책사였는데 이 이름 뜻 하나로 공명의 이미지가 천지개벽하듯 바뀐다. 새롭게 밝혀진 공명의 이름 뜻은 서양에서 수천 년간 믿어왔던 천동설이 지동설로 바뀐 사건에 버금가는 대혁명적인 사건이다. 그 당시 지동설과 이를 주장한 학자들에 대해 느꼈던 불경스러움만큼이나 공명이 구멍에 밝은 사람이라는 의미는 불경스럽고 받아들이기 힘든 측면이 있다.

공명의 이름 뜻인 여성 생식기에 밝다는 것이 언뜻 보기에는 섹스나 밝히는 색한처럼 보일 수도 있다. 그러나 『삼국지연의』는 공명이 여성 생식기에 밝다는 뜻에 국한되지 않고 그 뜻을 핵심으로 해서 아동기, 사춘기, 한창때, 중년기, 노년기의 성생활의 전 과정을 파노라마처럼 펼쳐 보이고 있다.

새롭게 밝혀진 공명의 이름 뜻이 갖는 가장 큰 매력은 특정 권력층이나 부유층, 엘리트 계층의 전유물이 아니라는 사실이다. 결혼해서 성생활을 어느 정도 가진 평범한 남성들도 모두 지니고 있는 성생활의 테크닉이 공명이다.

공명의 이러한 혁명적인 이름 뜻은 앞으로 세상을 크게 바꿔 놓을 것이다. 예를 들어 지동설을 바탕으로 인류는 인공위성을 쏘아 올려 기상을 관측하여 옛날에는 거의 무방비 상태로 당하기 일쑤였던 대형 자연재해에 적정한 대응을 하고 있다. 또한 지구 반대편에서 발생하는 일이나 스포츠가 위성을 통해 생중계되고, 아무리 길눈이 어두운 사람도 요즘은 위성항법장치(GPS)에 바탕을 둔 내비게이션 하나면 목적지를 쉽게 찾아간다.

마찬가지로 공명이 여성의 생식기에 밝은 사람이라는 뜻에서 출발하면 인간 자신의 성 본능에 대해 깊고 정밀한 지식을 얻을 수 있게 된다. 그 결과 성 본능이 지닌 무궁무진한 잠재적 에너지를 일상생활에서 좋은 방향으로 돌릴 기회를 얻을 수 있다. 또한 성 본능이 움직이거나 출현하는 구조를 자세하게 알게 된다. 따라서 성 본능이 일으키는 성폭력, 성추행 같은 사회악이자 개인적인 대형 참사도 예방할 수 있는 정보력과 지혜를 갖추게 될 것이다.

삼고초려(三顧草廬)와 무명유실(無名有實)한 공명

삼고초려에 대해서 앞에서 간략하게 살펴봤지만 좀 더 자세히 분석하여 그 뜻을 명확히 할 필요가 있다. 사람들은 유비가 공명의 초가집을 세 번 방문한 행위와 삼고(三顧)를 연결시키기 때문에 아무런 의심 없이 삼고(三顧)를 세 번 방문한다는 뜻으로 생각해 왔다. 실제로 방문하는 의미로 사용했을 경우에는 방문(訪問)하다는 뜻을 지닌 '訪'을 써서 '삼방초려(三訪草廬)'로 표기하는 것이 더 정확한 고사성어가 되었을 것이다.

초려(草廬)는 풀로 지은 오두막집이라는 뜻이다. 풀은 털을 의미하고, 털은 풀을 의미하기도 하여 사람들이 머리 깎는 것을 벌초했다고 말하기도 한다. '草'는 '암컷'이라는 의미도 있다. '초계(草鷄)'는 암탉, '초마(草馬)'는 암말이라는 뜻이다. '초려(草廬)'는 털이 난 암컷의 집이라는 의미가 되어 털이 풀처럼 나 있는 여근을 상징한다. '집'은 칼집의 속성처럼 무엇인가가 들락거리는 기능이 있어 남근이 들락거리는 여근을 상징하는 데 적합하다.

결혼을 하게 되면 성생활을 주기적으로 갖게 되며 일상적인 일이 된다. 이에 따라 자연스럽게 초려(草廬)처럼 음모가 수북하게 난 여성 생식기와 성행위 과정을 거듭 살피는 삼고(三顧)를 하게 된다. 남녀가 자신의 생식기를 포함한 나체를 다른 사람들에게는 보여주지 않아도 배우자에게는 매일 밤 보여주기 때문에 가능하다. 이렇게 초려(草廬)에 대해 삼고(三顧)를 하게 되면 필연적으로 얻게 되는 결과가 구멍에 밝은 사람이라는 뜻의 공명(孔明)이다.

그렇다면 왜 이와 같은 성생활의 적나라한 의미를 유비가 초가집을 세 번 방문한다는 점잖은 행위 속에 감춰 놓았는가? 삼고초려의 의미가 너무 적나라해서 아이들이 직접 알게 해서는 안 되기 때문이다. 현명한 방법이다.

이런 원리를 알든 모르든 결혼하여 일정 기간 성생활을 한 남성들은 공명을 책사로 거느리게 된다. 성생활을 주기적으로 가지면서 여체를 수백 번 이상 거듭 살피는 과정에서 저절로 형성되는 성생활의 테크닉이 공명이기 때문이다.

사람들은 그런 공명에 대해 잘 모르거나 그다지 신경 쓰지 않고 살아간다. 대부분의 사람들이 공명의 이름 뜻에 대해 몰라도 자신의 성생활에 커다란 문제점이 없고 잘 이뤄지며 만족하기 때문이다. 그것은 마치 심장이나 위장의 존재와 그 기능에 대해 몰라도 잘 살아왔던 옛날 사람들의 경우와 마찬가지다. 그렇지만 이들의 존재와 기능에 대해 알게 된 오늘날에는 운동이나 음식을 통해 이들을 관리하면서 기능을 증진시킨다. 병들었을 때 치료할 수 있는 약도 발명함으로써 수명 연장에 많은 도움이 되고 있는 것이 사실이다. 그러므로 남성들이 성생활의 책사로서 공명의 존재에 대해서 알게 된다는 것은 성 본능의 에너지를 생산적으로 활용해 나갈 수 있는 기회를 증진시켜 준다.

유비가 삼고초려하여 공명을 얻는 시기를 살펴보면 이 부분이 인간의 성생활과 관련되어 있다는 강력한 증거를 발견할 수 있다. 『삼국지연의』는 등장인물들을 정사 『삼국지』에서는 태어나기 전에도 등장시키거나 죽은 후에도 살아 있고, 가공의 인물도 등장시킨다. 유비가 삼고초려하여 공명을 얻는 시기를 동탁과 여포, 원소가 활개를 치던 시기로 얼마든지 일찌감치 등장시킬 수도 있었다. 공명의 지략이면 동탁과 여포도 손쉽게 처리하며 이야기를 더욱 흥미진진하게 이끌어 갈 수도 있었다. 그러나 이들이 모두 사라진 소설의 중반쯤에 등장시킨다.

십상시에 해당하는 아동기, 황건적의 사춘기, 동탁의 성 충동 발현기, 여포의 자위생활기, 원소의 멋 부리는 연애기에는 삼고초려 자체가 불가능하기 때문이다. 음모가 난 여근을 거듭 방문하는 주기적인 생활이 이뤄지지 못하면 결과적으로 공명을 얻을 수 없다. 따라서 아무리 나이 먹은 사람도 결혼하지 않고 주기적으로 성생활을 하지 않는다면 공명을 얻을 수 없다. 사람에 따라 연애기에도 초려를 방문하는 경우가 종종 있고, 성이 개방화된 현대사회에서는 일반화되는 추세다. 그러나 그것은 결혼 후에 이뤄지는 삼고초려와는 그 횟수가 비교조차 되지 않는다. 간헐적으로 초려를 방문하는 연애기에는 대부분의 남성들이 여성 생식기에 밝은 공명을 얻지 못하게 된다. 공명은 남성들이 여성과 주기적인 성생활을 하면서 거듭해서 여근을 살펴야만 얻을 수 있기 때문이다.

사람들은 직장이나 여행 등 원하는 목적지를 가기 위해서 자동차를 작동시키고 운전한다. 자동차를 이용하면 걷는 것과 비교할 수 없을 만큼 훨씬 빠르고 편리하게 목적지에 도달할 수 있다. 마찬가지로 대부분의 남성들이 여성과 멋진 밤을 보내기 위해서 섹스 시마다 공명을 작동시키고 있지만 이를 잘 의식하지 못한다. 생리적으로 볼 때 남녀가 오르가슴에 도달하는 속도에 커다란 차이가 있기 때문에 이를 맞추기 위해서는 유비의 책사 공명이 반드시 작동되어야 한다.

사람들이 말하길 이름만 있고 실상이 없는 것을 유명무실(有名無實)하다고 한다. 이에 비해 성생활을 일정 기간 영위한 남성들이 보유하고 있는 공명은 정반대로 무명유실(無名有實)한 책사의 성격이 짙다. 남성들이 공명과 같은 성생활 테크닉을 작동시키며 이를 매일 밤 활용하고 있으나 그 이름을 모르기 때문이다. 집에서 기르는 강아지조차도 이름을 불러주면 꼬리를 흔들며 좋아한다. 개인들 각자가 그 무명의 책사에게 공명(孔明)이라는 이름을 붙여준다면 성생활의 묘미와 활력이 더욱 증가할 것이다. 공명이라는 이름이 싫다면 자기만의 다른 이름이라도 붙여줘 그 가치와 노고를 정당하게 평가해야 한다.

부부 관계가 흡족하게 끝났을 때 상대 여성이 남성을 향해 "오늘 밤 최고!"라고 말한다. 이때 그러한 찬사의 대상이 평상시의 남성 자신이 아닌 바로 책사 공명을 향한 것임을 알아야 한다. 공명이라는 이름 뜻이 만천하에 드러날 때까지 수십억 남성들의 성생활 무대에서 무명용사 역할을 해온 희생과 봉사 정신에 걸맞은 가치를 부여해야 한다.

인재를 얻기 위해서는
삼고초려보다 토포악발(吐哺握髮)이다

유비처럼 나라를 세우는 큰 정치가는 초가집을 세 번 방문하여 자기를 도와줄 인재를 얻는다. 이를 통해 통치자의 겸손함을 마음껏 부각할 수도 있다. 그러나 현실에서 인재를 초빙하거나 스카우트할 때 인재들이 초가집에 있지도 않다. 오히려 스카우트 대상이 될 정도의 인재라면 남보다 실력이 뛰어나 부유하게 사는 경우가 대부분이므로 기와집에 있는 경우가 훨씬 더 많다. 삼고초려가 『삼국지연의』 속에서 아름답게 보여 지지만 대중적인 측면이나 실제상으로는 비현실적인 내용임을 알 수 있다.

정말로 인재를 구하기 위해서 자신을 희생하며 모든 노력을 다했던 사람으로는 주나라의 주공(周公)을 들 수 있다. 그는 식사할 때나 목욕할 때 인재나 손님이 찾아오면 입에 있는 음식을 뱉고, 감고 있던 머리를 감싸 쥐고 나가 영접했다고 한다. 이를 토포악발(吐哺握髮)이라고 한다. 이처럼 인재들이 권력자를 찾아오는 것이 현실적으로는 자연스러운 것이다. 이때 오만하지 않고 주공처럼 겸손한 마음가짐으로 그들을 영입하는 것이 보다 바람직한 인재 영입 자세다. 이 내용은 조조가 적벽대전을 앞두고 까막까치가 날아가는 모습을 보고 읊은 시 중에도 나온다.

> "옛 주공은 밥을 먹다가 말고 세 번이나 인재를 영접했으니 마침내 천하가 그의
> 것이 됐도다.(周公吐哺, 天下歸心)"

유비가 진정으로 천하를 얻기 위해서는 삼고초려가 아닌 토포악발(吐哺握髮)을 해서 천하의 영재를 영입했어야 한다.

결혼한 가정에서 주기적으로 이뤄지는 성생활을 통해 삼고초려를 하게 되면 성생활에 밝은 공명(孔明) 같은 선생을 누구나 얻게 된다. 이것은 농사 일에 종사하면 농부가 되고, 장사에 전념하면 장사꾼이 되는 이치와 똑같은 것이다. 매일 밤 남성들은 공명의 지도하에 적벽대전 같은 성생활을 원만하게 치르고 있다. 다만, 바쁜 일상을 살아가느라고 자신을 돌아볼 여유가 없어서 이를 인식하지 못하고 있을 뿐이다. 운전을 하고 있는 사람이 운전하는 것이 너무 당연해서 자신이 운전 기술을 지니고 있는 것조차 의식하지 않는 것과 똑같은 상황이다. 그만큼 공명(孔明)이라는 성생활의 기술은 대부분의 남성들이 지닌 대단하면서 평범한 기술이기 때문이다.

공명이 약 1,800년 동안은 유비의 책사로 그 명성을 드날리며 살아 왔다. 그러나 앞으로 1,000년, 10,000년, 무궁무진한 세월 동안은 모든 대중들의 성생활의 책사로 살아가서 세상을 널리 이롭게 해야 한다.

융(隆) 중에 있던 와룡(臥龍) 선생, 잠자리에서 용과 같은 사람

공명은 와룡(臥龍) 선생이라는 별칭도 갖고 있다. 와룡은 엎드려 자는 용

이라는 의미다. '臥'가 잠자리나 침실을 뜻하기도 하므로 잠자리 또는 침실에서 엎드려 자는 용이라는 의미다. 남성들이 침실에서 성행위 시 엎드려서 용쓰는 모습이며, 용(龍)이 상징하는 최고의 성적 기술 상태에 도달한 것을 의미한다. 여성 생식기에 밝다는 공명, 털이 난 여근을 거듭 살핀다는 삼고초려, 잠자리의 용이라는 와룡의 뜻이 성적인 주제로 일관되게 연결되고 있다. 그가 융(隆) 중에 있었다고 한다.

隆 = 높다, 깊고 두텁다, 성하다, 돌출한 곳, 불룩한 곳

공명이 머물렀던 '隆'은 높고 깊어서 아무나 오르거나 접근하기 힘든 곳인 여성의 몸을 상징한다. '隆' 자는 형성문자로서 작은 산같이 봉긋하다는 의미다. 여성의 신체 중에서 이처럼 작은 산같이 봉긋하게 솟아 있는 부분은 여성의 유방, 엉덩이, 생식기 주변의 불두덩 등이다. 공명이 융 중에 있었다는 것은 여성의 풍만한 몸과 봉긋한 유방, 두툼한 생식기 부근에 머물면서 삼고초려를 통해 자신의 성생활을 거듭 살피고 있는 상태다. 그 결과 구멍에 밝은 공명(孔明)이 되었던 것이다. '隆'은 산이나 계곡보다 여성의 올록볼록한 몸을 표현하는 최적의 장소이며 한자어다.

무기를 단 한 번도 직접 쓰지 않은 공명, 학창의와 부채

『삼국지연의』에서는 유비와 조조, 손권 등 한 나라의 왕들까지 칼을 들고 싸운다. 그러나 공명 자신만큼은 절대로 칼을 손에 쥔 적이 없고 신묘한 계

책을 내서 전투를 승리로 이끌곤 했다. 항상 학창의에 부채를 들고 다니는 신령스러운 모습으로 나타난다. 무기를 쓰지 않는다는 것은 무기가 상징하는 남근을 직접 사용하지 않는다는 의미다. 성생활에 있어서 남근을 사용하는 것보다 그의 부채가 더 효과가 있는 전략이나 전술적인 무기라는 의미다.

부채는 말 그대로 부채질로 바람을 일으키는 기능이 있다. 성행위 시 시작부터 끝까지 남근만으로 여성을 공략하다가는 큰 낭패를 본다. 여성의 몸이 달아오를 수 있도록 부채질을 한 후 결정적인 시기에 남근을 사용토록 하는 것이 공명의 전략임을 대변한다.

공명이 입었던 학창의(鶴氅衣)는 전쟁터에서는 전혀 어울리지 않는 옷인데도 공명은 갑옷 대신 학창의를 입었다. 학창의는 원래 신선이 입는 옷으로 학의 날개로 만들었고 희고 품이 넓다. 갑옷이 무겁고 거추장스러운 데 비해 학창의는 가볍고 부담감이 없고 품이 넓어 여유로움이 느껴진다. 성생활을 가질 때 긴장감을 풀고 학이 날갯짓하듯 고상한 애무와 전희를 하며 여유 있는 마음자세로 성생활을 신선같이 향유하는 자세다.

동 오 설 전

♂

동오설전은 오럴섹스를 상징

208년에 조조가 100만 대군으로 남진을 하자 오나라의 손권 진영은 그 위세에 눌려 항복하려는 분위기가 주를 이뤘다. 이에 공명이 오나라로 가서 전의를 고취시키기 위해 유생들과 그 유명한 동오설전을 벌인다.

남녀 모두가 만족하는 완숙하고 원만한 성생활을 위해서는 오르가슴에 도달하는 속도가 일치해야 한다. 그러나 여성은 마라톤 풀코스를 모두 소화해 내야 오르가슴에 도달하나, 남성은 시작부터 전 구간이 사정을 할 수 있는 위험 구간이다.

이 간극을 메우기 위해 관우는 오관참육장을 하여 조기 사정에 대한 인내심을 향상시켰다. 그러나 남성이 잘 참아낸다고 해도 상대 여성이 좀처럼 달아오르지 않으면 남성의 인내심에도 한계가 있고 오관참육장도 허사가 된다. 여성을 성적으로 달아오르게 하는 애무와 전희가 필요하다. 인간의 성생활은 기본적인 여건이 토끼처럼 빠른 남성과 곰처럼 느린 여성이 전개하는 합동 작업이다. 서로 돕고 이해하지 않으면 항상 일이 틀어질 수 있다. 남성들에게 있어서 성생활 초기에는 사정하려는 욕구가 남하하는 조조의 100만 대군처럼 워낙 강력하다. 때문에 여성의 느린 성적 속도와 맞추기가 쉽지 않다. 또한 정력이 왕성한 젊은 시절에는 질보다 양으로 승부하려는 경향도 있기 때문에 여성과 오르가슴의 일치에 실패하는 주요인이 되기도 한다.

이것을 막고 해결책을 제시하는 것이 공명이다. 보통 남성들이라면 기본적으로 지니고 있는 성생활 테크닉이자 책사다. 그가 펼친 전략이 설전이다. 설전(舌戰)은 말 그대로 혀로 하는 전쟁으로 혀로 애무하는 전쟁, 오럴섹스라는 의미다. 오럴섹스도 공명이 관리하는 성생활 테크닉 중 하나다.

동오의 유생들은 남성들의 점잖은 마음, 도덕심 상징

공명이 동오설전을 벌인 대상은 요조숙녀들보다 더 점잖은 유생(儒生)들이다. 유생은 공자의 가르침인 유학(儒學)을 공부하는 선비다. 중국이나, 동방예의지국인 우리나라에서 매우 점잖은 계층이며 종교적인 색채도 띠고 있다. 공명이 이들과 설전을 벌인다는 것은, 남성들 마음속에 있는 유생 같은 태도를 과감한 오럴섹스로 유도하여 조루증과 싸우게 하려는 모습이다. 『삼국지연의』에서 공명과 동오의 신하들이 벌였던 논쟁(論爭)을 동오논쟁이라 부르지 않는다. 설전군유(舌戰群儒)라고 불러, 점잖은 무리들을 대상으로 했던 '혀의 전쟁'임을 강조하고 있다.

그러나 동오설전에서 보듯이 오럴섹스가 쉽게 받아들여지지 않는다. 사람들의 평상시 마음은 도덕적이고 윤리적인 측면이 장악하고 있기 때문이다. 동물이나 하는 짓이다. 더럽고 망측하다. 누가 보기라도 하면 큰 망신이다. 점잖은 사람들의 오럴섹스에 대해 생각이 이렇다.

오럴섹스는 유생(儒生)들처럼 이성적이며 도덕적인 인간이 스스로에 대해 반기를 들어야 가능하다. 근엄한 대통령이나 종교 지도자 사회 지도층 인사들을 막론하고 한창때는 오럴섹스를 한다. 다만, 오럴섹스 행위가 노출된다면 그 행위 자체가 부정한 것이 아닌데도 현실적으로 당연히 그들의 품위가 떨어지게 마련이다. 그래서 매춘이 아님에도 연인끼리 오럴섹스를 하는 장면 등이 노출된 일부 여배우들은 한동안 곤욕을 치르고 방송까지 출현하지 못한다. 꽤 오랜 세월이 흘러야 방송에 나올 수 있는 것이 성적인 윤리 현실이다.

오럴섹스는 이성적인 측면을 일시적으로 희생해야만 가능한 섹스 테크닉이다. 만약에 자신의 오럴섹스 모습을 디지털 카메라로 찍어 다시 본다면 야동처럼 원색적인 섹스를 하는 자신의 모습을 발견할 수 있을 것이다.

그러나 오럴섹스가 지니는 매우 중요한 사실이 있다. 오럴섹스는 여성을 성적으로 흥분시키는 역할과 함께 남성들로 하여금 동물적인 본능에 몰입하게 한다. 그 결과 자신의 사정을 지연시켜 조루 증세를 완화한다는 사실이다. 이것이 조루중 남성들에게는 여성의 흥분 속도를 높이는 것보다 훨씬 더 중요하다. 오럴섹스는 여성의 성적인 흥분 속도는 높이고 반대로 남성 자신의 사정 욕구는 지연시킴으로써 남녀의 성적인 흥분 속도의 차이를 효과적으로 조정한다. 이처럼 일거양득(一擧兩得)의 효과를 내는 성적인 테크닉인 오럴섹스를 실행하려면 유생들 같은 점잖음과 갖가지 체면 의식을 극복해야 한다.

오럴섹스에 대해
점잖은 사람들의 갖가지 태도

공명이 설전을 벌인 유생들은 높은 관을 쓰고 넓은 띠를 두르고 옷깃을 여미고 점잖게 앉아 있다. 점잖고 예의 바르며 교양 있는 현대사회의 남자를 뜻하는 신사(紳士)는 넓은 띠(紳)를 두른 선비라는 말에서 유래했다. 1,800년 전 유생과 같은 뜻이다.

남성들은 성행위 시 급박해지는 자신의 사정 욕구를 지연시키고 여성의 흥분 속도는 높이기 위해서 오럴섹스의 필요성을 느낀다. 그러나 마음 한편에서는 상대 여성이 자신을 너무 속물적인 남성으로 보지나 않을까 신경 쓰인다. 자기 자신에 대해 스스로 갖고 있던 신사적인 이미지와도 갈등하게 되어 오럴섹스를 주저하게 된다. 여성이 오럴섹스를 하는 반대의 경우도 마찬가지가 될 것이다.

동오의 유생들이 각자 내세우는 논리는 남성들의 점잖은 마음이 내세우는 오럴섹스에 대한 비판적인 생각이나 도덕적인 평계. 이들을 상대로 벌이는 설전은 오럴섹스를 하기 위해 자신의 점잖고 신사 같은 마음을 논리로써 달래서 잠재우는 모습이다. 일반적인 섹스에 있어서 매번 동오의 유생들이 공명의 세 치 혀에 넘어가는 것이 아니다. 어떤 날은 오럴섹스에 대한 거부감이 강해 이뤄지지 않는 경우도 있는 것이 현실이다.

유생들 중에서도 대표 격은 장소(張昭)라는 사람이었다.

이름 뜻이 '밝은 것에 베풀다'는 뜻이다. 밝음을 지향하는 성격임을 강조한다. 밝음과 광명은 영적이며 윤리적이고 문명의 영역이다. 어둠과 암흑은 동물적이며 비윤리적이며 야만의 영역이다. 장소(張昭)는 사람들의 마음속에 존재하는 밝음과 광명에 베풀려는 윤리적인 사람임을 알 수 있다. 대부분의 사람들이 성생활 시 침실을 약간 핑크빛이 돌게 하거나 어둡게 한다. 밝거나 일상적인 의식을 갖고 성생활을 하면 분위기가 나질 않기 때문이다. 성행위 시에는 유생처럼 도덕적이고 밝고 점잖은 측면이 잠시 눈을 감거나 희생되어야 성 본능이 활성화될 수 있다.

공명이 장소를 꺾는다. 오럴섹스가 이뤄지기 위해서는 윤리적이며 깨끗하고 밝은 측면을 일정 부분 희생해야 한다. 그렇다고 범죄를 저지르라고 하는 것이 아니다. 성 본능은 도덕적인 측면에서 볼 때 근원적으로 다소간의 무질서함, 지저분함과 어두운 측면을 지니고 있다. 평소에는 밝은 것에만 베푸는 윤리 의식에 꽁꽁 묶여 있어 엄두를 내지 못하는 것이 오럴섹스다. 성 본능의 활성화를 위해 다소 저항감이 느껴져도 경우에 따라서는 풀라는 의미다.

다음으로 공명을 비난한 유생이 우번(虞翻)이다.

손책과 손권을 섬겼으며, 학문이 뛰어나 많은 책을 저술하고 수많은 제자를 양성하였다. 성격이 지나치게 강직하여 직언을 서슴지 않아 손권의 노여움을 사 유배된다. 정사 『삼국지』에서 진수는 이런 그의 성격을 미친 곧음이라는 '광직(狂直)'이라는 말로 표현했다.

> 虞 = 염려하다, 근심하다, 생각하다, 예상하다, 추측하다, 헤아리다, 짐작
>   하다
> 翻 = 뒤집히다, 뒤집다, 전복하다, 번역하다, 뒤지다, 헤집다, 들추다

우번(虞翻)은 뒤집히거나 전복되고, 누군가 자신을 뒤지고, 헤집고, 들춰낼까봐 염려하는 자세다. 그는 소심하고 부정적인 성격이다. 실제로 간혹 터지는 연예인들의 섹스 비디오 사건을 보면 오럴섹스가 타당한 근심거리

이기도 하다. 그의 자인 중상(仲翔)은 직역하면 '버금가는(仲) 선회(翔)'라는 뜻이다. 으뜸은 못되지만 차선책으로 선회하는 자세를 지닌 사람이라는 의미다. 어떤 일을 했다가 뒤집히거나 누군가 들춰낼까 미리부터 겁먹고 경계하는 사람이다. 이런 사람들은 쉽사리 행동에 뛰어들지 못한다. 그래서 오럴섹스 같은 동물적이고 본능적인 섹스를 못한다. 누가 보기라도 하거나, 나중에 자신의 그런 행동이 들춰질까 염려되기 때문이다. 오럴섹스를 하고 싶어도 실제로 행동으로 옮기지 못하는 사람들이 있다. 대부분 우번과 같은 염려증 때문일 것이다. 그가 광직(狂直)한 성격이었다는 것은 도덕적 청결심에 병적으로 경직되어 있던 사람임을 의미한다.

오럴섹스는 청교도 같은 광직한 윤리 의식을 가진 사람은 불가능하다. 『채근담』에 "너무 맑은 물에는 물고기가 살 수 없다."고 나온다. 아리스토텔레스의 말대로 인간은 사회적 동물이지, 사회적 천사는 아니다. 자신의 동물적인 성 본능 측면을 무조건 억압할 것이 아니라 상식적 기준에서 어느 정도는 용인하고 받아들여야 한다. 그래야 삶에 활력이 있고 무궁무진한 성 본능 에너지를 생활 에너지로 유용하게 돌릴 수 있기 때문이다. 물론, 모든 경우에 있어서 자신의 도덕적 청결심을 희생하라는 것은 아니다. 여성과의 성적인 합일을 위해서는 자신의 급한 사정 욕구를 죽이고 여성의 흥분 속도는 높여야 하기에 잠시 동안 도덕적 청결심을 희생하라는 의미다.

보즐(步騭)은 오나라의 승상까지 지낸 인물이다. 그는 옛날에 말 잘했던 사람을 예로 들며, 말로써 자신들을 설복하러 왔느냐며 공명을 비난한다.

步 = 걷다, 걸음, 걸음걸이
騭 = 수말, 말을 부리다, 이루어지다, 안정시키다

원래 수말은 성격이 거칠고 길들이기 힘들며 역동적으로 달리는 것이 특성이다. 보즐(步騭)은 이처럼 거칠게 달려야 하는 수말이 걷는다는 뜻이다. 군자나 양반은 아무리 급해도 뛰지 않는다는 옛말이 있다. 양반이나 선비 같은 점잖은 사람들이 아무리 사정 욕구가 다급하고 오럴섹스가 하고 싶어도 하지 않는다. 오죽했으면 "양반은 얼어 죽어도 겻불은 안 쬔다.", "양반은 물에 빠져도 개헤엄은 안 친다."는 속담까지 있다. 그것이 유생이요, 양반이라고 생각하기 때문이다. 양반이나 군자적인 자세도 성적인 합일을 위해서는 때에 따라 오럴섹스에 양보해야 한다.

설종(薛綜)이란 유생도 공명을 비난하고 나선다. 조조가 이미 천하의 3분의 2를 차지했는데 유비가 하늘의 뜻을 모르고 조조와 다투려 하니, 이는 달걀로 바위를 치는 격이라고 비난한다.

薛 = 맑은 대쑥
綜 = 모으다, 통할하다, 짜다, 잉아(베틀의 굵은 실)

설종은 맑은 대쑥처럼 향기로운 정신을 모아 가지고 있는 사람이다. 성적인 것과 거리가 먼 고상한 태도다. 쑥 향 같은 고상한 자세도 여성과의 성적인 합일을 위해서는 희생해야 한다.

육적(陸績)은 대륙적인 공적을 쌓는 사람으로 세상에서 큰일을 하는 사람이다. 엄준(嚴畯)은 엄하면서 높거나 뛰어난 사람이다. 정덕추(程德樞)는 덕의 근원을 헤아리는 사람이라는 뜻이다. 이들의 면모를 보면 모두가 점잖거나 사회적으로 뛰어난 사람들로 오럴섹스에 대해 비판적인 입장이다. 이들을 상대로 공명이 설전을 벌여 기세를 꺾고 조루 장군 조조와 싸우려는 전의를 북돋아 준다. 정치는 정치, 종교는 종교, 일은 일이고, 섹스는 섹스이기 때문에 각각의 영역에서 필요로 하는 것이 다르기 때문이다.

결혼 생활을 통해 부부 관계를 갖는 성인들에게는 두 축의 생활 영역이 있다. 한 축은 대부분 밝은 대낮에 이뤄지는 윤리적이고 일상적인 생활의 영역이다. 주로 생업이나 공부, 취미 생활, 봉사 활동 등과 관련되어 공개되고 공적인 활동이 이뤄진다. 또 다른 축은 타인들의 눈으로부터 벗어난 은밀한 공간에서 일어나는 성생활의 영역이다. 보통의 성생활은 대부분 밤 시간대인 어둠의 세계에서 일어나는 욕망의 영역이다.

이때 윤리 의식이 강하고 성생활보다는 자신의 일이나 공적 등 입신양명에 더 관심을 갖는 점잖은 유생 같은 사람이 있다. 이런 유형의 사람은 오럴섹스와 같은 자신의 본능적인 성행위에 대해 억압적인 태도를 취하기 마련이다. 사실 일 잘하는 대통령, 전쟁 잘하는 군인, 풍부한 학식을 지닌 대학자라고 해서 성생활을 더 잘하는 것이 아니다. 오히려 사회적 능력이 높을수록 오히려 오럴섹스 같은 원초적인 섹스에 소극적이기 마련이다. 이렇게 되면 사정을 참지 못하는 조루증적 섹스의 일종인 자기 볼일만 보고 돌아눕게 된다. 이러한 사람들 중에는 조조 같은 맹덕한 섹스를 하면서 자신의 사회적 지위나 능력으로 아내의 성적인 불만의 목소리를 틀어막기도 한다.

점잖은 유생 같은 사람들을 상대로 공명이 설전을 벌여 이들의 체면 의식과 각종 핑계 대는 마음을 꺾음으로써 오럴섹스도 필요함을 역설해 받아들이게 한다. 대부분의 보통 남성들이 공명을 책사로 두고 있으므로 때에 따라 오럴섹스를 한다는 의미가 된다.

설전(舌戰)은 공명에게 맡겨라

조조의 백만 대군에 비해 매우 열세에 놓여 있던 손권이 공명의 노력으로 전의를 고취한다. 조루 증세에 대항하여 유생 같은 점잖은 마음을 잠재우고 오럴섹스 연합군을 결성하여 결국 승리를 거둔다.

섹스에 있어서 유생(儒生) 식의 점잖은 섹스만 해서는 남성이 지닌 성적인 약점을 극복할 수 없는 경우가 발생하기도 한다. 여성을 성적인 극치감으로 이끌지 못해 핀잔을 들을 수도 있다. 이러한 약점과 불상사를 막기 위해 남성들은 때론 동오설전을 벌여야 한다. 그러나 동오설전을 억지로 할 필요는 없다. 모든 남성들이 책사로 두고 있는 공명에게 맡기면 될 뿐이다.

동 작 대 부

○

- 성생활의 아름다움을 노
래한 인류 최고의 성시(性詩)

공명의 동오설전에도 불구하고 조조의 백만 대군에 대해 오나라의 여론은 주전
파와 주화파가 팽팽하게 대립한다. 손권이 쉽게 결정을 내리지 못하자 이모인 오
국태가 나서서 대외적인 일은 주유(周瑜)에게 물어서 결정하라는 아버지의 유언
을 상기시켜 주유를 데려온다. 이것을 알고 공명이 주유에게 조조의 아들 조식이
지었다는 동작대부를 들려준다. 그 노래에는 조조가 손권의 아버지 손책의 처인
대교(大喬)와 주유의 처인 소교(小喬)를 동남(동오)에서 불잡아다가 조석으로 같
이 즐긴다는 내용이 담겨 있었다. 이것이 주유를 격동시켜 조조와 전쟁을 하게
만든다.

종명후이희유혜, 등층대이오정(從明后以嬉游兮,登層臺以娛情)
견태부지광개혜, 관성덕지소영(見太府之廣開兮,觀聖德之所營)
건고문지차아혜, 부쌍궐호태청(建高門之嵯峨兮,浮雙闕乎太淸)
입중천지화관혜, 연비각호서성(立中天之華觀兮,連飛閣乎西城)
임장수지장류혜, 망원과지자영(臨漳水之長流兮,望園果之滋榮)
입쌍대어좌우혜, 유옥룡여금봉(立雙臺於左右兮,有玉龍與金鳳)
람이교어동남혜, 낙조석지여공(攬二喬於東南兮,樂朝夕之與共)

부황도지굉려혜 , 감운하지부동(俯皇都之宏麗兮 ,瞰雲霞之浮動)

흔군재지래췌혜 , 협비웅지길몽(欣群才之來萃兮 ,協飛熊之吉夢)

앙춘풍지화목혜 , 청백조지비명(仰春風之和穆兮 ,聽百鳥之悲鳴)

천운원기기립혜 , 가원득호쌍령(天雲垣其既立兮 ,家願得乎雙逞)

양인화어우내혜 , 진숙공어상경(揚仁化於宇內兮 ,盡肅恭於上京)

유환문지위성혜 , 기족방호성명(惟桓文之爲盛兮 ,豈足方乎聖明)

휴의미의! 혜택원양 (休矣美矣! 惠澤遠揚)

익좌아황가혜 , 영피사방 (翼佐我皇家兮 , 寧彼四方)

동천지지규량혜 , 제일월지휘광(同天地之規量兮 ,齊日月之輝光)

영귀존이무극혜 , 등년수어동황(永貴尊而無極兮 ,等年壽于東皇)

어룡기이오유혜 , 회란가이주장(御龍旂以遨遊兮 ,迴鸞駕而周章)

은화급호사해혜 , 가물부이민강(恩化及乎四海兮 ,嘉物阜而民康)

원사대지영고혜 , 낙종고이미앙(願斯臺之永固兮 ,樂終古而未央)

동작대(銅雀臺)는 일찍이 조조가 원소 일가와 싸움을 끝내고 장하(漳河) 강변에 건축하였다. 이곳에서 조조 아들 조식이 동작대를 찬양하는 동작대부(銅雀台賦)를 지었다고 한다.

장하(漳河) 또는 장수(漳水)는 원래 산서성에서 발원해 하남, 하북성을 거쳐 운하(運河)로 흘러드는 강의 이름이다. 또한 '漳'은 'ㆍ'+'章'으로 분리되고, '章'은 도장(圖章)의 의미가 있다. 물은 여성의 생식기, 찍는 속성을 지닌 도장은 남근을 상징한다. 남성들은 성생활을 갖는 것을 은어로 '도장이나 일수 찍었다'고 표현하기도 한다. 중국에서는 남근을 닮은 낙지나 문어를 장어(章魚)라고 표현하기도 한다. 영어에서는 도장을 'seal'로 표기하는데, 동시에 남근을 닮은 물개나 바다사자를 의미하기도 한다.

'漳'에는 둑이라는 뜻도 있으며, 길게 뻗은 두 다리를 상징한다. 이런 의미들을 종합하면 '장(漳)'은 성생활의 무대가 되는 두 다리 사이를 상징한다.

인생의 흐름에 있어서 삼국지의 3대 전쟁 중 하나인 관도대전을 치렀다는 것은 3대 중요 전환기 중 하나를 맞이했다는 의미다. 본격적인 성생활이 시작됐음을 알리는 신호다. 사람들은 원소로 대변되는 미혼 시절을 끝내고 결혼을 함으로써 성생활의 터전을 마련한다. 따라서 장하 강변에 있는 동작대에서 앞으로 수십 년간 무궁무진한 성생활을 즐겨 나가게 되니 이를 시로써 미리 경축하는 의미가 있다.

동작대부,
성생활을 찬미하는 성(性)스럽고 성(聖)스러운 시(詩)

동작대부는 20행에 달하는 긴 연시 구조이지만 그중에서 핵심 시어는 제목인 동작대(銅雀臺)다. 관도대전에서 조조가 승리를 거둠으로써 원소 일가가 의미하는 멋 부리며 짝을 유혹하던 긴 연애 시절이 마감된다. 조조가 본격적인 성생활로 돌입하는 시기에 즈음하여 땅속에서 구리로 된 참새를 얻는다. 이것을 기념하기 위해서 장하(漳河) 강변에 대(臺)를 지어서 이런 이름이 지어졌다.

동(銅)인 구리는 붉고 매끈하다. 작(雀)은 검붉거나 다갈색을 뜻한다. 대(臺)는 물건을 올려놓거나 올라가는 곳이다. 동작대는 구리처럼 붉고 매끈하기도 하고 거무죽죽한 다갈색을 띠며 물건을 올려놓거나 올라가는 곳이다. 특히 '작자(雀子)'는 중국에서 음경을 뜻하므로 작(雀)은 성적인 의미가 있다.

인체 중에서 여체와 여성의 생식기 부근이 동작대와 같은 색깔과 속성을 지니고 있다. 대(臺)는 침대(寢臺)처럼 사람이 올라가는 곳이다. 여성의 몸 위로 남성이 올라가는 곳임을 암시한다. '臺'는 길함, 행복, 혼인의 의미를 지닌

'높'과, 이르다는 뜻의 '至' 자를 포함하고 있다. 길함이나 혼인 또는 행복에 도달하다는 의미를 연상시키는 한자어다. 이러한 상태에 도달하는 행위나 대상이 바로 여체이며 성행위라 할 것이다. 동작대부는 남성이 구리처럼 매끄러운 여성의 몸이나 다갈색의 여근 위로 올라가 즐기며 성생활의 아름다움을 노래한 시다.

그러나 유생들이 들끓는 고대사회에서 이처럼 여성 성기와 성생활의 아름다움을 공개적으로 표현하는 것은 불가능하다. 아이들을 포함한 대중들에게 노골적이고 음란한 내용을 알리게 되어 도덕적으로 절대 용납되지 않는다. 만약 그랬다면 이 시는 조식의 입에서 우물거리다 사라지고 말았을 것이다.

출판이나 영상 등이 발달한 오늘날에는 청소년 유해 여부나 음란성 여부를 사전 심의를 통해 걸러낸다. 고대사회에는 오늘날과 같은 제도적 심의 위원회는 없었다. 하지만 여론에 의해 현대사회보다 더 강력한 윤리적 심의 기능이 작동되었다고 볼 수 있다. 때문에 성행위를 노골적으로 표현하는 내용은 유통되지 못하고 모두 차단된다.

동작대부는 이를 피해가기 위해 겉으로는 조조의 국가 경영과 통치력을 찬사함으로써 성생활을 표현하는 속 내용은 철저하게 감춰 놓았다. 누가 감히 그 당시 정치적 실세인 조조의 업적을 찬양하는 시에 대해 왈가왈부 하겠는가? 그래서 그 오랜 세월 동안 윤리적 검열을 통과하여 오늘날까지 시의 생명력과 속뜻을 오롯이 보전해 올 수 있었던 것이다.

인간에게 있어서 성 자체는 아름답고 몸과 마음을 설레게 하는 욕망의 대상이며 달콤한 쾌락이다. 섹스를 통해 남녀가 소통하기도 하고 후손과 사회 구성원을 재생산해 낸다. 성 본능은 만능 에너지의 일종이다. 모든 생활 분야에 원동력을 제공하고 이끌어 나간다. 드라마, 패션, 화장품, 스포츠, 문학, 예술 등 성적인 에너지와 연결되지 않은 분야가 없을 정도다. 프로이트 같은 사람은 성 에너지의 일종인 리비도가 인간의 모든 행위의 배후에서 작동한다고 보기까지 했다. 다만, 인간의 성 본능은 마치 폭약과 같은 위험물의 속성을 지니고 있어서 취급에 매우 주의를 요구한다. 성 에너지는 평소에는 잘 억제되고 있다가도 한번 도화선에 불이 붙게 되면 이를 제어하기가 쉽지 않기 때문이다. 그래서 사춘기 청소년은 물론 노인에 이르기까지 성추행이나 성폭행, 외도 등으로 인한 부작용과 개인적인 비극이 사회 곳곳에서 날마다 발생하여 뉴스거리가 되곤 한다.

인류는 이처럼 언제든지 개인의 화약고가 될 수 있는 성 본능을 가장 안전하게 담아낼 수 있는 용기이자 장치로 결혼 제도를 만들어냈다. 그것은 엄청난 파괴력을 가진 핵폭탄을 원자로라는 거대한 용기 안에서 안정화시켜 서서히 에너지를 빼 쓰는 이치와도 같다. 결혼과 가정은 성 본능의 안정화된 원자로다.

성욕의 안정화는 심리적 안정과도 직결된다. 결혼을 하게 되면 남녀 모두가 안정감이 있고 여유로워지는 것에 대한 타당한 이유다. 만약에 인류가 결혼이라는 제도를 발명하지 못했다면 인류는 성폭행, 외도, 삼각관계 등으로 형사사건이 봇물을 이루고 있을 것이다. 발정기 암·수컷들이 일으키는 소동으로 하루도 바람 잘 날이 없는 세상이 되어 있을 것이다. 그 결과 오늘날과 같은 사회 안정과 문명의 발달은 꿈도 꾸지 못했을 것이다.

인간이라면 모름지기 인류지대사인 결혼 제도에 따라 가정을 꾸리고 안정화된 성생활을 누려 나가야 한다. 그래서 성생활로 넘어가는 전쟁인 관도대전을 인생의 주요한 3대 전쟁으로 칭하고 있다.

동작대부가 20행이라는 긴 시의 형태로 찬양과 칭송을 아끼지 않는 성생활은 청춘 남녀들의 하룻밤 불장난이 아니다. 결혼 생활을 장구하게 이어

나가는 동안에 마치 원자로같이 무궁무진한 에너지를 안정감 있게 공급하는 성생활을 대상으로 하기 때문이다. 섹스는 삶의 재미와 쾌락을 주며, 일상에서 오는 스트레스도 해소한다. 후손도 적극 생산하며 생활의 원동력과 활력을 지속적으로 공급해 준다. 마치 원자력이 주는 이점과도 같은 것이라 할 수 있다.

이처럼 성생활의 긍정적인 측면을 노래하고 있는 것이 바로 동작대부의 진정한 가치다. 성과 여체, 성생활을 고도의 절제된 언어로 찬양하고 있다. 공명이 들려주는 동작대부 노래를 듣고 주유가 격동함으로써 조조의 백만 대군과 싸우겠다고 돌아선다. 성생활을 포기하려던 사람이 성과 섹스의 아름다움을 진정으로 느끼게 됨으로써 성생활에 적극 임하게 되는 모습이다.

성생활은 사장시키기에는 너무나 아까운 웅장하고 거대한 에너지의 보고다. 동작대부의 숨겨진 의미를 음미함으로써 인간의 성과 성생활에 대한 긍정적이고 아름다운 모습을 체감하며 이를 생활 속에서 실천해 나갈 필요가 있다.

동작대부는 성생활의 아름다움과 고귀함을 노래함으로써 초식남녀, 섹스리스 부부가 증가하고 있는 현실에 꼭 필요한 인류 최고의 성(性)스러운 시다. 또한, 내용적으로 더할 나위 없이 완벽하기에 성(聖)스러운 시이기도 하다.

동작대부는 앞 구절이 한자 일곱 자, 뒤 구절이 한자 여섯 자로 한행을 이루는 형식으로 구성되어 있다. 앞과 뒤 구절은 어조사인 '兮' 자로 연결되고 있다. 앞뒤 구절을 따로따로 분석한 다음, 한 행의 의미를 전체적으로 살펴보는 것이 이해가 쉽다. 기존에 알려진 내용은 조조의 치적을 찬양하는 내용이며 그 속에 숨겨진 의미를 한 구절씩 분석해 보았다.

종명후이희유혜
(從明后而嬉游兮, 밝으신 임금을 따라 기꺼이 놂이여)

알몸이 드러난 마나님을 따라 즐겁게 놂이여.

이 구절에서 쓰인 '明'은 밝거나 흰하다는 의미다. 섹스를 하기 위해 옷을 벗음으로써 여성의 흰 속살이 나체 상태로 밝고 흰하게 드러난 모습이다. 후(后)는 주로 왕비나 왕후를 의미하며 여성에 대한 극존칭으로, 배우자를 마나님이나 여왕으로 높이고 있다. 현대인들이 스마트폰에 배우자의 전화번호를 왕비나 여왕으로 표시해 저장해 놓는 경우와 마찬가지다.

명후(明后)가 겉으로는 조조를 지칭하지만, 그 이면은 옷을 벗어 속살이 흰하게 드러난 아름답고 귀한 배우자를 상징적으로 표현한다. 시의 시작부터 나체의 배우자를 직설적으로 표현하면 이 시가 윤리적 검열을 넘어 유통될 수 없기 때문이다. 명후가 실제로 백성들을 다스리는 데 밝은 성덕한 임금이라면 뒷부분과 상충된다. 희유(嬉游)는 즐기며 논다는 뜻이다. 성덕한 임금이라면 즐기며 놀기보다 백성들을 염려하고 국정을 살피느라 밤을 지새운다. 첫 행부터 왕이 즐기고 놀면 태평성대는커녕 백성들이 고통을 받고 나라가 어지러워진다.

이 구절의 내용은 알몸이 흰하게 드러난 여체를 따라 즐겁게 놀아 보자는 의미다. 지금 동작대부의 주인공은 동작대가 상징하는 옷을 벗어서 드러난 구리처럼 매끄러운 여체와 검붉은 생식기에 올라가서 성행위를 즐기려 하고 있기 때문이다. 이제 막 성행위에 들어간 상황에서 여성이 옷을 벗을 때 숨 막힐 것같이 느껴지는 남성들의 성적인 감흥과 멋을 표현하고 있다. 이 구절에서는 옷을 벗어 알몸이 된 여인을 명후(明后)라고 점잖은 극존칭으로 표현한 것이 압권이다. 특히, 임금을 의미할 때 侯(후)를 남자 임금,

后(후)는 황후(皇后)의 뜻으로 사용되어 '后'는 남자 조조가 아닌 여성임을 알 수 있다.

혹자는 본격적인 섹스보다 섹스 초입에 들어서서 여인이 막 옷을 벗을 때 느껴지는 아름다운 감흥을 더 좋아하기도 한다. 김광균 같은 시인은 〈설야〉라는 시에서 다소곳하며 사각사각 부드럽게 내리는 아름다운 눈을 '머언 곳 여인이 옷 벗는 소리'로 비유한다. 그만큼 여인이 옷 벗는 모습은 아름다운 것이다. 남성들의 억압됐던 성적 욕망의 해방구가 사각사각 열리는 순간이기 때문이다.

등층대이오정
(登層臺以娛情, 높은 층대에 올라 정을 즐기리)

몸을 포개며 여체 위로 오르니 즐거움과 정이 느껴진다.

층(層)은 겹이라는 뜻이다. 겹은 물체의 면과 면이 포개진 상태를 뜻한다. 남성이 여성의 몸에 올라가서 몸이 서로 겹치거나 포개지며 성적인 접촉이 일어나는 모습이다. 대(臺)는 남성이 올라가는 여체다. 이 구절은 몸을 하나로 포개며 여체에 올라가니 즐거움과 정이 느껴진다는 의미다.

이 행은, 알몸이 훤하게 드러난 마나님과 즐겁게 놀기 위해 몸을 하나로 합치며 여체에 오르니 즐거움과 정이 느껴지는 섹스 초입의 모습이다.

견태부지광개혜
(見太府之廣開兮, 널리 열린 큰 부중을 봄이여)

활짝 드러난 풍만한 몸을 보니.

광개(廣開)는 '넓게 열렸다'는 뜻이다. 속옷까지 활짝 열어젖힌 여성의 나체 상태를 의미한다. 부(府)는 창고, 가슴, 창자라는 뜻이 있다. 내장이 들어 있는 사람의 몸통 전체를 의미한다. 또한 사물이 모이는 곳이라는 의미와 댁(宅)이라는 높임의 뜻으로 쓰이기도 한다. 남성들이 모여드는 댁이라는 의미가 되어 여성의 몸을 높인 뜻이다. 따라서 태부(太府)는 매우 귀하고 큰 몸이라는 의미로, 풍만한 몸이라는 뜻이다. 이 구절은 활짝 드러난 풍만한 몸을 본다는 뜻이다.

관성덕지소영
(觀聖德之所營, 이는 성덕으로 경영하신 바라)

몸매를 더할 나위 없이 잘 가꿔온 바가 보인다.

성(聖)은 한 방면에서 더할 나위 없이 뛰어나거나 완벽하다는 의미다. 성덕(聖德)은 더할 나위 없거나 완전무결한 육덕(肉德)이다. S라인의 풍만하고 섹시한 몸을 의미한다. 영(營)은 잘 가꿔왔다는 뜻이다.

이 행은, 활짝 드러난 풍만한 여성의 몸을 보니 몸매를 더할 나위 없이 섹시하게 잘 가꿔왔음이 보인다는 뜻이다. 첫 행은 부부 관계를 갖기 위해 여성이 옷을 벗을 때 짜릿하게 느껴지는 감흥이다. 이 행에서는 옷을 다 벗어서 활짝 드러난 여성의 풍만한 몸매를 보니 섹시하고 완벽하게 잘 가꿔

온 것이 보인다는 의미다. 절세미인과 관계할 때만 이런 성적 감흥이 일어나는 것이 아니다. 보통의 남성들도 부부 생활을 할 때 차근하게 들여다보면 이런 성적 감흥이 일어나며 이를 놓치지 않고 표현한 것이다.

건고문지차아혜
(建高門之嵯峨兮, 산처럼 솟은 높은 문을 세움이여)

두 다리를 벌려 산처럼 우뚝 솟은 높은 문을 세우니.

차아(嵯峨)는 험준하거나 우뚝 솟은 산이라는 뜻이다. 여성이 누워서 두 무릎을 세우게 되면 가파르고 험준한 두 개의 산 같은 형상이 된다. 에로 만화나 누드화 등에서 섹스 시 누워 있는 여성을 표현할 때 볼 수 있다. 두 다리가 두 개의 산 모양으로 우뚝 솟아 있고, 그 뒤로는 완만한 산 같은 두 개의 유방을 그려 놓는 모습이다.

문이라 함은 산처럼 우뚝 솟은 채 벌어져 있는 다리 사이로 남성의 몸이 들락거리기 때문이다. 건(建)은 펴고 있던 두 다리를 세우고 있음을 강조한다. 섹스 시 여성이 누워서 다리를 펴고 있거나 양다리를 붙이고 있으면 우뚝 솟은 산 모양이 안 나온다. 두 다리를 적당히 벌린 상태로 높은 산처럼 세웠다는 것은 여성이 남성을 받아들여 섹스를 진행할 마음이 있다는 표시다. 그래서 아름답게 느껴지는 것이다.

부쌍궐호태청
(浮雙闕乎太淸, 하늘에 한쌍 궁궐이 떴도다)

하늘에 둥실 뜬 쌍궐 같구나!

태청(太淸)은 도교에서 하늘을 이르는 말이다. 궐(闕)은 궁문(宮門) 양옆에 세우는 망루(望樓)나 무덤의 양옆에 세우는 돌기둥이다. 이지러지다, 파다, 뚫다, 궐하다(마땅히 해야 할 일을 빠뜨리다) 등의 뜻이 있다. '闕'의 어원은 두 짝의 문(門)과 '모자라다', '비다'의 뜻을 나타내는 궐(欮)로 이루어져 있다. 따라서 궐(闕)은 두 다리 사이에 패여 있고 뚫려 있고 비어 있는 여근을 연상시킨다.

옥황상제나 신들이 사는 하늘의 궁전을 표현할 때 보통 쌍궐이 구름 속에 있는 모습으로 표현하여 그 위용을 드러낸다. 여성이 다리를 세운 모습은 여체가 지닌 매혹적인 성적인 위용을 표현한다. 동시에 남성이 들어가는 행복하고 지고지순한 지상 최고의 문이며, 풍경임을 의미한다.

이 행은, 여성이 두 다리로 산처럼 우뚝 선 높은 문을 만드니, 마치 하늘에 쌍궐이 뜬 것같이 아름답게 느껴지는 모습이다. 여성이 산처럼 다리를 높게 세우면 자연적으로 음문이 드러난다. 이를 보면 남성들의 성적인 충동과 감흥은 더욱 높아간다.

입중천지화관혜
(立中天之華觀兮, 중천에 화려한 경치가 서 있음이여)

가슴 한복판에 봉긋이 서 있는 젖가슴의 눈부신 자태여.

직역을 하면 중천에 화려한 경치가 서 있다는 뜻이다. 여기서 중천(中天)은 여인의 신체 중에서 중간 부분인 젖가슴 부분을 상징한다. '天'은 여성의 몸을 높인 표현이다. 성덕스러운 풍만한 몸 가운데서도 으뜸가는 것이 젖가슴이다. 이를 보면 풍만한 아름다움을 느끼는 것이 남성들의 마음이다. 여성

들이 남성들의 이러한 심리를 의식적, 무의식적으로 알기 때문에 유방 확대
수술, 과장된 브라 착용 등을 통해 자신의 성적 매력을 증가시키려고 한다.

연비각호서성
(連飛閣乎西城, 나는 듯한 누각이 서쪽 성에 닿았도다)

　나는 듯한 다리가 음부로 이어져 있구나.
　비각(飛閣)은 나는 듯이 높이 솟은 누각(樓閣)이나 높은 잔교(棧橋)를 의미한
다. 누각이나 잔교는 남성들이 올라갈 수 있는 여체의 허벅지나 여근 주변
을 의미한다. 나는 듯한 누각이 서쪽 성에 연결되어 있다고 한다. 그러나 이
시를 읽는 사람들은 서쪽 성이 무슨 성인지, 어떻게 생긴 성인지 전혀 알
수 없다. 서성(西城)이라는 한자어가 지닌 보편적 상징성에 대한 분석이 별
도로 이뤄져야 한다. 해가 뜨는 동쪽은 아침과 밝음, 해가 지는 서쪽은 저
녁과 밤, 어둠의 의미를 내포하고 있다.
　성(城)은 집의 의미와 마찬가지로 사람들이 들락거린다. 때가 되면 문을
잠갔다 열기도 한다. 아무나 들여보내 주지 않으며 허락된 사람만 들어간
다. 성(城)과 비슷한 속성을 지닌 것이 여근이다. 그러므로 서성(西城)은 어두
운 밤이 되면 활동하는 여근을 상징한다. 이 구절은 누각이나 잔교처럼 남
성을 올려놓을 수 있는 여성의 두 다리가 여근에 연결되어 있는 아름다운
모습을 묘사한다.
　이 행은, 가슴 한복판에는 젖가슴이 화려하게 드러나 서 있고, 두 다리와
연결된 여근의 아름다운 모습을 묘사한다. 여성이 이러한 자세를 취하는
것은 섹스를 시작할 때 자신의 몸으로 올라와서 애무 등 본격적인 성행위

를 시작하자는 의미다.

임장수지장류혜
(臨漳水之長流兮, 장수에 임하니 긴 흐름이여)

물 흐르듯 곧게 뻗은 다리가 있는 하체에 임하니.

장수(漳水)는 앞에서 분석된 바와 같이 남근이 도장을 찍는 곳이다. 여성의 생식기를 상징한다. 장류(長流)는 길게 흐른다는 뜻이다. 여성의 다리가 흐르는 강물처럼 길게 뻗어 있다는 의미다. '임(臨)'은 임하다, 내려다보다, 낮은 데로 향하여 대하다는 뜻이다.

이 구절은 남성이 곧게 뻗은 여성의 다리가 있는 하체의 생식기 영역을 내려다보거나 그곳에 임하는 모습이다.

망원과지자영
(望園果之滋榮, 정원에는 과일이 풍성함을 바라본다)

잘 익은 과일 같은 엉덩이가 농염하고 섹시해 보이는 구나.

앞서 도원결의는 복숭아 같은 엉덩이 위에서 한 결의라고 분석했다. 원(園)은 엉덩이가 동산처럼 볼록 솟아 있는 것을 상징한다. 과(果)는 엉덩이의 모습이 복숭아, 사과, 배 같은 과실의 형태인 것을 의미한다.

자영(滋榮)에서 자(滋)는 '번식하다, 무성하다, 여물다'의 뜻이다. 영(榮)은 '꽃, 성하다, 싱싱하다'라는 뜻이다. 자영(滋榮)은 엉덩이가 탐스럽게 여물어 농염하고 섹시한 상태를 상징한다. 남성들은 뒤태가 아름다운 여성을 보면 숨이 막힌다고 말한다.

이 행은, 물 흐르듯 곧게 뻗은 다리가 있는 여성 하체에 임하니, 엉덩이가 탐스럽게 여물고, 농염스럽게 느껴지는 모습이다.

입쌍대어좌우혜
(立雙臺於左右兮, 두 다리를 좌우로 세우니)

두 다리를 좌우로 벌려 세우고.

쌍대(雙臺)는 물건을 올려놓는 평평한 두 개의 대(臺)로 여성의 평평한 좌우 허벅지를 비롯해 두 다리를 의미한다. 입(立)은 다리를 세우는 것을 의미하므로, 이것은 여성이 몸을 들썩이기 위해 다리를 벌려 세우는 모습이다.

샤론스톤이라는 여배우가 〈원초적 본능〉이라는 영화에서 두 다리를 쩍 벌리는 섹시한 자세로 유명세를 탄 적이 있었다. 요즘에는 아이돌 가수들이 너 나 할 것 없이 두 다리를 쩍 벌리는 일명 '쩍벌춤'을 많이 춘다. 성적인 표현이 자유로운 세상에 살고 있는 것만은 틀림이 없다.

유옥룡여금봉
(有玉龍與金鳳, 옥룡과 금봉이 있다네)

옥룡처럼 비틀며 금봉처럼 몸을 들썩임이 있구나.

용(龍)과 봉(鳳)은 상상 속의 동물로, 왕이나 최고 권력자, 최고 상태 등을 상징한다. 그 앞에 옥(玉)과 금(金)이라는 최고의 물질로 더욱 미화함으로써 더할 나위 없이 귀하고 멋진 상태를 상징한다. 그리고 용(龍)은 뱀의 일종으로 몸을 뒤틀거나 꼬는 속성이 있고, 봉(鳳)은 상서(祥瑞)로운 새의 일종으로 날기 위해 몸을 크게 들썩대는 속성이 있다. 남성들의 애무로 인해 여성의 몸이 뜨겁게 달아올라 몸을 꼬기도 하고, 들썩이는 모습이다. 평상시에는 볼 수 없는 귀한 옥과 금 같은 상태다.

이 행은, 뜨겁게 달아오른 여성이 다리를 좌우로 벌리며 옥용처럼 몸과 다리를 비틀고, 금봉처럼 상서로운 몸을 들썩이며 성적 흥분이 고조되고 있는 상태다.

람이교어동남혜
(攬二喬於東南兮, 두 교씨를 동남에서 잡아와)

뜨겁게 달아오른 여성의 두 다리를 잡아 올려.

북서풍은 차가운 바람, 동남풍은 뜨거운 바람이다. 동남쪽은 여성의 몸이 한창 달아오르기 시작하는 시기다. 여성이 이렇게 달아 오른 신호를 보내면 남성은 남근 삽입 시기가 도래했음을 알고 여성의 두 다리를 잡아 올리고 삽입을 시도하게 된다.

이교(二喬)에서 교(喬)는 '높다, 뛰어나다, 창 갈고리, 위로 굽은 가지'라는 뜻이 있다. 여성은 성적인 흥분이 고조되면 남성의 삽입을 돕기 위해 다리를 높게 들어 올린다. 마치 위로 솟은 가지 같은 형태를 나타내고 있는 적나라한 모습이다. 창 갈고리는 여성이 발뒤꿈치 부분으로 남성의 몸을 갈고리처럼 휘감는 모습이다. 전형적인 남근 삽입기의 모습이다.

이교(二喬)는 실제에 있어서는 손책의 아내인 대교(大喬)와 주유의 아내인 소교(小喬)를 각각 지칭한다. 대교는 긴 다리, 소교는 작은 다리라는 의미다. 대교는 남성의 성기 삽입 운동을 돕기 위해 여성이 다리를 쭉 편 채로 길게 들어 올린 상태다. 소교는 무릎을 반쯤 구부린 채로 들어 올린 상태에서 성행위를 하는 모습이다. 남녀가 성행위 시 성적 흥분 상태나 상황에 따라 대교나 소교 상태로 다리 모양을 하거나 둘을 모두 병행하며 진행하기도 한다.

낙조석지여공
(樂朝夕之興共, 아침저녁으로 함께 즐기리라)

아침저녁으로 더불어 즐기리라.

여성의 두 다리를 들어 올리고 황홀한 기분으로 섹스를 하며 즐기는 모습으로 대부분의 가정에서 이뤄지는 일상다반사적인 일이다. 특히, 아침과 저녁으로 즐기는 시기는 신혼 시절에 해당한다 하겠다.

『삼국지연의』에서 주유를 격동시킨 것이 이 대목이다. 남녀 간의 성관계 시 세상의 모든 남성들을 격동시키고도 남는 것도 이 대목이다. 보통 남자들도 자기 아내를 다른 남자가 붙잡아다가 아침저녁으로 데리고 논다고 하면 주유보다도 더 화를 낼 것이다. 이것 자체는 사실이다. 그러나 일개 여인을 위해 국가를 위기에 빠트리는 그런 장수는 애국적 관점에서 보면 구족을 멸하고도 남는다.

이 장면을 『삼국지연의』에서 주유 격동(激動)이라고 표현한다. 격동은 단지 화를 낸다는 협의의 개념이 아니다. '감정 따위가 몹시 흥분되어 어떤 충동을 느낀다'는 의미다. 주유를 격동시킨 것은 성생활의 책사 공명이다. 여성이 달아올라 두 다리를 들어 올려 쭉 펴거나 구부린 채로 남근이 들어오길 바라는 순간 주유가 격동된 것이다.

이와 같은 섹스를 하면서 아침저녁으로 즐긴다는데 성적으로 격동되지 않을 남성들은 아마 세상에 없을 것이다. 만약, 이 자세를 보고도 무덤덤하다면 발기부전이거나 성에 전혀 관심이 없는 남성이다. 조조의 백만 대군 같은 조루 증세가 아무리 무섭더라도 이 자세를 떠올리니 격동되고 힘을 얻어 적극적으로 성생활에 임하게 되어 적벽대전을 승리로 이끌게 된다.

이 행은, 여성이 성적으로 달아올라 몸을 비틀고 들썩이므로 두 다리를 들어 올려 붙잡고 성행위를 하며 아침저녁으로 즐기며 살아간다는 의미다. 신혼부부들은 한참 이런 때를 보내기에 깨가 쏟아진다는 표현을 한다. 중년 부부들도 신혼 때만큼은 못하지만 이렇게 성생활을 할 수 있기에 인생이 지루하지 않고 활력이 계속 충전된다.

부황도지굉려혜
(附皇都之宏麗兮, 굽어보니 황도의 커다란 아름다움이여)

허리를 구부려 황홀한 음부를 들여다보니.

황(皇)은 임금이나 최고를 뜻하는 극존칭이다. 봉황(봉황의 암컷), 방이라는 뜻과 크고 아름답다는 의미도 있다. 도(都)는 서울이나 도읍 등 중심을 의미한다. 황도(皇都)를 직역하면 봉황처럼 아름다운 여성의 도읍이자 중심이라는 뜻이다. 성행위 시 여성의 황도이자 중심은 당연히 여성의 생식기가 차지한다. 성행위는 황도의 반대가 되는 변두리적인 입술이나 젖가슴, 귓불, 목, 허벅지, 엉덩이 등의 애무에서 시작한다. 결국은 황도가 상징하는 중심부인 여성 생식기로 모여든다. '都'는 '지'라고 읽힐 때는 '못이나 웅덩이'라는 뜻도 있다. 못이나 웅덩이는 여성 성기의 대표적 상징물이다. 황도(皇都)는 아름답고, 더할 나위 없는 성행위의 최고 중심지인 여근을 상징한다.

굉(宏)은 '크다, 넓다, 광대하다'는 뜻으로, 굉장(宏壯)하다는 감탄적 의미가 섞인 말이다. 려(麗)는 '곱다, 아름답다, 짝짓다, 붙다'라는 뜻이다. 남성이 여성 생식기에 대해 굉장한 아름다움을 느끼는 모습이며, 짝을 짓고 삽입하며 달라붙는다는 의미다.

'부(俯)' 자의 의미는 '구부리다, 고개를 숙이다'라는 뜻이다. 황도를 바라보는 데 있어서 구태여 머리나 허리를 구부리고 본다고 묘사할 필요는 전혀 없다. 높은 누각에 올라가 있다고 해도 눈만 약간 내려서 보면 된다. 앞 행에서는 '견태부(見太府)', '관성덕(觀聖德)', '망원과(望園果)' 했듯이 고개나 허리를 숙이지 않고 그냥 봤다. '부(俯)'는 남성 상위 자세에서 성관계를 할 때 고개나 허리를 구부려 황도인 여근을 바라보는 모습이다. 이때는 황도가 상징하는 여근의 위치가 남성의 머리보다 약간 아래쪽에 위치하고 있어 고개를 숙이거나 구부리지 않으면 잘 보이지 않기 때문이다. 남성들은 삽입을 하기 위해서나 성적인 자극을 얻기 위해 굉장히 아름다운 황도를 고개를 구부리고 들여다본다.

이 구절은 '허리를 구부려 굉장히 아름다운 여근을 들여다보니'라는 뜻이 된다.

감운하지부동
(瞰雲霞之浮動, 구름 떠 움직임을 본다네)

몸과 마음이 황홀해지고 두 눈은 물고기처럼 휘둥그레지네.

남성들이 여근을 바라볼 때의 느낌은 일반적으로 두 눈이 휘둥그레질 정도의 황홀감이다. 앞 구절에서 살펴봤듯이 여근이 '굉려(宏麗)'하기 때문에 일종의 성 본능적인 황홀경을 느끼게 된다. 운하(雲霞)는 '구름과 안개' 또는 '구름과 노을'이라는 뜻이다.

사람들은 높은 산에 오르거나 중국의 삼협 지방과 같은 곳을 방문할 때 평소에는 보기 어려운 구름과 안개가 멋지게 깔린 장관을 만나기도 한다. 간혹 석양의 구름과 노을이 아름답게 물든 광경을 보기도 한다. 운하(雲霞) 같은 자연의 장관을 보면 사람들은 한동안 넋을 놓고 굉장한 아름다움을 느끼게 마련이다. 그것은 남성들이 여성의 생식기를 바라볼 때 구름과 안개가 흐르는 듯한 몽롱한 가운데 느끼는 황홀경이다. 노을처럼 원색적이며 강렬한 아름다움이다.

부동(浮動)은 물이나 공기 중에 떠서 고정되지 않고 움직이는 상태를 의미한다. 성적인 흥분과 황홀함으로 몸과 마음이 공중에 붕 뜬 상태처럼 있는 모습이다. 감(瞰)은 '보다, 내려다 보다, 물고기의 눈이 감겨지지 않는 일' 등의 뜻이 있다. 붕어 등 물고기의 눈은 대개 크고 튀어 나왔으며, 몽롱하고 힘이 없다. 눈동자를 거의 움직이지 않아 어항 속 물고기를 손으로 때리는 시늉을 해도 눈을 깜빡거리지 않는다. 잘 때도 눈을 뜨고 잔다.

황도(皇都)가 상징하는 황홀한 여근을 들여다본 남성들은 갑자기 숨이 막힌다. 눈이 별안간 물고기 눈처럼 커지고 튀어 나올 것 같다. 몽롱하고 휘둥그레진 상태에서 눈동자가 정지되기도 한다.

이러한 모습이나 느낌은 쿠르베의 '세상의 기원'이나 모딜리아니의 '누워 있는 나부' 같은 작품을 봤을 때 남성들의 성적인 감흥과도 일치한다. 이보다 더 남성들의 성적인 흥분과 감흥을 잘 표현하는 말은 없을 것이다. 남성들은 본능적으로 여근에서 굉려(宏麗)함을 느끼기 때문이다. 이와 같은 강렬한 자극과 성적인 감흥이 있기에 성매매법으로 단속을 해도 젊은 남성들의 50% 이상이 성 매수를 하고 있다는 통계가 나오는 것이다.

이 행은, 허리를 구부려 굉장히 아름답고 숨 막히게 하는 여근을 보니, 황홀해서 몸과 마음이 둥실 떠오르고, 두 눈은 물고기 눈처럼 휘둥그레지는 모습이다.

흔군재지래췌혜
(欣群才之來萃兮, 여러 영재들이 모여듦을 기뻐하니)

여성을 기쁘게 하는 주요 테크닉을 모아 오니.

군(群)은 무리나 여럿을 의미하고, 재(才)는 재주나 테크닉을 의미하여 성적인 테크닉을 상징한다. 흔(欣)은 기쁘다는 뜻으로서, 흔군재(欣群才)는 여성을 기쁘게 하는 수많은 성적인 테크닉을 의미한다.

래(來)는 '오다, 부르다, 위로하다'는 뜻이다. 췌(萃)는 '모으다, 이르다, 도달하다'는 뜻이다. 래췌(來萃)는 '모아 오다'는 뜻이다.

이 구절을 종합하면 여성을 기쁘게 하는 여러 가지 성적인 테크닉을 모아 온다는 의미다.

협비웅지길몽
(協飛熊之吉夢, 비웅의 옛 꿈을 도우려는 듯)

황홀하고 몽롱하게 달아오른 여인이 화합하려고 하네.

앞 구절에서 여러 가지 성적인 테크닉을 모아 왔으니 이제는 여성이 반응할 차례가 된다. 비웅(飛熊)은 나는 곰이라는 뜻이다. 남녀 간의 성적 흥분 속도를 동물에 비유하면 느리고 둔한 여성은 곰, 반면에 언제라도 빠르게 사정할 수 있는 남성은 토끼가 어울린다. 남성은 수직이착륙기처럼 언제든지 날아올라 최고조로 급상승할 수 있다. 이에 비해 여성은 긴 활주로를 필요로 하며 서서히 날아오르는 거대한 여객기 같은 성적 흥분 구조를 지닌다.

여성은 예쁘거나 못생길 수도 있다. 가냘프고 늘씬하거나 100kg이 넘는 거구일 수도 있다. 배운 여성과 못 배운 여성도 있다. 성 경험이 없는 20대와 경험 많은 40대도 있다. 여성이 이처럼 다양한 어떤 상태에 있건 남성에 비해 성적인 흥분 속도가 상대적으로 곰처럼 둔하고 느리다.

협(協)은 '화합하다, 합하다'는 뜻이다. 협비웅(協飛熊)은 '합하려는 비웅'이라는 의미다. 둔하기는 해도 활주로를 달리며 충분히 예열된 여성은 성적 흥분이 나는 곰처럼 고조되어 남성과 합하려 한다.

길몽(吉夢)은 대체적으로 악몽(惡夢)과 반대되는 꿈이다. 길(吉)은 '길하다, 아름답거나 좋다'는 의미다. 몽(夢)은 '꿈, 혼미하다, 흐리멍덩하다, 마음이 어지러워지다'는 뜻이다. 길몽(吉夢)은 아름답고 혼미한 상태, 기분 좋게 몽롱한 상태를 의미하기도 한다. 성적인 흥분이 고조되었을 때 황홀하고 몽롱한 길몽(吉夢) 상태에 빠져든다.

이 행은, 다양한 테크닉으로 여성을 기쁘게 하니 황홀하고 몽롱하게 달아오른 여인이 화합하려고 한다는 뜻이다. 성행위가 점점 정점을 향해 치닫고 있는 모습이다.

앙춘풍지화목혜
(仰春風之和穆兮, 봄바람 화목하게 불어오니)

　서로 합치고 사내가 들어오길 간절히 그리워하는 욕정이 높아지니.

　춘(春)은 봄이라는 뜻 이외 남녀간의 '정(情)이나 정욕(情慾)'을 의미하기도 한다. 주로 여자가 남자를 생각하는 정(情)으로서의 의미가 있다. 춘화(春畵)는 남녀 간의 성행위 모습을 그린 그림이며, 춘소(春宵)는 남녀가 기쁨을 나누는 밤이라는 뜻이다. 풍(風)은 애무와 전희에 따라 냉랭하던 여성의 몸과 마음에 따뜻한 변화의 춘풍이 부는 모습을 의미한다.

　앞 행에서 남성이 다양한 성적인 테크닉으로 여성의 몸을 달아오르게 해서 비웅(飛熊) 상태로 만들었다. 다음 단계는 여성에게서 합일해도 좋다는 반응이나 신호가 나오기를 기다리는 것이다.

　이 구절은 따뜻한 봄바람처럼 달아오르기 시작한 여성이 남성과 서로 합치려는 욕정이 간절해지고 높아지는 상태를 묘사한다.

청백조지비명
(聽百鳥之悲鳴, 온갖 새들의 슬픈 울음소리 들리네)

　수많은 새 울음소리 같은 여인의 아름다운 교성 소리가 들려오네.

　남성이 들어오길 바라는 여성의 욕정이 높아진 것을 알 수 있는 척도는 교성 소리다. 비명(悲鳴)은 여성의 교성 소리를 상징한다.

　비명(悲鳴)을 직역하면 슬피 우는 새소리라는 뜻이다. 동작대부가 겉으로는 조조의 전체적인 통치 행위를 홍보하는 내용이기 때문에 전혀 어울리지 않는다. 슬피 우는 새소리를 통해 슬픈 마음을 표현했다면 칭송 분위기를 망쳐서 조조에게 죽음을 당하고도 남았을 것이기 때문이다. 조조가 적벽대전을 며칠 앞두고 베푼 술자리에서 까막까치가 남쪽으로 날아가는 것을 보고 시흥(詩興)이 올라서 시를 한 편 짓는다. 그러나 시에 불길한 내용이 있다고 유복(劉馥)이라는 신하가 간하자 그를 대번에 창으로 찔러 죽인 사례도 있다.

비명(悲鳴)은 다른 뜻인 '일이 매우 위급하거나 두려울 때 지르는 외마디소리'라는 뜻이 이 구절에서는 더 어울린다. 여성이 교성 소리를 낸다는 것은 한껏 달아올라 도저히 참을 수 없으니 남근을 삽입하여 자신의 욕구를 해소해 달라는 의미다.

슬픔을 의미하는 '비(悲)' 자는 '마음이(心) 아니다(非)'라는 구조다. 평상시의 마음이 아니라는 의미가 있다. 비명(悲鳴)은 성적 흥분이 고조되어 한껏 달아오른 여인의 입에서 평상시와는 다르게 흘러나오는 교성 소리다. 그것은 고통 때문에 흘러나오는 소리 같기도 하고, 한숨소리 같기도 하고, 때론 날카로운 새소리나 금속성의 쇳소리로 들리기도 한다.

여성들은 신음, 한숨, 속삭임, 흐느낌, 통곡 소리 같은 다양한 교성 소리를 낸다. 그 이유는 자신의 현재 상태를 알리고 즐거움을 더 돋우고, 중추신경 흥분계를 촉진시키기 위해서라고 한다. 남성들에게 좀 더 힘을 내라고 자극하거나 드디어 삽입할 시기가 되었음을 알리기도 한다. 당신은 나를 만족시키고 있다는 메시지를 보내는 것이다. 교성 소리는 심리적인 의미가 풍부하게 담긴 인간만의 특유한 성행위 습성이다.

그리스 로마 신화에도 동작대부의 백 가지 비명(悲鳴) 소리에 버금가는 여성들의 아름답고 뇌쇄적인 교성 소리가 있다. 바로 세이렌(Siren)이다. 아름다운 목소리로 뱃사람을 홀리고 유혹하던 세이렌은 반은 사람, 반은 새의 형상을 하고 있다. 오늘날 소방차나 경찰차의 사이렌은 여기서 유래한 이름이다. 구급차, 소방차, 경찰차, 민방공 대피 사이렌을 동양식으로 이름을 지어 준다면 '비명(悲鳴)'이 된다. 위급 상황의 의미를 보다 쉽게 이해할 수 있는 측면이 있다.

세이렌의 어원은 고대 그리스어로 '휘감는 자, 옴짝달싹 못하게 얽어매는 자, 묶는 자'라는 뜻에서 유래했다. 여성이 절정에 도달했을 때 주기적으로 흘려보내는 교성 소리는 말 그대로 남성들을 휘감고 옴짝달싹 못하게 한다.

동작대부는 교성 소리가 백 가지 새(百鳥)처럼 다양함을 알린다. 세이렌들도 여러 자매다. 그 자매들의 이름은 리게이아(금속성의 소리, 맑은 음조), 파르테노페(처녀의 목소리), 히메로파(다정한 목소리), 텔크시에페이아(황홀한 목소리), 아그라오페메(아름다운 목소리), 페이시노에(심금을 울리는), 모르페(노래) 등으로 불린다.

여성들이 절정으로 치닫게 되면 부드러운 목소리로 흘리기도 하고, 비명처럼 남성의 폐부를 찌르는 소리, 엉엉 우는 듯한 심금을 울리는 소리 등 다양한 교성 소리를 발산한다. 그것은 리게이아의 금속성의 소리처럼 날카롭고 맑게 '악, 악' 하며 끊어지는 소리처럼 들린다. 그것은 파르테노페의 부끄러워 한숨짓는 처녀의 목소리처럼 '아~, 아~' 하며 다소곳하게 들리기도 한다. 그것은 히메로파처럼 다정한 목소리로 들리기도 한다. 그것은 텔크시에페이아처럼 남성들을 쩔쩔매게 하는 황홀한 목소리로 들리기도 한다. 그것은 아그라오페메의 아름다운 천상의 목소리처럼 들리기도 한다. 그것은 페이시노에처럼 엉엉 울부짖으며 심금을 울리는 소리가 되기도 한다. 그것은 모르페처럼 호소력 있는 노랫소리로 들리기도 하는 것이다. 여성에게서 봄바람 같은 정풍(情風)이 불어 세이렌 같은 매혹적인 백 가지 비명(悲鳴) 소리가 들리는 모습이다.

이러한 교성 소리는 특별한 여성들만 내는 열락의 소리가 아니다. 백발의 할머니들도 한창때에는 세이렌 소리를 내었고, 유치원에 다니는 꼬마 아가씨들도 성장함에 따라 세이렌적인 소리를 내게 될 것이다. 그러므로 세이렌 소리는 뭇 여성들이 내는 본능적이고 보편적인 아름다운 교성 소리라 할 수 있다.

이 행은, 여성이 달아올라 남성이 들어오길 간절히 그리워하는 욕정이 높아지고, 이러한 마음이 여인의 아름다운 교성 소리로 표현되는 모습이다.

천운원기기립혜
(天雲垣其旣立兮, 하늘에 구름 겹겹이 쌓였으니)

천상의 구름 속 같은 황홀한 절정감이 충분히 이루어지니.

천운환(天雲垣)은 '하늘 구름이 담을 두르다'라는 뜻이다. 하늘 구름이라면 최소한 선녀나 손오공이 타고 다닌 오색구름처럼 화려하고 아름다운 것이다. 그것은 어떤 절정 상태에 있는 것을 의미한다. 앞 행에서 남녀의 성행위가 클라이맥스로 치달음에 따라 백 가지 새가 우는 소리 같은 교성 소리도 들렸다. 이제는 궁궁이 꽃처럼 오르가슴이 다닥다닥 피어오르거나 불꽃놀이를 하듯 연쇄적으로 치솟아 폭발할 차례다. 이런 순간 사람들은 마치 구름 위를 두둥실 떠다니는 것 같은 황홀한 천상의 기분을 느낀다. '雲(운)'을 좀 더 확대 해석하면 남녀 간의 육체관계를 의미하는 운우지정(雲雨之情)이 된다. 따라서 천운(天雲)은 천상 같은 운우지정 상태라는 의미다.

'旣(기)' 자는 한자 사전에서 만들어진 유래를 살펴보면 형성문자다. 고소하고, 향기롭고, 감미롭다는 뜻을 지닌 '皀(급)' 자와 배불리 먹고 옆을 보고 있는 모양을 뜻하는 '旡(기)'의 합성어다. 여기서 다 먹어 끝났다는 의미의 '이미'라는 의미가 생겨났다. 그러므로 '旣'는 고소하고 향기롭고 감미로운 성적인 쾌감을 만족스럽게 느끼는 상태를 의미한다.

'其'는 지시대명사로 '그것'을 의미한다. 우리말의 '거시기'같이 어떤 대상이나 사물을 포괄적으로 지칭할 때 쓰인다. 여기서는 남녀 모두가 고대하던 그것으로서의 황홀한 오르가슴이나 멀티 오르가슴을 의미한다. 기기립(其 旣立)은 그 감미롭고 황홀한 오르가슴의 쾌감을 충분히 맛본다는 의미다.

이 구절은 '천상의 구름 속과 같은 황홀한 오르가슴이 충분히 이루어지니'라는 뜻이 된다.

가원득호쌍령
(家願得乎雙遛, 집안의 소원을 얻어 즐거워지리라)

가정이 원하던 이득을 얻고 두 사람이 상쾌한 성적 만족감을 얻도다.

가원득(家願得)은 '가정이 원하는 이득을 얻다'라는 의미다. '가(家)'는 남편과 아내를 모두 지칭하므로 남편과 아내가 원하던 이득을 얻는 것을 의미한다. 한쪽만 만족하는 것이 아니라 남편과 아내 두 사람 모두가 원하던 오르가슴을 동시에 얻는 모습이다. 쌍(雙)도 부부를 의미한다. 영(遛)은 쾌하다는 뜻이다. 느낌이 시원하고 산뜻하다는 의미다. 다만, 진수의 정사 삼국지에는 '雙' 대신 얻다는 의미의 '獲(획)'을 써서 상쾌함을 얻는다는 것을 분명히 하고 있다. 섹스 후 느끼는 시원한 배설감과 성적인 만족감이다.

남녀가 앞 구절에서 이미 천상의 구름 속을 떠다니는 것 같은 황홀경을 느꼈다. 그 결과 시원한 배설감과 만족감을 느낄 수밖에 없는 이치다. 쌍령

(雙逞)은 혼자만의 단령(單逞)이 아닌 부부 모두가 성적인 만족감과 상쾌함을 얻고 있음을 강조한다. 공명이 진두지휘한 성행위는 쌍령(雙逞)이 되나, 조루 장군 조조가 이끈 성행위는 단령(單逞)이 될 수밖에 없다.

이 행은, 천상의 구름 속과 같은 황홀한 오르가슴이 이뤄지니, 부부가 원하던 이득을 얻어 두 사람 모두 상쾌한 성적 만족감을 얻는 모습이다.

양인화어우내혜
(揚仁化於宇內兮, 어진 교화를 천하에 드날리니)

남근의 속살이 여근 속 구석구석에 생명의 감화를 베푸니.

중국어로 껍질을 깐 땅콩 알을 '화생인(花生仁)', 새우 살을 '하인(蝦仁)'이라고 부른다. 인(仁)은 어질다는 뜻 외에 과실이나 생선 등의 속살이라는 뜻이 있다. 남근 역시 발기하게 되면 속살의 성격을 띠게 된다. 화(化)는 조화, 교화, 마술이라는 뜻이다. 하늘과 땅 같은 자연이 만물을 생육(生育)시키는 작용을 뜻한다. 남근이 여근 속에서 생명을 잉태시키기 때문에 이러한 조화와 마술을 부리는 것이 남근의 역할이기도 하다. 양(揚)은 날리다, 오르다, 불이 세차게 타오르다는 뜻이다. 양인화(揚仁化)는 남근의 속살이 교화와 조화를 베풀며 세차게 타오르거나 날렸음을 의미한다. 우(宇)는 집을 뜻해, 남근이 들어가는 집인 여근을 상징한다. 우내(宇內)는 여근 안쪽이라는 의미다.

이 구절의 의미는, 남근의 속살이 여근 안쪽 구석구석에 교화와 조화를 베풀고 세차게 드날리는 모습이다. 남근이 여근 속에서 사정하는 것을 이렇게 생명의 우주적 조화로 표현하고 있다. 빈부귀천을 떠나서 생명을 지닌 모든 인간의 탄생은 남근의 속살이 여근 속에서 세차게 타오르면서 베푼 조화와 마술의 결과이기 때문이다.

진숙공어상경
(盡肅恭於上京, 모두 다 천자님을 삼가 존경하네)

여체 위에서 공경하고 섬김을 다했도다.

경(京)은 서울, 도읍 등을 뜻하는 한자다. 도읍의 의미는 앞에서도 살폈듯이 성행위 시 중심지인 음부를 상징한다. 상경(上京)은 서울로 올라간다는 의미지만, 성생활에서는 '여근 위로 올라가'라는 뜻이 된다. 진숙공(盡肅恭)은 공경하고 섬김을 다하다는 뜻이다. 남성이 여근이나 여체 위로 올라가 공경하고 섬김을 다했다는 의미다. 애정과 정성 어린 성관계가 이뤄진 모습이다.

이 행은, 남근의 속살이 여근 속 구석구석에 생명의 감화를 베푸니, 여성에 대해 공경하고 섬김을 다했다는 뜻이다. 남녀 모두가 원하는 성생활이다.

유환문지위성혜
(惟桓文之爲盛兮, 오직 제환공과 진문공의 위업이니)

생각건대 제환공과 진문공의 위업이 성대하다고 말들 하지만.

환(桓)은 제(齊)나라 환공을 이르는 말이다. 그는 관포지교로 유명한 관중·포숙아 등 뛰어난 신하들의 보필을 받아 제나라 군주로 무려 43년 동안 재위했다. 내치와 외교 양면에서 혁혁한 성공을 거둬 제나라를 제일의 강대국으로 진흥시켰다. 문(文)은 진(晉)나라 문공을 지칭한다. 그는 진나라의 왕권 다툼에서 밀려나 이국땅을 19년간 떠돌다가 왕위에 올라 칠전팔기의 정신을 보여줬다. 제 환공에 이은 춘추시대 패왕(霸王)으로 중국 고대사에서 알아주는 걸출한 영웅이다.

이 구절의 의미는 생각건대 세상에서는 '제환공과 진문공 같은 위인들의 업적이 화려하고 성대해 보이지만'이라는 의미다.

기족방호성명
(豈足方乎聖明, 어찌 밝으신 성덕과 견주리오)

어찌 여성을 만족시켜 주는 더할 나위 없는 방술과 견줄 수 있으리오.

족(足)은 발, 충족하다, 만족하게 여기다 등의 뜻이다. 방(方)은 모, 방위, 처방, 방술(方術) 등의 뜻이 있다. 족방(足方)은 만족시켜주는 방술(方術)이라는 뜻이 된다. 배우자를 성적으로 만족시켜주는 방술이라는 의미다. 이러한 방술은 대부분의 남성들이 주기적으로 성생활을 갖는 과정에서 삼고초려를 하여 자기도 모르게 얻은 공명(孔明) 같은 자질이다. 성명(聖明)은 더할 나위 없이 밝다는 뜻이다. 이 구절을 종합하면, 여성을 만족시켜주는 더할 나위 없는 방술과 어찌 견줄 수 있느냐는 의미다.

이 행은, 세상에서 제환공과 진문공의 위업이 크다 하나, 어찌 여성을 기쁘게 만족시켜주는 방술과 견줄 수 있느냐는 뜻이다. 일상 속 제환공과 진문공의 업적보다 성생활에 있어서 멋진 방술을 펼치는 공명(孔明)의 업적이 더 뛰어나다는 평가다. 거꾸로 말하면 외적으로는 제환공과 진문공과 같은 화려한 업적을 쌓더라도 부부 생활이 시원치 않으면 사는 재미가 없고 가정이 평안하지 못하다는 의미를 내포하고 있다.

휴의미의 혜택원양
(休矣美矣 惠澤遠揚, 훌륭하고, 아름답고, 멀리까지 은혜를 베풂이여)

편안하도다, 아름답도다, 성생활의 혜택이 멀리까지 드날림이여.

휴(休)는 휴식하다, 편안하다 등의 뜻이다. 만족한 성생활이 몸과 마음의 긴장을 풀어주어 휴식과 편안함 등 마음의 안정을 선사하는 모습이다.

미(美)는 아름답다, 맛있다, 즐기다 등의 뜻이다. 성적인 쾌락을 아름답게 즐김을 의미한다. 이 행은, 성생활이 사람들에게 휴식과 편안함, 쾌락을 줌으로써, 그 은혜와 혜택이 몸과 마음, 생활 곳곳에까지 이른다는 의미다. 성은 악의 근원도 아니고 철저한 억압의 대상도 아니다. 사춘기 이후 노년기까지 동반하는 인간 자신의 반쪽임을 제대로 이해해야 한다. 그렇게 되면 성 본능은 생산적인 에너지원이 되어 그 은혜와 혜택이 멀리까지 드날리고도 남을 것이다. 그것은 마치 안정된 원자력 발전소가 인간 세상에 지대한 공헌을 하는 이치와도 같은 것이다. 이것이 바로 동작대부라는 시가 추구하는 목적이기도 하다.

익좌아황가혜, 영피사방
(翼佐我皇家兮, 寧彼四方, 우리 황실을 도와 사방이 다 평안할지라)

마나님을 도와 성적인 만족감을 느끼게 해주니 모든 것이 평안하도다.

아황가(我皇家)는 이 시의 화자가 남성이므로 여성을 높인 존칭이다. 나의 여왕님이나 마나님 정도에 해당한다. 익좌(翼佐)는 날 수 있도록 돕는다는 뜻이다. 나는 듯한 기분이라는 표현도 있듯이 하늘을 난다는 것은 매우 기쁘고 행복한 상태를 의미한다. 오르가슴과 만족감, 사랑받는다는 느낌으로 여성에게 나는 듯 한 기분이 들게 해준다는 의미다. 이렇게 되니 사방(四方)이 상징하는 만사가 모두 편안해진다.

좋은 성생활을 갖게 되면 다음 날 아침 밥상이 달라진다는 말이 있다. 부부간의 원만한 성생활은 생활의 활력소가 되며 가화만사성(家和萬事成)에 도움이 되고 나아가서는 치국평천하의 디딤돌이 된다.

동천지지규량혜
(同天地之規量兮, 천하의 법규를 같이하여)

남녀가 꾀하는 쾌락의 크기가 동일함이여.

일반적으로 하늘은 남자나 아버지, 땅은 여자나 어머니를 상징한다. 그리스로마신화에서도 하늘을 뜻하는 우라노스는 남자, 땅을 뜻하는 가이아는 여자다. 하늘은 비와 햇볕을 뿌리고 땅에서는 이를 받아들여 만물을 생산하고 키워내는 속성이 있기 때문에 자연스럽게 형성된 상징성이라 볼 수 있다. 규(規)는 '법, 법칙, 꾀하다'는 뜻이다.

이 구절의 뜻은 남녀가 부부 관계에서 꾀하는 성적인 쾌감, 쾌락의 양이 동일하다는 의미다.

그리스 신화에 나오는 유명한 장님 예언자 테이레시아스는 섹스에서 여자가 훨씬 더 큰 쾌감을 느낀다고 주장했다. 그는 킬레네 산에서 두 마리 뱀이 교미하는 것을 보다가 뱀들의 공격을 받자 지팡이로 암놈을 쳐 죽였다. 그 후 그는 여자가 되었다.

7년 후 그는 같은 장소에서 똑같은 장면을 보게 되었다. 이번에는 수놈을 죽여서 다시 남자로 돌아왔다. 그리고 어느 날 헤라 여신과 남편 제우스가 섹스에서 남녀 가운데 어느 쪽이 더 큰 쾌감을 얻는지 언쟁을 하게 되었다. 제우스는 여자가 남자보다 더 큰 만족과 기쁨을 얻는다고 주장했다. 헤라는 "당신을 비롯한 남자들이 끊임없이 바람피우는 걸 보면 남자가 더 큰 만족을 얻는 게 분명해요."라고 응수했다. 그래서 남자와 여자로 모두 살아본 테이레시아스에게 의견을 물었다. 이에 테이레시아스는 "섹스의 기쁨이 10이라면 9는 여자 몫이고 나머지 1이 남자 몫입니다."라고 대답했다. 이 말을 듣고 화가 난 헤라가 테이레시아스를 장님으로 만들어 고통을 주었으며, 반대로 제우스는 그에게 예언 능력을 주고, 생명을 연장시켜 일곱 세대 동안이나 살 수 있게 해 주었다고 한다.

성생활에서 남자만 쾌락과 만족감을 얻는 것이 아니라 요조숙녀 같은 여성들도 그것을 동일하게 추구한다. 그 쾌락의 크기가 남성보다 훨씬 더 크다는 사실을 엿볼 수 있는 대목이다.

제일월지휘광
(齊日月之暉光, 해와 달을 가지런히 한 것같이 빛나리라)

사내와 여인에게서 만족함과 행복함의 광채가 가지런하구나.

일월(日月)은 사내와 여인을 상징한다. 해는 일반적으로 양기와 남성을, 달은 음기와 여성을 상징한다. 우리나라에는 『해와 달이 된 오누이』 이야기가 있다. 그리스로마신화에 쌍둥이 신인 아폴론과 아르테미스가 있는데 해와 달을 각각 상징한다.

휘광(暉光)은 광채가 남을 의미한다. 남녀가 성생활을 통하여 똑같이 편안함과 만족감을 느끼고 있으므로 행복한 부부로서 광채가 남을 상징한다. 잉꼬부부에게서 볼 수 있는 광채다. 제(齊)는 가지런하다, 동등하다, 좋다는 뜻이다. 사내와 여인의 성적인 만족감이 차이가 없이 동등하게 좋으며 가지런하다는 의미다.

이 행은, 성생활에 있어서 남녀가 꾀하는 쾌락의 크기가 동일하고, 둘 다 만족한 얼굴빛을 보인다는 뜻이다.

영귀존이무극혜
(永貴尊而無極兮, 영원히 존귀하여 끝이 없으니)

귀하게 여기고 공경하는 자세가 길고 다함이 없으니.

성생활에서 가지런한 만족감을 얻으니, 부부가 서로를 귀하게 여기고 공경하는 자세가 길고 다함이 없다는 뜻이다.

등년수어동황
(等年壽于東皇, 모두들 동황에 장수를 누리리라)

같이 백년해로하며 항상 봄처럼 생기와 활력이 넘치는구나.

등년수(等年壽)는 같은 연수의 수명이라는 뜻으로, 부부가 살다가 같이 죽는다는 의미다. 사람들은 부부가 같이 살다가 같은 날에 죽는 것이 가장 금실이 좋고 행복한 것으로 생각한다. 부부가 백년해로하는 것을 의미한다. 동황(東皇)은 직역하면 동쪽의 황제라는 뜻이다. 동쪽이 봄을 의미하는 방향이므로 봄의 신이나 봄이라는 뜻이다. 봄의 신이나 봄은 만물에 생기와 활력을 불어넣는다.

이 행은, 부부가 성생활에 있어서 서로를 귀하게 여기고 공경하므로 백년

해로를 하며, 생활이 항상 봄처럼 생기와 활력이 넘치는 모습이다. 모두가
이러한 부부 생활을 꿈꾼다.

어룡기이오유혜
(御龍旂以邀游兮, 천자께서 노니시니)

　남성이 용처럼 힘차게 여성의 몸을 오르내리며 재미있고 즐겁게 노네.
　어(御)는 '거느리다, 길들이다, 교합하다, 성교하다'의 뜻이 있다. 용(龍)은
생김새가 두 눈을 부릅뜨고 있으며, 긴 몸을 요동치며 날고, 불을 내뿜기도
한다. 뱀과 달리 팔다리가 있어서 붙잡거나 껴안을 수도 있어 용쓰는 성행
위 동작을 연상시킨다.
　'기(旂)'는 동작대부가 후세 사람들에게 과연 무엇을 전하려는 것인지 확
실하게 알려주는 증거가 되는 한자어다. 보통의 기를 말할 때는 곰과 범이
그려진 '旗'를 사용한다. 여기서 사용된 '旂'는 올라가는 용과 내려오는 용이
그려진 기다. 기(旂)는 용처럼 여성의 몸을 오르내리며 힘차게 성행위를 하
는 남성의 모습을 뜻한다. 오유(邀游)는 재미있고 즐겁게 논다는 뜻이다.
　이 구절의 전체적인 뜻은, 교합하는 용처럼 남성이 힘차게 여성의 몸을
오르내리며 즐겁고 재미있게 논다는 의미다. 다양한 섹스 기법이나 체위를
달리하며 여성의 몸을 오르내리며 논다는 의미다. 이러한 해석은 뒤 구절
과 자연스럽게 연결된다.

회난가이주장
(廻鸞駕而周章, 어가를 돌려 두루두루 다니신다네)

여성의 몸을 돌려 타면서 골고루 교합을 갖는구나.

회(廻)는 '돌다, 돌리다, 방향을 바꾸다'라는 뜻이다. 성행위에 남성 상위라는 고정된 체위만이 있는 것이 아니다. 측면위, 후배위, 여성 상위 등 여성의 몸을 돌려 체위를 다양하게 바꾸는 모습이다. 중국 소녀경에는 30개 체위, 인도의 카마수트라에는 529개의 체위가 소개돼 있지만 대부분은 현실적으로 불가능한 자세들이다. 많은 가정에서 부부 생활을 할 때 어떤 체위와 몇 가지 체위를 할 것인지는 순수하게 개인적인 일이다. 젊은 부부들이라면 좀 더 자극적인 것을 원할 수도 있고, 중년 부부들은 틀에 박힌 체위로 섹스를 할 수도 있다. 어떤 체위가 최상의 오르가슴을 주는 것은 아니고 그때그때 기분이나 환경에 따라 다를 뿐이다.

난(鸞)은 난새를 뜻한다. 난새는 전설 속에 나오는 봉황(鳳凰)과 비슷한 새를 가리킨다. 중국의 지리서인 『산해경(山海經)』에 "이 새는 여상산(女床山)에 살고 있으며, 생김새는 꿩을 닮았고 오색 무늬가 있는데, 이 새가 나타나면 세상이 편안해진다."고 한다.

여상산(女床山)에서 '상(床)'은 평상(平床)이나 침상을 의미한다. 여상산(女床山)은 여성이 침상 같은 산이 되어 누워 있을 때 나타나는 오색의 화려한 새라는 의미다. 앞서 분석된 새의 비명(悲鳴) 소리가 상징하는 여성들의 아름다운 교성 소리가 오색처럼 다양하게 들리는 모습이다. 이 새소리가 들리면 세상이 편안해지는 것이다.

또한 난(鸞)은 천자가 타는 수레를 뜻하기도 한다. 사내나 남편을 천자로 존칭하여 이들이 타는 최상의 편안한 수레이며, 오색 화려한 난새 소리가 들려오는 수레다. 남성들이 여성의 몸에 올라타는 귀하고 멋진 성생활을 상징한다. 아마도 남성들이 지상에서 타는 수레 중에 가장 훌륭하고 황홀 감마저 일으키게 하는 수레는 여성의 몸이라는 수레다. 여성의 몸을 임금이 타는 어가로 표현한 것은 여성의 몸에 올라가는 것이 그만큼 존귀하고 멋진 일이라는 중국인들의 성생활 태도가 담긴 표현이다. 난(鸞)은 임금만 탈 수 있듯이 주인 외에는 아무나 탈 수 없기도 하다.

장(章)은 앞서 살폈듯이 인장(印章)이라는 의미다. 주장(周章)은 두루 골고루 리듬에 맞춰서 여기저기 조목조목 인장을 찍듯이 교합을 가진다는 의미가 된다. 이 구절의 전체적인 뜻은 난가(鸞駕)처럼 존귀하고 아름다운 여성의 몸을 이리저리 돌려 타면서 성행위의 체위를 바꾸는 모습이다. 에로 영화의 주인공뿐만 아니라 대부분의 남녀가 이렇게 성생활을 진행한다. 매일 똑같은 반찬과 밥을 먹으면 질리고 식욕이 떨어지듯이, 성행위 때도 매번 똑같은 체위나 애무 순서로 진행하면 성생활의 멋과 재미가 줄어들기 때문이다.

이 행은, 남성이 용을 쓰며 여성의 몸을 오르내리며 재미있게 놀기도 하고, 여성의 몸을 돌려 타면서 다양한 체위를 두루 사용해 성행위를 하는 모습이다.

은화급호사해혜
(恩化及乎四海兮, 은혜와 화함이 사해에 두루 미치고)

성생활의 은혜와 화함이 세상 모든 것에 미치니.
인간을 비롯한 모든 동식물의 성 본능, 번식 본능은 후손을 낳고 씨앗과 열매를 만들어냄으로써 모든 은혜와 생육 활동의 근본이 된다.

가물부이민강
(嘉物阜而民康, 좋은 일들은 커지고 백성은 평안하도다)

좋은 일이나 재물이 커지고 사람은 편안하고 즐겁도다.

가물부(嘉物阜)는 좋은 일이나 물건, 재물들이 커지거나 풍성해진다는 의미다. 사람들이 인사말로 가장 좋아하는 만사형통(萬事亨通)하는 모습이다. 민강(民康)은 사람이 편안하다는 의미. 이 구절은 사람들이 만사형통하니 편안하고 즐겁게 산다는 의미다.

이 행은, 성생활의 은혜와 화합이 세상 모든 것에 미쳐서 만사형통하고 편안하고 즐겁다는 뜻이다.

원사대지영고혜
(願斯台之永固兮, 바라건대 이 기쁨을 오랫동안 하여)

원컨대 이 성생활을 오래도록 견고케 하여.

대(台)는 동작대(銅雀臺)를 지칭한다. 동작대가 의미하는 성생활이 오래도록 변함없이 지속되길 바라는 마음이다.

『삼국지연의』 56회를 보면 조조가 동작대를 완공한 후 문무백관을 모아 놓고 기념으로 활쏘기 대회를 여는 장면이 있다. 이때 동작대에는 천문만호(千門萬戶)가 있다고 묘사되어 있다. 문이나 집은 남근이 들어가는 속성을 지닌 여근을 상징한다. 이것은 성생활이 천번 만번처럼 많이, 그리고 오래도록 이뤄진다는 의미다.

낙종고이미앙
(樂終古而未央, 끝없이 영원히 즐기리라)

끝없이 영원히 즐기리라.

이 시는 첫 구절에서 "알몸이 드러난 여인을 따라 즐겁게 놀아보자, 높은 여체에 올라 즐기며 정을 나누리."로 시작되었다. 끝 구절에서는 끝없이 영원히 즐기겠다는 의지가 표현되어 있다. 즉, 즐겁게 노는 희유(嬉游), 정을 즐기는 오정(娛情), 즐기는 락(樂)이 핵심 단어다. 겉으로는 중간중간에 조조의 위대한 통치력을 노래하고 있지만 실제로는 이처럼 성생활을 즐기겠다는 것이 이 시의 숨겨진 주제가 되고 있다.

앞 구절에서 원컨대(愿)라는 표현을 썼듯이 사람들은 가능하면 성생활을 오랫동안 유지하며 즐기는 것을 소망하고 있다. 다만, 오늘날에는 발기부전 치료제 같은 약물이 발명되어 노년에도 젊은이들 못지않은 성생활을 유지한다.

집단생활을 하는 포유동물의 세계에서는 대부분 힘 있는 수컷이 암컷을 차지하며 이를 지키기 위해 목숨을 걸고 싸운다. 따라서 성생활을 할 수 있다는 것은 집단 내에서 최고의 권력과 지위를 지니고, 젊다는 것을 상징한다. 문명화된 인간의 성생활은 여기에는 미치지 못하지만 성생활을 할 수 있다는 것은 그만큼 힘이 있거나 젊다는 의미다. "원컨대 이 성생활을 오래도록 견고케 하여, 끝없이 영원히 즐기리라."라는 표현은 젊음과 건강이 영원히 지속되길 바라는 보통 사람들의 소망이 담긴 표현이기도 하다.

동작대여,
그리고 청춘아, 영원하라!

겉으로 봐서 동작대부는 조조의 위대한 통치력과 태평성대를 노래하고 있다. 그러나 숨겨진 속뜻은 성생활의 감흥을 절제되고 상징화된 언어로 노래하고 있음을 살펴봤다.

옛날에도 생활 속 필요에 의해 성 본능과 성생활에 관한 정보를 알릴 필요성이 있었다. 이때 아이들까지 쉽게 접근하게 되면 오히려 부작용이 발생한다. 동작대부가 겉과 속이 다른 이원적인 구조를 지니게 된 측면이다. 사실 이 정도의 내용은 성인들이라면 누구나 경험하고 있는 것이라 크게 색다른 것도 없다.

인간의 성 본능과 성생활은 동작대부에서 초지일관 아름답게 노래하고 있으며 사람들을 격동시키는 힘을 지닌 인간의 반쪽이다. 모든 것을 생육시키는 힘도 지니고 있다. 심리적 안정에 기여하고, 누구나 가급적 성생활을 영원히 즐기고 싶어 한다.

오늘날에는 성생활의 결과 남녀가 느끼는 오르가슴에 대해서도 많은 연구가 이루어져 그 긍정적인 측면이 강조되고 있다. 오르가슴을 느끼면 도파민 성분, 옥시토신, 엔도르핀이 나와 즐겁고 행복하고 스트레스가 해소된다고 한다. 잠이 잘 오는 것은 물론, 면역력도 강화되고 피부도 좋아진다. 그래서 영국의 국민건강보험은 대학생들에게 "오르가슴을 느낀 날은 병원에 가지 않아도 된다."며 홍보한다.

그러나 인간은 성적인 쾌락에만 머물며 그곳에 자신의 모든 열정을 쏟아부을 수만은 없다. 이를 반영하듯 아름다운 세이렌들이 사는 섬 주변에는 난파한 배와 해골이 산처럼 쌓여 있다고 한다. 매혹적인 세이렌 소리에

너무 홀려서 한눈을 팔다 보면 어느새 자신의 인생 항로에서 벗어나 난파하거나 피골이 상접해 해골만 남게 된다. 아름다운 성생활일지라도 균형과 절제 속에서 중용(中庸)의 미덕으로 다스려 나가야 한다.

아름다운 동작대부, 그것은 마치 『알리바바와 40인의 도적』 이야기에 나오는 주인공 알리바바가 외쳤던 "열려라 참깨!"라는 주문 같다. 그것을 외는 순간, 신혼 같은 인생의 고소한 재미가 참깨처럼 쏟아져 나온다. 덤으로 각종 금은보화를 얻어 풍요롭고 행복한 삶을 살게 해줄 것이다.

낙종고이미앙(樂終古而未央), 동작대여, 그리고 청춘아, 영원하라!

화살 10만 개 얻기,
고육계, 연환계

- 적벽대전을 승리로 이끌
기 위해 갖춰야 할 테크닉들

적벽대전을 앞두고 주유가 공명을 시기하여 죽이려고 화살 10만 개를 열흘 이내에 구해오라고 한다. 공명은 오히려 사흘 안에 구해오겠다고 대답한다. 배 20척에 풀 다발을 가득 싣고 안개를 이용해 조조 군에게 가까이 접근해 북을 치고 함성을 질러 조조 군이 화살을 쏘도록 유인한다. 그 결과 풀 다발에 꽂힌 화살이 배 한 척에 5,6천 대가 넘어 거뜬히 화살 10만 개를 얻는다.

그리고 주유는 오군 진영에 위나라 첩자 채화와 채중이 들어와 있는 것을 역으로 이용해 고육계를 실행한다. 부하 장수 황개와 짜고서 트집을 잡아 황개에게 곤장 50대를 쳐서 엉덩이 살이 찢어지고 붉은 피가 줄줄 흐르도록 한다. 이것으로 황개가 주유를 배반하고 자기편이 됐다고 조조로 하여금 믿게 함으로써, 적벽대전에서 황개가 선봉이 되어 화공을 펼칠 수 있는 여건이 마련된다.

방통은 조조 군을 격파하려면 불을 사용해야 하고 모든 배들을 하나로 묶게 하는 계책인 연환계를 써야 한다고 건의한다. 방통이 조조에게 거짓으로 귀순한 후 연환계를 건의한다. 군사들이 육지 태생이 대부분이라 배멀미 등으로 고생하고 병에 걸리는 자들이 많으므로 쇠사슬로 모든 배를 하나로 묶어 육지처럼 만들자고 제안한다. 조조가 이를 받아들여 실행함으로써 적벽대전이 성공할 기본 여건이 갖춰진다.

화살 10만 개 얻기,
사정 충동의 예봉을 꺾다

동작대부가 노래하는 성생활은 모든 남녀가 좋아한다. 하지만 초보 성생활 남성들에게는 성행위 도중 사정 욕구가 쉴 없이 밀려오기 때문에 이것을 참아내는 것이 발등의 불이다. 그래서 이에 대비할 수 있는 갖가지 전략이나 전술이 필요하기 때문에 〈화살 10만 개 얻기〉, 〈고육계〉, 〈연환계〉 등의 계략이 등장한다.

〈화살 10만 개 얻기〉는 공명이 안개와 위장 전술을 이용하여 조조로부터 10만 개의 화살을 얻어내는 작전이다. 이를 통해 공명을 시기하던 오나라 장수 주유의 마음을 돌려놓는다. 이처럼 공명이 말도 안 되는 계략을 내놓지만 조조는 마치 공명의 꼭두각시처럼 움직여 계략이 성공한다. 이런 측면 때문에 사람들이 『삼국지연의』를 허구라고 한다. 사리분별이 없는 삼척동자라도 조조처럼 허술하게 행동하지 않기 때문이다.

그러나 화살 10만 개 얻기를 통해 역사적 사실을 기술하려고 한 것이 아니다. 대신 성행위 시 남성들에게 필요한 자세 등을 상징적으로 표현하려는 중국 대중들의 숨은 의도가 있다. 이러한 속내를 모른다면 세상을 살아가는 데 있어서 공명에게 화살 10만 개를 고스란히 받친 조조보다 더 허술한 인간이 될 수도 있다.

조조처럼 북과 함성 소리가 난다고 안개 속에다 화살을 10만 개나 쏘아댈 바보 같은 장수는 지구뿐만이 아니라 우주 전체에도 없을 것이다. 남성들은 성행위를 시작하자마자 마치 적을 향해 화살을 쏘고 싶은 것 같은 강렬한 사정 충동에 지속적으로 시달린다. 주유가 공명에게 화살 10만 개를 열흘 만에 구해오라고 시키는 것은 공명을 죽이려는 것이 아니다. 화살 10만 개를 쏘고 싶은 것 같은 극심한 사정 욕구의 예봉을 빼앗아 그것을 나중에 한꺼번에 사용할 수 있는 성 에너지로 보유하려는 의도다.

이를 안정화시키기 위해서는 왕성한 사정 욕구를 약간 채워주어 죽이는 전략이 필요하다. 그 방법이란, 남근 삽입은 하되 자극이 강한 밀착된 삽입이 아니라 매우 헐렁하게 함으로써 사정을 안 하고 다시 꺼내는 모습이다.

화살이 풀 짚단 속을 통과할 때는 철판이나 나무, 사람의 살을 통과할 때와는 달리 거의 아무런 저항이나 마찰 감 없이 쑥쑥 통과한다. 공기 속을 통과하듯 거의 마찰이 없다고 해도 과언이 아니다. 남근을 여근에 삽입하되 마찰이 세면 사정이 일어나므로 마치 풀 짚단 속에 화살이 들어가듯 매우 헐렁하게 삽입해 보는 모습이다.

조조가 십만 개의 화살을 풀단 실은 배를 향해 쏠 때 짙은 안개가 드리워 앞이 보이지 않아 그렇게 마구 쐈다고 그럴듯한 설정을 한다. 강과 배는 여성의 두 다리 사이와 생식기를 상징한다. 길게 뻗은 두 다리는 강과 강둑을 상징한다. 길쭉한 생김새의 배는 사람들이 올라타는 기능이 있어 여성의 몸과 생식기를 상징하는 데 적합하다.

안개는 강과 배가 상징하는 여성의 성적인 흥분 상태가 아직 오리무중임을 상징한다. 『삼국지연의』는 이 오리무중의 상태를 대무수강부(大霧垂江賦)란 노래로 장문에 걸쳐서 표현하고 있다. 직역하면, '큰 안개가 드리운 강의 노래'라는 의미다. 여기서 주목할 것은 큰 안개가 드리운 장강에 나타나는 괴물 중에 천 길이나 되는 고래, 머리가 아홉이나 달린 지네 등이 있다는 표현이다. 남성들 사이에서 포경수술 하는 것을 '고래 잡는다'고 말한다. 고래는 생김새 때문에 남근을 상징한다. 지네는 길쭉하고 좌우로 발이 많은 형태를 지니고 있어 음모가 난 여근을 상징하는 최적의 상징물이다.

이곳 안개의 깊이는 우임금의 지혜로도 측량하지 못하고, 앉아서 천 리를 내다봤다는 이루(離婁)라는 사람도 분별할 수 없다고 한다. 그만큼 여성들의 성적 흥분 상태를 알아차리기 쉽지 않다는 의미다. 시에서는 이렇게 표현하고 있지만 보통 남성들도 성 경험이 쌓이고 집중하면 여성의 홍분 상태를 대략 알 수 있게 된다.

이처럼 알기는 어렵지만 성행위 도중 남성들의 최대 관심사 중 하나는 여성의 성적인 홍분이 어느 상태까지 진행되었는지 아는 것이다. 그래야 애무에서 고대하던 남근 삽입기로 전환할 수 있기 때문이다. 그러나 대무수강부처럼 여성의 성적인 홍분 상태는 오리무중인 반면에 조조의 대군처럼 사정하려는 욕구는 점점 거세진다. 남성들의 입장에서는 성기 삽입을 통하여 자신의 삽입 욕구를 충족시킴과 동시에 여성들을 테스트해 볼 필요가 있다. 이것이 조조가 화살 10만 전을 풀 짚단 속에 쏜 진정한 이유다.

이렇게 하면 일거양득의 성적인 효과가 발생한다. 하나는 조조가 상징하는 극심한 삽입 욕구를 일부 채워줌으로써 조조 진영은 화살 10만 개가 상징하는 사정 욕구의 강렬한 예봉을 잃어 안정화된다. 반면에 촉, 오 연합군 측은 화살 10만 개에 해당하는 사정 욕구를 모아 두었다가 나중에 적벽인 여성의 붉은 벽에서 화공으로 연쇄적으로 사용할 수 있다.

주유(周瑜),
남녀 모두에게 행복을 주는 공근(公根)의 소유자

공명에게 화살 10만 개를 구해오라고 시킨 사람이 오나라 장수 주유(周瑜)다. 유생들의 반대에도 불구하고 조조와 싸우려 했던 주전파 장수다.

周 = 두루, 널리, 골고루, 두루 미치다, 구제하다, 원조하다, 돕다
瑜 = 아름다운 옥, 옥빛, 아름다운 모양

그의 이름은 '주위에 두루 미치는(周) 옥(玉)'이라는 뜻이다. 옥(玉)은 남성들의 성기를 미화해서 부르는 옥경(玉莖)을 지칭한다. 주유는 협소하게 자기 볼일만 보고 끝내는 조조 같은 남근이 아니다. 여성에게까지 두루 널리 미치는 옥경이요, 남근이다.

그의 자는 공근(公瑾)이다. '공적인 붉은 옥(玉)'이라는 의미로, 역시 옥(玉)이 강조되고 있다. 남근을 사용할 때 여성에게 두루 미치며 같이 오르가슴에 도달하려는 공적(公的)인 옥경으로 사용하는 자세다. 동물의 수컷들이나 조루 증세 남성들은 남근을 사근(私瑾) 용도로 사용한다. 반면에 여성과 화합하려는 신사적인 남성들은 공근(公瑾) 용도로 사용한다는 의미다.

주유가 화살 10만 개를 얻어오라는 얼토당토않은 일을 공명에게 시켰다. 공명은 이를 기상천외한 방법으로 수행했다. 이것은 남녀 모두에게 행복을 주는 남근이 되기 위해서는 사정 충동의 예봉을 꺾어 놓아야 한다는 의미다. 조용하다가도 별똥별처럼 언제 출현할지 모르는 조루증의 불상사를 예방할 수 있기 때문이다.

노숙(魯肅),
남근의 노둔함과 사정을 경계하는 자세

화살 10만 개 얻기 전술이 성공한 결정적인 사유는 공명이 오나라 장수 노숙(魯肅)과 동행했기 때문이다. 노숙은 오나라의 모든 사람들이 조조와 화친을 맺자고 할 때 혼자서 싸울 것을 주장하며 공명을 데리고 온 사람이다. 그의 이름 뜻은 다음과 같다.

노(魯) = 노둔하다(늙어서 빠르지 못하고 둔하다)
숙(肅) = 엄숙하다, 삼가다, 경계하다

공명이 같이 뱃놀이하려고 노숙을 데려간 것이 아니라 화살 10만 개 얻기의 최적임자이므로 참가시킨 것이다. '魯' 자는 늙어서 빠르지 못하고 둔하다는 의미다. 늙어서 빠르지 못하고 둔하다는 것은, 오래 사용해서 닳고 닳아 느리고 둔한 남근을 상징한다. 조루 중세 극복을 위해서는 남근이 실제 성생활에서 어느 정도 단련이 되어 있어야 함을 의미한다.

'肅'은 한자 어원상 회의문자다. '손에 수건을 들고 깊은 못 위에서 일을 함, 매우 두려워하며 조심하여 깊은 못에 임하듯이 삼가고 조심하지 않으면 안 된다'는 뜻이다. '肅'은 여근에 삽입할 때 남성들이 취해야 할 매우 삼가고 경계하는 자세다. 이런 엄숙하게 경계하는 자세 없이 사정하고 싶은 욕구를 확 풀어주면 그 즉시 섹스가 일방적으로 끝난다.

노숙은 남근이 단련되어 어느 정도 둔하며, 여근을 마치 빠지면 죽는 깊은 못처럼 삼가고 경계하는 자세를 의미한다. 때문에 자신의 사정 욕구를 일부 채워주고, 여근을 테스트하기 위해 헐렁하지만 여근 속에 넣었다 빼내는 것이 가능했다. 이러한 노숙한 자세의 동반이 없었다면, 테스트용 삽입을 하다가 곧바로 낭패를 보는 것이 남성들 성생활의 아킬레스건이다.

고육계(苦肉計),
사정 충동의 단련과 억제 훈련

남녀 간의 성행위에 있어서 남근이 여근 속에 삽입되는 순간부터 사정 욕구가 조조의 백만 대군처럼 몰려온다. 이를 버텨내야만 발기력을 유지하며 여성과 함께 최상의 오르가슴을 느낄 수 있다. 관우의 오관참육장 마지막 단계에서는 남근의 삽입 깊이를 일정 수준으로 유지하는 홀수를 통해 조루 증세를 극복할 수 있다고 살펴봤다. 홀수 깊이를 조정하는 것도 한 방법이지만 남근 자체가 무디어질 필요도 있다.

고육계(苦肉計)는 고기에 고통을 가한다는 뜻이다. 육교(肉交)는 남녀의 성교를 뜻한다. 남근은 뼈가 없는 고기(肉) 형태다. 그래서 '肉'은 남근이라는 의미를 지닌다. 고육계는 남근에 고통을 가한다는 의미가 된다. 이를 참아냈던 장수가 주유의 부하인 황개(黃蓋)다.

황개는 시작 부분에서 살폈듯이 남근의 귀두 부분을 상징한다. 여기다 고육계를 가한다는 것은 사정의 방아쇠 역할을 하는 예민한 귀두에 고통을 가해 단련시키는 것을 의미한다. 귀두는 쾌감 세포가 집중되어 있는 남성의 가장 예민한 성감대이기 때문이다. 성관계 시 이곳이 지속적으로 자극되면 이내 사정의 방아쇠가 당겨져 돌이킬 수 없게 된다. 황개에게 곤장을 친다는 것은 고육계로 귀두를 단련시키는 모습이다. 성관계 도중에 삽입을 했다 사정하려는 욕구가 강해지면 다시 빼내고 사정 욕구가 이완되면 다시 삽입을 시도하는 것도 한 방법이다.

다음은 대부분의 비뇨기과 홈페이지에 실려 있는 조루 퇴치법으로 황개에게 가한 고육계와 동일한 내용임을 발견할 수 있다.

정지-시작법(Stop-Start Method)
사정감을 느끼기 직전에 성행위나 자위행위를 멈추고 완전 발기된 페니스가 절반가량 이완될 때까지 기다리다가 다시 사정감을 느끼기 전까지 성행위를 계속한다. 이와 같은 행위를 3회 반복한 후 4회째에 사정한다.

쥐어짜기 테크닉(Squeeze Method)

사정이 가까워졌다는 느낌이 들면 페니스를 빼낸 후 엄지손가락을 위로, 둘째손가락과 가운데 손가락을 아래로 하여 귀두와 음경이 만나는 부위를 움켜잡고 힘껏 누른다. 사정 충동감이 지연된 후에 다시 성행위를 계속한다. 페니스를 빼낸 후 페니스 목을 조른 후 다시 집어넣는 단순한 동작이다.

사정하고 싶은 욕구를 참는다는 것 자체가 남성들에게는 매우 고통스러운 일이다. 고육계는 동서고금을 통하여 남성들의 사정 지연의 가장 고전적인 방법이다. 아무리 힘이 좋기로 이름난 변강쇠나 카사노바 같은 남성들도 여근 속에 들어가는 순간 약간의 차이는 있지만 곧 죽을 수밖에 없다. 남성들이 처한 성적 현실이다. 그렇기 때문에 남성이 여성과의 오르가슴의 일치를 위해서는 흘수를 잘 조절하는 가운데 황개처럼 고육계를 쓸 수밖에 없음은 당연하다.

연환계(連環計), 참았다가 오르가슴의 대폭발을 지향하는 자세

황개의 고육지계로 거짓 항복 작전에는 성공했으나 안심을 못해 고민을 하고 있는 주유에게 방통이 찾아와서 '연환계'를 건의한다.

대부분의 남성들이 주기적인 성생활과 고육계를 통해 남근을 어느 정도 단련을 한다. 그래도 사정 충동은 성행위 내내 쉼 없이 계속된다. 어느 한 순간에 이 충동에 굴복하면 조기 사정이라는 불상사가 일어난다. 고육계만으로는 안심을 못 하기에 연환계로 추가적인 안전장치를 마련해두는 모습이다.

　사정 충동이 일어날 때마다 '불꽃'이 연쇄적으로 터지는 보다 큰 오르가슴'을 생각하며 참는다. 연환계다. 사정 충동에 시달리고 있는 남성들이 이를 참았다가 나중에 불꽃놀이 같은 연쇄적인 오르가슴의 대폭발을 맛보자며 자신을 타이르는 모습이다. 이렇게 돼야 남근이 혼자서만 즐기는 사근(私根)이 아닌 상대 여성과 주유처럼 두루 즐기는 공근(公根)이 될 수 있다.

　연환계를 성공시킨 사람이 방통(龐統)이다. '방(龐)'은 크다는 의미다. '통(統)'은 '합치다, 한데 묶는다, 줄기'라는 의미다. 방통(龐統)은 한 줄기로 합쳐진 큰 것이라는 의미가 된다. 성행위 도중 지속적으로 일어나는 작은 가닥의 사정하려는 욕구를 일단 참아낸다. 그것들을 크게 한 줄기로 묶어 결정적인 순간에 연쇄적인 대폭발을 시킨다는 의미다. 궁궁이 꽃이나 부들처럼 한 줄기의 꽃대가 위로 올라가서 끝부분에 가서 우산처럼 크게 퍼지며 연쇄적인 오르가슴의 대폭발을 일으키려는 작전이다.

칠 성 단 ,　동 남 풍 ,
적 벽 대 전 ,　화 용 도

- 여성의 주요 성감대, 달아오
른 신호, 화공과 불타는 적벽

동오설전, 동작대부로 격동시키기, 화살 10만 전 얻기, 고육계, 연환계, 화공준비
등 촉·오 연합군이 조조의 대군과 맞설 모든 준비가 갖춰졌다. 그러나 동남풍이
불어야만 이 모든 것이 가능했다. 그래서 공명이 한겨울에 남병산에 올라 칠성단
을 세우고 단 위에서 기도하여 3일 동안 밤낮없이 동남풍이 불게 한다. 황개가 갈
대와 풀과 마른 장작을 가득 싣고 그 위에 물고기 기름을 뿌리고, 다시 그 위에
유황과 염초 등 불 잘 붙는 인화물을 잔뜩 바른 배를 준비한다. 선봉으로 나서서
공격을 감행해 적벽을 불바다로 만들며 승리를 이끈다. 공명은 조조의 퇴로에 미
리 조자룡, 장비, 관우 등을 배치해서 잡으려고 하나 관우가 화용도에서 의리로
써 조조를 살려 보내준다.

칠성단(七星壇),
여성의 주요 성감대 7개소

『삼국지연의』의 핵심은 적벽대전이다. 적벽대전을 주도한 핵심은 공명이
다. 공명의 핵심적인 작전은 차갑고 냉랭한 한겨울에 뜨거운 동남풍을 불러
일으킨 것이다. 동남풍의 핵심적인 위력이나 효과는 화공을 가능하게 했다
는 사실이다.

남성이 여러 가지 섹스 테크닉을 사용하는 궁극적인 목적은 여성과 성적인 오르가슴의 일치를 위해서다. 남성 혼자만 욕심을 채우려 한다면 섹스 테크닉이 전혀 필요 없다. 언제라도 자기 볼일만 보고 끝내면 된다. 대중의 미움을 받는 조조가 바로 그런 맹덕한 인간이다. 그러나 대부분의 남성들은 조조처럼 동물의 수컷과 같은 야만적 행동을 하지 않고 섹스에서도 문명화되어 여성을 배려하는 행동을 한다.

상대 여성이 만족하는 성공적인 섹스가 되기 위해서는 공명처럼 칠성단을 쌓고 치성을 드리며 동남풍이 불기를 기다려야 한다. 여성은 젊을 때나 중년이나 긴 예열 시간과 활주로를 필요로 한다. 그래서 만약 동남풍이 불지 않는다면 느리고 무딘 곰이나 여객기 동체 같은 여성의 몸이 결코 뜰 수가 없다.

남병산(南屛山)은 남쪽에 있는 병풍(屛風) 같은 산이다. 중국은 적도를 기준으로 북반구에 위치하고 있으므로 남쪽은 아래 지방을 의미한다. 인간의 신체 중 아래쪽은 하체의 영역이다. 남병산은 하체에 있는 병풍 같은 산이라는 의미가 된다. 여성의 생식기가 아래쪽 두 허벅지 사이에서 병풍처럼 벌어졌다 오므려졌다 하는 것을 상징한다. 또한 그 모습이 병풍 속 풍광처럼 남성들에게 아름답게 느껴진다. 동작대부의 내용 중 '부황도지굉려혜, 감운하지부동'같이 눈이 휘둥그레질 만큼 아름답고 황홀한 상태다.

공명이 칠성단을 붉은 진흙으로 삼단으로 쌓는다. 진흙으로 단을 쌓기 위해서는 손으로 주물럭거리고 만지작거려야 한다. 여성의 몸을 주물럭거리며 애무하는 모습이다. 예로부터 단(壇)이나 탑 등 무엇을 쌓는다는 것은 그 사람의 온갖 정성스러운 마음을 표현한다. 정성스럽게 애무하는 것을 상징한다.

삼단으로 쌓는 것은 삼고초려(三顧草廬)에서 살폈듯이 '삼(三)'이 '거듭'이라는 의미가 있으므로 거듭해서 주무르며 정성을 쌓아 나가는 모습이다. 그래야만 차가운 여성의 몸이 뜨겁게 달아오를 수 있기 때문이다.

　그 단을 칠성단(七星壇)이라고 한다. 단(壇)이 상징하는 여성의 몸 위에 있는 밤하늘의 별과 같이 귀중한 일곱 곳의 성감대다. 개인별로 차이는 있지만 오늘날 여성의 주요 성감대로 알려진 귀, 입술, 목덜미, 유방, 생식기, 허벅지, 엉덩이 등 7개소가 대략 칠성단과 일치한다. 동작대부에서 살펴봤듯이 여성을 기쁘게 하는 성적인 테크닉은 무수히 많다. 그중에서 몇 가지를 모으거나 발췌해서 쓴다. 이것이 칠성단, 여성의 주요한 일곱 곳의 성감대다. 여성의 몸에는 일곱 곳 외에도 눈두덩, 이마, 발가락, 허리, 겨드랑이 등 여성의 온몸 구석구석에 수십 가지가 넘는 성감대가 있다. 그중에서 누구나 애무하면 보편적으로 효력을 보는 주요한 성감대. 밤하늘의 수많은 별들 중에 북두칠성처럼 눈에 확 띄는 것이 칠성단이다. 그래서 남성들은 애무에 들어가면 한눈에 들어오는 이곳을 주요 공략 지점으로 선택한다. 그런 후 단을 쌓듯이 정성으로 주무르며 거듭 애무해 나간다.

　일곱 개의 별(星)로 표현한 것은 인류가 캄캄한 밤에 항해를 하거나 목적지를 향해 갈 때 별이 길잡이가 되고 이정표가 되는 것에서 유래한다. 이 주요 7개소의 성감대는 여성을 달구며 성행위를 진행해 나가는 주요 이정표가 되기 때문이다.

달아오른 여성의
성적 흥분 정도에 대한 감지 능력

　『삼국지연의』의 묘사를 보면 칠성단의 맨 위층에는 네 사람이 긴 장대를 들고 서 있다. 왼편에 있는 사람은 장대 끝에 닭털을 달아 바람의 방향을 보게 한다. 바람은 불어오는 방향에 따라 열기나 냉기를 띤다. 북서풍은 차가운 바람, 동남풍은 뜨거운 바람이다.

칠성단이 상징하는 여성의 주요 성감대를 애무해 갈 때 뜨거운 동남풍이 불면 여성의 몸이 달아오르기 시작했음을 감지하라는 것이다. 반면에 계속 차가운 북서풍이 불어오면 아직도 여성이 덜 달아올라 차가운 상태에 있음을 의미한다. 긴 장대 위에 매달린 가벼운 닭털처럼 여성의 조그마한 성적인 변화도 민감하게 알아차려야 때를 놓치지 않고 다음 단계로 나갈 수 있다.

오른쪽 사람은 칠성호대(七星號帶)를 달아 바람의 세기나 원하는 바람이 부는가를 알게 한다. 닭털은 매우 가벼워서 작은 바람에도 움직인다. 이 정도의 성적인 흥분만으로는 아직 여성이 본격적으로 달아올랐다고 판단할 수 없다.

〈해리가 샐리를 만났을 때〉라는 영화에서 여주인공 맥 라이언이 레스토랑에서 가짜 교성 소리를 진짜처럼 태연하게 연기한다. 여성들이 언제라도 가짜 교성 소리를 진짜처럼 낸다는 것은 널리 알려져 있는 사실이다. 가짜와 진짜 및 여성의 성적인 흥분의 세기가 어느 정도인가를 정확하게 파악해야 한다. 그래야만 진정으로 화공(火攻)을 퍼부을 적기인지 여부를 알 수 있기 때문이다. 호대(號帶)는 여성의 성적인 흥분 상태를 파악하는 중요한 의미가 담겨 있다.

號 = 이름, 부호, 고하다, 부르짖다, 울다
帶 = 띠, 근처, 구역, 지대, 나타내다, 드러내다

'號'는 형성문자로서 '호랑이가 사납게 외치다, 큰 소리로 부르짖다'라는 의미다. 여성들이 성행위 시 실제로 완전히 달아올랐을 때는 요조숙녀에서 급변하여 부르짖듯이 큰 소리로 울며 교성(嬌聲)을 지른다. 큰 소리로 울부짖는 것은 자신이 성적으로 달아올랐다는 것을 남성에게 고하는 일종의 신호이기도 하다. 동작대부에서 살펴본 다양한 세이렌들의 노랫소리이기도 하다.

'대(帶)'는 근처라는 뜻이 있고, 시간대(時間帶), 화산대(火山帶)처럼 어떠한 속성이 드러나는 시기를 의미한다. 호대(號帶)는 여성들이 부르짖으며 울어대는 시간대를 감지하려는 자세다. 칠성호대(七星號帶)는 7개소의 성감대를 통해 여성이 완전히 달아올라 부르짖듯이 큰소리로 교성(嬌聲)을 내는 시기를 감지하는 도구요, 자세다.

요조숙녀들이 자신도 이해할 수 없는 백 가지 새소리이자 세이렌 소리 같은 교성 소리를 발하게 되는 생리적인 과정은 다음과 같이 알려져 있다. 여성들이 성적 흥분의 절정에 도달하면 심장박동 수가 빨라져 혈액이 증가한다. 이렇게 되면 산소 수요가 많아져 가벼운 산소 결핍 증상도 겪게 된다. 이 과정에서 자기도 모르게 정신을 잃는다거나 경미한 전신 경련 등 오르가슴 증상을 보인다. 이때가 바로 동작대부에서 살펴본 '유옥룡여금봉(有玉龍與金鳳)' 같은 증상이 일어나는 시기다. 여성들이 용처럼 몸을 뒤틀고 봉황처럼 몸을 들썩이며 백 가지 새소리를 낸다.

애무 단계에서
엄하게 지켜야 할 네 가지 절대 규칙

공명이 칠성단을 지키는 장졸에게 네 가지 엄한 영을 내린다. 칠성단이 상징하는 애무 시에 여성을 흥분시키는 동남풍이 불 때까지 남성들이 반드시 지켜야 할 태도나 자세를 의미한다.

첫째, '불허천이방위(不許擅離方位)'이다.

직역하면 '멋대로 방향과 자리를 바꿔서는 안 된다'는 명령이다. 여성이 성적으로 달아오를 때까지 칠성단이 상징하는 주요 성감대를 애무하는 것에서 노선을 바꾸거나 게을리 해서는 안 됨을 의미한다. 남성의 입장에서 칠성단이 상징하는 여성의 성감대를 지극정성으로 애무를 해도 생각과 달리 여성이 느리게 반응한다. 이렇게 되면 성행위가 소강상태에 빠지고 지루해지는 경향이 있다. 이러한 소강상태를 참지 못하고 삽입 성교로 방향을 전환하게 되면 조기 사정이라는 불상사가 일어나기 쉽다. 동남풍이 불듯 여성이 성적으로 달아올라 칠성호대가 움직일 때까지 초지일관 변치 말고 정성스럽게 애무에만 충실하라는 의미다.

둘째, '불허실구난언(不許失口亂言)'이다.

입을 잘못 열어 어지러운 말, 반란(反亂)적인 말을 하지 말라는 명령이다. 성행위가 진행되어가다 보면 시작과 달리 남성들에게는 단단하게 발기한 자신의 남근을 사용하려는 본능적인 욕구가 강해진다. 그래서 조루 증세 극복을 위해 관우가 오관을 돌파할 때, 네 번째 관문인 형양관에서 남근 삽입을 최우선시하는 왕식(王植)을 단칼에 베었던 것이다.

남성들은 어느 정도 애무하고 나면 나머지는 남근의 피스톤 운동으로 여성에게 극치감을 안겨줄 수 있다고 생각한다. 이러한 생각이 내적인 독백과 유혹이 되어 지속적으로 일어난다. 따라서 여성에게 "됐어?"라고 물어보거나, 스스로 "이 정도면 됐겠지." 하고 삽입하고 싶은 반역적이고 어지러운 실언을 한다. 이처럼 자기도 모르게 내뱉는 실언(失言)이나 생각 등에 흔들려서는 안 된다. 그렇게 자주 물어보면 상대 여성을 짜증나게 만들고 자신도 더 초조해지기 때문이다.

셋째, '불허교두접이(不許咬頭接耳)'이다.

이 부분은 기존 작가들의 『삼국지연의』 번역에서는 '머리를 맞대고 귓속 말을 속삭여서는 안 된다.'는 의미로 의역되어 있다. 그러나 불허교두접이(咬 頭接耳)는 직역을 하더라도 '음란한 머리를 귀에다 접촉하는 것을 불허한다.' 는 의미다. 음란한 머리는 남근의 머리 부분인 귀두다. 귀(耳)는 여근을 상 징한다. 따라서 음란한 남근을 결코 여근에 접촉시키지 말라는 의미다. 접 촉하는 순간 모든 것이 끝나기 때문에 우선은 칠성단 같은 주요 성감대를 애무하는 것에만 충실하라는 엄명이다. 특히 '接' 자는 동물의 교미를 뜻하 는 '흘레하다'는 의미가 있어서 이러한 사실을 더욱 잘 뒷받침하고 있다.

예로부터 동서양을 막론하고 귀(耳)는 여성 성기의 상징으로, 코는 남성 성기의 상징으로 알려져 있다. 고대 이집트에서는 여성이 간통을 하면 귀 를 잘라 버리고 남성이 간통하면 코를 자르는 형벌이 있었다. 우리 민요에 는 "우리 언니 좋겠네, 형부 코가 커서"라는 가사가 있다. 여기다가 대중들 이 내용을 더 첨가해서 "형부는 좋겠네, 우리 언니 귀가 작아"라고 은밀하 게 부르기도 한다. 귀와 코의 외형적인 모습이 남녀의 생식기와 닮은 측면 이 있기 때문에 형성된 상징성이다. 동남풍이 불 때까지는 남근이 음란하 게 날뛰어도 결코 접이(接耳)할 생각을 말아야 한다.

넷째, '불허실경타괴(不許失驚打怪)'이다.

잘못된 놀라움으로 괴이한 삽입을 해서는 안 된다는 명령이다. 칠성단에 서 여성의 성감대를 애무하다 보면 여성들이 약간의 가는 신음 소리를 낼 수도 있다. 몸을 조금 비틀거나 들썩이는 작은 반응도 나타난다. 이것은 동 작대부의 옥룡(玉龍)이나 금봉(金鳳)의 상태처럼 여성의 몸과 마음이 본격적 으로 달아올라 들썩대는 상태가 아닌 시작에 불과하다. 이때를 칠성호대

상태로 잘못 알고 놀라며 삽입을 해서는 안 된다. 그렇게 되면 섹스를 망칠 수 있기 때문이다.

'打'는 중국어로 39가지가 넘는 다양한 뜻이 있는 한자어다. 그중에서 '치다, 때리다'가 가장 기본적인 뜻이다. 그 밖에 '구멍을 파다, 방사하다, 쏘다, 넣다, 주입하다, 주사하다'라는 뜻도 있다. 모두 성기 삽입 동작과 관련된 단어다. 성행위의 은어로, '떡을 치다'라는 표현도 있다. 삽입 성행위 시 남녀의 불두덩 부근이 서로 부딪히기 때문에 마치 떡치는 것 같은 소리를 내기 때문이다.

'타괴(打怪)'는 괴이하게 삽입을 한다는 의미다. 불허실경타괴(不許失驚打怪)는 잘못된 놀람으로 괴이하게 삽입을 해서는 안 됨을 의미한다. 동남풍이 불지 않았는데 삽입을 하면 적벽대전에서 백전백패한다. 이것과 관련해서 우리나라의 판소리 '적벽가'를 살펴보면 앞의 세 가지 명령은 동일하고, 이 부분은 불허대경소괴(不許大驚小怪)로 표기되어 있다. 그 뜻은 여성들의 작은 성적인 변화인 소괴(小怪)에 크게 놀라지 말라는 뜻이다. 결과적으로는 비슷한 의미다.

이처럼 모든 남성들은 네 가지 성적인 자세를 사수하며 칠성단이 상징하는 7개소의 애무를 정성으로 진행해 나가야 한다. 그렇게 되면 한겨울 같았던 여성의 몸과 마음에 신비스럽게도 뜨거운 동남풍이 불기 시작해 적벽대전을 잘 치를 수 있다. 문제는 남성들의 온갖 애무에도 불구하고 여성들의 반응이 더디면 섹스가 소강상태에 빠지고 지루해지는 상황이다. 동남풍이 불 때까지 칠성단에 머물려던 초심이 변할 수 있다는 사실이다. 실제로 매일 밤 가정에서는 공명이 칠성단에서 내린 네 가지 엄명을 사수하는 계층과 이를 어기는 계층으로 나뉜다. 성적인 경험과 개성이 다른 결과다.

공명이 칠성단에서 내린 네 가지 엄명은 중국의 대중들이 1,000년이 넘는 세월에 걸쳐서 자신들의 성생활을 반복적으로 임상 시험하고 도출해낸 결과다. 이 네 가지 지침은 이 사람 저 사람이 말하는 중구난방식의 성생활 지침이 아니다. 오랜 임상 시험을 거쳤기 때문에 약효가 입증된 뛰어난 성생활의 처방약이다.

오르가슴의 합일에 실패하는 경향이 높은 남성들이라면 칠성단을 쌓고 이 네 가지 지침을 환기시키며 사수해야 한다. 보통 남성들의 성생활 책사 공명이 주인들을 향해 내린 엄명이기 때문이다.

화공(火攻)과 적벽대전,
귀두가 앞장서서 적벽을 종횡무진하다

공명이 칠성단에서 온갖 지성을 들임에 따라 결국 한겨울 동짓날에 동남풍이 분다. 동남풍이 부는 것은 장강에 가득 낀 안개처럼 오리무중 상태에 있던 여성이 드디어 뜨겁게 달아올랐다는 신호다. 남근 삽입 시기가 도래한 것이다. 매일 밤 남성들은 침실에서 치르는 성전(性戰)에서 자신의 병장기가 내뿜는 화공의 위력을 증명하기 위해 동남풍이 부는 이 순간을 학수고대한다.

이에 황개를 선봉으로 한 손권의 군대가 화공으로 총공격을 단행함으로써 적벽이 활활 타오르고, 조조의 대군을 몰살시킨다. 대부분의 사람들이 가정에서 이런 성생활을 하고 있다. 이것을 중국의 대중들이 생사를 넘나드는 치열한 적벽대전의 모습으로 상징화하여 재구성한 것이다. 일상적인 소재를 화가가 그리면 명화가 되고, 음악가가 작곡하면 명곡, 소설가가 쓰면 명작이 된다. 평범한 성생활도 꾸미면 적벽대전 같은 웅장한 성생활이 된다.

특히, 누런 우산이라는 이름 뜻을 지닌 황개가 선봉장으로 나섰다는 것은 그가 귀두를 상징하기 때문이다. 애무기 이후에는 남성들이 귀두를 앞세우고 삽입 운동기로 들어간다. 조조 진영의 연환계로 묶인 배들에 마른 풀과 싸리, 유황, 기름 등으로 불을 질러 일순간에 적벽을 불바다로 만든다. 여성이 뜨겁게 달아올랐기 때문에 황개처럼 남성의 귀두가 여성의 질속을 종횡무진으로 누비며 불을 질러댄다. 적벽이 불타오르고 유황불이 연쇄적으로 폭발하고, 궁궁이 꽃이 일제히 피어오르듯 오르가슴이 연쇄적으로 터진다.

귀두 장군 황개는 선봉에 선 자신의 배에다 못을 돌출시켜 상대편과 부딪혔을 때 못이 박혀 절대로 빠지지 않게 하는 전술도 사용한다. 이것은 동남풍이 일단 불어 화공을 사용하는 남근 삽입기가 도래하면 이때는 남근을 빼낼 필요가 없다는 의미다. 완전 밀착한 후 강렬하게 최후의 화력을 동원하며 섹스에 임하는 모습을 나타낸다. 그러나 실상에 있어서 남성들은 황개처럼 일단 한번 삽입하면 뱃전에 못을 박은 것처럼 빠지지 않는 경우도 있지만, 삽입 시간을 늘리기 위해 빼냈다 다시 삽입하기도 한다.

황개가 적벽의 장강에서 벌이는 치열한 전투는 수전이다. 수전은 육전인 애무기와는 질적으로 다른 남근 삽입기로 사정 욕구가 기하급수적으로 증가한다. 강물이 출렁거리듯 몸과 마음이 흔들리며 중심을 잡기 힘들 듯 삽입 상태에서는 정말 섹스의 중심을 잡기 힘들다. 이때는 모든 남성들이 고육계로 단련된 황개의 도움에 의지하는 수밖에 없다. 그래서 마음속으로 '황장군, 나를 도와주시오.'라고 외치는 수밖에 없다.

동남풍이 불 때 남근이라는 무기를 언제부터 사용해야 효과적이며 얼마만큼 여성의 오르가슴에 기여하는지 알아 둘 필요가 있다. 여성의 성적 흥분이 진행되지 않아 한겨울과 같은 상태에 있을 때 사용한다면 남근으로 아무리 화공(火攻)을 해도 백전백패를 당할 수밖에 없다. 타오를 준비가 안 된 여근 속으로 남근이 들어가면 불쏘시개나 성냥처럼 자신만 짧은 순간 타 버리고 북서풍 같은 찬바람에 의해 확 식어 버린다.

다음은 칠성호대(七星號帶)를 움직일 만한 동남풍은 무한정으로 부는가, 하는 점이다. 동남풍이 불어 약간의 화공만으로도 적벽이 쉽게 타오를 여건이 조성되었는데도 남성들이 이를 감지하지 못하는 경우도 있다. 그래서 계속 애무만 진행한다면 여성의 입장에서는 이 또한 감질나고 짜증나는 일이 될 것이다. 때문에 여성들이 세이렌 같은 교성 소리를 내는 것이다. 이제는 정말로 들어와도 좋고 때가 무르익었다는 허락의 표시다.

동남풍이 불고 있다고 정확하게 판단될 때는 황개를 앞세워 화공을 총동원하여 적벽을 공략해야 한다. 여성은 이미 남근의 삽입 자체만으로도 유황이 폭발하고 기름에 불이 붙듯 적벽이 자동적으로 타오를 만반의 채비가 갖추어져 있기 때문이다. 동남풍이 불 때만큼은 모든 남성들은 조루증의 공포를 잊고 자신의 성 본능에 충실하면 된다.

불로써 공격한다는 화공(火攻)은 공명과 주유, 그리고 귀두 장군 황개의 합작품이다. 공명이 상징하는 칠성단에서 정성을 다하는 성적인 테크닉과 주유와 황개 등이 상징하는 남근의 힘이 합쳐질 때 화공이 성공할 수 있다는 의미다. 공명만 있고 황개가 없는 적벽대전, 황개만 있고 공명이 없는 적벽대전을 상상할 수 없다. 정성스럽게 애무하는 성적인 테크닉과 고육계 같은 생식기의 단련이 어느 정도 있어야 성생활에서 화공으로 승리할 수 있다는 의미다.

한당(韓當),
섹스의 갈무리와 후희(後戱)

황개가 적벽을 불타는 강으로 만들며 조조를 죽이려고 할 때 장요가 화살을 쏘아 황개의 어깨를 맞히니 황개가 한겨울 강물 속으로 떨어진다. 조조는 한시라도 빨리 사정하려는 남성들의 욕구다. 그런 조조를 죽이려는 것은 사정하려는 욕구를 죽여서 사정 시간을 지연시키거나 연장하려는 욕망이다. 섹스 시에 남성과 여성 모두가 절정의 시간을 될 수 있으면 길게 갖고 싶은 욕구가 있기 때문이다. 그러나 남성의 오르가슴은 정구((精丘)에 모여 있던 정액이 7,8회에 걸쳐 사출되면서 발생되는 감각 현상으로 시간과 분량에 제한이 있다. 긴 안목을 지닌 장요가 볼 때, 어느 정도 절정감을 즐겼다면 섹스를 마무리 짓고 다음번을 기약해야 한다. 남근 삽입기를 너무 길게 끌면 지루중에 따라 여성과 남성 모두의 성기를 손상할 우려가 있다. 사정이 안 되면 심리적 긴장감이 해소되지 않아 휴식도 취할 수 없다.

장요의 화살에 귀두 황개가 강물로 떨어진다는 것은 사정이 일어나고 섹스가 마무리되는 것을 상징한다. 이때의 황개의 모습을 보면 어깨에 화살을 맞아 몸이 축 늘어지고 물에 젖어 몰골이 말이 아니다. 어깨는 위풍당당함과 남성미의 상징이다. 여기서는 위풍당당한 귀두의 위용을 상징한다. 황개가 어깨에 화살을 맞는 것은 사정이 일어나 위풍당당하던 남근이 급속하게 이완되며 축 늘어지는 모습이다. 물에 빠진 황개 같은 몰골의 귀두와 남근이 섹스가 끝났음을 알린다.

이때 황개를 구해낸 사람이 한당(韓當)이다. '韓'은 앞서 살폈듯이 우물 난간의 뜻이며, 위험을 의미한다. 우물 난간은 물을 마시는 것과 관련이 있으므로 사람들의 욕구 충족을 의미하기도 한다. 그의 이름 '當'은 '담당하다, 주관하다, 관리하다라는 의미다. 따라서 한당(韓當)은 우물 난간을 맡거나 관리하는 사람으로서 위험이나 사람들의 욕구를 관리하는 자세를 의미한다.

섹스가 끝나 황개가 상징하는 남근이 이완되자 그 후에 찾아오는 위험이나 욕구를 관리하는 모습이다. 섹스가 끝났을 때 사람들은 일반적으로 공허함을 느끼거나 조금 더 하고 싶은 아쉬움과 집착이 남는다. 격렬한 섹스가 끝났을 때의 공허함이란 마치 핵폭발이 일어난 후 순간적으로 주변이 진공상태가 되는 공허함과 엇비슷하다. 4년 만에 돌아와 지구촌을 뜨겁게 달구던 월드컵 축제가 끝난 후 느껴지는 심리적 공백과도 같다. 거의 무아의 지경인 상태에서 엄청난 쾌락 에너지가 방출되었기에 심리적으로 순간적인 공허함이 밀려올 수밖에 없다. 다시 정상적인 의식 상태로 돌아가 차분한 일상을 맞이하기 위해서는 심리적인 갈무리가 필요하다. 잠시 동안의 공허함에 빠지거나 이미 끝난 섹스에 집착하는 것이 위기라고까지 볼 정도는 아니지만 정신 건강에 좋지 않다. 욕구나 위기관리 측면에서 한당이 나서서 잘 마무리 짓는 모습이다.

남성들이 성생활 관련 칼럼이나 주변에서 자주 듣게 되는 것 중 하나가 섹스가 끝난 후 후희(後戱)가 부족하다는 말이다. 대부분의 남성들이 전희라는 말은 익숙해도 후희라는 말에는 익숙지 않듯이 이를 등한시한다. 상대방에 대한 사랑 여부를 논하기보다 섹스라는 격렬한 에너지 대방출 후에는 남녀 모두가 순간적인 심리적 공허함이 따른다. 재수 없으면 심리적 우울함으로 연결될 수도 있다. 이렇게 되면 섹스를 기피하는 하나의 요인이 되기도 한다. 한당(韓當)적인 위기관리 측면에서 후희를 하는 갈무리 과정이 필요하다.

남자와 여자로 모두 살아본 장님 테이레시아스의 말대로 섹스에서 여성은 남성의 9배의 오르가슴을 느끼는지 정확하게 알 수는 없다. 그러나 현대 의학에서도 여성의 오르가슴이 남성보다 더 크고 오래 지속되는 멀티 오르가슴으로 알려져 있다. 물론, 조조 식의 섹스가 아닌 공명의 지휘 아래 적벽대전이 정성스럽게 제대로 치러진 경우에 한해서다. 때문에 오르가슴이 더 큰 여성의 심리적 공허함이 남성보다 훨씬 더 클 수밖에 없다. 여성이 심리적 갈무리를 더 필요로 하는 당연한 이유가 된다. 그래서 섹스가 끝나고 곧장 화장실로 직행하거나 곯아떨어지는 남성을 매너 없다고 생각한다.

상대 여성과 주기적인 성생활을 가지면서 후회의 필요성을 한 번도 못 느껴본 남성들이라면, 그 여성이 멀티 오르가슴에 한 번도 도달한 적이 없을 가능성이 농후하다. 후회는 전희와 마찬가지로 여성들에게는 문명화된 섹스의 일부다. 이를 행하는 남성들이 신사라 할 것이다. 자신의 섹스에 자부심을 갖는 남성들이라면 한당이라는 이름 두 자의 뜻쯤은 기억해둬야 할 것이다.

적벽대전의 승리는
도원결의, 오관참육장, 삼고초려의 합작품이다

적벽대전에서 화공으로 승리를 거두기 위해서는 남성들이 알게 모르게 성적으로 여러 가지 과정을 거쳐 왔기에 가능했다.

첫째가 여성보다 일찍 사정에 도달하는 자신의 성적인 문제점을 인식하고 해결하겠다는 복숭아 같은 엉덩이 위에서 한 도원결의다. 문제의식과 나아지겠다는 개선 의지가 없으면 성생활도 진전이 없다.

둘째는 오관참육장의 과정이다. 성생활 초기에는 성적인 긴장과 경험이 미숙하여 여성의 성적인 반응을 제대로 알지 못한다. 대부분의 남성들이 자기 볼일 보기에 바쁜 섹스를 하게 된다. 자신의 조루 증세와 동거를 하면서 주기적인 관계를 가지며 경험을 늘려나가야 한다. 동령관, 낙양관, 사수관, 형양관, 황하관이 상징하는 조루 증세의 주요 다섯 관문을 통과하며 성적인 인내심과 홀수를 지키는 자세를 함양해야 한다.

셋째는 여근을 거듭 살피는 삼고초려를 하여 공명을 책사로 두고 활용해야 한다. 오관돌파가 남성 자신의 성기나 성적 심리에 대한 고찰이라면 삼고초려와 공명 얻기는 여성과 여근에 대한 고찰이다. 여성과 성관계를 가지면서 어느 부분을 자극하거나 애무하는 것이 좋은지 살피는 관찰적인 태도다. 이러한 삼고초려의 태도에서 여근을 상징하는 구멍(孔)에 밝다는 공명(孔明)적 자질을 필연적으로 습득할 수 있다. 이처럼 성생활이라는 하나의 전체적인 시스템을 잘 관리해야만 적벽대전이라는 커다란 성전(性戰)에서 승리가 가능하다.

조조삼소(曹操三笑)

조조가 적벽대전에서 역사에 길이 남을 만한 대패를 하고 얼마 남지 않은 군사를 이끌고 도주를 한다. 이때 조조는 자기 처지를 반성하지 않고 상대편이 어리석다며 오림(烏林), 호로곡(葫蘆谷), 화용도(華容道)에서 세 번 웃는다. 이를 조조삼소라고 한다.

조조 자신이라면 험준한 지형지물을 이용해 그곳에 군사를 매복시켜 적을 궤멸하였을 것이라며 공명과 주유의 지략도 별것 아니라고 비웃었던 것이다. 그러나 조조가 비웃을 때마다 차례로 조자룡, 장비, 관우가 나타나 조조를 혼내준다. 이것은 조루증으로 섹스를 망치려 했으면서도 반성은커

넝 남의 탓으로 돌리며 비웃는 맹덕(孟德)한 인간을 혼내주는 모습이다.

남성들은 무쇠라도 뚫을 것 같은 위풍당당한 자신의 남근을 신뢰하기에 생각 같아서는 여근 속에서 꽤 오래 버틸 것같이 느낀다. 그러나 조조 같은 남성들의 입장에서는 이것이 쉽게 될 것 같으면서 안 되고 허망하게 끝나니 자연 실소만 나오는 상황이다.

조조가 첫 번째로 웃다가 오림(烏林)에서 조자룡에게 혼난다.

조자룡(趙子龍)은 창을 잘 쓴다. 창은 상대를 들쑤시며 찔러대는 비난 기능을 상징한다. 조루 장군 조조에 대해 맹비난하는 모습이다. 장비가 싸울 때마다 "내가 연(燕)의 장비다."라며 큰소리쳤듯이 조운은 자신이 상산(常山) 조자룡이라고 알린다. '상산(常山)'은 '떳떳한 산' 또는 '변함없이 행하는 산'이라는 의미다. 산처럼 항상 변함없고 흔들림 없는 마음가짐을 상징한다. 그의 고향은 정확하게 말하면 상산(常山) 진정현(眞定縣)이다. 진정(眞定)은 참된 정해짐, 변하지 않는 정해짐이라는 뜻이다. 이런 마음가짐을 가진 사람은 한번 목표나 방향을 정하면 좌고우면하지 않고 그것을 향해 끝까지 당당하게 걸어 나간다. 우금이 어떠한 상황이나 충격에도 마음이 흔들리지 않는 부동심을 뜻하는 데 비해, 상산 진정의 조운은 당초 마음이 변치 않는 초심을 뜻한다.

조자룡이 "나는 상산의 조자룡이다."라고 조조에게 알리는 것은 나는 초심을 지킬 줄 아는 사나이라고 강조하는 모습이다. 조조는 섹스를 시작하기 전에는 자신의 조루증을 이겨내고 여성과 절정감에 같이 도달하겠다고 다짐하는 보통 남성들을 상징한다. 그러나 조루 대왕 조조 같은 남성들은 초심을 지키지 못하고 조루증에 패배한다. 조조에게 초심을 지킬 줄도 모르는 지조 없는 인간, 변절자라고 맹비난하는 모습이다.

사회적 지위나 외적인 당당함에도 불구하고 조루 증세로 인해 상대 여성에게 얼굴을 들지 못하게 하는 조루 증세를 맹비난함으로써 멀리 쫓아 버린다.

그곳이 오림(烏林)이다. 까마귀는 재수 없고 기분 나쁜 새며, 속 검은 변절자나 배신자의 무리를 상징한다. 오림은 까마귀의 숲으로 까마귀가 많다. 초심이 변해 자기 혼자만 기분 내고 끝내는 조조적인 태도에 대해 여성에 대한 배신자, 변절자라며 혹독한 비난을 퍼붓는다.

두 번째는 호로곡(葫蘆谷)에서 장비가 나선다.

장비(張飛)는 제비처럼 곡예비행을 하며 섹스를 스릴 있고 길게 끌고 가려는 태도다. 호로곡(葫蘆谷)은 마늘(葫)과 갈대(蘆)의 계곡이라는 의미다. 마늘은 맛은 없고 아린 맛이 난다. 조루중 남성들은 장비처럼 섹스를 스릴 있고 길게 끌지 못하고 하다 만다. 때문에 여성에게 황홀한 오르가슴 대신 욕구불만과 같은 아린 고통만 안겨준다는 비아냥거림의 표현이다.

갈대는 단단하기는 하나 속에 구멍이 뻥 뚫린 구조다. 이는 조루중 남성의 성기가 갈대처럼 단단하게 발기하기는 하나 속이 비어 실속이 없음을 의미한다. 장비가 장팔사모(丈八蛇矛)를 휘둘러 조조를 혼내준다. 허세만 있지 실속이 없는 조조 같은 성행위에 대해 장팔사모처럼 오래도록 관계를 끌어야 함을 강조한다. 조루 증세를 역시 멀리 쫓아낸다.

화용도,
그러나 남성들에게는 때론 조조도 필요하다

화용도를 지킬 장수로 처음에는 공명이 관우를 쓰지 않는다. 조조 밑에서 극진한 대우를 받은 관우가 조조를 살려줄 것이 예견됐기 때문이다. 화가 난 관우가 어떠한 처벌도 받겠다는 군령장을 쓰자 공명이 마지못해 들어주는 척 관우를 화용도로 배치한다.

조조 군사가 화용도로 가는 길은 가시밭길이다. 병사들은 배가 고파 지치고 말들은 기진했다. 적벽대전에서 패배로 불에 머리와 이마를 그슬린 자는 지팡이를 짚고, 화살과 창에 부상당한 자는 끌려가다시피 한다. 추운 겨울에 알몸으로 말에 안장도 없이 진흙탕 길을 걸어 나간다. 다리가 없으면 나무를 찍어다 다리를 놓아가면서 그 험로를 지나가야 했다.

조루 장군들이 자기 볼일만 보고 끝냈을 때 받는 수모가 바로 이와 같이 험난한 가시밭길 같다. 그러나 그 가시밭길을 지나면 살 수가 있다. 관우가 조루 장군 조조에게 아량을 베풀기 때문이다. 남성들은 때와 장소, 상대에 따라서는 조조와 같은 조루 장군이 될 수밖에 없음을 용인하는 마음의 자세다.

가령 아침과 같은 짧거나 좋지 않은 시간대에 성행위를 갖거나 비좁은 방 안에서 자녀들과 같이 동거하며 관계를 가질 때 조루 장군을 용인할 수밖에 없다. 구체적인 예를 들어보면, 2001년에 상영된 러시아 저격수 실화를 바탕으로 한 영화 〈에너미 엣더 게이트〉가 있었다. 남녀 주인공이 살벌한 전쟁터 군대 막사 안에서 성행위를 한다. 이때 남녀의 좌우로는 많은 병사들이 누워서 잠을 자고 있는 그런 열악한 상황에서 두 남녀가 성행위를 가진다. 바로 이럴 때는 칠성단에 올라서 동남풍을 비는 공명 식의 웅장한 적벽대전은 불가능하다. 될 수 있으면 빨리 진행하고 끝내야 주변 사람들에게 들키지 않고 안전한 섹스를 할 수 있다. 조조 식의 섹스가 필요한 것이다.

그래서 남성의 자존심을 구기고 여자 앞에서 고개를 들지 못하게 하는 조루 장군 조조를 살려 보내주는 것이다. 여성과 성행위를 가질 때 상대와 시간, 장소를 불문하고 무조건 길게 하고 상대 여성에게 성적인 극치감을 안겨주는 것만이 능사가 아니다. 상황에 따라서는 조루 장군에게도 빗장을 풀어줘야 한다. 사람들이 조루 장군 조조를 살려준 관우를 진정한 충장(忠壯)으로 모시고 좋아한다. 그것이 실생활에서 일어나는 보통 사람들의 성생활의 모습이며, 전체적으로 볼 때 균형 잡힌 성생활이기 때문이다. 화용도(華容道)의 한자어 뜻은 다음과 같다.

華 = 빛나다, 화려하다, 번성하다, 중국
容 = 얼굴, 용모, 몸가짐, 용량, 받아들이다, 용서하다
道 = 길, 도리, 이치

화용도(華容道)를 직역하면, '빛나게 용서하는 길'이라는 의미다. '華'는 빛나고 번성하는 대국으로서의 중국이라는 의미가 있다. 해외에 나가 있는 중국 사람들을 화교(華僑)라고 부른다. 화용도는 대국(大國)적인 차원에서 빛나게 조루 장군을 용서하는(容) 도량(道)을 의미한다. 여성과 성적 클라이맥스의 합일을 방해하는 조루 증세는 남성들에게는 성생활의 장애물이자 약점이다. 그럼에도 불구하고 조루 증세는 때와 장소에 따라서는 그 필요성이 인정되어 남성의 정상적인 성생활 범주에 속하기도 한다. 어떤 남성이라도 자신의 조루 증세를 완전히 없앨 수 없고, 없애서도 안 된다. 관우가 대국적인 견지, 전체적인 성생활 측면에서 때론 필요하기 때문에 살려준다. 바람직한 성생활을 위해서 조루 증세를 통제 및 관리는 해 나가야 하되 완전히 제거해야 할 대상이 아님을 『삼국지연의』가 강조하고 있다. 남성뿐만 아니라 여성들도 이 점을 잘 알고 있다.

이러한 화용도 자세가 사람들을 빛나게 하고, 번성하게 하는 용서의 도량이다. 주거 사정 등 녹록지 않은 성생활 환경 때문에 부부 관계를 장기적

으로 갖지 않으면 자녀도 가질 수 없고 부부간의 애정도 식는다. 따라서 웅장한 적벽대전은 아니지만 조조 식의 부부 관계라도 지속적으로 가져야 한다. 조조를 살려둬야 할 이유가 바로 여기에 있는 것이다.

대중들이 화용도를 지킨 관우를 좋아한다. 남성들의 조루 증세가 누구나 한때 지닐 수밖에 없고 때와 장소에 따라서는 필요함을 인정하는 대범한 자세이기 때문이다.

IV

중년의 전투,
영혼의 몸부림과 고독

양양·번성전투,
중년의 자화상

양양과 번성전투는, 유비가 한중 땅을 점령하고 219년에 한중 왕에 오르자 이에
위협을 느낀 조조가 동오와 연합하여 촉나라를 치려고 한 것이 발단이 되어 발
발했다. 이 과정에서 동오의 손권도 조조의 제안을 역이용하려고 자식들을 결혼
시켜 관우와 사돈 관계를 맺으려고 했다. 그러나 관우가 "범의 딸을 어찌 개에게
시집보낼 수 있느냐?"며 화를 내서 무산되고 손권은 조조의 제안대로 형주를 치
려는 마음을 굳힌다. 이러한 동태를 알아차린 공명이 관우로 하여금 번성을 먼저
치라고 명령한다.

이때 양양성과 번성은 위나라의 조인이 지키고 있었다. 관우는 먼저, 크게 힘들
이지 않고 양양성을 점령한 후 번성을 포위한다. 다급해진 위나라에서 우금과 방
덕이 지휘하는 7군을 구원병으로 보낸다. 방덕은 원래 마초 밑에 있다가 조조에
게 전향한 장군이다. 자신의 충성심을 의심받자 관을 짜서 등에 지고 사생결단의
자세로 출전한다. 관우와 방덕이 100합을 싸워도 승부가 나질 않고 오히려 관우
가 팔에 부상을 입는다. 그러나 관우는 가을에 내린 비를 양강에 막아두었다가
터트려 위나라 병사들이 주둔하고 있던 증구천에 수공을 가해 우금의 항복을 받
아낸다. 끝까지 저항하던 방덕은 물에 빠지고 주창이 물속에서 잡아 올렸으나 항
복을 거절하다 참수당한다.

불어난 물이 번성 성벽을 허물자 조인이 이를 막다가 지쳐서 성을 버리고 도망
치려 한다. 이때 조금 기다리면 물이 빠진다는 만총의 반대로 가까스로 마음을
돌려먹고 성을 지킨다. 관우가 번성 북문으로 와서 항복을 권유하다 조인의 궁노
수 5백여 명이 쏜 화살 중 하나가 관우의 오른팔을 맞혀 부상을 당한다. 막사로
돌아온 관우는 명의 화타가 독이 스며든 그의 살과 뼈를 마취도 없이 째고 긁어

내며 치료를 할 때 태연히 마양과 바둑을 두며 치료를 마친다.

관우가 번성을 치려고 형주의 군사를 빼내가자 이를 틈타 손권이 여몽으로 하여금 형주를 도모하게 한다. 이때 관우는 형주와 번성의 연락을 위해서 봉화대를 배치해 놓았다. 그러나 여몽은 군사들을 흰옷 입은 장사꾼으로 위장시켜 노를 젓게 하고, 무장한 군사들은 배 속 깊이 매복시켜 형주에 접근한다. 도착 후 군사들이 튀어나와 관우의 봉화대 연락망을 무력화시킨 후 형주성을 간단하게 점령한다. 관우에게 전에 곤장을 맞은 일이 있던 부사인과 미방은 공안과 남군 땅을 여몽에게 바친다. 관우는 번성을 재차 구원하러 온 서황과 80여 합을 싸운다. 번성에 있던 조인마저 나와 협공을 하는 바람에 쫓기는 신세가 된다.

형주와 공안, 남군이 모두 여몽에게 점령당해 도망갈 곳이 없게 된 관우는 맥성에 주둔한다. 상용 땅 유봉과 맹달에게서 구원병이 오길 기다리나 이들마저 배신한다. 맥성에서 나와 도망치다 부하 조누를 잃고 결석이라는 산길에서 오나라 마충에게 사로잡히는 신세가 된다. 손권 앞으로 끌려 나가지만 관우가 오히려 욕을 하며 항복하지 않는다. 손권의 부하 좌함이 조조가 관우를 자기 사람으로 만들려고 온갖 정성을 다했으나 실패한 사례를 들어 참수를 권한다. 손권이 이를 받아들여 마침내 관우와 관평 부자가 최후를 맞이한다. 이때 적토마는 관우를 잡은 마충에게 주어졌으나 수일을 먹지 않다가 굶어 죽었다. 관우의 영혼은 당양현에 있는 옥천산의 보정스님에게로 가서 자기 머리를 돌려달라고 말한다. 보정이 관우를 타이르자 관우의 영혼이 깨닫고 보정에게 감사하며 떠난다. 관우를 죽이고 형주, 양양 일대의 땅을 차지한 것을 축하하는 자리에서 여몽은 관우의 혼령이 들어 피를 토하며 죽는다.

관우와 남성 갱년기

9척 장신에 적토마를 탄 채 멋진 수염을 휘날리며 전광석화같이 청룡언월도를 휘둘러 적장을 베던 관우였다. 조조의 다섯 관문을 통과하며 최고의 위용을 뽐내던 관우도 결국은 결석에서 사로잡혀 죽음을 맞이한다. 달도 차면 기울고 생명이 있는 것은 모두가 죽는다지만 신과 같았던 관우도 죽을 때는 어이없는 사건의 연속으로 죽게 된다.

사춘기에서 발원한 남근의 발기력이 동탁과 여포, 조조를 거쳐서 관우에게로 넘어와 활기찬 성생활을 누리며 한평생을 향유한다. 다만, 그것이 어떻게 쇠퇴해 가는지는 세간에 잘 알려져 있지 않다. 여성과 달리 발기가 되지 않으면 성교를 할 수 없는 남성들이 자신의 처지가 외부로 알려지는 것에 대해 수치스럽게 생각하는 경향이 있기 때문이다.

관우가 죽는다는 것은 발기력의 문제만이 아니라 남성 갱년기의 문제다. 성호르몬의 분비가 없던 아동기에서 어느 날 사춘기가 도래하듯이 중년이 되면 거꾸로 성호르몬의 감소로 남성 갱년기가 도래한다. 성호르몬의 분비와 성적 발기가 시작되는 사춘기를 격정과 질풍노도의 시기라고 한다. 성호르몬의 감소와 성적 발기가 죽어가는 갱년기도 육체적 약화와 피로, 우울증 등을 수반하여 사춘기에 버금가는 격정과 위기의 시기라 할 수 있다.

양양성 전투,
허약해진 중년의 정력을 보충한 전투

이삼십 대 한창때는 대부분의 남성들이 발기부전이라는 말은 들어봤어도 그것이 구체적으로 무엇을 의미하는지조차 모른다. 발기력이 왕성하여 발기부전을 경험해보지 못했고 발기가 안 된다는 것을 상상도 할 수 없기 때문이다. 남성들의 발기력은 30대 이후부터 진행된 남성 호르몬의 분비 감소로 인해 약해지기 시작한다. 이르면 40대 중반부터 발기력의 저하가 일어나 발기부전이 되기도 한다. '정선아리랑'에는 이러한 중년의 발기부전 남편을 둔 여인네의 심정이 잘 표현되어 있는 가사가 있다.

앞산의 딱따구리는 생나무 구멍도 뚫는데 우리 집 저 멍텅구리는 뚫린 구멍도
못 뚫네.

여기서 멍텅구리는 발기부전에 걸린 남성으로, 뚫려 있는 구멍에도 못 들어갈 만큼 발기 강직도가 시원찮은 모습이다. 발기가 제대로 안 돼서 성생활이 시원치 않은 남성에 대한 비난과 서운함의 감정을 엿볼 수 있는 대중적인 가사 내용이다. 이처럼 발기력 저하를 맞이하여 성생활에 장애를 겪게 된 당사자들의 심정은 매우 황당하다. 원인을 알려고 익명성이 보장되는 인터넷 지식상담코너 등에 물음을 올려놓기도 한다. 그러나 대부분의 답변은 발기부전에는 다양한 원인이 있으므로 병원에 가서 의사의 정확한 처방을 받으라는 것이 원론적인 답변이다.

평소에는 남성답고 적극적인 사람들도 자신의 성적인 문제 앞에서는 작아져서 이것이 외부로 알려질까 봐 숨기는 경향이 많다. 성적인 고민을 병원에 가서 터놓고 그 원인을 진단하고 해결하기보다 정력보강제 등을 먼저 찾는다. 고기나 회, 보신탕, 과일과 약초 등 정력에 좋은 온갖 음식과 종합영양제를 먹는다. 일부는 물개나 뱀의 생식기 등 효능이 입증되지 않은 각종 보신 식품도 먹는다. 남성들의 이러한 정력 보충 노력이 표현된 것이 바로 양양성(襄陽城) 전투이며 중년 남성들의 보편적 통과의례다. 옛날에는 발기부전이 노화의 결과인지, 어떤 원인에 의해 발생하는지, 치료 방법 등에 대해 정확하게 몰랐다. 그 당시 유일한 치료법은 정력을 보충하는 방법뿐이었다고 판단된다.

襄 = 돕다, 거들다, 오르다, 높은 곳으로 가다, 머리를 들다
陽 = 볕, 양기, 남성

양양(襄陽)은 양기를 돕거나 거들고, 높게 한다는 의미다. 양기는 보통 남

성들의 정력을 의미하므로 양양성(襄陽城)은 정력을 돕거나 보충하는 영역이라는 의미가 된다. 중년에 들어섬에 따라 발기력이 예전보다 시원찮아진다. 이를 보충하기 위해 정력이나 보신용으로 알려진 각종 약제, 음식을 섭취하고 운동 등을 하는 모습이다. 정력이나 양기를 보충하기 위해 노력하는 모습도 매우 치열하게 전개되기 때문에 번듯한 하나의 전투로 표현된 것이다.

중년의 현대인들은 아침에 일어나자마자 아내가 주는 정력에 좋다는 토마토나 키위, 블루베리를 갈아 만든 주스를 마신다. 사무실에 나오면 방문판매 아줌마가 발기부전의 원인이 되는 고혈압, 콜레스테롤, 당뇨 등 성인병에 좋다며 권하는 녹즙 등을 마신다. 점심 식사 후에는 남성 갱년기에 좋다는 아연이나 셀레늄이 포함된 종합영양제를 먹는다. 저녁이 되면 정력에 좋다는 보신탕, 장어 등을 먹으러 간다.

양양성 전투에서는 관우가 쉽게 이길 수밖에 없다. 정력이 약해진 중년 남성들은 주변에서 권하는 정력 보충 음식이나 약제에 솔깃할 수밖에 없고, 이러한 각종 음식이나 약제는 쉽게 구할 수 있기 때문이다.

요화(廖化),
가슴 한쪽이 텅 비고 쓸쓸해지는 중년의 고독

관우가 양양성에서 정력 보충 전쟁에 나설 때 선봉에 세운 장수가 요화다. 그는 264년에 죽은 것만 기록되어 있고 출생일이 불분명하다. 그가 처음 등장한 것은 조조 밑에 있던 관우가 유비의 소식을 듣고 조조로부터 벗어나기 위해 오관참육장을 시작하려던 시기로 200년이다. 이때 관우가 모시던 유비의 두 부인을 황건적의 잔당인 두원이라는 자가 납치한다. 두원이 요화에게 같이 데리고 살자고 유혹하나 소년 장수 요화가 그를 죽이고 두 부인을 안전하게 관우에게 넘겨준다.

廖 = 텅 비다, 공허하다, 쓸쓸하다, 하늘, (성기다, 드물다, 잠잠하다)
化 = 되다, 화하다, 교화하다, 변천하다, 달라지다, 죽다

'廖' 자는 성씨 이외는 거의 사용되지 않는 한자어다. 고요하고 적적함을 뜻하는 '적료(寂廖)'라는 단어에서만 사용되었던 한자다. 지금은 '적료(寂廖)' 대신에 '적요(寂寥)'라는 단어를 사용한다. 요화(廖化)는 무엇인가 텅 비고, 휑해지고, 쓸쓸해지는 변화가 오고 있음을 의미한다. 그 시기가 바로 중년의 시기이며, 요화는 이 시기에 찾아오는 고독과 외로움을 상징한다. 중년의 늦바람이 무섭다고 하는 것도 바로 이 때문이다. 동호회나 동창회 등에서 어느 날 갑자기 자신의 외로움과 텅 빈 가슴을 채워주는 상대가 나타날 수 있다. 그 순간 마치 구세주라도 만난 것 같고, 마음을 빼앗겨서 가정도 등한시하고 심지어는 이혼까지 하는 경우도 있다.

최근의 남성 불륜 경험에 대한 통계치를 보면, 19~29세 25.0%, 30대 29.2%, 40대 36.6%, 50대 51.6%에 달한다고 한다. 40~50대 때 외도에 쉽게 빠짐을 알 수 있다. 이것은 중년기 또는 갱년기가 요화처럼 뭔가 휑해지고 쓸쓸해지는 변화의 시기임을 반영하는 통계 수치라 할 수 있다.

'廖' 자에서 주의 깊게 살펴볼 뜻은 '성기다, 드물다, 잠잠하다'는 뜻의 내포다. 이것은 무엇인가 횟수가 줄어들고 그 간격이 넓어지고 잠잠해지기까지 하는 상태로 변화하고 있음을 의미한다. 그 무엇은 바로 부부 관계다. 신혼 시절 한창때에는 부부 관계가 하루에도 2,3회까지 이뤄질 정도로 왕성하고 부부 금실이 좋다. 세월 따라 그 횟수가 차츰 줄어들어 중년에 들어서면 성

기고 드물고 아예 잠잠해지는 경우까지 있다. 나이 들면 나 자신만 정력이 약하거나 특이해서 그런 것이 아니다. 대부분의 사람들에게 요화(廖化)가 찾아와 나도 한물갔구나, 하는 생각이 들게 하고 마음을 공허하고 쓸쓸하게 만든다.

젊었을 때는 자녀들이 아직 없거나 어려서 자녀들만 잠들면 부부 관계를 갖는 데 커다란 장애물이 없었다. 중년에 이르게 되면 자녀들이 다 커서 부부 관계를 갖는 것 자체가 조심스럽고 횟수가 줄어들 수밖에 없는 환경의 변화도 있다. 또한, 근육을 비롯해 모든 신체 기능이 자주 사용하지 않으면 쇠퇴하듯이 이런 영향 때문에 성 기능이 쇠퇴하는 측면도 있다.

최근의 통계자료를 보면 일본인 부부는 한 달 이상 성관계를 갖지 않는 일명 '섹스리스 부부'가 44%를 넘어 절반에 육박하고 있다고 한다. 물론, 한국도 35%를 넘어서 심각한 수준이다. 요화가 찾아와 텅 빈 가슴과 쓸쓸함을 달래고 드물어진 부부 생활을 극복하기 위해 일본의 중년 여성들은 〈겨울연가〉 같은 한국의 순정 드라마에 매료되기도 했다. 한국의 중년 여성들은 애완견 기르기의 폭발적인 붐이 일어났다. 이러한 경향은 출산율 저하로 나타나기도 한다.

요화는 원래 관우가 오관참육장이라는 조루 증세 돌파를 시작할 때 난데없이 나타난 인물이다. 앞서 감부인과 미부인의 의미가 성적인 쾌락을 추구하는 자세라고 분석한 바 있다. 그러나 이때는 관우가 조루 증세로 인해 성생활다운 성생활을 시작도 못 해본 상태다. 따라서 섹스가 끝난 후 요화 같은 공허함이나 텅 빈 마음을 느낀다는 것은 그 당시에는 어울리지 않는다. 요화가 관우의 형수이자 유비의 두 아내를 구해줬음에도 관우가 그 시점에는 부하로 받아들이지 않았던 비밀이 여기에 있다.

관우가 형주 땅에서 비로소 요화를 받아들인다. 이것은 형주가 의미하는 아내의 영역에서 안정적인 성생활을 갖게 되고, 성행위 후에는 요화적인 공허함 등이 따르는 모습이다. 다만, 젊은 시절 한창때에는 성적인 쾌락 추구에 사람들의 마음이 쏠린다. 때문에 요화적인 공허함이 상대적으로 약하게 일어나며, 존재 가치가 거의 드러나 보이지 않을 뿐이다. 중년 이후로 넘어가 발기력이 약해지고 발기부전이 생기면 다시 요화적인 공허함과 쓸쓸함이 강화되어 나타난다.

금욕주의자 두원(杜遠), 먼 인생길을 막으려 하다

요화가 관우의 오관참육장 초입에 죽인 산적 동료는 두원(杜遠)이다. 그의 이름은 '먼 길(遠)을 막다(杜)'라는 뜻이다. 두원은 감부인과 미부인을 납치하여 요화에게 각각 아내로 취하자고 유혹한다. 유비와 관우로부터 감부인과 미부인이 상징하는 성적인 즐거움과 쾌락을 빼앗자는 의미다.

짧다면 짧고 길다면 매우 긴 것이 인생길이다. 스님이나 신부님 같은 종교인이 아닌 이상 이런 인생길을 성적인 즐거움과 쾌락을 동반자 삼아 나가지 않는다면 영 재미없을 것이다. 우울하고 견디기 어려워 자살자도 증가한다. 기나긴 인생길에서 성생활의 즐거움이 없다면 두원의 이름처럼 먼 인생길을 막는 그릇된 행위가 된다. 그것은 아름다운 동작대를 무참하게 파괴하는 행동이기도 하다. 그래서 요화가 두원을 죽였던 것이다. 두원의 말을 쫓아 요화가 감부인이나 미부인을 산속에서 데리고 살았다면 그것은 금욕적인 생활을 하는 구도자나 스님 같은 삶이라 할 것이다.

관평(關平),

관계가 평범해지다

관우가 자신의 아들 관평을 부장으로 삼아서 전투에 임한다. 관우(關羽)가 관계하는 데 있어서 날개라는 뜻인 반면에 관평(關平)은 관계가 평범해지다는 반대 의미다. 중년이 도래한 부부 관계에서 설렘, 긴장감이나 스릴이 없어졌다는 의미다. 결혼해서 수백 회 이상의 성관계를 갖고 매일 살을 맞대고 볼 것 못 볼 것 서로 다 보며 살아왔다. 신비감이 없어져 중년의 나이에 들어서면 자연적으로 부부 관계에서 설렘이나 긴장감이 없어지는 것이 당연하다.

중년기에도 신혼 시절처럼 잉꼬부부 관계를 유지한다는 것 자체가 특이한 것이지 관평(關平)같은 관계가 잘못된 것은 아니다. 성호르몬의 감소 등으로 부부 관계가 드물어짐에 따라 대화도 줄어들고 사랑이 식을 법한 시기다. 이에 따라 서로 오해가 생길 수 있으므로 이를 극복하기 위한 노력이 필요하다. 이럴 때 등산, 영화 감상, 여행, 봉사 활동 등 취미 생활을 같이 하면서 관계를 재정립하면 한동안 잃었던 부부 생활도 되찾을 수 있다.

요화가 선봉이라 함은, 중년에 들어서게 되면 부부 관계가 줄어들어 텅 비고 쓸쓸해지는 요화적 상태가 선두에 나타나는 모습이다. 관평이 부장이라는 것은, 공허함과 쓸쓸함 뒤에 설렘과 긴장감도 없는 평범한 부부 관계가 따라 오는 모습이다. 요화 선봉, 관평 부장은 중년의 전형적인 모습이다. 그래서 그동안 가정과 배우자에 머물러 있던 관심이 이 시기에 외부로 향하면서 동호회나 동창회 모임에 열심히 나가며 폭발적으로 증가하게 된다.

마양,
정력은 평생 꾸준한 것이 최고

유비가 적벽대전에서 승리한 여세로 형주 일대를 차지한 후 널리 구한 인재 중 마씨 5형제가 있었다. 관우가 양양전투에 대동한 마양은 그중 한 사람이다. 마씨 5형제는 모두 재주가 뛰어났고, 이들은 자(字)의 뒷부분이 '상(常)'으로 끝나서 마씨오상(馬氏五常)이라 부른다. 사마의(司馬懿)의 사마팔달(司馬八達) 형제처럼 중국에서 유명하다.

그중에서 가장 뛰어난 사람이 마양(馬良)이다. 자는 계상(季常)이며, 눈썹이 흰색이어서 백미(白眉)라고도 한다. 읍참마속이라는 고사의 주인공인 마속(馬謖)이 그의 동생으로 자가 유상(幼常)이다. 중국인들이 자(字)를 지을 때 보통 백(伯), 중(仲), 숙(叔), 계(季)의 순으로 짓고, 막내는 유(幼) 자를 넣어 부른다. 마양의 자인 계상(季常)을 보면 그가 형제들 중에 넷째, 마속은 유상(幼常)으로 막내이며 다섯째임을 알 수 있다.

마(馬)씨는 일반적으로 말이 상징하는 추진력이나 정력적인 측면을 상징한다. 말은 옛날부터 어떤 일을 할 수 있는 힘을 상징하여 오늘날에도 엔진, 터빈, 전동기의 출력의 크기를 나타내는 마력 단위로 사용된다. 사람에게 있어서 어떤 일을 할 수 있는 힘을 열정이나 정력이라고 한다. 물론 여기에는 성생활도 포함된다.

마양(馬良)은 '良'이 좋다는 뜻이므로 정력이 좋거나 훌륭하다는 의미이다. 그의 자인 계상(季常)은 '계절이 일정하다' 또는 '끝까지 일정하다'라는 의미다. 성적인 정력이 봄, 여름, 가을, 겨울 사계절 내내 일정하게 유지됨을 의미한다. 젊었을 때는 물론 중년이나 노년까지도 정력이 일정하게 유지되고 좋다는 의미다. 성적인 측면에서 모든 남성들이 부러워하는 가장 이상적인 정력의 소유자가 바로 마양일 것이다. 정력이 좋거나 일정하다는 것은 발기력이 꾸준하고 좋다는 의미이기도 하다.

마양과 마속을 제외한 마씨 오 형제의 나머지 형제들은 잘 알려지지 않았지만 중국에서 자를 지어주는 관습에 따라 살펴보면 백상(伯常), 중상(仲常), 숙상(叔常)으로 추론해 볼 수 있다.

이들의 자의 뜻을 각각 살펴보면 '백(伯)'은 첫째와 처음을 상징하므로 정력이 처음에만 떳떳하고 좋다는 뜻이다. 신혼 초기의 젊은 시절에만 좋다는 의미다. 백상(伯常)은 신혼 초기에는 정력이 넘쳐서 밥상을 치우기도 전에 달려드는 스타일이고, 넘치는 정력을 주체하지 못해 바람을 피워도 신혼 초기에 피운다. 그러나 신혼을 넘기면 남보다 일찍 정력이 쇠퇴하기 시작하는 용두사미형 정력의 소유자다. 먼저 핀 꽃이 먼저 지고, 먼저 끓은 냄비가 먼저 식는다는 자연의 이치를 반영한다.

둘째인 중상(仲常)은 '중(仲)'이 가운데와 중간을 의미하므로 중간이 좋다는 의미다. 신혼 시절에는 별로였다가 오히려 중년이 되자 성에 눈뜨고 정력도 세지는 유형이다. 남성보다는 여성들이 이런 경우가 많다고 한다.

셋째인 숙상(叔常)의 '숙(叔)'은 아저씨라는 뜻 이외 '끝과 말세'를 의미한다. '끝과 말세'가 상징하는 노년기에 좋다는 의미다. 젊은 시절과 중년기에는 별 볼 일 없이 지냈다가 노년에 들어 이상하리만큼 정력이 왕성한 유형이다. 잘못하면 노망났다거나 나잇값을 못 한다는 소리를 듣는다. 한때 세상을 떠들썩하게 만들었던 주꾸미잡이 노인처럼 성욕에 눈이 멀어 살인을 저지르고 패가망신을 할 수도 있다. 이처럼 정력적인 측면에서 넷째인 계상(季常) 말고 나머지 형제들은 특정 시기에 치우친 정력의 소유자들이다. 별로 좋은 뜻이 없으므로 이들이 공식적인 역사서에 등장하지 않는 것으로 판단된다.

백미(白眉),
눈썹이 희게 셀 때까지 변함없는 정력

"마씨 5형제 중 흰 눈썹의 마양(馬良)이 가장 뛰어났다."는 말에서 '백미(白眉)'라는 말이 생겨났다. 여럿 가운데 가장 뛰어난 것을 가리키는 말이다.

이 고사성어 역시 남성의 정력과 관계된 말이다. 사람이 지닌 머리카락, 수염, 눈썹, 음모 등은 나이가 들어감에 따라 하얗게 센다. 일반적으로 머리카락과 수염이 먼저 세고, 눈썹과 음모가 나중에 센다. 머리카락은 경우에 따라서는 초등학생 때부터 세기도 하지만 눈썹이 센 경우는 볼 수가 없다. 음모는 사춘기에 즈음해 늦게 나왔듯이 눈썹처럼 늦게 센다. 그러므로 눈썹이 세서 백미가 되었다는 것은 머리카락이 센 것과는 달리 정말로 노년이 된 명백한 증거로 간주된다.

마양은 눈썹이 센 것이 상징하는 노인이 되어서도 정력이 좋은 남자라는 의미다. '백미(白眉)'라는 말이 왜 여럿 가운데 가장 뛰어난 것을 가리키는 말이 되었는지 비로소 이해가 가는 대목이다. 그만큼 동서고금의 남성들이 정력에 대해 집착하는 모습이다. 눈썹이 셀 정도로 늙을 때까지도 정력만큼은 일정하게 유지하고 싶은 소망이 담긴 고사다.

도시에 사는 현대인들은 40대에도 정력이 떨어지고 발기부전이 찾아와 우울한 경우가 있다. 반면에 기네스북에 오른 인도 남성은 백미가 된 96세에도 자식을 낳아 마양처럼 정력이 일생 내내 유지되고 있음을 알 수 있다.

그러나 정력이 일생 내내 마양처럼 계상(季常)스럽게 유지되는 것이 좋은 것만은 아닐 수도 있다. 남성 호르몬이 꾸준하게 적당히 분비되면 건강에 좋은 면이 있는 것은 틀림없다. 그러나 시기적으로 배우자나 상대 여성은 성적인 욕구나 의욕이 떨어질 수도 있어서 부조화가 발생할 수 있다. 부부

사이에 정력 궁합도 맞아야만 부부가 화목하게 백년해로를 할 수 있다.

이적(伊籍),
성 전문가도 대동하다

이런 마양을 관우에게 추천했던 이적(伊籍)이라는 신하도 전쟁에 참전한다.

伊 = 그, 이, 저
籍 = 문서, 서적, 호적, 명부

이적(伊籍)은 직역하면 '이 문서'나 '그 서적'이라는 의미다. 이 책이나 그 책이라는 뜻으로 어떤 분야에 전문적인 서적이라는 뜻이다. 바꿔 말하면 어떤 분야에 교과서 같은 해박한 지식을 지니고 있는 사람이다. 그의 자는 기백(機伯)이다.

機 = 기계, 틀, 베틀, 고동, 기교, 재치
伯 = 맏, 첫, 남편, 큰아버지, 백작, 우두머리, 뛰어나다

기백(機伯)은 '기계에 있어서 첫째'라는 뜻으로 기계를 다루는 데 일인자라는 의미다. 남근의 발기와 사정 과정은 복잡한 기계나 무기처럼 작동한다. 따라서 이적은 기계 같은 남근과 발기력에 대해 전문가라는 의미. 이를 통해 정력을 보충하여 발기력 향상에는 도움이 될 수 있다. 그러나 관우가 발기력에 대해 해박한 지식을 갖고 있는 성 전문가 이적을 대동했음에도 부상을 당했다가 죽는다. 이것을 통해 남성의 발기력은 관련 지식이 풍부해도 결국은 중년이나 노년의 어느 시기에 쇠약해지거나 죽을 수밖에 없음을

암시한다.

조인(曹仁),
짝에 대해 어진 자세

조조의 사촌 동생인 조인(曹仁)은 '짝(曹)에 대해 어진 자세(仁)'라는 뜻이다. 이런 그가 양양성은 쉽게 빼앗기고 번성에서는 부하들로 하여금 활을 쏘게 해서 관우에게 부상을 입히고 성을 지켜낸다. 결국은 관우가 번성을 포기하고 도망치다 오나라 군사들에게 붙잡혀 최후를 맞이하게 만든 장본인이다.

양양성은 중년 이후에 부실해진 양기나 정력을 돕고 보충하는 영역이나 자세다. 배우자에 대해 어진 자세를 지닌 조인이 양양성을 관우적인 발기력에 쉽게 내주는 것은 당연하다. 관우적인 정력과 발기력이 유지되어야 부부 관계도 가질 수 있기 때문이다. 양양성을 내주거나 길을 터줘야 정력을 회복해 배우자에 대해서 어질다는 그의 이름 뜻을 실천할 수 있다.

번성전투,
발기력의 성벽을 더위잡은 전투

천하제일 맹장 관우가 번성(樊城)을 공략하다가 실패 한 후 도망치다 붙잡혀 최후를 맞이하게 된다.

樊 = 울타리, 새장, 우리, 가, 끝, 변두리, 에워싸다, 울타리를 돌리다

'樊' 자는 울타리, 새장, 끝이나 경계를 뜻한다. 한마디로 표현하면 막히고 갇히는 한계적인 상황을 의미한다. 글자의 어원을 보면, 울타리나 새장을 뜻하는 '棥(번)'과 높은 곳에 오르려고 무엇을 끌어 잡는다는 뜻의 '더위잡다'를 의미하는 '攀(반)'의 합성 글자다. 울타리나 절벽 같은 막힌 한계를 오르려고 안간힘을 쓰거나 새장 속의 새가 새장을 탈출하려고 쇠창살을 움켜쥔 상태를 의미한다. 그러므로 번성은 관우적 발기력이 한계에 도달했음을 나타낸다. 나중에는 그 한계를 알고 그곳에서 벗어나려고 더위잡으며 발버둥을 치나 오히려 발기부전 등이 도래해 완전히 죽게 된다.

발기력이 한계에 도달하는 발기부전에 관한 통계를 보면 40대 26%, 50대 37%, 60대 69%, 80대 83% 정도가 발기부전이 있다고 알려져 있다. 관우가 죽은 나이가 58세이므로 50대 후반에서 60대 초반은 약 60% 이상이 발기부전이 있다고 할 수 있다.

발기부전은 고령에 따른 남성 호르몬의 감소, 흡연, 음주, 당뇨, 고혈압, 뇌혈관 질환, 약물 등 다양한 요인에 의해 발생한다. 최근에는 발기부전이 발생하면 동맥경화증의 전조 증상으로 보고 심장병 등 혈관 질환을 관리해 나가야 한다고 알려져 있다.

과학적 의학 상식이 없었던 고대사회에서 발기부전이 도래하면 더 이상 남성으로서의 역할을 할 수 없어 심리적으로 매우 위축될 수밖에 없다. 마치 한동안은 인생이 끝나기라도 한 것처럼 느껴진다. 고개 숙인 남근인 발기부전은 남성 갱년기의 대표적인 증상이다. 이 증상이 발생하게 되면 남성들은 처음에는 이를 인정하지 않으려 한다. 그래서 나름대로 모든 방법을 동원하여 발기력의 한계를 극복해 보려고 한다. 이것이 바로 번성을 점령하려고 관우가 치열하게 싸웠던 모습이다.

고개 숙인 발기부전의 정반대는 동탁

고개 숙인 남근인 발기부전의 정반대 말은 동탁이다. 동탁(董卓)은 연근이 상징하는 남근이 탁자처럼 항상 서 있는 상태를 의미한다. 그런 동탁이 사춘기 소년들을 괴롭히며 온갖 만행을 저지른 것이다. 이처럼 하루 종일 서 있는 남근도 문제되지만 필요한 시기에도 제대로 서질 않는 남근도 문제가 된다. 발기부전이나 동탁과 같이 시도 때도 없이 일어나는 발기 현상은 모두 남성호르몬의 분비 때문에 일어난다.

사춘기가 시작되는 13세에서 22세까지가 남성호르몬이 가장 왕성하게 분비되고 그 이후로는 해마다 조금씩 저감된다고 한다. 그 결과 개인별로 그 정도와 시기는 다르지만 갱년기와 발기부전이 서서히 나타난다. 사춘기 때는 남근이 너무 발기가 잘되어 이를 억누르려고 고생을 한다. 갱년기에는 아무리 세우려 해도 되질 않아 고생하니 세상만사 새옹지마와 같다.

우금,
평소 부동심을 지닌 사람도 발기력이 죽으면 흔들린다

관우가 양양성을 점령하고 번성을 넘보자, 조조 진영에서는 우금의 지휘 아래 방덕을 선봉으로 삼아 7군을 동원하여 번성을 구원하려고 한다.

우금은 앞에서 살펴본 대로 외부의 어떠한 일에도 마음이 동요하지 않는 부동심을 의미한다고 했다. 그리고 방덕(龐德)은 '큰 덕'이라는 의미다. 이들의 싸움은 부동심과 큰 덕이 한 팀이 되어 발기력을 지키려는 관우와 대립하는 내면의 모습이다.

조조 진영에서는 이제 나이도 먹었으므로 발기력이 쇠퇴하고 발기부전이 일어나도 우금처럼 마음이 동요치 않는 부동심을 유지하려 한다. 또한 방덕처럼 통 큰 덕으로 자신의 발기력의 한계를 받아들이자는 자세를 취한다. 물 흐르듯 자연의 순리대로 살려는 자세. 그러나 대부분의 남성들이 발기력 문제에 있어서는 자연의 순리나 우금이고 뭐고 절대 양보가 없다. 발기력 문제는 남성들의 역린(逆鱗)이며, 가장 예민한 부분이기 때문이다.

그래서 발기력의 제왕이며 발기력의 한계를 인정하지 않으려는 관우적인 자세가 우금과 방통에 맞서면서 치열한 심리적 공방이 일어난다. 이러한 상황에서 대부분의 남성들은 부동심과 통 큰 덕을 발휘하기보다 관우처럼 행동한다. 발기력의 한계를 인정한다는 것은 남성으로서의 삶, 청춘과 인생이 끝난 것처럼 우울하고 허망하게 느껴지기 때문이다.

부동심을 지닌 사나이 우금이 오히려 관우에게 항복한다. 발기력이 죽는 문제 앞에서는 외부의 큰일에도 마음이 흔들리지 않았던 부동심조차 흔들리고 항복하는 모습이다. 사춘기 때 시도 때도 없이 발기하는 동탁 때문에 마음이 요동치고 혼란스러웠듯이 그 반대인 발기부전이 일어나도 우금이 흔들리는 것은 당연지사다.

방덕,
발기력의 쇠퇴가 자연의 섭리임을 받아들이려는 자세

방덕(龐德)의 자는 영명(令明)이다. 앞서 공명(孔明)은 성생활에 밝은 사람이고, 서황의 자인 공명(公明)은 공명정대하거나 공적인 것에 밝은 사람이라고 했다. 영명(令明)은 '令'이 법령, 규칙, 명령 등을 의미하므로, 법칙이나 명령에 밝은 사람이라는 의미다. '令'은 계절이나 시절, 철이나 때의 의미가 있다. 시령(時令)은 시절이나 절기를 뜻하고, 동령(冬令)은 동계(冬季)를 뜻한다. 그러므로 영명은 시절이나 자연의 명령, 질서에 밝은 사람이라는 의미를 지니고 있다. 자신의 나이와 시절에 따른 몸과 마음의 변화를 잘 수용하는 사람이라는 의미다.

이런 사람들은 발기력이 쇠약해지거나 발기부전이 오는 것이 나이에 따른 어쩔 수 없는 생리적인 법칙이므로 수용하고 받아들인다. 큰 덕이라는 이름 뜻과 어울려 발기력 쇠퇴라는 신체의 변화를 받아들이는 것이 자연의 법도이며 통 큰 마음이라고 생각하는 자세다.

그러나 방덕이 한때 마초를 섬겼다는 사실을 알고 조조가 선봉을 취소하자 방덕은 관을 짜서 마당에 놓고 사람들에게 다음과 같이 밝힌다.

> "이번에 번성에 가서 관우와 싸워, 내가 능히 그를 죽이지 못하면 반드시 그가 나를 죽일 것이며, 설사 그에게 죽음을 당하지 않을지라도 그를 잡지 못하면 내가 자살할 것이니, 이 관을 짠 것은 내가 맨손으로 돌아올 리 없다는 것을 보이기 위해서요."

발기부전 또는 발기력 쇠퇴가 자연의 이치이며 어쩔 수 없는 것임을 받아들이는 자세로 사생결단을 내려는 모습이다. 결과는 관우가 살고 방덕이 죽는다. 그만큼 남성들에게 발기가 제대로 안 된다는 것은 큰 충격이기 때문이다. 나이 먹어 찾아온 발기력 저하가 자연의 섭리요, 인정하는 것이 아무리 통 큰 마음이라 할지라도 남성들에게는 안 통한다. 그것이 발기력에 대한 남성들의 맹목적 신앙이자 집착이며, 경우에 따라서는 존재의 이유가 되기 때문이다.

방덕이 관우와 싸울 때 늘 백마를 타서 관우의 병사들은 그를 백마장군

(白馬將軍)이라 부르며 두려워했다고 한다. 관우는 잡 털 하나 없는 붉은 적 토마를 탄다. 색깔로써 이미 두 사람의 성적인 가치관이 대조적임이 잘 드 러나고 있다. 흰색은 욕심이나 욕망이 없는 깨끗하고 맑은 마음과 어떤 것 이 다해서 없는 상태를 상징하는 뜻이 있다. 중국에서 '홍백사(紅白事)'라는 단어는 혼사와 장례를 의미한다. 붉은색의 혼사는 성생활과 관련 있고, 흰 색의 장례는 무엇인가 끝나거나 죽음과 관련이 있다.

방덕은 이제 나이가 들어 정력이나 발기력이 죽거나 다했다는 자세를 취 하기 때문에 흰말을 타고 싸운다. 이에 비해 관우는 적토마를 타고 달리듯 이 아직도 불타오르는 성적 욕망을 갖고 발기력에 집착하는 태도를 견지하 고 있다.

마초와 동형,
정력이 센 것을 자랑하려는 남성들의 심리 등

조조가 방덕을 선봉으로 삼자 7군을 관리하던 동형이 반대한다. 그 까닭 은 방덕이 원래는 마초 휘하에 있었고, 친형 방유(龐柔)가 촉나라에서 벼슬 을 하고 있어 언제라도 배신할 수 있기 때문이라고 밝힌다.

먼저, 마초(馬超)는 촉나라 오호대장군 중 한 명으로, '馬'가 정력을 의미해서 마초(馬超)는 정력이 뛰어나거나 센 사람이라는 의미다. 여기서 마양과 마초의 의미는 정력이 좋거나 세다는 의미여서 세분하여 살펴보지 않으면 혼동이 된 다. 마양이 정력이 좋다는 것은, 그의 자인 계상과 백미를 통해 정력이 노년까 지 일정하게 좋은 상태를 강조하는 의미다. 반면에 마초는 정력이 노년까지 좋은 것과는 관계없이 특정 시기에 정력이 세거나 넘친다는 의미다. 특정 시기에 정력이 넘친다는 것은 성행위를 할 때 하룻밤에 지치지 않고 몇 회 이상을 하거나, 많은 여자들과 잠자리를 갖는 것을 의미한다.

방덕이 한때 마초를 모시고 있었다는 것은 방덕이 처음에는 마초적인 정력이 센 것을 큰 덕으로 생각하던 사람이었다는 의미다. 실제로 한참 젊었을 때는 세간에서 정력이 센 것을 큰 덕처럼 생각하는 경향이 있다. 젊은 남성들은 몇 명의 여자와 잤거나 하루에 몇 회, 몇 시간을 했다며 자랑까지한다. 그것은 술을 많이 마시고 몇 차까지 갔다며 술이 센 것을 자랑하는 객기와도 같다.

방덕이 마초 아래서 공을 세웠다는 것은 정력이 센 것을 으스대며 마치 큰 덕이나 자랑거리인 양 앞세웠다는 의미다. 마초처럼 정력이 센 것이 음지(陰地)적이며 개인적인 자랑거리가 될 수는 있다. 하지만 밝고 큰 세상에서는 그것이 공적인 자랑거리가 되지는 못한다. 예를 들어 이것을 선거 유세에서 드러내놓고 자랑하는 얼간이 후보자가 있다면 십중팔구 다 떨어질 것이다. 그래서 선거 홍보물에 그런 내용이 실리지 않고, 그런 유세도 안 한다.

결국 나이를 먹음에 따라 방덕이 자연스럽게 마초와 헤어졌던 것이다. 대부분의 남성들도 방덕처럼 한창 젊었을 때는 정력이 센 것을 자랑거리로 은근히 내세운다. 그러다 나이가 들어감에 따라 자연스럽게 그런 객기와 이별하게 된다.

동형이 반대한 것은 방덕이 정력이 센 것을 큰 덕으로 생각하며 내세우던 적이 있다는 과거의 사실이다. 그런 사람이라면 정력 센 것에 가치를 두어 관우처럼 발기력의 자연 쇠퇴를 인정하지 않을 수 있다는 의미다. 여기서 7군을 다스리던 동형이 어떠한 자세나 가치관을 의미하기에 방덕을 반대했는지 그의 이름 뜻을 통해 좀 더 살펴볼 필요가 있다.

董 = 감독하다, 감시하다, 거두다, 연근

衡 = 저울, 저울질 하다, 헤아리다, 판단하다, 평평하다, 고르다, 동등하다

동형(董衡)은 연근이 상징하는 남근에 대해 균형적인 입장을 취하는 태도다. 예를 들어 발기부전에 대해 일시적인 현상인지, 나이를 먹음에 따라 어쩔 수 없이 발생하는 것인지 잘 판단해서 행동을 결정하려는 자세다. 동형의 입장에서는 방덕의 과거 행적으로 봐서 이미 마초적인 정력이 센 것을 숭상하는데 무게추가 쏠렸다며 반대한 것이다.

그들이 다스리던 7군에서 7이라는 숫자는 무지개처럼 다양성이나 변화를 상징하는 수다. 또한 7은 1부터 10까지의 수 체계를 하나의 전체로 보면 중반을 넘어서 사물의 되어 감이나 변화가 확실히 보이기 시작함을 나타내는 수다. 따라서 '협상이 7부 능선을 넘었다'는 표현을 비롯해 7부 능선이라는 말이 일상 속에서 많이 사용된다. 방덕이 7군을 이끌고 싸운다는 것은 관우에게 이제 발기력도 자연 쇠퇴의 7부 능선을 넘었음을 알리는 것이다. 성생활의 변화를 받아들이라는 강력한 경고다.

증구천의 방덕을
양강의 물로 공격하는 관우

관우와 방덕이 100합을 싸우고, 방덕이 화살을 쏘아 관우의 팔에 맞히기도 하지만 결정적인 승부가 나질 않는다. 발기력의 쇠퇴를 인정하고 통 크게 받아들일 것인지 여부를 두고 관우와 방덕적인 가치관이 팽팽하게 대립하며 맹렬하게 싸우는 내면의 모습이다.

사춘기 때는 자위행위를 할 것인가, 말 것인가를 사이에 두고 내적 갈등

을 하며 고민한다. 이러한 갈등과 고민의 모습이 동탁토벌대 구성, 여포와 조조가 벌인 치열한 복양성 전투로 표현되었다. 사춘기처럼 중년 아저씨들도 발기력의 쇠퇴를 인정하는 것을 두고 이처럼 보이지 않는 갈등과 고민을 하여 그것이 치열한 전투로 표현되고 있다.

우금과 방덕이 '그물 주둥이'라는 뜻의 산골짜기 '증구천(罾口川)'에 주둔한다. 그러자 관우가 양강(襄江)의 물을 막았다가 터놓아 우금 진영의 병사들이 떼죽음을 당한다. 이때, 우금은 항복했지만 방덕은 동형 등이 항복을 권하나 그들을 죽이고 끝까지 싸우다 물속에 빠진다. 관우의 부하 주창(周倉)이 그를 건져내 관우 앞으로 데리고 가지만 그는 당초에 관을 짜놓고 호언했던 것처럼 항복을 안 해 죽음을 맞이한다.

이 전투의 핵심은 양강(襄江)과 증구천(罾口川)이다. '襄'은 돕는다는 뜻으로 약해진 정력을 돕는다는 의미다. 양강의 물로 공격하는 것은, 정력이 떨어진 남성들이 이를 보충하기 위해 갖가지 약이나 민간요법, 운동 등을 총동원하며 일시에 쏟아붓는 모습이다. 그렇게 하면 잃어버린 정력을 회복하고 발기부전을 치료할 수 있다고 생각하기 때문이다.

증구천은 그물 주둥이라는 뜻이다. 증구천에 있는 우금과 방덕을 향해 양강의 물을 일시에 쏟아붓게 되면 그들이 일정 순간은 정신을 못 차리게 된다. 하지만 그물은 액체를 가둘 수 있는 둑이나 시설이 아니기 때문에 물을 부으면 결국은 새나가기 마련이다.

중년 남성이 자신의 발기력이 쇠퇴하자 갖가지 정력 보조약품이나 음식, 민간요법 등을 마치 강물을 쏟아붓듯 일시에 먹거나 행한다. 반짝 효과는 볼지 모르지만 결국은 그물망 사이로 빠져나가듯 새나간다는 의미다. 나이는 어쩔 수 없기 때문이다. 오늘날 발기부전을 지닌 남성들의 구세주라 할 수 있는 발기부전 치료제도 마찬가지다. 약을 먹으면 반짝 효과가 생기나 하루가 지나면 또 다시 발기부전으로 돌아간다. 젊었을 때 필요시 자연스럽게 발기가 일어나는 것과는 근본적으로 다르다. 그래도 현대 중년 남성들은 복 받은 시대에 살아가고 있다. 필요시마다 발기부전 치료제를 구입해 먹을 수 있기 때문이다.

이 전투에서 관우가 우금과 방통에게 이기는 것은 정력 보조제나 민간요법 등을 총동원하여 일시적으로 발기력이 좋아지는 모습이다. 다만, 방통이 끝까지 저항하고 욕을 하며 항복하지 않는다. 쇠퇴한 발기력을 인위적인 방법으로 일시적으로 회복하는 것은 자연의 이치에 맞지 않고 통 큰 마음이 아니라고 비판하는 모습이다.

주창(周倉),
발기력을 돕는 약이나 음식은 두루 곳곳에 있다

방덕이 관우에게 필사적으로 저항하며 작은 배를 타고 번성 쪽으로 달아난다. 이때 주창이 큰 뗏목을 타고와 배를 들이받아 배가 뒤집히는 바람에 방덕이 물속에 빠진다. 그 순간 주창이 물속으로 뛰어들어 방덕을 사로잡아 끌어올린다. 주창은 관우 옆에서 내내 보좌를 했고, 나중에 맥성에서 끝까지 저항한다. 관우가 죽었다는 말을 듣고 스스로 목을 찔러 자결한 충성스러운 부하였다. 주창은 『삼국지연의』에만 나오는 가공인물이어서 별칭이나 고향도 알 수 없다. 오로지 이름 뜻과 행적으로 그의 성격이나 삶의 가치관을 파악해야 한다.

周 = 두루, 골고루, 널리, 둘레, 마음씨나 주의가 두루 미치다
倉 = 곳집, 창고

주창(周倉)은 둘레나 주변 널리 곳집이나 창고가 있다는 뜻이다. 곳집이나 창고는 쌀이나 곡물을 보관하는 건물로서 약재 등도 보관할 수 있다. 그러므로 주창은 정력과 발기력을 돕거나 보충하는 음식이 우리 주변 곳곳에 두루 널려 있다는 자세다. 구하기 어렵고 귀한 산삼, 녹용만이 보약이 아니다. 음식이 보약이라는 말처럼 정력이나 발기력을 보충하는 음식이나 약재는 우리 생활 주변에서 널려 있고 쉽게 구할 수 있다.

정력을 촉진시켜주는 것으로 알려진 음식의 예를 들어 보자. 굴, 토마토, 마늘, 부추, 달래, 양파, 마, 참깨, 호두, 새우, 장어, 낙지, 미꾸라지, 각종 회 등이 있다. 임금이나 귀족만 먹을 수 있는 음식이 아니라 우리가 일상에서 쉽게 접하는 음식들이다. 오늘날에는 사무실까지 수십 가지가 넘는 과일이나 녹즙 등을 직접 배달해 줘 더 손쉽게 구해 먹을 수 있다. 대도시에는 사무실만 나가면 먹자골목과 각종 음식점 들이 즐비하다.

음식이 정력제며 주변에 널려 있다는 주창(周倉)적인 자세가 방덕의 배를 들이받고 붙잡는 것은 남성들의 내면 심리를 아주 치밀하게 묘사하고 있다. 방덕은 이제 나이도 먹었으니 발기력이 쇠퇴한 것을 애석해하거나 집착하지 않고 통 큰 마음으로 인정할 것을 주문한다. 이에 대해 주창은 "무슨 소리 하는 거냐, 주변에 있는 음식만 잘 먹어도 정력이나 발기력을 회복할 수 있다."는 자세로 들이받는다. 주창의 공격으로 방덕 같은 자세나 생각이 자기도 모르게 순간적으로 뒤집혀 발을 붙일 공간을 잃게 된다. 왜냐하면 주창이 주장하는 말에 일리가 있기 때문이다. 주창은 정력 보강에 값비싸고 미신적인 약제가 잘 듣는다고 운운하는 것이 아니다. 생활 속에서 쉽게 구할 수 있는 음식물만 잘 먹어도 발기력을 회복할 수 있다고 주장하자 먹혀 들어가는 모습이다. 기왕이면 다홍치마라고 그렇게 해서 발기력이 회복된다면 나쁠 것이 없다는 생각이 순간적으로 든다.

그 결과 방덕이 그동안 일관되게 주장해 온 나이 먹어 찾아온 발기력 쇠퇴를 인정하자는 자세가 배가 뒤집히듯 순간적으로 뒤집히는 묘한 순간이다. 주창의 주장이 먹혀들어가서 방덕 자신이 지지해 온 생각의 중심을 잃고 허우적거린다. 그 짧은 순간을 이용해 주창이 방덕 주장의 약점을 파고들어 붙잡는 내면의 모습이다. 이것은 『삼국지연의』가 인간의 뇌 속에서 일어나는 심리적인 상황을 마치 MRI로 찍어 외부로 끄집어내 보여주는 것 같은 정교함을 보여주는 장면이다. 그래서 『삼국지연의』는 어떤 말로도 형용할 수 없는 인문학적 가치가 있는 세계 최고의 작품이다.

만총(滿寵),
사랑했고, 즐겼고, 자식 낳고, 그 정도면 충분하다

관우가 양강(襄江)의 물로 수공을 하자 번성의 성벽이 여기저기 침식당해 성안 백성들이 남녀노소 할 것 없이 막는 데 여념이 없다. 조인은 적군이 오기 전에 달아나 목숨을 보전하려고 한다. 이때 부하인 만총(滿寵)이 물이 10일도 못 되어 곧 빠진다며 만류해 마음을 고쳐먹고 번성을 지키기로 한다.

관우는 발기력의 한계에 직면하여 번성의 성벽을 어떻게든 무너트리려고 안간힘을 쓰며 더위잡고 있다. 따라서 관우의 수공 작전이 부분적으로 성공을 거둬 번성 성벽이 여기저기 침식당한다. 정력 보조제를 강물처럼 쏟아 부음으로써 번성이 상징하는 발기력의 한계가 일시적, 부분적으로 무너지는 모습이다. 이것을 보고 조인이 깜짝 놀랐던 것이다. 조인은 발기력에 한계가 왔다는 번성을 고수하고 있는데 발기력이 일시적으로 회복되니 놀라지 않을 수 없다. 이런 마술 같은 일이 벌어졌으니 발기력이 한계점에 도달했다는 번성을 포기하려는 마음이 드는 것이 당연하다. 정력 보조 식품이나 민간요법만 잘 쓰면 발기력의 한계가 무너지고 이전처럼 발기력이 회복될 수도 있겠다는 생각에 혹하는 모습이다.

갱년기에 발기력이 시원찮은 남성들은 다른 사람이 먹고 효험을 봤거나 무엇이 발기부전에 좋다고 매스컴에 나는 순간 벌떼처럼 달려간다. 이것이 중년기 남성들이 발기력을 둘러싸고 벌이는 웃지 못할 자화상이다. 만총(滿寵)이 가까스로 만류하여 조인이 마음을 고쳐먹고 번성을 지킨다.

> 滿 = 가득 차다, 풍족하다, 만족하다, 일정한 한도에 이르다
> 寵 = 사랑하다, 괴다, 교만하다, 굄, 영화(榮華), 영예(榮譽)

만총(滿寵)은 가득 차거나 한도에 이른 총애(寵愛)나 영화 등을 의미한다. 그동안 관우가 상징하는 발기력이 수십 년간 총애와 영화, 영예를 가득 차게 받아 와 일정한 한도에 이른 것을 의미한다. 남성들은 사춘기 이래로 발기가 왕성하게 일어나면서 자위행위를 비롯해 여성과 크고 작은 수많은 성행위를 갖는다. 동작대 위에서 아름다운 성생활이 이뤄졌다. 그 과정에서 매혹적인 세이렌 소리도 수없이 듣고 자녀도 출산하는 영화와 영예를 가질 수 있었다.

관우적 발기력이 수십 년간 총애를 받아오며 충분히 자기 역할을 다 한 것이다. 이제는 시한이 만료되었다는 자세다. 정력 보충제로 일시적인 발기력을 회복하는 것은 번성이 상징하는 발기력의 한계를 뛰어넘는 것이 아니다. 결국 발기력이 다시 쇠퇴하고 죽게 될 것이라는 의미다. 발기력과 노화는 정비례하기 때문이다. 실제로 10일이 지나자 물이 점점 빠지기 시작한다.

정력 보충제를 통해
발기력을 회복할 수 있다는 남자들의 착각

관우가 양강의 물을 이용하여 장수 우금 등을 사로잡았기 때문에 그 위엄이 천하에 진동한다. 듣는 사람마다 놀라지 않는 자가 없었다고 한다. 적벽대전에서 5만 병력으로 조조의 100만 대군을 몰살시킨 대승을 거두고도 이렇게 칭찬하는 표현은 없었다. 남성들이 정력 보조제와 민간요법 등을 통해 자신의 발기력을 일시적으로 회복한 것에 대해 세상을 다시 얻은 것처럼 기뻐하는 모습이기도 하다. 얼마 동안은 진짜로 발기력의 한계를 무너뜨릴 수 있다는 생각에 빠지기도 한다.

이때 둘째 아들 관흥(關興)이 와서 문안 인사를 드린다. 관우가 이번 전투의 공로를 한중 왕 유비에게 알려 유공자들에 대한 벼슬과 계급을 높이는 청을 하라고 지시한다. 실제로 중년 남성들이 발기부전이 되어 성생활이 어렵게 되면 남에게 함부로 얘기할 수도 없고 아주 죽을 맛이다. 부인 앞에서 체면도 서지 않고 할아버지 다 됐다는 소리를 듣는다. 자신의 노력으로 이를 회복했으니 얼마나 기쁘겠는가? 자신감도 회복된다. 보통 사람들도 으스대며 관우처럼 행동하고도 남는다. 남성을 회복한 자신에게 상을 줄 만도 하다.

관흥(關興)은 관계하는 것을 일으킨다는 의미다. 부부 관계가 이뤄지지 않다가 정력 보조제 사용으로 다시 발기력이 회복되어 부부 관계를 다시 일으키거나 성공함을 의미한다. 한중 왕에게 알린다는 것은 남성다움을 회복한 행위를 스스로 칭찬하고 가치를 부여하는 모습이다. 그러나 중년 남성들이 정력 보충제를 통해 다시 젊었을 때의 발기력을 유지한다는 것은 고대사회에서는 남성들의 영원한 착각이었다. 그것은 일시적인 것에 불과해 곧 재발하며 자연의 순리에 역행하기 때문이다.

500명 중에 한 명이 쏜 화살,
수많은 발기부전 원인

관우가 승리한 기세를 모아 번성을 포위하고 공격할 때 조인의 궁노수 5백 명이 일제히 화살을 쏜다. 그중 한 대가 관우의 오른팔에 맞아 관우가 말에서 떨어진다. 이 모습은 번성이 상징하는 발기력의 한계를 넘어보려고 하나 결국은 막히고 발기부전의 상처를 입는 것을 의미한다.

여기서 자칫 간과하고 넘어갈 매우 중대한 사실이 있다. 통 큰 방덕의 화살을 관우가 맞을 때는 왼팔이고 간단한 처치로 상처가 낫는다. 이번에는 오른팔이다. 오른손은 왼손보다 주된 힘과 기능을 발휘한다. 기본적으로 왼손의 상처보다 오른손의 상처는 치명적이다. 오른손에 깁스를 하게 되면 거의 아무것도 못 하거나 힘을 쓰지 못해 가정과 직장에서도 열외 되는 경우가 많다. 관우가 조인의 부하들로부터 맞은 화살이 더욱 치명적인 발기부전이라는 의미다. 발기력이 거의 제 기능을 할 수 없을 만큼 쇠약해졌거나 힘을 쓰지 못하게 됐다고 볼 수 있다.

그들이 화살을 쏜 곳이 번성의 성벽 위였기 때문이다. 번성이 나이 먹은 사람들의 자연적인 발기력의 한계를 뜻하는 곳이므로 그 화살의 의미는 이제 발기력의 한계가 왔다는 의미다.

특히, 500명이 쏜 화살 중에 하나라는 것은 발기부전이 수백 가지의 다양한 원인이 복합적으로 결합하여 발생하고 있음을 상징한다. 그래서 원인을 찾기가 매우 어렵다. 오늘날에도 발기부전의 원인을 찾을 때 비뇨기과

의사들은 마치 조인의 500명 부하들 숫자만큼이나 다양한 원인을 염두에 두고 진료를 시작한다. 우울증, 신경질환, 골반 수술 여부, 흡연, 음주, 당뇨, 고혈압, 신부전, 뇌와 척수 이상, 비만과 운동 부족, 약물 이상 등이 있는지 검사를 먼저 한다. 이들 중 어느 한 개나 또는 복합된 요인이 중년의 남자에게 어느 날 유시(流矢)처럼 날아와 발기부전의 치명적 상처를 입히는 것이다. 일반적으로 발기부전의 원인은 알기도 쉽지 않고 치료도 쉽지 않다.

1,800년 전 관우뿐만이 아니라, 오늘 이 시각에도 수많은 중년 남성들이 조인의 부하 500명 중 누군가 쏜 유시에 맞아 발기부전에 시달리고 있다. 발기부전은 단순하게 발기에 이상이 있는 것이 아니라 건강과 노화적인 측면에서 자기 자신을 전체적으로 돌아볼 시기임을 알려준다.

화타,
생로병사의 이치를 받아들이면 만능 주치의가 생긴다

이처럼 화살 맞은 관우를 아들 관평이 가까스로 구한다. 상처가 깊어 유명한 의원을 찾는 도중에 강동에서 명의 화타(華陀)가 와서 관우의 상처를 고쳐준다.

華 = 빛나다, 찬란하다, 화려하다, 사치하다, 호화롭다, 번성하다
陀 = 비탈지다, 무너지다, 험하다, 벼랑, 산등성이

화타(華陀)는 우리가 알고 있는 명의라는 이미지와는 전혀 다른 의외의 이름 뜻이 나온다. 빛나거나 찬란하고, 화려하고, 호화롭고, 번성했던 것들이

무너진다는 의미다. 찬란했던 문명이 무너지고, 한 시대를 풍미했던 영웅과 미녀가 뒷방 노인네가 된다. 영원히 찬란하게 빛날 것 같은 태양도 수십억 년 후에는 수명을 다하는 것이 우주의 이치다. 화려하게 번성하던 남근의 발기력도 무너진다는 의미다. 사실이 이렇지만 사람들이 집착하고 욕망의 끈을 놓지 않아서 만병의 근원이 되는 것이다. 결국은 나이 들면 노화에 비례해 발기력이 쇠퇴할 수밖에 없다는 자연의 순리를 받아들이는 것이 문제를 근본적으로 치료하는 명의라는 것이다.

홍망성쇠와 생로병사는 거역할 수 없는 자연의 이치다. 이러한 현상이 자신에게 닥쳐왔을 때 진정으로 이해하고 받아들이는 순응적인 자세가 필요하다.

화타가 바로 그런 자세를 지닌 사람이며, 그것이 만병을 고치는 명의가 되는 비밀이다. 그런 자세가 있어야 갱년기에 찾아오는 발기력 쇠퇴나 발기부전으로 인한 스트레스와 갈등을 예방하고 치유할 수 있다. 그의 자는 원화(元化)로 으뜸가는 교화나 가르침, 조화를 뜻한다. 결국 생로병사의 원리에 따라 빛나고 찬란하던 발기력이 무너지는 것을 받아들이고 순응하는 것이 으뜸가는 가르침이자 조화다. 한마디로 욕망과 집착을 버리고 분수와 때에 맞게 살아가는 자세가 건강한 삶을 유지해 주는 만능 주치의인 화타라는 것이다.

발기부전 치료,
뼈를 깎는 고통과 바둑 같은 다양한 수 찾기

화타가 관우에게 한 수술은 오늘날로 치자면 외과 수술이다. 화타가 수술이 매우 고통스럽고 두려운 일이기 때문에 다음과 같이 수술이 진행된다고 관우에게 미리 알려준다.

> "그럼, 치료를 위해 조용한 곳에다 튼튼한 기둥을 하나 세우고, 거기에다 큰 쇠고리를 박고, 군후께서는 그 쇠고리에 팔을 끼우십시오. 그러면 줄로 단단히 비끄러맨 연후에 군후의 얼굴을 베로 가립니다. 내가 뾰족한 칼로 가죽과 살을 쪼개어 뼈까지 드러나게 하고 뼈에 퍼진 독기를 긁어낸 후 약을 붙이고, 실로 그 상처를 기워야 비로소 고칠 수 있습니다. 그러나 군후께서 겁을 먹으실까 두렵소이다."

효과적인 마취제가 없던 고대사회에서 뼈까지 건드리는 극심한 통증이 수반되는 수술을 할 때 보통 사람들이라면 이렇게 하는 것이 당연하다. 그러나 관우는 술 몇 잔 마시고 자리에 앉아서 수술하라고 오른팔을 내민다. 그리고 아무 일 없다는 듯이 왼팔로는 마양과 바둑을 둔다. 화타가 칼로 뼈를 긁어내는 소리가 사각사각 나니 주변에 있던 사람들이 모두 얼굴을 가리고 하얗게 질린다. 관우는 관심 없다는 듯이 간혹 술잔과 고기를 들고 바둑을 두면서 태연히 웃고 말하는데 전혀 아파하는 기색이 없었다.

솔직히 말하자면 모든 남성들이 관우처럼 극심한 고통도 태연하게 견뎌내서 자신의 남자다움을 인정받길 원한다. 그러나 현실에서 고통은 고통이다. 인간으로서 관우처럼 고통을 느끼지 못한다면 그의 신경 체계가 잘못된 것이다. 그와 같은 사람은 오히려 위험에 쉽게 노출되는 것이 현실이다. 발가락의 신경이 죽어 통증을 못 느끼는 당뇨병 환자가 자던 중 기르던 애완견이 발가락을 뜯어 먹어도 몰랐던 사건 등이 좋은 예다.

관우는 오른팔에 화살 맞은 것이 상징하는 자신의 심각한 발기부전을 치료받고 있는 중이다. 발기부전 치료제가 발명되기 이전까지는 모든 남성들이 발기부전을 치료하기 위해서 관우처럼 마취 없이 뼈를 깎는 고통을 견뎌내야 했을 것이다. 발기부전을 일으키는 요인이 너무 다양하고 광범해 그것들 중 어느 것이 날아와 맞았는지 모르기 때문이다.

『삼국지연의』를 구전시킨 중국의 대중들이 발기부전의 요인을 아주 제대로 본 것이다. 관우는 500가지가 넘는 발기부전을 일으키는 원인에 대해 하나하나 대응하며 수를 찾아 가야 한다. 그러한 모습을 마양과 바둑 두는 장면으로 묘사한 것이다. 마양은 이미 분석했듯이 백미(白眉)처럼 눈썹이 하얗게 세는 노년까지 굴곡이 없이 일정하게 정력이 좋은 사람이다. 바둑은 그 수가 무궁무진하다고 할 정도로 다양하다. 바둑에서 나올 수 있는 경우의 수가 우주에 존재하는 별 전체의 개수보다 많은 10의 700승이라고 한다.

관우가 마양과 바둑을 두는 것은 노년까지 정력을 굴곡 없이 일정하게 유지하기 위해서 다양한 수와 방법, 묘수를 찾으며 골몰하는 모습이다. 다만, 그 방법을 찾는 것이 뼈를 깎는 듯한 고통을 수반한다는 의미다.

뚱뚱한 사람이라면 살부터 빼야 한다. 술과 담배를 좋아하는 사람이라면 이를 줄이거나 금지해야 한다. 또한, 야채와 과일, 고기와 곡물이 균형 잡힌 식사를 해야 한다. 적당한 운동과 충분한 수면을 취하고, 스트레스를 받는 일도 줄여야 하는 등 취할 수 있는 모든 방법을 강구해야만 한다. 그러나 살을 빼고, 술 담배를 끊는 등 이런 일들이 쉬운 일이 아니고 요요현상이나 금단현상 때문에 더욱 힘들다. 하나같이 뼈를 깎는 듯한 고통스러운 일이다.

이와 같은 어려움과 고통 속에서도 수술이 성공으로 끝난다. 심각한 발기부전에 걸렸던 중년 남성이 뼈를 깎는 고통을 감수하면서까지 발기력 회복을 위한 다양한 묘수를 구해 성공하는 모습이다.

여기에 화타가 조건을 부여한다. 일단, 상처가 아물기는 했지만 그 팔을 아끼고 결코 분노하지 말아야 한다고 말한다. 심각한 발기부전에 한번 걸렸던 사람이 우여곡절 끝에 발기력이 회복된다고 해도 나이가 있어 한창때처럼 왕성하지 못한 것이 현실이다. 팔을 아껴 쓰라고 한 것은 정력을 아껴 쓰라는 충고다. 부부 생활을 자주 갖다 보면 어떤 날은 발기력이 부족해 또다시 발기부전을 겪을 수 있기 때문이다. 이때 자신의 이런 처지에 대해 다시 분노하고 좌절하게 되면 그 심리적 상처가 너무 커서 성생활이 완전히 불가능하게 된다는 의미다.

화타의 치료를 받고 관우가 낫는 것은 화타가 주는 삶의 메시지인 생로병사와 흥망성쇠의 원리를 일부 받아들이는 것이기도 하다. 발기력 부족이나 발기부전 등을 경험함으로써 나의 빛나던 시절도 한풀 꺾였구나, 나도 이제는 예전 같지 않구나 등의 생각이 든다. 동시에 이 문제를 해결하기 위해서 정력과 양기를 보충하는 음식과 약제 섭취, 운동 등 다각도로 노력하는 갱년기 남성들의 모습이다.

서황(徐晃), 갱년기 진실을 서서히 밝혀 나가는 자세

관우처럼 50대 후반에 발기력이 쇠퇴하면 대부분의 남성들은 이를 회복하기 위해 갖가지 방법을 쓰며 집착하게 된다. 방덕같이 큰마음으로 자신의 성적인 변화를 받아들이자는 자세도 무시하고 오직 발기력 회복에만 관심이 있다. 남성들에게 있어서는 발기가 제대로 안 된다는 것은 남성적 자존심을 건드리고 자신이 늙었음을 인정하는 것이기 때문이다. 조조가 관우의 이러한 기세에 대적할 장수를 구하자 서황(徐晃)이 나선다.

서황은 앞에서 이름 뜻을 분석했듯이 진실을 서서히 밝혀나가는 자세다. 관우가 집착하는 발기력 회복이 과연 최종적으로 진실인지 여부를 신중하게 따져보겠다는 자세다. 그의 자인 공명(公明)은 사사로움이나 한쪽으로 치우침이 없이 공정함에 밝다는 의미다. 그는 나이 듦에 따라 자연 발생적으로 찾아온 발기력 쇠퇴에 대해 관우처럼 집착하는 자세를 경계한다. 살아가면서 자기 자신의 행위나 욕망에 대해서 서황처럼 공명(公明)한 자세를 취한다는 것은 쉽지 않은 일이다. 남의 눈에 있는 티는 보기 쉬워도 자기 눈에 있는 티는 보기 어려운 것이 인간의 심리이기 때문이다.

그는 큰 도끼의 명수다. 큰 도끼는 크고 단호하게 찍어내는 결단을 상징한다. 자신에게 도래한 성적, 심리적 변화에 대해 서서히 밝힌 후 큰 결단력을 내려서 자신의 삶을 새로운 모습으로 전환시켜 나가는 자세다. 발기부전을 맞이한 중년 남성들을 살펴보면 한동안은 발기부전 때문에 고심하고 우울한 마음에 빠져 지내는 것을 쉽게 볼 수 있다. 그러나 결국은 서황과 같이 서서히 무엇이 진실이고 거짓인지 살피고, 받아들이는 대 결단을 내려서 변화에 적응하고 새로운 생활을 해 나가게 된다. 남보다 조금 더 돌아가는 한이 있어도 결국은 서황처럼 살아가야 하는 것이 제대로 된 인생이다.

여건,
갱년기는 삶의 뼈대를 다시 세우는 시기

서황처럼 진실을 서서히 밝혀가는 자세는 그 자체만으로는 위력을 발휘하지 못한다. 추가적으로 어떤 자세나 가치관이 필요하다. 그래서 그가 부장으로 대동한 사람이 여건(呂建)이다.

'呂'는 여포(呂布)를 분석할 때는 글자의 모습으로 보아 무엇인가 꽉 쥐고 있는 것으로 해석했다. 그러나 이 의미로는 뒷부분 글자인 '建' 자와 전혀 어울리지 않는다. 서황의 부하로서 관우와 싸우러 가는 상황 등을 고려해 '呂'가 지닌 다른 의미를 적용해야 한다.

'呂'는 등뼈라는 의미도 있다. 등뼈는 갈비뼈와 연결되어 몸통을 지지한다. 동양식 건축물에 있어서 서까래와 연결되어 지붕을 떠받치는 대들보와 같은 역할이다. 여건(呂建)은 사물의 기본적인 뼈대나 중심을 세운다는 뜻이다.

이런 여건을 부장으로 삼았다는 것은, 갱년기 남성의 삶과 생활의 기본적인 뼈대를 다시 세우려는 모습이다. 남성 갱년기가 도래했다는 것은 성생활의 변화는 물론 사회생활, 내면의 변화까지 촉구하기 때문이다.

사람들은 사춘기가 도래한 이후 사랑과 연애를 하고 성생활로 연결된 가정을 꾸리고 자식을 낳아 기른다. 무수히 많은 부부 관계를 갖고 생활의 많은 것이 사랑과 연애 등 성적인 에너지와 연결되어 있다. 사람의 반쪽이 성 본능이요, 성과 관련된 에너지가 생활의 곳곳에서 그동안 반평생을 움직여 왔던 것이다. 이성을 만날 때 순수하게 인간적인 면보다 성적인 잣대를 먼저 들이대며 예쁘거나 섹시함 등을 먼저 평가하는 생각을 사춘기 이후로 쭉 해왔다. 그러므로 갱년기를 맞이하여 정말로 이제는 성적인 가치관이나 사고방식 등이 바뀌어야 할 때가 도래한 것이다.

이처럼 사람들의 마음속에서 반쪽을 차지하고 있던 부분이 쇠퇴해가기 시작한다는 것은 중대한 사건이고 커다란 심리적인 변화를 요구한다. 마치 사춘기가 도래할 때 청소년들이 극도로 방황하고 질풍노도의 시기를 겪는 이치와 같다. 성 본능이 들어오는 사춘기에는 황건적의 반란, 동탁과 여포의 폭정으로 고생한다. 성 본능이 빠져 나가는 시기인 갱년기에도 이에 버금가는 심리적인 방황과 혼란이 생기고 심적 고생을 한다. 이때는 그동안 순기능을 해왔던 관우적 발기력에 대한 집착이 일어나기 때문이다.

사춘기 때는 발기력과 욕망은 자주 일어나나 이를 해소할 대상이 없어 갈등하고, 갱년기 때는 대상과 욕망은 있으나 발기력이 쪼그라들어 갈등한다.

이러한 육체적, 심리적 변화는 혼자만 겪는 것이 아니다. 사춘기가 모든 사람들에게 도래했듯이 마찬가지로 갱년기도 모든 사람들에게 도래함을 이해해야 한다. 그다음, 진실을 서서히 밝혀가는 서황의 지휘 아래 여건(呂建)처럼 삶과 생활의 기초 뼈대를 다시 세워나가야 한다.

중년들이여!
초조해 말고 여유와 대범함의 땅 양육파에 주둔하라!

조조가 서황 일행에게 우선 양육파(楊陸坡)라는 곳에 가서 주둔하고 있다가 동오군과 연합하여 한꺼번에 쳐들어가라는 명령을 내린다.

남성 갱년기가 도래하면 성욕이 감퇴하고, 전신 무력감과 조금만 운동해도 쉽게 지친다. 생활의 재미가 줄어들고, 괜히 우울해지고, 과거부터 해오던 일도 수행하기 어려워져 자신감이 줄어든다. 저녁 식사 후 졸려서 바로 자는 경우가 많아지고, 부정적으로 생각하는 경향이 증가한다. 많은 사람들이 이러한 증상이 자신에게만 내려진 재수 없는 증상, 또는 천형(天刑) 등으로만 알고 한동안 끙끙 앓는다. 우연한 기회에 주변에서 똑같은 증상을 듣거나, 인터넷을 뒤지고 병원 등에 가서야 자신에게 갱년기 증상이 발현되고 있음을 깨닫게 된다. 이럴 때 심리적으로 초조해져 이를 회복하려고 조급하게 행동하거나 술로써 잊어 보려고 하다가 상황을 더욱 악화시킬 수 있다.

양육파는 버드나무 땅의 언덕이라는 의미다. 버드나무는 축축 늘어진 가지가 특성으로 유연함과 여유 등을 상징한다. '陸'은 바다나 섬의 반대의 의미를 지닌다. 그래서 크고 대범하고 본류적인 것, 바다의 반대의 의미로는 혼들리지 않는 안정적인 상태를 의미한다.

양육파에 주둔하라. 갱년기가 왔어도 조급해하지 말고 버드나무처럼 여유 있고 유연한 마음가짐과 육지처럼 동요하지 않는 대범한 자세를 든든한 언덕으로 삼아라. 그래야 상황을 그르치지 않고 문제 해결의 실마리를 찾을 수 있다. 갱년기 증상이 나타나면 자기 혼자에게만 나타난 불행이나 병, 노화로 생각되어 초조해지고 우울해지는 경우가 많기 때문이다. 젊은 사람들과 비교하자니 자신의 체력이나 신체가 훨씬 허약하다. 동년배나 자신보다도 더 나이 먹은 사람들도 팔팔해 보여 상대적인 우울감이 더 느껴진다. 따라서 위기극복 작전상 일단은 여유 있고 대범한 자세를 언덕 삼아 버티는 양육파에 머물러야 한다.

평범한 실력의 사람들끼리 당구 게임을 할 때 한 쪽이 4구에서 훨씬 앞서나가는 경우가 자주 있다. 지고 있는 쪽이 점수 차를 너무 의식하다 보면 조급해져 제 실력을 발휘하지 못하게 된다. 이때 지고 있는 사람이 "그래봤자, 결국 3구에 가서 다 만난다."고 말하며 위안을 삼음으로써 조급해하지 않고 제 실력을 발휘한다.

갱년기, 아무리 우울하고 심리적으로 침체되고 살맛 안 나게 만들어도, 살아 있으면 결국은 모두 통과하기 마련이다. 그러나 갱년기와 발기부전이 도래했을 때 양육파에 자신의 마음을 주둔시키는 사람들이 많지 않다. 대부분 그 반대로 해서 한바탕 소동과 어려움을 일으키는 것이 현실이기도 하다. 그래도 결국 다 만난다.

육손(陸遜),
겸손한 군자적인 자세가 문제 해결의 실마리를 풀다

한편, 동오에서는 손권의 명을 받아 여몽이 형주성 공략에 나선다. 그러나 형주 군사들이 만반의 준비 태세를 갖추고 있고, 봉화대도 2,30리마다 설치하여 관우와 연락 체계를 구축하고 있다는 보고를 듣고 여몽이 낙심한다. 이때 육손이 여몽을 찾아가 이름이 잘 알려지지 않은 서생인 자신이 여몽이 지키던 육구(陸口) 땅을 맡음으로써 관우의 경계심을 푼 다음 형주성을 공략하자고 제안해 여몽이 이를 받아들여 행동에 옮긴다.

육손은 관우와 직접 싸우지는 않지만 계략으로 그를 잡는 데 기여했다. 후일 유비가 일으킨 이릉전투에서는 촉군의 7백 리 영채를 모두 불살러 전투를 승리로 이끈 오나라의 지장(智將)이다. '陸'은 앞서 살펴봤듯이 편협하거나 국지적인 것에 비해 아주 크고 대범한 것, 동요하고 흔들리는 것에 대해서는 견고하고 안정적인 측면을 의미한다.

육손(陸遜)은 대범하고 대인적인 사람이면서 겸손한 사람이라는 의미다. 소인배들과 다른 군자(君子)다운 사람을 의미한다. 군자 육손이 관우에게 훌륭한 말, 기이한 비단, 좋은 술 등을 예단으로 보낸다. 그러자 관우는 형주 수비를 안심하고 그곳에 있던 병사 절반을 빼내어 번성을 공격하려고 준비에 박차를 가한다.

발기력에 집착하는 관우에 대해 우선은 비난하지 않고 그것이 사람 살아가는 모습이라며 인정하고 가치를 부여하는 모습이다. 발기력 부족이 발등의 불로 떨어져 이에 집착하고 있는 사람에게는 무슨 말을 해도 안 통한다. 그래서 육손이 해볼 수 있는 것은 모두 해보라는 자세를 보이며 군자적인 태도로 대하는 것이다. 그래야 반발을 하지 않고 나중에 스스로 자기 생각이나 태도에 잘못이 있었음을 깨달을 수 있기 때문이다.

보통의 갱년기 남성들도 발기력에 집착하는 자신에 대해 나이 먹어 어쩔 수 없다며 무조건 억압할 것이 아니다. 육손처럼 군자적인 태도를 갖고 대해도 무방하다. 해보지 못한 것에 대해서는 후회를 하기 때문에 해볼 것 다 해본 후 서서히 결론을 내려도 인생이 그렇게 급하지 않기 때문이다.

여몽(呂蒙),
나이 먹으면 풍류와 생활의 재미가 줄어든다

형주를 점령하고 관우를 사로잡는 작전을 총지휘한 장수가 여몽(呂蒙)이다. 그는 여포(呂布), 여건(呂建)과 같은 성씨지만 세 사람 모두에게 '呂'씨의 의미는 다르다. 뒤에 오는 한자어 이름과 '呂'가 가장 잘 어울려야 하며, 그가 벌인 전투, 상대 장수, 고사성어 등과 부합해야 하기 때문이다.

呂 = 법칙, 음률, 등뼈, 풍류, 나라 이름,
蒙 = (사리에) 어둡다, 어리석다, 어리다, 무릅쓰다, 덮다, 숨기다, 덮어 쓰다

사리에 어둡다는 뜻의 '蒙'과 가장 잘 어울리는 '呂'의 의미는 '음률'이나 '풍류'다. 여몽(呂蒙)은 음률이나 풍류에 어두운 사람이라는 뜻이다. 다시 말해 풍류가 의미하는 멋스럽게 사는 것을 모르는 재미없는 사람이다. 한평생 자식 뒷바라지만 하는 사람, 휴일도 없이 일만 죽도록 하는 사람, 평생 공부만 죽도록 하는 사람들이 여몽과 같은 경우라 할 수 있다.

나이가 들면 대부분의 사람들이 기본적으로 혈압도 높아지고 근력과 뼈도 약해진다. 오십견, 무릎 통증, 귀가 윙윙거리는 이명증, 전립선비대증, 치

아쇠약 및 소화불량, 노안 등으로 신체 상태가 전반적으로 쾌적하지 않다. 전반적으로 미적 감각이 떨어지고, 위험 부담을 수반하는 모험적이고 스릴 있는 행동을 회피하게 된다. 유원지에 가서 놀이기구도 안 타게 되고, 격렬한 스포츠를 피하고, 룸살롱, 나이트클럽 같은 곳에도 잘 가지 않게 된다. 이러한 것들이 생활의 재미와 연결되어 있는데 이러한 행위들을 줄이거나 접게 됨으로써 점점 살아가는 재미가 줄어들게 된다.

이에 비해 관우가 자신의 발기력의 한계를 극복하려고 노력하는 것은 성생활의 쾌락과 즐거움, 재미를 연장시키기 위해서다. 여몽이 관우를 직접 죽이지는 않지만 그가 작전을 총괄하여 관우를 죽게 만든다. 살아가는 데 있어서 생활의 재미와 쾌락 등 풍류적인 삶의 가치가 줄어듦으로써 발기력과 성생활의 가치도 줄어들고 죽어가는 모습이다. 이제까지 성생활을 통해 자식도 얻고 즐길 만큼 즐겼으므로 그만해도 되고, 몸 상태도 노쇠해져 재미와 쾌락을 즐기는 데 부적합하기 때문이다.

수불석권, 괄목상대

여몽과 관련된 고사성어로 수불석권(手不釋卷)과 괄목상대(刮目相對)가 있다.

> 손권이 학식이 부족한 여몽에게 책을 읽으며 공부하라고 권하였다. 독서할 겨를이 없다는 여몽에게 손권은 "후한의 황제 광무제는 변방 일로 바쁜 가운데서도 손에서 책을 놓지 않았다(手不釋卷)."는 이야기를 들려주었다. 그 후 여몽은 전장에서도 학문에 정진하였다. 그 뒤 노숙이 옛 친구 여몽에게 찾아와 대화를 나누다가 몰라보게 박식해진 여몽을 보고 놀랐다. 노숙이 언제 그만큼의 학식을 쌓았는지 묻자, 여몽은 "선비가 만나서 헤어졌다가 사흘이 지난 뒤 다시 만날 때는 눈을 비비고 다시 볼 정도로 달라져야만 한다(刮目相對)."고 말하였다.

수불석권은 책에서 손을 떼지 않는다는 의미로 자나 깨나 공부에 열중인 사람을 의미한다. 예전에 산속에 들어가 고시 공부를 했던 고시생, 대학교에 가기 위해 공부하는 수험생, 취업하기 위해 도서관에서 밤을 새우는 사람들이 수불석권한다. 이런 사람들의 생활이나 삶이 재미없다는 것은 두말할 나위가 없다. 수불석권은 여몽이 살아가는 인생 태도를 잘 보여준다. 이처럼 책에서 손을 떼지 않으니 맛있는 음식을 먹고 마시며, 여행하고 즐길 여가가 없다.

프로야구나 축구 선수 들도 일종의 수불석권을 한다. 그들은 손에서 배트를 놓지 않거나, 발에서 공을 떨어트리지 않는다. 그렇게 하지 않으면 생존경쟁이 치열한 프로의 세계에서 살아남을 수 없기 때문이다. 외부에서 보면 돈도 많이 벌고 화려할 것 같지만 수불석권하느라고 고단하고 스트레스를 많이 받는 생활을 한다. 그래서 여유가 조금 생기면 그동안 받았던 스트레스를 풀려고 간혹 도박들을 하여 사회적 물의를 일으킨다.

촉나라의 유비는 책 읽기를 싫어한 사람이고 관우는 의형제를 맺은 그 동생이므로 오나라의 여몽과 매우 대조적임을 알 수 있다. 또한 며칠 만에 괄목상대할 정도로 달라지기 위해서도 오직 공부나 훈련, 연습에만 매달려야 한다. 이러한 과정은 모두 힘들고 괴롭고 재미없는 과정이다. 물론, 수불석권이나 괄목상대 자체는 살아가는 데 도움이 되는 고사성어다. 다만, 풍류적인 삶이나 재미적인 관점에서는 부정적인 의미를 띠는 양면성을 지니고 있다.

자명(子明), 공명(孔明), 공명(公明), 영명(令明)

여몽의 자는 자명(子明)이다. 이에 비해 공명(孔明)은 구멍에 밝아 부부 화합을 도모하는 사람이다. 서황 공명(公明)은 공적으로 처리하는 데 밝은 자세, 방덕 영명(令明)은 명령이나 자연의 질서 등에 밝은 사람이다.

네 사람의 자를 보면 무엇인가에 밝다는 '明' 자를 돌림자로 지닌 한 형제들 같은 측면이 있다. 여기서 무엇인가에 밝다는 것은 그 분야에 지식이나 경험이 많고 매진하는 사람이라 할 수 있다.

자명(子明)은 '子'라는 한자가 지닌 모든 뜻에 밝다는 의미다. 그 뜻을 정확하게 알기 위해서는 과연 무엇에 밝은 사람인지 '子'의 의미를 좀 더 구체적으로 살펴봐야 한다.

> 子 = 아들, 자식, 첫째지지, 남자, 사람, 열매, 이자(利子), 돈, 번식하다, 어리다

자명(子明)은 '子'가 지닌 이러한 다양한 의미들에 밝다는 것이다. 아들이나 자식에 밝다는 것은, 맹모삼천지교처럼 자녀들을 키우거나 뒷바라지하는 데 밝다는 의미다. 이런 사람은 엄격한 훈육 및 돈, 시간, 노력 등 모든 것을 투자하여 주요한 인물, 성공한 사람으로 키워낸다. 자식들을 유명 학원에 보내고, 유명 고등학교를 걸쳐 유명 대학에 보내려고 온갖 노력을 다한다. 일부는 아이들을 데리고 유학까지 나가서 기러기 부부까지 자처한다.

또한 '子'가 남자의 뜻으로 사용될 때는, 고대사회에 있어서 제자백가(諸子百家)나 맹자(孟子), 공자(孔子) 등 학식이 있는 남성을 의미한다. 이들같이 뛰어난 사람이 되는 것에 밝다는 의미다. 다시 말하면 학문을 비롯하여 자신

의 입신양명에 밝은 사람이라는 의미다.

'子'는 열매나 이자, 돈의 뜻도 있다. 일이나 사업을 통해 무엇인가를 성취하고 돈 따위의 재물을 얻는 데 밝음을 의미한다. 특히, 이 부분은 그의 고향인 부피(富陂)와 관련이 있다. 부피(富陂)는 부와 재물의 연못이라는 의미다. 돈을 모으거나 재산을 증식하는 데 최고의 가치를 두고 살아가는 사람이라는 의미다. 자식에 밝은 것, 남자나 사람에 밝은 것, 열매나 이자에 밝은 것 모두가 결국은 자신의 입신양명을 이루려는 자세와 일맥상통한다.

자명(子明) 여몽과 같이 되기 위해서는 사람도 많이 만나고, 많은 행사와 일을 치러내야 한다. 공부나 훈련에도 많은 시간을 할애해야 한다. 이렇게 하기 위해서는 그동안 성생활에 돌려졌던 관심과 에너지의 물길을 외적인 입신양명 쪽으로 돌려 사용해 나가야 한다. 사람의 정신 에너지의 총량은 제로섬게임 같다. 결국은 외적인 입신양명을 추구해 나가려는 마음이 관우의 발기력 회복 노력과 에너지를 빼앗고 대체하게 된다. 생활의 변화다.

가정과 성생활에 충실했던 중년 남녀들이 자식들이 웬만큼 큰 시점, 다시 말해 성생활을 할 만큼 한 시점에는 사회활동이 눈에 띄게 증가한다. 각종 동호회나 동창회, 지역단체 가입 및 활동 증가, 그 속에서 이것저것 맡는 것이 많아진다. 관우적인 가치가 죽고, 여몽적인 가치가 커지기 때문이다.

봉화(烽火)가 꺼지다,
아내가 더 이상 성적인 신호를 보내지 않다

여몽은 헤엄 잘 치는 병사들에게 흰옷을 입혀 장사꾼으로 가장시켜 노를 젓게 하고 배 깊숙한 곳에는 무장한 병사들을 배치하여 위장한 채 형주의 봉화대에 접근한다. 그리고는 정박 허가를 받아낸 후 한밤중에 기습하여 촉군을 모두 제압한다. 봉화대를 무력화시킨 후 형주성까지 일사천리로 점령한다. 그 후 여몽은 자신의 군사들에게 점령지 백성을 해치거나 그들의 물건을 노략질하는 사람이 있으면 군법으로 처벌하겠다고 선포한다. 같은 고향 사람이 이를 어기자 그를 참수하여 그 누구도 백성을 범하지 못하게 한다.

형주는 아내의 영역이므로 이곳의 주인이 된다는 것은 아내의 관심을 얻는다는 의미이기도 하다. 관우는 오랜 세월 아내의 마음을 얻고 그곳에 머물고 있었다. 현재는 발기력이 쇠약해져 양양성과 번성이 의미하는 자신의 발기력 한계 극복에만 온 마음을 쏟고 있다. 그러나 발기력이 약해지고 성관계가 줄어듦에 따라 부부 관계가 데면데면해진 상태다.

이때 남성들만 갱년기가 오는 것도 아니고 여성에게도 갱년기가 와서 성욕이 감퇴하는 것은 어쩔 수 없다. 더군다나 남성들이 퇴근 시간 이후나 휴일에 체력을 강화한다고 헬스, 등산, 자전거 타기 등에 열중하기도 한다. 고대사회에서도 나무나 돌을 들며 체력을 강화하고, 산이나 강으로 가서 등산이나 수영도 했을 것이다. 자연스럽게 아내와 함께 하는 시간이 적어지고 밖으로 돌게 된다. 이렇게 되면 여성들의 입장에서는 남편이 오히려 운동에 미쳤고, 예전과 달라졌으며 성생활이 끝났다고 느끼게 된다. 여몽이 바로 이러한 약점을 파고들어 피 한 방울 묻히지 않고 형주성이 상징하는 아내의 관심과 마음을 얻게 된다. 중년기의 관심이 관우의 성적인 것에서 여몽의 입신양면 쪽으로 기우는 생활의 변화 모습이다.

봉화는 멀리 떨어져 있어서 서로를 알 수 없는 상황에서 전쟁이나 사변의 발생을 알리는 약속된 신호 체계다. 신혼 때에는 성욕이 왕성하고 밤에는 당연히 성관계를 갖는 것으로 생각하기 때문에 어떤 약속된 신호 자체가 필요 없었다. 둘만 있기 때문에 언제라도 서로에게 호응하며 성생활이 잘 이뤄진다. 중년 이후에는 자녀들도 다 커서 눈치도 봐야 하고, 성욕이 감퇴하고 피로도 쉽게 느껴 성생활이 빈번하게 이뤄지지 않는다. 때문에 부부간에도 상대방이 과연 섹스를 하고 싶어 하는지 서로의 의중을 파악하기가 쉽지 않다. 그래서 부부 사이라는 가까우면서도 멀리 떨어져 있는 상대의 성적 욕구를 알기 위해서 봉화 같은 어떤 약속된 신호 체계가 있어야 한다. 그래야 상대방의 의중을 파악하고 자연스럽게 성생활을 할 수 있기 때문이다.

예를 들어서 집에서 저녁에 포도주를 마시는 날, 매월 특정 요일이나 날짜, 외식하는 날 등 부부간에 습관적으로 형성 된 신호 체계를 마련하는 것이다.

형주에서 봉화로 연락을 취한다는 것은 여성 쪽에서 부부 관계 등을 갖자는 신호를 보내는 것을 상징한다. 젊었을 때나 발기력이 좋을 때는 대부분 남자 쪽에서 먼저 봉화를 올린다. 하지만 관우처럼 50대 후반 들어 발기력이 약해지거나 발기부전이 찾아오면 남자 쪽에서 먼저 봉화를 올리는 것이 힘들어진다. 그래서 양양과 번성에서 다양한 정력 식품을 섭취하고 발기력 한계를 극복하는 데 정성을 쏟다가 아내 쪽에서 연락이 오면 상대하려는 자세였다.

그러나 관우의 생각대로 봉화 체계가 작동하지 않는다. 이 연락 체계의 허점을 입신양명 쪽에 관심이 있는 여몽이 무너트렸기 때문이다. 이때 여몽의 부하들인 '흰옷 입은 장사꾼'들의 의미가 중요한다. 흰색은 아무것도 없는 빈 상태, 죽음과 끝났음을 의미하는 뜻이 있다. 여몽의 부하들이 흰옷을 입었다는 것은 이제 성생활을 할 만큼 해서 끝났고 정력이 다 소진됐다고 주장하는 태도다.

장사꾼은 서로 주고받는 거래를 한다. 부부간에 서로 주고받던 성생활의 거래가 할 만큼 해서 끝났다는 의미다. 발기력이 쇠약해진 남성이 이를 보충하기 위해 관심을 정력 보강에 쏟으며 성관계가 뜸해지자 여성 쪽에서 성생활이 끝났다고 느끼는 모습이다. 따라서 여성 쪽에서 더 이상 불꽃이 솟구치듯 밤을 뜨겁게 달구는 사랑의 봉화라는 아름다운 성적인 신호를 안 보내게 된다.

언성(偃城), 쉬거나 눕고만 싶어지는 남성 갱년기

동오에서 형주를 점령할 때쯤 양육파에 주둔하고 있던 서황은 드디어 조조의 명령을 받고 번성의 포위를 풀기 위해 언성과 사총에서 관평과 요화와 전투를 벌인다. 부장인 서상(徐商)과 여건(呂建)에게 '서황'이라는 자신의 군기(軍旗)를 내세워 언성 정면에서 관평과 싸우게 한다. 자신은 면수를 돌아 샛길로 가서 언성의 뒤를 습격해 공략에 성공한다.

언성(偃城)은 평범해진 부부 관계를 의미하는 관평이 지킨 곳이다. 서황이 관평을 성 밖으로 유인한 후 성 안팎으로 공격해 불태워 정복한다.

偃 = 나부끼다, 맹랑하다, 쓰러지다, 뒤로 자빠지다, 눕다, 쉬다, 그치다, 편안하다

관평은 앞서 살폈듯이 '여성과의 관계가 평범해지다'라는 의미다. 이렇게 되면 사랑하는 연인이나 성생활을 하는 부부 사이가 아니다. 그냥 아는 사람이거나 세간에서 말하듯 가족 사이일 뿐이다. 그래서 부부 관계를 시도하면 "가족끼리 왜 이래?"라는 반응이 나온다.

중년의 남성들이 발기력 회복을 위해 힘쓰면서도 한편으로는 아들 관평

처럼 부부 관계를 갖는 것에 커다란 의미를 두지 않는 마음이 자라는 모습이다. 관평이 주둔하며 지키고 있던 성이 나부끼고, 맹랑하고, 쓰러지고, 눕다, 쉰다는 뜻의 언성(偃城)이다. 정력과 발기력이 쇠해짐과 동시에 나타나는 대표적인 갱년기 증상이다. 발기력이 약해 성관계가 생각하던 바와 달리 허망하게 끝나 무척 당혹스럽고 맹랑해진다. 섹스를 비롯해 매사에 의욕이 없어 하던 것도 그치게 된다. 마음이 바람에 나부끼는 깃발처럼 조그만 자극이나 변화에도 자주 흔들리고 신경질을 잘 내며 요동친다. 퇴근해 집에 오면 손 하나 까딱하지 않고 쓰러져 눕고, 편안히 쉬려고만 한다.

이렇게 집에 와서 피곤하다며 무기력하게 생활하고 꼼짝을 안 하게 되면 오히려 뱃살만 나오고 비만해진다. 그 결과 콜레스테롤, 당뇨, 혈압 수치가 높아져서 대사증후군이나 성인병이 나타나고 건강에 적신호만 더 커질 뿐이다. 중년 남성들에게는 바로 이 언성(偃城) 같은 증상이 나타나는 시기가 건강과 안정적인 노후 생활로 나가는 갈림길이 된다. 이런 곳을 관평이 지켰던 것이다. 남성호르몬의 감소로 배우자에 대한 특별했던 감정이 평범해지고, 성생활도 평범해짐에 따라 나타나는 활력 없고 침체된 증상들이다. 호르몬 감소는 정도의 차이는 있지만 갱년기 남성 누구에게나 일어나므로 언성 같은 증상도 정도의 차이는 있지만 모든 사람들에게서 일어난다. 서황이 이곳을 불태운다. 중년 남성에게 나타난 갱년기 신체 증상을 이해하고 불태워 없애 극복하며 진실을 서서히 밝혀 나가는 모습이다.

서상(徐商),
갱년기에는 장사꾼처럼 생각하고 행동하라

언성 전투에는 중년 이후 삶의 기초 뼈대를 다시 세운다는 여건(呂建) 외에 서상(徐商)이라는 인물이 참가했다. 서상은 서황과 같은 성씨로 비슷한 의미가 있다.

商 = 장사, 헤아리다, 이익을 얻기 위해 물건을 사고파는 행위

서상(徐商)은 갱년기에 대해 천천히 헤아리며 과연 이 시점에서 자신에게 이익이 되는 것이 무엇인가를 장사꾼처럼 생각하고 정리해 나가는 자세다. 이렇게 자신의 갱년기 증상을 헤아려 나감으로써 여건(呂建)이 상징하는 중년 이후의 삶의 뼈대를 다시 세워나가는 데 많은 도움이 된다.

서황이 이 두 명의 장수에게 자신의 군기를 내세우고 싸우게 함으로써 관평이 성문을 열고 밖으로 나오게 한다. 이 부분은 고도의 심리적인 상징성으로 구성되어 인간의 깊은 내면세계를 나타낸다. 군기는 싸우려는 정신적인 목적이나 이념을 상징한다. 서황의 군기는 그의 삶의 자세인, 남성을 괴롭히는 갱년기 증상을 서서히 밝혀나가는 것이 싸우는 목적이자 이념임을 의미한다. 이 군기를 보자 관평은 언성이 상징하는 남성들의 신체적 갱년기 증상을 털어 놓고 하소연하며 반응한다. 갱년기에 성문처럼 꽁꽁 닫혀 있던 마음을 서황적인 진실을 서서히 밝혀나가는 자세가 열도록 하는 것이다.

서상(徐商)의 '商'은 헤아린다는 뜻 외에 '장사하다'라는 의미로 가장 많이 쓰인다. 장사를 한다는 것은 자신의 이익을 위해 행동하는 자세다. 시장에서 장사꾼들은 손해 보면서 판다고 입에 발린 거짓말을 하지만 실상은 대부분 이익을 보면서 판다. 그것이 장사가 지닌 절대적인 속성이기 때문이다. 서상은 갱년기 증상에 대해서도 절대로 손해 보지 않고 하나라도 이득을 보려는 장사꾼 같은 자세를 취한다.

"내가 이와 같은 갱년기 증상에 빠져 매일같이 무기력한 생활을 해서 도대체 이익이 되거나 남는 게 무엇일까?"라고 장사꾼적으로 생각한다. 사람들은 이익은 추구하고 손해는 회피하려는 장사꾼적 경향이 있기 때문에 이를 적절히 활용하면 행동하고 변화하게 만들 수 있다. 그래서 이런 생각과 동시에 언성적인 행동들이 하나씩 사라지며 자리에서 일어나게 된다.

사춘기가 왔다고 주변 사람을 들이받으면 자기만 손해이듯이, 갱년기가 왔다고 언성처럼 무기력한 행동을 하면 이익 되는 것은 하나도 없기 때문이다.

시장이나 마트를 가서 물건을 살 때도 거리상 멀거나 줄을 길게 서도 조금이라도 싸게 파는 곳을 찾는 것이 사람들의 심리다. 이처럼 평소에도 사람들의 마음속에는 크건 작건 간에 매사에 손해를 보지 않으려는 장사꾼적인 경제생활 태도가 작동하고 있다. 때문에 언성을 물리치는 서상적 행동이 가능하다.

언성이 정벌된다. 이렇게 되면 남성들의 행동에 변화가 생긴다. 퇴근 후 집에 와서 아무것도 안 하고 쉬거나 잠만 자는 것이 아니라 움직이기 시작한다. 아내와 대화도 나누고 산책이나 배드민턴도 같이 하고 독서도 한다. 이 밖에 동호회 활동이나 프로야구 경기나 영화를 관람하러 가기도 하면서 시간을 자신의 삶에 조금이라도 이익이 되는 데 사용한다. 서상적 마인드가 움직일 때 가능한 것들이다.

갱년기가 왔다고 언성에 갇혀서 꼼짝도 안 하는 것은 마치 삼복더위가 왔다고 에어컨만 틀어놓고 실내에서 꼼짝 안 하는 것과 마찬가지 자세다. 아이들은 삼복더위에도 바깥에서 땀을 흘리며 쉴 새 없이 뛰어다닌다. 때문에 음료수나 아이스크림도 제 맛이 나고 식욕도 좋다. 그러나 어른들은 덥다며 가만히 있기 때문에 아이스크림이 맛있기는커녕 밥맛도 없고 소화도 잘 안 된다. 일반적으로 신체 기능도 뚝 떨어진다.

갱년기에는 보통 혈압이 높아지나 혈압 약을 한번 먹으면 평생을 먹어야 한다는 부담감 때문에 차일피일 미루는 사람들이 많다. 그러다가 심장마비나 뇌출혈 등 치명적인 사고를 당할 수가 있다. 과연 이 시점에서 나에게 조금이라도 이득이 되는 것이 무엇인지 서상처럼 생각하고 실행해야 한다. 혈압 약이나 고지혈증 치료제가 먹기 싫으면 최소한 오메가-3 등 혈액이나 심장에 좋은 건강보조식품이라도 먹어야 한다. 기본적인 근력 유지를 위해 걷거나 가벼운 달리기도 하고, 관절은 재생이 안 되므로 아껴 써야 하는 것이 중년과 갱년기에 처한 신체적 현실이다.

갱년기에 따라오는 불청객인 언성 같은 증상이 일어날수록 서상 같은 장사꾼적인 마인드를 활용하여 이를 극복해 나가야 한다. 적벽대전을 치를 때는 공명이 필요했지만, 갱년기 증상을 극복할 때는 행동대장으로서 서상이 꼭 필요한 것이 인생의 이치다.

면수(沔水), 갱년기 침체는 무의식적인 경우가 많아 극복이 쉽지 않다

이때, 서황은 여건과 서상에게 언성 정면에서 공격하게 하고, 자신은 면수(沔水)를 돌아 샛길로 가서 언성의 뒤를 습격한다.

沔 = 물 이름, 물 흐르다, 머리를 감다, 빠지다, 물에 잠김

水 = 물, 물의 범람, 홍수

　면수(沔水)는 물에 잠기거나 물에 빠진 상태를 의미한다. 갱년기 남성의 마음이 침체 상태에 빠진 모습이다. 그리고 '沔'은 'ㆍ'과 '丏'의 합성어다. '丏(면)'은 '가리다, 보이지 아니하다'라는 뜻이다. 'ㆍ(氵)'는 감정이나 마음을 의미한다. 따라서 면수(沔水)는 가려져서 보이지 않는 마음, 무의식적 마음이나 감정이라는 의미다. 언성적 갱년기 증상에 빠져 있는 사람이 자기 스스로가 침체되고 무기력한 비생산적인 행동을 하고 있으면서도 이를 의식하지 못하고 있는 상태다. 이것이 갱년기 증상을 이해하고 극복하는 것을 어렵게 만드는 요인이다.

　서황이 무의식적으로 행동하고 있던 갱년기 증상을 우회해서 들어가 뒷덜미를 잡는다. 그래서 자기 자신을 똑바로 직시하게 된다. 자기도 모르게 무기력하고 비생산적인 행동을 해 왔음을 깨닫게 하는 모습이다. 이렇게 되면 행동에 변화가 생겨 서상처럼 자신에게 이익이 되는 생산적인 일들을 하나둘씩 해 나가게 된다.

　다시 한 번 강조하지만 갱년기 남성이 침체와 무기력 상태에 빠져 있어도 그것이 면수에 위치하고 있어 스스로 그런 행위를 알지 못한다는 측면이다. 배우자나 친구 등 가까운 사람이 옆에서 이런 측면을 서황처럼 마음 상하지 않게 우회적으로 잘 지적하고 생산적인 일을 권유해 줘야 한다. 예를 들어 집 안에만 처박혀 있지 말고 외출을 같이 하자든가, 동창회나 산악회, 동호회에 나오라는 권유 등이 갱년기 침체 탈출의 통로가 되기도 한다.

사총(四塚),
사방이 꽉 막힌 갱년기 우울증

언성에서 패배한 관평이 사총 땅으로 도망쳐서 요화와 합친다. 사총 땅에는 12개의 영채가 있었는데 북쪽에 첫 번째 영채가 있고, 나머지 영채들은 다 면수(沔水)를 등지고 있어 적군이 쳐들어 올 수가 없다. 그러므로 면수를 등지지 않고 있는 첫 번째 영채를 잃으면 모든 영채가 위험해진다. 그리고 사총 영채는 녹각(鹿角)이라는 군사 장애물이 열 겹이나 둘러쳐 있어서 나는 새도 들어오지 못한다고 한다.

서황이 첫 번째 영채를 공격하자 관평과 요화가 사총 영채의 모든 군사를 일으켜 첫 번째 영채로 이동한다. 그러나 위군의 유인 작전에 말려 관평이 그곳에서 또 다시 영채 밖으로 나가 위군의 진지로 쳐들어간다. 하지만 서상과 여건의 협공을 받고 패해 영채로 돌아간다. 위군이 첫 번째 영채를 포위하자 관평과 요화가 견디지 못하고 첫 번째 영채를 버리고 사총 영채를 향해 달아난다. 그러나 사총 영채는 이미 불이 치솟고 영채 앞에는 위군의 깃발이 휘날리고 있었다. 관평과 요화는 다시 관우가 있는 곳으로 달아난다.

신체적 갱년기 증상을 드러내고 언성에서 도망 나온 관평이 사총(四冢)에 있던 요화와 합친다. 사람들은 매사에 쉬고만 싶고 무기력하게 만드는 언성과 같은 신체적 갱년기 증상도 힘들어한다. 그러나 사총(四冢)이 상징하는 정신적, 감정적 측면에서의 갱년기 증상에 비하면 아무것도 아니다.

요화는 갱년기에 부부 관계가 드문드문해져 소원해지고 휑하거나 가슴 한곳이 텅 비는 중년의 고독 상태다. 그가 지키고 있던 사총(四冢) 지역은 비록 1,800년 전의 시공간이지만, 스마트폰을 손에 쥐고 살아가고 있는 현대의 중년 남성들에게도 매우 중요한 심리적 의미를 지니고 있다.

四 = 넷, 사방
冢 = 무덤, 언덕, 산꼭대기

사총(四冢)은 사방이 무덤이며, 언덕이나 산꼭대기로 가려져 있는 막히고 답답한 상태다. 무덤이 의미하는 매우 부정적이고 죽을 맛이며, 사방이 산으로 막혀서 어떻게 해볼 도리가 없는 답답하고 절망적인 상태다. 극심한 우울증 상태에 처해 있는 모습이다.

그래서 위기의 중년이라고 한다. 갱년기 남성들은 무엇인지 모르지만 요화처럼 가슴 한쪽이 휑하고, 텅 비어 시리다. 이러한 가장의 마음을 몰라주고 아내는 잔소리나 하고, 아이들은 경제적으로 도움이 못 되는 아버지를 은근히 무시하기도 한다. 직장에서는 명퇴나 정리해고 등의 보이지 않는 압박이 들어오는 반면에 친구들은 자기보다 다 잘나가는 것 같다.

건망증도 생겨서 주변 사람의 이름도 잘 잊어먹거나 빨리 떠오르지 않는다. 새로운 일을 시도할 엄두도 못 낸다. 남들이 다 사용하는 새로운 기계나 새로운 제도에 적응도 쉽지 않다. 나만 정말 별안간 못난 사람이 된 것 같다.

이렇게 되면 정말로 사방이 무덤이요, 산꼭대기만 보이는 상황이 되어 빠져나갈 구멍이라고는 조금도 보이지 않는다. 절망감과 함께 죽을 것 같은 기분이 들고, 첩첩산중에 갇힌 천애의 고아 신세라 극심한 고독감과 우울 증세를 보이게 된다.

더욱 문제가 되는 것은 관평이 신체적 증상을 상징하는 언성에서 쫓겨서 사총으로 왔다는 사실이다. 이것은 갱년기의 육체적 증상인 무기력과 피로감 등이 심리적 증상인 우울증과 합쳐지는 최악의 상황을 상징한다. 모든 것이 끝장나고 막혀 있는 듯한 우울감은 느껴본 사람만이 알 수 있다. 자칫 잘못하면 생을 마감하는 등 극단적인 선택을 할 수도 있는 그런 위험한 심리 상태에 처해 있다. 그런 선택까지는 하지 않아도 뇌출혈, 심장병, 암 등으로 쓰러질 수 있는 개연성이 어느 때보다 높아진다. 심리적 압박감과 스트레스, 답답함이 너무 고조되어 각종 질병과 우연한 사고를 유발하기 때문이다.

이처럼 남성들의 극심한 갱년기 우울증을 극복하는 것이 역시 서황이다. 서황이 사총을 점령하자 조조가 그에게 지상에서 말로써 할 수 있는 최고의 칭찬과 존경을 표시한다. 그 만큼 갱년기 우울증을 극복하기가 무척 어렵다는 방증이다. 고대사회에서는 남성성호르몬의 변화나 갱년기 증상에 대한 과학적인 지식이 거의 없었다. 그러한 증상을 효율적으로 극복할 수 있는 방법에 대해 아무도 가르쳐 주지 않기 때문에 스스로 극복해야 했다. 그저 나이가 들면 욕심을 버리고 현실을 인정하며 물 흐르는 듯이 살라는 두루뭉술한 조언 등이 위안이 될 뿐이었다.

사총에는 사슴뿔 형태로 뒤엉킨 군사용 장애물인 녹각(鹿角)이 10겹으로 둘러 싸여 있어 나는 새까지 들어오지 못한다. 오늘날로 치자면 10겹의 지뢰밭 등에 해당한다. 사총이 의미하는 갱년기의 우울증이 너무 심하고 10겹의 장애물처럼 복잡하게 뒤엉켜 있어 그것을 파헤쳐 극복하기가 어렵다는 의미다. 갱년기는 무력감, 피로감, 발기부전, 면역력 저하, 시력과 청력 및 근력 등 신체 기능 저하가 일어난다. 식욕부진, 소화불량, 불면증, 관절염과 전립선질환 등 각종 질병도 발생한다. 자신감 결여, 두려움, 의욕상실, 우울함 등 정신적 증상도 발생한다. 이렇게 신체와 정신적 증상이 열 겹, 스무 겹으로 복잡하게 얽혀 있기 때문에 이를 극복하기 어렵다는 의미다.

그러나 난마처럼 복잡하게 얽혀 있는 남성의 갱년기 증상도 북쪽의 첫 번째 영채가 함락되면 정복될 가능성이 있다고 한다. 여기서 주의해서 살펴볼 것은 갱년기 우울증을 풀어가는 단서가 되는 영채를 고유의 명칭으로 부르지 않는다. '북쪽의 첫 번째'라고 다소 모호하게 부르고 있다는 사실이다.

북쪽이라는 방향성이 갖는 의미는 태양이 완전히 빛을 잃는 어둠 속 현무(玄武)의 상태다. 현무는 거북이가 고개를 내밀거나 뱀이 고개를 쳐드는 방향이다. 북쪽은 춥고 차갑다. 이것은 심리적으로 위축되고 앞이 전혀 보이지 않는 어둠과 혼란 속에서 포기하지 않고 문제 해결을 위해 고개를 쳐들고 암중모색(暗中摸索)하는 자세다.

갱년기 우울증의 속성은 북쪽의 영채처럼 심리적 위축을 동반하며 앞이 전혀 보이지 않는 암흑과 혼돈 상태를 띠고 있다. 그리고 첫 번째 영채는 나머지 11개의 영채와 비교된다. 나머지 영채들은 면수(丙水)가 상징하는 완전히 가려져서 보이지 않는 무의식적 상태이기 때문에 원인을 고찰하기 힘들다. 그나마 북쪽의 첫 번째 영채는 극심한 심리적인 혼란 속에서도 암중모색해 나감으로써 문제 해결의 실마리를 찾을 수 있음을 보여준다.

이때 난공불락의 사총 영채를 공략한 것도 서상과 여건이다. 서상처럼 어떠한 상황에서 자신에게 이익이 되는 행동과 일을 하는 자세를 유지한다. 여건처럼 그동안의 혼란을 정리하고 생활의 기초를 다시 세우려는 자세로 암중모색을 하여 극심한 우울증을 함락시키는 모습이다.

인간의 성 본능은 사춘기에 들어올 때도 질풍노도처럼 사람들을 힘들게 하지만, 갱년기에 나갈 때는 언성과 사총처럼 사람들을 더욱 힘들게 한다. 각종 질병에 걸리게 하고, 사건과 사고를 일으키고, 심한 경우 죽음에까지 이르게 할 수 있음을 경계해야 한다.

남성들의 중년 이후의 행복한 삶을 위해서는 갱년기의 원만한 통과가 필수적이다. 그래서 중국 대중들이 오랜 세월에 걸쳐서 언성과 사총으로 대변되는 신체적, 정신적 갱년기 증상 극복이라는 과제를 반복 임상 시험을 했다. 그 결과 중년 이후 생활의 뼈대를 새롭게 세우는 '여건(呂建)'과 어떠한 상황에서도 자신에게 이익 되는 일을 하는 '서상(徐商)'적인 자세를 발명해낸 것이다. 다만, 어떤 사람들은 자신도 모르게 여건과 서상적인 자세를 실천해서 갱년기를 잘 통과하고, 그렇지 않은 사람들은 고생고생하며 통과한다.

주아부(周亞夫),
인생 1막에 버금가는 인생 제2막의 삶

　번성의 포위가 풀리자 조조는 군사들에게 상을 주고, 친히 사총 땅 영채에 가서 둘러보고 장수들을 돌아보며 감탄한다. "형주 군사들이 이렇듯이 장애물을 겹겹이 둘러쳐 놓았건만 서황은 깊숙이 쳐들어와서 마침내 큰 공을 세웠구나. 과인은 군사를 지휘한 지 30년이로되, 이렇게 깊숙이 적진 속으로 쳐들어와 본 적이 없으니 서황은 진실로 담력과 식견을 겸한 뛰어난 장수로다." 서황의 군사가 오는 것을 보고 다시 조조가 감탄하면서 "서장군은 참으로 주아부(周亞夫)의 풍모가 있도다." 하며 칭찬한다.

　신체와 심리적 증상으로 뒤엉킨 복합 장애물이 많은 갱년기 증상 극복에 대해 평가를 내리는 모습이다. 조조는 "이렇게 깊숙이 적진 속으로 쳐들어와 본 적이 없다."고 말한다. 서황이 갱년기를 맞이하여 자기 자신의 내면 속으로 매우 깊숙이 들어가 인생 전반에 대해 깊게 생각하며 문제를 해결해 냈음을 의미한다. 서황은 사물에 대해 서서히 밝혀 나가는 신중한 사람이다. 이와 같은 삶의 자세가 자신의 갱년기 문제를 신중하게 암중모색하며 밝혀 나가 결국 정리하고 해결해낸 것이다. 이런 서황을 조조가 전한(前漢)의 명장 주아부(周亞夫)라고 칭찬하며 존경한다.

周 = 두루, 골고루, 널리
亞 = 버금, 무리, 다음가는, 제2의,
夫 = 지아비, 남편, 사내, 장정, 일꾼, 군인, 선생, 사부

이름인 아부(亞夫)의 의미를 정확히 알기 위해서 비슷하게 사용된 사례를 살펴볼 필요가 있다. 아부(亞父)는 아버지 다음가는 사람이라는 뜻으로서 흔히, 임금이 존경하는 공신을 부를 때 사용하는 호칭이다. 아부(亞夫) 역시 '夫'가 의미하는 남편, 사내, 장정, 일꾼 등에 버금가는 사람이라는 뜻이다. '夫'는 고대사회에서 상투를 튼 사나이 대장부를 지칭하는 한자로, 성인 남성을 의미하는 포괄적인 뜻이 있다. 아부(亞夫)는 사나이 대장부에 버금가는 사람이라는 의미다. 사나이 대장부의 삶이란 바로 갱년기 이전의 전성기 때 남성들의 삶이다.

주아부(周亞夫)는 남편이나 사나이로서 모든 방면에서 두루 제2의 인생을 살아가는 것을 의미한다. 갱년기 이전의 삶이 첫째가고 주류적인 삶이라면 갱년기 이후의 삶은 그에 버금가는 인생 2막의 삶이다. 이를 뒷받침하는 증거를 주아부의 아버지 주발(周勃)의 한자어 이름 뜻에서도 찾을 수 있다. 주발은 유방이 한나라를 세울 때 도운 개국 공신이다.

勃 = 왕성하다, 우쩍 일어나다, 노하다, 발끈하다, 성하다, 다투다, 갑자기

'우쩍 일어나다'라는 말의 뜻은 기세나 기운 따위가 갑자기 일어나는 것을 의미한다. 주발(周勃)은 두루 널리, 모든 방면에서 기세나 기운 따위가 갑자기 일어나거나, 발끈하고, 왕성하고, 다투기도 하는 모습이다. 젊은 시절 한창때에 성 본능을 비롯해 일어나 기세나 기운 따위가 갑자기 일어나고, 정력이 왕성한 모습이다. 남근이 발기한다고 할 때도 '發'을 쓰지 않고, 우쩍 일어난다는 뜻을 지닌 '勃'을 쓴다.

주발은 사춘기가 도래해 인생의 전반기인 한창때의 속성으로 모든 것이 우쩍 일어나는 시기다. 인생의 전반기인 주발(周勃)의 시기에 사람들은 인생

최전성기를 맞이한다. 공부나 학문을 비롯해 모든 사업들이 이 시절에 우쩍 일어난다. 프로축구나 야구를 비롯해 스포츠 분야에서 한창때를 보내는 스타들, 가수, 탤런트 등도 이 시기에 우쩍 일어나 최전성기를 구가한다.

인생 제2막인 주아부(周亞夫) 시기에는 우쩍 일어나는 사람들이 주발 시기에 비해 현격하게 감소한다. 그러나 주발에 버금가거나 오히려 뛰어넘는 인생을 사는 경우도 있다. 가장 대표적인 사람이 90대의 나이에도 특출한 노익장을 과시하며 노래 자랑 프로그램 사회를 보고 있는 송해 씨다. 연륜과 경륜을 필요로 하는 정치 분야에서도 대통령을 비롯해 국회의원 등이 중년 이후에 뜻을 이루는 경우가 많다.

인간의 수명이 전반적으로 연장되고 있다. 1900년대까지만 해도 선진국의 평균 수명조차 50세가 못 되었으나 현재는 80세 전후까지 연장된 나라가 많다. 충분한 영양 공급과 의료 기술의 발달로 앞으로도 당분간 이런 추세가 계속 이어질 것이다.

중년기 이후 도래하는 인생 제2막인 주아부 시기를 충실하게 살아가는 것이 점점 중요해지고 있다. 그래서 99세까지 팔팔하게 살다가 2,3일만 앓다가 죽고 싶다는 의미가 담긴 '9988234'라는 용어가 유행이다. 이처럼 수명의 연장으로 이제는 인생 2막인 주아부 시기가 선택이 아닌 필수가 되어가고 있다. 인생 제1막을 맞이하여 청운의 푸른 꿈을 꾸고 펼쳐나가듯, 이제는 인생 제2막을 맞이하여 주아부의 꿈을 꾸고 펼쳐나가야 할 시기가 진정으로 도래했다.

조조가 서황을 주아부라 칭한 것은, 서황이 사총 깊숙이까지 들어가서 사방이 꽉 막힌 듯한 정신적 침체와 우울증을 극복했기 때문이다. 주아부 같은 인생 2막을 제대로 살아가기 위한 선결 조건은 자신의 내면과 직면하고 소통하여 심리적 침체와 장애를 극복하는 일이다.

75세의 영국 국적의 호스피스 간호사가 "보행기로 힘겹게 걸으며, 행인의 길을 막는 늙은이로 기억되고 싶지 않다. 늙는 건 끔찍하고 늙는 것은 죽음보다 못한 것이다."라며 스위스에서 안락사를 택했다고 한다.

이처럼 나이 먹고 늙는다는 것은 우울함을 쉽게 유발하고, 죽음에 대한 합리화와 부정적인 사고방식을 키운다. 주발적인 전성기 때의 삶 자체는 아니지만 이에 버금가는 주아부적인 삶을 위해서는 현대인들도 사총 극복이 최우선 과제임을 두말할 필요가 없다.

번성과 형주를 잃는 관우,
발기력 회복과 아내의 관심 둘 다 잃다

관평과 요화가 사총에서 패배하고 관우에게 도망쳐서 이를 뒤쫓은 서황과 관우가 부닥치게 된다. 서황은 관우가 조조 밑에 있을 때부터 오관돌파를 할 때를 비롯하여 번성 싸움 이전까지는 관우와 좋은 관계를 유지했다.

> 관우가 "나와 그대의 옛 친분은 여느 사람과 다르거늘, 이번에 어찌하여 나의 아들을 누차 괴롭히느냐?"라고 묻는다. 이에 대해 서황은 "관운장의 목을 베어 오는 자에겐 천금의 상을 주리라!"며 관우가 깜짝 놀랄 만한 대답을 한다. 관우가 그 이유를 묻자, 서황은 "오늘은 국가를 위한 일이라, 개인의 정리 때문에 공사를 버릴 수는 없소!"라며 큰 도끼를 휘두르며 달려든다.

서황 자신이 관우를 토벌하러 온 것이 국가를 위한 일이라고 대답한다. 국가는 개인이나 지역에 비해 전체적인 측면을 상징한다. 서황이 전체적인 인격 측면에서 발기력을 객관적으로 바라보겠다는 자세다. 서황 같은 사람도 마양처럼 정력이나 발기력을 인생 내내 고르게 지니는 것을 원한다. 하지만 나이나 개인적 차이에 따라 발생하는 발기력의 쇠퇴 등은 어쩔 수 없으므로 현실로 인정하려는 자세다.

결국 번성에 있던 조인마저 군사를 거느리고 나와 서황과 함께 협공을 해서 관우는 형주와 번성을 모두 잃게 된다. 이것은 아내의 마음과 발기력 모두를 잃는 중년 남자의 쓸쓸한 모습이다. 이래서 중년이 더 우울해진다.

집에서 몇 년 키우던 강아지가 죽어도 허전하고 쓸쓸해지는 것이 인간의 마음이다. 수십 년간을 동고동락한 남성의 자존심이며 보물인 발기력이 쇠퇴하고 죽어 감을 받아들인다는 것은 관우의 예처럼 쉽지 않다. 그래서 남성들이 정력 보충제 섭취, 운동, 심지어는 젊은 여성을 통한 자극 등 온갖 방법을 통해 발기력 회복을 위해 노력한다. 그럼에도 불구하고 서서히 밝혀지는 진실은 사람마다 시기와 강도의 차이는 있지만 사춘기가 왔듯이 갱년기도 와서 발기력이 쇠퇴하고 죽어간다는 사실이다.

부사인(傅士仁),
발기력이 남아 있되 성생활을 하지 않는 어진 마음

당초 관우가 공명으로부터 번성을 치라는 명을 받았을 때 부사인과 미방이 선봉이었다. 출정에 앞서 이들이 술을 마시다 불을 내서 무기, 군량미 등을 모두 태우게 된다. 화가 난 관우가 두 사람을 곤장 친 후 각각 공안과 남군이라는 곳으로 좌천시키고, 대신 요화를 선봉으로 삼는다. 나중에 이들은 관우가 번성을 치기 위해 보내라는 백미 10만 석을 보내지 않고 배신하여 동오에 투항한다.

사람들이 어떤 일이나 사업을 벌일 때 시작부터 재수 없는 일이 벌어지면 부정을 탄다고 해서 이를 꺼리는 경향이 있다. 관우도 중년의 나이지만 발기력을 보충해 나가려고 하는데 그 순간 무기와 군량미가 타 버리는 시작부터 재수 없는 일이 벌어진 것이다. 이 사건은 앞으로 관우가 하는 일들이 부정 타고 재수 없게 될 것임을 예고하는 하나의 복선이기도 하다.

傅 = 스승, 증표, 돌보다, 시중들다
士 = 선비(학식은 있으나 벼슬을 하지 않는 사람), 벼슬아치, 사내, 군사
仁 = 어질다

부사인이 지킨 공안(公安)은 공공의 안녕과 질서가 평안히 유지되는 상태라는 의미다. 공공이란 개인적이고 부분적인 것에 비해 국가나 사회 전체적인 것을 뜻한다. 사람으로 치자면 일시적 부분적인 욕망보다 인격 전체나 전반을 의미한다. 그러므로 공안(公安)은 인격이나 욕망 전체의 안녕이나 질서가 유지되고 있는 영역이다.

정사 『삼국지』에서 부사인(傅士仁)은 대부분 '傅'가 빠진 '사인(士仁)'이라는 명칭으로 많이 나온다. 사인(士仁)의 이름 뜻은 '선비의 어짊'이라는 뜻이다. 선비란 학식은 있으나 벼슬을 하지 않는 사람이다. 중국에서는 '士'가 미혼 남자, 총각 등 결혼하지 않은 남자를 의미하기도 한다. 성적인 의미에서의 선비(士)란, 성생활을 영위할 자질은 지녔으되 나이를 먹었으므로 하지 않는 금욕적이고 고매한 인품을 의미한다.

'傅'는 스승이나 사부를 뜻하며, '어떠한 상태에 이르거나 도달하다'라는 뜻도 있다. 스승이나 사부는 한 방면에서 남을 가르칠 정도로 지식이나 경험, 기술에 도달한 사람이다. 무엇인가를 충분히 알고 할 수 있다는 의미를 내포하고 있다. 부사인(傅士仁)은 스승이나 사부처럼 할 만큼 다 해 봤고, 선

비처럼 할 수 있어도 하지 않는 어진 자세다.

중·노년 시기를 맞이하여 부사인처럼 성생활을 자제해 나감으로써 마음 전체적인 안정과 질서인 공안(公安)을 지켜나가는 모습이다. 그러나 성생활을 금욕하고 자제해 나가려는 자세를 관우적인 관점에서 바라보면 역적이고 배신자일 수밖에 없다. 관우 같은 사람은 단 한 방울의 정액이나 발기력만 남아 있어도 이를 사용해 나가려는 자세이기 때문이다. 부사인 같은 사람이 실제로는 점잖은 사람이지만 대부분의 남성들이 발기력을 유지하려는 관우처럼 행동하기 때문에 배신자로 비춰진다.

미방(麋芳), 중년기는 성적인 꽃다움이 문드러지는 시기

부사인과 같이 술을 마셨고 실수를 저질러 관우로부터 매질을 당하고 지방으로 좌천되었던 또 한 사람이 미방(麋芳)이다. 유비가 어려울 때 수천 명의 노비와 금은으로 크게 도왔던 미축(麋竺)과 형제지간이며, 유비의 처남이기도 하다.

> 麋 = 큰사슴, 눈썹, 물가, 궁궁이, 죽, 부서지다, 짓무르다, 늙다
> 芳 = 꽃답다, 아름답다, (향기가) 나다, (이름이) 빛나다, (맛이) 좋다, 향기

앞서 미부인에서 '麋' 자의 의미를 분석할 때는 '궁궁이'라는 의미로 분석되었다. 여기서는 '죽이 되고, 부서지고, 짓무르고, 늙다'라는 부정적인 의미로 분석된다. 즉, 한창의 꽃다움이나 아름다움이 죽같이 되고, 부서지거나 짓무르고 늙었다는 의미다. 관우적인 한창때의 발기력이 나이가 들어감에

따라 죽처럼 힘없이 되고, 짓무르고 늙어가고 있음을 의미한다.

이러한 부사인과 미방적인 가치관이 무기와 군량미 등을 태우듯 부정 타는 일을 벌여 관우의 발기력 회복 의욕을 꺾고 사기를 저하시킨다. 그래서 이들을 곤장으로 두들겨 패듯 혹독한 비난을 가해 그런 생각들을 후방으로 쫓아 버리는 내면의 모습이다. 관우가 이들을 죽이려다 살려둔다. 중년 나이에 들어선 사람에게 부사인과 미방의 태도가 완전히 틀린 것은 아니고 이치에 합당한 면이 있기 때문이다. 대신 전면에 나서지 못하게 후방으로 보낸 것이라 할 수 있다.

관우가 군량미 10만 석을 보내라고 할 때 이들의 거역과 배신은 자연의 순리에 부응하는 모습이다. 사람들은 감부인과 미부인이 상징하는 것처럼 수십 년간 성생활과 쾌락 추구라는 코뚜레에 걸려서 성생활의 노예로 살아온 측면이 있다. 성생활에 열중하는 한창 젊은 때는 코뚜레가 걸려 있는지조차 모른다. 그러나 세월은 냉정하여 중년에 들어서면 성적인 꽃다움도 문드러지기 시작한다. 모든 것을 성적인 가치로 바라보고 성생활에 몰입했던 상태에서 벗어나 다소 여유가 생기며 부사인처럼 선비적인 관점에서 성생활이 보이기 시작한다. 아직은 관우처럼 성생활을 더 영위해 나가려는 세력이 힘이 세서 후방으로 물러나 제 목소리를 내지 못하고 있을 뿐이다.

사마비시(司馬費詩),
성적인 감흥이 고갈되다

사마비시(司馬費詩)는 『삼국지연의』 제75회에서 유비가 내린 번성을 치라는 명령을 관우에게 전달하는 사자(使者)의 역할로 등장한다. 그 밖에 제65회와 제91회에서도 등장하나 활동은 없고 신하로서 언급만 되는데 사마(司馬)라는 성씨는 없고 '비시(費詩)'라는 이름으로만 등장한다.

費 = 쓰다, 소비하다, 소모하다, 손상하다, 닳다, 널리 쓰이다
詩 = 시, 시를 짓다, 기록하다, 받들다

비시(費詩)를 직역하면 시(詩)를 소비하거나 소모하는 것을 의미한다. '시(詩)'란 한마디로 말해서 인간이 사물에 대해 느낀 감흥(感興)의 표현이다. 비시(費詩)는 감흥(感興)을 다 쓰거나 소모해서 닳아 버린 상태를 의미한다. 연애 시절이나 신혼 시절, 한창때의 성적인 설렘, 긴장과 감흥을 다 써서 닳아 버린 중년의 성적 감흥 상태다. 세상만사의 이치가 자주 보거나, 먹거나, 접하게 되면 익숙해져 첫 만남이나 첫 경험의 긴장감, 스릴, 감흥 등이 차츰 줄어든다.

일부에서는 신혼 시절의 감흥을 중년을 넘어선 시기에도 유지하고 있다는 사람들이 있는데 실제로 그런 것인지는 알 수 없다. 현실적으로는 비시(費詩)처럼 성적인 감흥이 거의 고갈된 상태가 된다. 성생활이 시들해지는 것이다.

결혼 생활 동안 동일한 배우자를 상대로 적게는 수백 회에서 많게는 수천 회에 이르는 성생활이 이뤄진다. 그 과정에서 군살이 붙고, 피부 탄력도 죽어가고, 비슷한 스타일의 체위나 성행위 진행, 동일한 환경 등은 성적인 감흥을 떨어트린다. 성생활이 시들해진 중년 가정의 일부에서는 성적인 감흥을 살리기 위해 진지한 노력도 한다. 과거 신혼여행지였던 곳 등 이색적인 장소로 둘만의 여행을 떠나거나 집 안에서 여성이 야한 속옷도 입어본다. 적포도주에 핑크빛 조명까지 곁들여 일부 성공하는 모습도 보인다.

드라마나 영화에서는 이러한 아내의 의도에 대해 남성이 주책을 떤다고 비난하거나, 우연히 생긴 외부 일로 집에 못 들어간다. 결국 아내의 의도가

무산되어 시청자들에게 안타까움과 웃음을 선사하게 한다. 이러한 장면은 여성이 노력을 해도 남성이 일부러 피하는 것이 아니라 비시(費詩)처럼 성적 감흥이 떨어졌음을 에둘러 표현하는 것이다.

사마비시가 관우에게 양양성과 번성을 치라는 명령을 전한다. 성적인 감흥이 떨어진 시기에 병행해서 찾아오는 발기력 쇠퇴에 대해 이를 회복하라는 내적인 명령이다.

사마비시의 중요한 역할 중 하나가 관우가 죽이려 했던 부사인과 미방을 살려주는 것이다. 중년 남성에게 성적인 감흥이 떨어지게 되면 관우처럼 발기력 회복만 고집할 것이 아니다. 부사인이나 미방처럼 선비 같은 자세로 자신의 꽃다운 시절이 다 지나갔다는 현실 인정의 여지를 남겨둬야 한다. 화무십일홍(花無十日紅)이고, 달도 차면 기울듯 결국 그렇게 되기 때문이다.

오호대장군 황충, 삽입 없는 성생활도 있다

사마비시가 관우에게 알린 것은 번성을 치라는 명령뿐이 아니라 관우가 촉한의 오호대장군으로 임명됐다는 사실이다. 관우는 자신과 같은 오호대장군 반열에 황충(黃忠) 같은 노인네도 있다는 것을 알고 처음에는 노발대발한다.

황충(黃忠)은 남양 사람이며, 자는 한승(漢升)이다. 장사(長沙)라는 곳에서 관우와 황충이 싸울 때 한번은 황충의 말이 부상을 입어 그가 낙마하자 관우가 살려준다. 다음 대결에서는 황충이 백발백중의 활 솜씨로 관우를 맞힐 수 있었지만 투구만을 쏘아 빚을 갚았다. 그 후 위연과 함께 유비에게 투항하여 촉나라 장수가 된다. 노인이 된 후에도 공을 세우다 75세 나이에 유비와 함께 이릉전투에 참전하여 싸우다 죽었다.

황충(黃忠)의 이름에서 '黃'은 누런 것이 상징하는 성적인 의미다. 황충(黃忠)은 성적인 것, 성생활에 충실하다는 의미다. 그가 75세까지 전쟁터에 나가 싸웠다는 것은 나이 먹어서까지도 성생활에 충실했다는 의미다. 나이 들어 노인성 발기 불능이 도래해도 성생활이 완전히 끝나는 것이 아니다. 대부분의 노인들에게도 성욕은 건재한다. 발기력을 상징하는 관우가 죽은 이후에도 나이 먹은 황충이 살아 있다는 것은 성생활에 충실하려는 욕구 자체는 살아 있는 모습이다. 발기된 남근이 필요한 삽입 성교 이 외에 자위행위나 오럴섹스, 키스나 포옹 등의 포괄적 성생활에 충실하고 있음을 상징한다.

그의 자인 한승(漢升)은 '한수(漢水)를 되(升)로 퍼 올려 쓰다'라는 의미다. 한수(漢水)는 무궁무진한 성 본능의 에너지이고, 되(升)는 성생활을 할 때마다 퍼 올려 쓰는 에너지의 분량이다. 한수를 되(升)로 퍼 올려 써봤자 마르지 않듯이 성 본능의 에너지를 아무리 써도 한수(漢水)처럼 마르지 않고 무궁무진함을 상징한다. 황충이 75세까지도 성생활에 충실했던 이유가 된다. 그런 까닭에 중국에서는 황충을 노익장의 대명사로 일컫는다.

최근에 와서는 관우적 발기력이 완전히 죽은 노인들도 성생활이 필요할 때 발기부전 치료제 같은 약물로 관우를 일시적으로 되살려내는 마술을 부린다. 따라서 노인들도 마음만 먹으면 아무 때나 부부 생활이 가능하게 된 세상이다. 이에 따라 요즘에는 노인의 성생활을 주제로 한 영화도 만들어지고, 이에 대한 토론도 활발하게 이뤄지고 있다.

관우는 발기력에 의한 삽입 성교를 고수하는 자세다. 관우가 황충에 대해 반발하는 것은 발기력이 없어도 성생활을 하는 자세인 황충에 대한 남성들의 심리적 거부감이다. 남성들은 사춘기를 거치며 여포적인 자위행위가 끝난 이후로 결혼 생활을 영위해 오는 동안 수십 년간 삽입 섹스를 즐겨 왔다. 그것이 섹스의 전형이며 전부인 양 고착되어 왔다. 그러나 중·노년기 이후로는 발기력이 쇠퇴하여 발기 강직도가 나오질 않고 지속력도 약해 삽입 성교가 실패하는 경우가 빈번해진다. 남성으로서 자존심을 상한다. 이렇게 되면 스트레스와 자신감의 상실로 부부 생활이 두렵게 느껴지며 잠자리도 회피하게 된다. 그래서 삽입 섹스뿐만이 아니라 황충처럼 다른 방법으로도 성생활에 충실하는 자세가 필요한 것이다. 그것을 사마비시가 설득함으로써 바로 관우가 인정하는 모습이다. 관우가 노인들의 섹스 방식을 의미하는 황충을 자신과 동일한 반열로 받아들이는 것을 통해 이 시기가 발기가 되었다 안 되었다하는 시기임을 알 수 있다.

성생활이란 엄밀히 따지면 이성끼리의 키스, 포옹 등의 스킨십도 포함된다. 소위 맷돌 부부라 일컫는 여성 간 동성연애를 할 때도 애무와 오럴섹스만으로 충분하다. 삽입은 궁극적으로 출산을 목적으로 하는 섹스이다. 그것이 모든 환경 아래서 적용되는 최선의 섹스는 아닌 것이다. 나이 먹어서 발기가 안 돼도 서로 성적 감흥이 일치하는 날에는 서로를 애무하고 오럴섹스 등으로 성생활이 가능하다. 이것을 사마비시가 설득한 것이다.

관우가 한중왕이며 한중왕이 관우, 삽입 성교가 사나이다운 섹스

사마비시가 관우에게 "장군이 바로 한중왕이며 한중왕이 바로 장군이라, 어찌 다른 사람과 같이 보리오."라고 말한다. 이에 관우가 크게 깨닫고 황충을 자신과 같은 오호대장군의 반열로 받아들인다.

한중왕(漢中王)은 직역하면, 한(漢)나라 중에 왕이라는 뜻이다. '漢'은 사나이라는 뜻이다. 한중왕은 사나이 중에 왕이나 최고라는 의미가 된다. 관우처럼 발기된 남근으로 삽입 성교를 하는 것이 최고의 사나이다운 섹스이며, 섹스 중에 왕이라는 의미. 이러한 사실에 이의를 다는 남성들은 아마 없을 것이다. 그래서 관우가 처음에는 노발대발했지만 이 말을 듣고 비로소 황충의 노인적 섹스 방식을 받아들였던 것이다.

나이 먹어, 황충식의 비 삽입 섹스 방식을 자신의 일부로 받아들이긴 하지만, 그래도 섹스 중에 왕은 관우 식의 삽입 섹스라는 의미다. 젊었을 때는 남성들이 관우처럼 비 삽입 섹스는 섹스로 생각지도 않는다. 그러나 세월 앞에 장사 없듯이 관우처럼 황충을 자신과 같은 반열로 인정해야만 하는 때가 오게 된다.

우번(虞翻),
발기력이 뒤집힐까 봐 염려하는 마음

부사인처럼 성생활을 더 할 수 있으나 하지 않는 어진 선비 같은 자세를 동오 쪽으로 끌어들인 것이 우번(虞翻)이다. 우번은 앞부분의 동오설전에서 공명을 비난했던 유생이다. 그의 이름 뜻은 무엇인가를 하다가 뒤집히거나 전복될까 봐 염려하는 자세라고 살펴봤다.

우번은 손책을 보호하다 다친 주태를 치료하기 위해 명의 화타를 소개했는데 이 일로 보아 화타와 가깝거나 친구 관계였다고 판단된다. 화타(華陀)는 앞에서 분석되었듯이 빛나고 번성했던 남근의 발기력이 무너진다는 의미다.

우번은 영원히 지속될 것 같았던 발기력도 세월 앞에서는 뒤집히고 무너질 수밖에 없다는 측면을 잘 아는 사람이다. 때문에 부사인을 설득해 관우를 배신하게 한다. 발기력이 시원찮으면 한창 성행위를 하다가도 발기력이 죽을 수 있다. 이렇게 되면 성행위가 중단되거나 전복되는 불상사를 맞이할 가능성이 있다. 차라리 성행위를 시도하지 않은 것만 못하게 된다. 이러한 측면을 부각시켜 아직까지는 성행위 능력이 있어도 이를 점잖게 자제하는 부사인 같은 사람을 자기편으로 끌어들이는 데 성공한다.

조누(趙累),
문지방 넘어갈 힘만 있으면 여자를 탐하는 남성들

공안, 남군 땅을 지키던 부사인과 미방이 모두 동오에 항복했다는 소리를 듣고 관우가 분노해 화타가 치료해 준 상처 부위가 터지면서 기절한다. 임시적으로 봉합되었던 발기부전이 재차 터지는 모습이다. 이렇듯 발기부전이 재발하자 관량도독(管糧都督) 조누(趙累)가 나서서 유비에게 구원을 청하고 육로로 나가서 형주를 되찾으라고 조언한다. 관우가 마양과 이적을 유비에게 보내고, 요화와 관평에게는 뒤쫓아오는 적을 끊게 하고 형주를 탈환하러 간다. 조누의 관량(管糧)이라는 직책에는 성 기능과 관련된 매우 구체적이고 특별한 의미가 있다.

管 = 원통형의 관, 호스, 관할하다, 관리하다
糧 = 곡식, 양식

관이나 호스는 생김새나 구조가 남근을 상징하기에 적합하다. 그래서 남성들 사이에는 임질 등 성병에 걸렸을 때 '파이프가 샌다'라는 은어를 사용한다. 곡식이나 양식은 에너지이므로 관량(管糧)은 남근을 발기시키는 에너지를 뜻한다. 관량도독은 남근의 발기력을 관리하는 사람이라는 뜻이 된다. 반대로 조누(趙累)라는 이름은 발기력이 쇠약해진다는 의미를 내포하고 있다.

> 趙 = 미상(未詳), 조나라, 찌르다, 빠르다, 땅을 파다
> 累 = 여러, 자주, 거듭하다, 연속하다, 지치다, 피곤하다

'趙'는 주로 조(趙)나라와 성씨의 의미로 사용되는 한자어로서 뚜렷한 의미를 알기 어렵다. 글자를 분해해서 해석하면 뜻이 잘 전달되는 경우가 많으므로 '趙' 자도 분해해서 해석할 필요가 있다. '趙'는 형성문자로서 '走＋肖'의 합성 한자다.

> 走 = 달리다
> 肖 = 닮다, 모양이 같다, 꺼지다, 쇠약하다, 쇠하다, 녹다, 작다

'走(주)'는 달리다는 뜻이며, '肖(초)'는 '작다, 꺼지다, 녹다, 쇠약하다, 쇠하다'라는 뜻이다. '趙'의 글자 형태를 보면, '走' 자가 '肖' 자를 업고 달리는 모습이다. 이것은 작아지거나 꺼지고, 녹거나 쇠해질 때까지 달린다는 의미가 된다. 힘이 조금이라도 남아 있을 때까지 달리는 모습이다. 그리고 '趙'가 찌르거나 땅을 판다는 의미가 있어 남근의 성행위를 연상시키기도 한다.

이런 의미를 종합하면, 조누(趙累)는 작아지고, 쇠해지며 조금이라도 힘이

남아 있을 때까지 거듭 성행위를 가지려는 남성들의 욕망이다. 세간에서 흔히 말하길 "남성들은 밥숟가락을 들 정도의 힘, 두부를 썹을 힘, 문지방만 넘어갈 힘만 있으면 여자를 찾는다."고 한다. 그래서 그는 끝까지 관우적 발기력을 지키다 죽는다. 그가 죽은 곳이 임저(臨沮) 땅이다.

臨 = 임하다, 직면하다
沮 = 막다, 저지하다, 그치다, 그만두다, 가로막다

임저(臨沮)는 '가로막힘에 직면하다'라는 뜻이므로, 성 본능의 에너지가 막히거나 그치는 시기에 임해서 조누적인 질긴 성욕이 죽는 모습이다. 남성들의 조누 같은 질긴 성욕 때문에 주꾸미잡이 노인 같은 엄청난 비극도 발생한다. 이 밖에 며느리를 성추행한 반인륜적 시아버지도 있다. 나이 먹고 발기가 제대로 안 된다고 조누적인 이야기가 남의 얘기라고 결코 방심해서는 안 된다. 남성이라면 누구나 한 방울의 정액까지 사용하려는 조누 같은 질긴 성욕이 존재하고 있다. 평소에 이를 똑바로 인식하고 경계하여 불행한 사태를 당하지 않도록 철저하게 관리해 나가는 수밖에 없다.

맥성(麥城),
근근이 이어가는 거칠고 질 떨어지는 성생활

관우가 쫓겨서 맥성으로 들어가 주둔한다. 맥성(麥城)에서 '麥'은 보리를 의미한다. 보리는 쌀에 비해 거친 맛이 나는 곡물로 옛날에도 쌀에 비해 그 가치가 떨어졌다. 쌀이 없으면 대신 먹는 대용작물이나 혼용 곡식의 역할을 했다. 관우가 맥성에 주둔한다는 것은 발기력이 쇠퇴하여 성생활이 원활하지 않고 보리처럼 거칠고 맛이 없어진 상태임을 상징한다. 맥성이 작다는 것은 이러한 거칠고 질 떨어지는 성생활 자체도 그리 오래가지 못할 것임을 암시하고 있다.

한창 젊었을 때는 성생활에도 쌀 같은 윤기가 잘잘 흐른다. 호르몬의 분비가 왕성하여 사정도 힘이 있고 정액도 충분히 분출되며 이에 비례하여 흡족한 쾌감을 느낀다. 그러나 갱년기에 도달하게 되면 발기력 감소, 사정의 어려움, 빠른 성기 이완, 정액 배출량 감소 등으로 성적인 쾌감도 감소한다. 특히, 매끄러운 삽입 운동을 돕던 윤활유의 배출이 남녀 모두가 감소하여 말 그대로 까칠한 보리밥 성생활이 된다. 성생활을 위한 윤활유가 거의 없었던 고대사회에서는 더욱 그렇다. 젊었을 때의 왕성한 성생활이 쌀이나 쌀밥에 해당한다면, 노년의 성생활은 보리밥 정도에 해당한다는 의미다. 관우가 춘궁기에 보리밥으로 연명하는 사람처럼 거칠고 질 떨어지는 성생활로 가까스로 연명하고 있는 모습이다.

상용(上庸),
예전의 발기력을 회복하려는 시도

문지방 넘어갈 힘만 있으면 여성을 찾으려는 욕구인 조누가 상용(上庸) 땅에 구원병을 요청하자는 계략을 제시한다. 이를 받아들인 관우가 상용(上庸)을 지키고 있던 유봉과 맹달에게 구원병을 요청하기 위해 요화를 보낸다. 그러나 이들은 갑자기 군사를 출정시키면 반란이 일어날지 모른다는 핑계를 대며 거절한다. 이때 유봉은 유비의 양아들로 관우와 숙질 관계이기 때문에 잠시 갈등한다. 결국은 맹달의 선동을 받아들여 촉나라를 배신한다.

上 = 위, 앞의, 먼저의 , 첫째, 옛, 이전, 높다
庸 = 떳떳하다, 쓰다, 범상(凡常), 보통, 평소, 일정하여 변하지 아니하다

상용(上庸)은 앞의 떳떳했던 것, 이전에 지녔던 보통의 것이란 의미다. 현재 그들이 있는 곳이 질 떨어지는 성생활을 의미하는 맥성이다. 예전의 당당했고 쌀처럼 윤기 흐르던 성생활을 회복하려는 욕구를 의미한다.

당초 이곳을 지키던 장수는 '거듭(申) 즐기다(耽)'라는 이름 뜻을 지닌 신탐(申耽)이었다. 신탐처럼 성생활을 거듭 즐기기 위해서는 왕성한 발기력이 있어야 하므로 신탐과 관우는 상호 협조 관계라 할 수 있다. 만약 신탐이 이 상용성을 지키고 있었다면 관우는 살 수 있었다.

그러나 이곳은 이미 유봉(劉封)과 맹달(孟達)이 신탐으로부터 항복을 받아 차지하고 있었다. 이들은 이름부터가 관우의 성생활 태도와는 거리가 먼 인물들이다. 유봉의 원래 이름은 구봉(寇封)이었지만 유비가 조카로 삼으면서 성씨를 유씨로 바꾼 인물이다. 유비(劉備)는 자신의 욕망 등을 죽여서 성생활을 준비하는 자세. 이에 비해 유봉(劉封)은 욕망을 죽이는 것까지는 유비와 같지만 이를 봉(封)해 버린다. 관우 같은 왕성한 발기력에 대한 집착과 성욕을 죽여서 봉하는 금욕적인 자세다. 그의 원래 성씨는 떼도둑이나 원수를 뜻하는 '구(寇)'씨다. 유비는 욕망이나 성욕에 대해 그 자체를 전부 죽이는 것이 아니라 너무 거세거나 성한 측면을 일부 죽여서 잘 다스려 나가는 자세. 그러나 유봉은 성욕 등에 대해 마치 떼도둑이나 원수진 사람처럼 대하며 이를 죽여 봉해 나가는 정반대의 자세다.

유봉을 꼬드겨 관우를 배신하게 만든 맹달(孟達)의 '孟' 자에는 형제자매

중에서 '맏이'라는 뜻이 있다. 맏이는 나이가 가장 많다는 뜻이다. '達'은 어떠한 상태에 통달하거나 다다른 것을 의미한다. 맹달(孟達)은 나이가 많은 것에 통달한 사람이라는 의미가 된다. 나이가 맹달하여 이제는 예전의 발기력이나 성생활로 돌아갈 수 없으므로 의롭게 봉하자는 의미다.

이들이 구원병 요청을 거절하자 요화는 "그렇다면 관장군은 절망이시오!"라고 방성통곡한다. 다시 애걸했지만 끝내 뜻을 이루지 못하고 유비가 있는 성도로 발길을 돌린다.

오나라 장수들의 협공, 갱년기에 필요한 여러 가지 정신적 가치

관우가 형주로 나가려 했으나 앞에는 오군, 뒤에는 위군으로 막혀서 오도 가도 못하는 신세가 된다. 여몽을 회유하려고 사자를 보냈지만 여몽이 정중히 거절한다. 여몽이 형주성 사람들을 잘 대우해 주자 관우의 장수와 군사들 중 도망쳐 형주성으로 돌아가는 자가 많게 된다. 관우는 싸우려 했으나 오나라 장수 장흠, 한당, 주태, 정봉, 서성에게 쫓기는 신세가 된다.

이 시점에서 관우를 공격했던 오나라 주요 장수들의 삶의 자세나 가치관 등 성격을 고찰할 필요가 있다. 이들은 모두가 오나라의 지혜로운 12명의 장수를 뜻하는 십이지장(十二智將)에 속한 장수들이다. 이를 통해 갱년기 남성들이 관우처럼 발기력에 집착할 때 마음 한편에서는 어떤 지혜로운 마음이 나타나 바른길로 나가려고 하는지 알 수 있다. 찬란하고 화려하고 영광스러웠던 발기력과 정력이 화타(華陀)스럽게 무너졌음을 인정하고, 집착에서 벗어나 마음의 안정을 찾자는 자세들이다.

먼저, 오나라 십이지장(十二智將) 중 한 명인 장흠(蔣欽)이다.

자(字)가 공혁(公奕)이며, 주태와 함께 손책의 측근으로 활약하며 강동 제패에 큰 공을 세워 오나라 성립에 기초를 세웠다.

    蔣 = 성씨, 나라 이름, 줄(벼목 식물), 깔개, 자리, 격려하다
    欽 = 공경하다, 존경하다, 흠모하다, 삼가다

'蔣'은 벼와 비슷하게 생긴 풀인 '줄'을 의미하며 고장초(菰蔣草)라고도 한다.

장흠(蔣欽)은 줄을 공경하거나 존경한다는 의미다. 오나라의 유명 장군의 이름을 사군자도 아닌 하찮은 풀을 공경한다는 뜻으로 지었는지 궁금증을 자아낸다. 앞서 분석된 미부인(麋夫人)에서 궁궁이를 뜻하는 '麋'가 오르가슴의 속성을 잘 표현했다. 벼과 식물인 '蔣' 역시 인간의 심리적 속성이나 가치를 잘 표현하기 때문이다.

줄은 하천가 등에서 쉽게 볼 수 있는 풀로 벼와 사촌지간이나 이삭은 먹지 않고 줄기와 뿌리를 약용하거나 동물의 사료 등으로 쓴다. 새끼줄을 꼬거나 멍석을 짜는 데 이용되어 '蔣' 자는 깔개라는 뜻도 있다. 한국에서는 무엇을 묶는 역할을 하는 것을 '줄'이라고 하는데 이 식물의 이름에서 유래했거나 연관성이 있다고 한다. 식물 줄은 인류의 오랜 양식인 벼처럼 먹을 수 있는 이삭 같은 주 효능과 기능은 없다. 하지만 생활에 두루 쓰이는 새끼줄이나 멍석 등을 만들 때 사용할 수 있다. 이것은 이삭 대신 줄기나 뿌리도 유용하다는 의미다.

장흠(蔣欽)은 줄을 대할 때 식용할 수 없다는 약점만을 보는 것이 아니다. 새끼줄이나 멍석을 짜고 가축의 사료로 이용되는 장점도 동시에 보는 자세

를 상징한다. 이와 같은 사람은 사물의 일부분만 보지 않고 전체를 균형 잡힌 시각으로 바라본다. 그래서 편견과 선입견이 없고 긍정적인 사람이기도 하다. 그의 자가 공혁(公奕)이다. '公'은 한편으로 치우치지 않고 공평하다는 의미다. 크다는 뜻의 '奕'과 어울려 '사물을 치우침이 없이 공평하게 보고 판단하는 시야가 크다'는 의미다. 줄을 공경하는 그의 이름 뜻과 잘 어울린다.

장흠은 상대방이나 사물의 약점이나 부정적인 면만 보지 않고 전체적으로 공평하게 봐서 장단점을 잘 살피는 자세다.

장흠은 관우에게 발기력이 쇠약해진 것만 치우쳐서 생각하지 말고 균형 잡힌 시각으로 긍정적인 측면도 바라보라는 의미다. 사람들은 성욕의 코뚜레에 걸려서 모든 것을 성적인 관점에서 바라보거나 평가하게 하고, 성욕 해소를 위해 혈안이 된 채 살아간다. 그래서 지나가는 여성, 직장 동료 여성, TV 드라마 속 여성 등 온갖 시공간 속에서 만나는 여성에 대해 미모를 평가한다. 그리고 혹시 작은 연줄이라도 닿으면 주변에 있는 이러한 미모의 여성들과 자연스럽게 식사라도 하고, 데이트를 해볼까 하는 마음도 끊이질 않고 작동한다.

이러한 부질없는 생각이나 집착은 젊었을 때는 성욕이 너무 강해 여기서 벗어날 생각을 꿈도 꾸지 못한다. 그나마 갱년기를 맞이하여 발기력이 쇠약해 감으로써 해방이 되고 마음이 안정될 수 있는 절호의 기회를 맞이하게 되는 것이다. 이렇게 생각하면 발기력 쇠퇴가 마냥 슬픈 것이 아니라 마음이 좀 여유로워진다. 즉, 장흠은 관우에게 발기력을 잃은 것만 생각하지 말고 그것을 잃음으로써 얻게 되는 마음의 안식 등 장점도 바라보라고 촉구하는 것이다.

한당(韓當)은 적벽대전에서 황개를 구출해내는 부분에서 위기와 욕구 관리 자세를 의미한다고 살펴봤다. 갱년기에 찾아온 발기력 쇠퇴에 대해 욕구를 잘 관리하고 순리대로 잘 처신해야 갱년기 위기를 극복할 수 있다는 자세다.

주태(周泰)도 참전했다. 손권의 호위장수로 손권을 구출하기 위해 크고 작은 전투에서 여러 번 중상을 입으며 활약했다.

> 周 = 두루, 골고루, 널리,
> 泰 = 크다, 심하다, 편안하다, 교만하다, 너그럽다, 통하다

주태(周泰)는 두루 크고, 너그럽게 통하는 '원만한 인격'을 의미한다. 관우에게 자신의 발기력 쇠퇴에만 집착하지 말고 두루, 널리 바라볼 것을 요구한다. 다른 사람들은 이럴 때 어떻게 대처하는지 주변을 돌아보며 원만하게 살아가라는 자세다.

장수 정봉(丁奉)도 관우를 협공한다.

> 丁 = 장정, 일꾼, 인구, 식구 수, 가족 수, 천간의 넷째, 고무래, 정
> 奉 = 받들다, 섬기다, 기르다, 돕다

'丁' 자는 앞에서 분석되었듯이 못의 모양을 본뜬 글자로, 남근을 상징하는 뜻이 있지만, 인구나 식구 수라는 특별한 의미도 있다. 그러므로 정봉은 장정다움, 남근, 식구 수를 받거나 섬긴다는 의미가 된다. 오늘날 저출산이 커다란 사회문제가 되고 있지만 고대사회에서는 노동력이나 군사력을 확보하기 위해서는 무엇보다 인구수가 가장 중요했다. 그래서 아이를 많이 낳는 것이 국가에 충성하고 집안을 일으키는 기본이 되었다. 정봉은 자식을 많이 가지려는 사람들의 다산 욕구와 생식력을 상징한다. 요즘에도 아

이를 7,8명씩 낳는 부부들이 TV의 휴먼 다큐 프로그램에 나오면 신기하기도 하고 부럽게 느껴진다. 정봉은 이제 자식도 낳을 만큼 낳았으니 발기력과 성생활에 너무 집착할 필요가 없다는 비판의 목소리를 낸다.

서성(徐盛)도 참전한다.

> 徐 = 천천히 하다, 평온하다, 천천히
> 盛 = 번성하다, 창성하다, 성대하다, 물건을 담다, 넣다, 주발

앞에서 위나라의 장수 서황(徐晃)이 사실이나 진실을 서서히 밝혀나가는 신중한 자세라고 했다. 이에 비해 서성(徐盛)은 천천히 번성하고 창성해 나가는 자세다. 그의 고향인 서주(徐州)는 천천히 이루거나 나아가는 땅이라는 의미다. 서성은 갱년기를 맞이하여 조급하게 굴지 말고 이를 전환점 삼아 제2의 인생을 서서히 가꿔 나가는 대기만성의 자세가 필요하다고 역설한다.

적벽대전에서 패하고 도망치는 조조를 조자룡, 장비, 관우가 혼내주었듯이 발기력에 집착하는 관우를 오나라 장수들이 혼내주는 모습이다. 성생활한창때는 조루 증세가 문제를 일으켜 비난받고, 갱년기에는 발기력 집착이 문제를 일으켜 비난받으니 상전벽해라 할 수 있다.

결석(決石),
발기력이 메마르고 터지고 무너져 끝장나다

관우가 결석이라는 곳에서 오나라 반장과 그의 부하 마충에게 사로잡히

기 전에 관우를 위해 싸우던 조누가 죽었다는 소식을 듣는다. 문지방만 넘을 힘이 있으면 여성을 탐하려는 조누가 죽었다는 것은 갱년기 이후에 정말로 발기력에 근본적인 변화가 생긴 모습이다. 여성들에게 폐경이 일어나는 것과 마찬가지로 남성들에게도 폐경 수준의 발기력 저하가 일어난 상태다. 한마디로 말해서 이제는 문지방 넘어갈 힘조차 없을 만큼 정력이 고갈됐음을 알리는 것이다. 조누가 죽었다는 소식을 듣자마자 도착한 곳이 결석이다. 그 시점에 관우가 사로잡힌다는 것은 중요한 의미가 있다. 신 같았던 관우가 결석(決石)에서 생포되는 모습을 『삼국지연의』는 다음과 같이 묘사하고 있다.

> 결석에 이르니, 양쪽은 높은 산이요, 산 밑은 갈대와 억새가 다 메말랐고 나무와 덤불이 가득한데 시각은 새벽 무렵이었다. 관우가 한참 달려가는데 일제히 함성이 진동하면서 양쪽에서 복병이 나타난다. 그들은 일제히 긴 갈고리와 쇠줄을 써서 우선 관우가 탄 말 다리부터 감아서 쓰러트린다. 관우가 몸을 뒤집으며 말에서 굴러 떨어져 반장의 부하인 마충에게 사로잡힌다.

결석을 묘사한 모습을 보면 양쪽은 높은 산이라서 빠져나갈 구멍이 없다. 그리고 갈대와 억새가 다 메말랐고 덤불이 많다는 것은 화공을 하면 관우를 쉽게 잡을 수 있는 여건인데 그렇게 하지 않는다. 이러한 배경 묘사를 통해서 관우가 지닌 발기력이나 성생활의 소진과 메마름을 상징적으로 표현함을 알 수 있다. 나무와 덤불이 가득하다는 것은 더 이상 나갈 수 없는 진퇴양난에 빠진 모습을 상징한다. 이를 확증해 주는 것이 바로 결석(決石)과 앞에서 분석된 임저(臨沮)라는 지명이다.

決 = 결단하다, 결정하다, 확정하다, 터지다, 무너트리다, 자르다, 절단하다
石 = 돌, 섬(10말), 돌비석, 쓸모없음을 이르는 말

결석은 임저에 속해 있는 지명이다. '성 본능의 에너지가 막히거나 그치는 시기'라는 임저의 의미 속에 결석도 포함되어 있다. 결석(決石)에서 중요한 것은 '石' 자의 의미다. 돌은 흙이나 나무처럼 가장 흔하게 볼 수 있다. 사람이 다니는 길이나 논, 밭 등에 있는 돌은 보행이나 농사에 방해가 되어 쓸모없음의 대명사다. 그래서 쓸모없음을 이르는 '말'이 되기도 한다. 결석(決石)은 더 이상 쓸모없게 됨을 결정지은 곳이라는 의미가 된다. 발기력이 메마른 갈대와 억새처럼 말라버려서 최종적으로 남근이 쓸모없게 되었음을 결정지은 장소라는 의미다. 평생 늙지 않고 청춘을 구가할 것 같은 인생이 어느새 백발이 성성해지듯 발기력이라도 배터리도 영원하지 않다.

'石'은 10말의 곡식 수량을 나타내는 '섬'의 의미도 있다. 곡식 10말에 해당하는 발기력의 에너지가 메마르고, 터지고, 무너져서 결딴난다는 것이 결석의 의미이기도 하다. 결석은 남성들에게 있어서 대략 40에서 50년간 유지되어 오던 발기력이 완전 메마르거나 터지고 결딴나서 더 이상 작동하지 않는 상태다.

아! 새벽 발기도 결딴나다

여기서 빠트릴 수 없는 상징성이 관우가 붙잡힌 시간이 5경쯤으로, 새벽 3시에서 5시 사이다. 남성들의 발기부전 증상을 검사하는 방법 중 하나가 야간 발기력 측정이다. 예전에는 남근 주위에 몇 장으로 연결된 우표를 붙여 놓고 새벽 발기로 인해 연결 부위가 끊어지는 것의 유무를 통해 발기력을 측정했다. 요즘에는 기계 장비를 통해서 과학적으로 측정한다. 고대사회의 선조들도 새벽 발기가 성생활 가능 여부의 척도라는 것을 오랜 경험을 통해서 이미 알고 있었던 것이다. 우리나라에는 "새벽에 발기가 되지 않는 남자들에게는 돈도 빌려주지 말라."는 속담까지 생겨났다. 이 속담은 동시에 중국과 일본의 속담이기도 하다.

관우가 새벽에 결석에서 붙잡힌다는 것은 발기력의 에너지가 모두 메마르고 터지고 결딴이 나서 새벽 발기조차 안 되는 상태임을 상징한다. 이 시기가 문지방 넘어갈 힘만 있으면 여자를 찾는 조누가 죽은 소식을 들은 시점이므로 이를 명확하게 입증하고 있다.

관우의 나이인 58세 전후의 모든 남성들이 갱년기를 맞이하여 발기부전이 되는 것은 아니다. 개인 수명이나 발생하는 질병이 환경과 유전자, 개인적 습성에 따라 천차만별이듯이 발기부전도 천차만별의 형태로 발생한다. 그러나 보편적으로 일정 연령에 도달한 여성에게 폐경이 일어나듯 남성에게도 남성 갱년기가 발생한다. 관우가 체포되고 죽음을 맞이한다는 것은 보편적으로 발생하는 남성 갱년기 속의 발기부전 모습이라 할 것이다.

마충(馬忠),
정력을 충심으로 대하는 진실한 자세가 관우를 잡다

결석에서 관우를 직접 체포한 것은 마충(馬忠)이다. 같은 '마(馬)'씨인 마초, 마양 등의 의미를 앞에서 살펴봤듯이 '馬'는 사람들이 지닌 정력을 의미한다.

忠 = 충성, 진심, 진실, 참 마음, 공평, 정성, 공변되다

앞에서 살펴본 황충(黃忠)이 성생활과 성 본능에 충실한 자세이듯이, 마충

(馬忠)은 정력에 충실하고 충성을 다한다는 의미다. 그렇다면 정력에 충성을 다하는 마충이 발기력 회복을 위해 안간힘을 쓰고 있는 관우를 살려 주는 것이 당연해 보인다. 그러나 마충은 갱년기가 도래해 발기력이 끝날 때가 되었음에도 집착하는 것이 진정한 충성심이 아니라는 자세다. 자연의 섭리를 어기고 마치 진시황이 불로초를 구한 것처럼 생명이 다한 발기력에 집착하는 것 역시 인간의 과욕이다. 한창때는 한창때답게 왕성하게 성생활을 하고, 나이 들어 성 본능이 쇠해지면 물러날 줄 알아야 하는 것이 마충이 성 본능을 대하는 충심이다.

그러나 사람들은 성 본능의 한계에 충실한 마충보다 발기력에 집착적인 관우를 더욱 좋아하고 받든다. 그는 산속에서 도를 닦거나 자신의 욕망으로부터 저만치 벗어나 있는 사람이 아니다. 속세에서 자신의 철 지난 발기력에 집착할 만큼 너무나 인간적인 사람으로서 우리들의 이웃 아저씨요, 평범한 대다수 주부들의 남편이기 때문이다. 중년의 보통 남성들도 관우에게서 자신의 일부를 느끼게 된다. 발기력에 대한 집착은 한해 두해 속절없이 늙어가는 자신의 젊음과 청춘에 대한 회한이기 때문이다.

50대, 발기력 쇠퇴와 지천명(知天命)

공자가 논어에서 말했듯이 50대를 하늘의 명을 아는 지천명(知天命)의 시기라고 한다. 여기서 하늘의 명령이나 뜻이 너무 포괄적이어서 무엇을 구체적으로 의미하는지는 아무도 알 수 없다. 이 시기가 갱년기에 해당하므로 그중에는 발기력이 쇠해지는 성적인 노화 과정도 틀림없이 포함될 것이다. 관우가 마충에게 사로잡힌다는 것은, 성생활에 있어서 하늘의 명에 충실하려는 자세나 생각에 붙잡힌다는 의미이기도 하다. 찬란하고 번성하던 것이 화타(華陀)스럽게 무너지는 시기요, 그것이 하늘의 명임을 아는 나이 때다.

또한, 40대는 불혹(不惑)의 나이라고 한다. '惑'은 미혹(迷惑)하거나 현혹하다는 의미다. 무엇에 홀려 정신을 차리지 못하거나 정신이 헷갈리어 갈팡질팡 헤매는 것을 의미한다. 조조의 위(魏)나라는 귀신(鬼)에게 순간적으로 정신이나 행동을 맡기다(委)는 뜻이 있다. 남성들이 성행위를 안정적으로 잘 해 나가다 별똥별처럼 갑자기 나타난 조루 증세에 정신을 맡겨서 성행위를 그르치는 것이 포함된다. 조루 장군 조조의 성향은 자신이 세운 나라 이름에도 잘 표현되어 있음을 알 수 있다. 무엇인가에 홀린다는 '惑'과 귀신에게 순간적으로 정신이나 행동을 맡기는 '魏'는 거의 동일한 의미다.

불혹(不惑)도 구체적으로 어떤 것에 미혹되지 않는 것인지 알 수 없다. 다만 이시기는 개인별로 차이는 있겠지만 결혼 후 십 년 내외가 흐른 시기다. 현대사회에 비해 결혼을 일찍 하는 고대사회로 본다면 결혼 후 20년까지도 넘은 시기다. 신혼 초에는 조루 증세를 나타내던 남성들도 주기적인 성생활을 되풀이하는 과정에서 삼고초려를 하여 여근에 밝은 공명을 얻게 된다. 공명을 얻었다는 것은 성생활에 있어서 독자적으로 바로 서는 것을 의미한다. 40세 이전까지 남성들에게 반드시 조루 증세가 나타난다고 볼 수는 없다. 하지만 반복되는 성생활을 통해 공명도 얻고, 귀두도 어느 정도 단련이 돼야 하기 때문에 40세 정도가 되어야 성적으로 진정한 불혹이다. 그래서 오르가슴의 참맛을 느낄 줄 아는 여성들은 40대 정도 된 중년 남성들을 섹스 파트너로 좋아한다는 속설도 있다.

60대는 이순(耳順)이라고 한다. 이 말도 공자의 말씀이라 누구나 좋은 말로 여기고 있지만, 귀가 순하다는 의미는 더욱 알기 힘든 것이 현실이다.

귀(耳)는 앞에서 여성의 생식기를 상징하는 의미가 있다고 했다. 전향적으로 바라보면 이순(耳順)은 여성의 생식기에 대해 이제는 순해질 나이라는 뜻도 된다. 연령대와도 무척 잘 어울리는 의미임을 알 수 있다. 공자를 포함한 모든 남성들이 한창 젊었을 때는 귀가 상징하는 여근을 보거나 대하게 되면 순하기보다 우쩍 하고 순식간에 발기가 일어난다. 마치 발정 난 동물 수컷과 다름없는 반응을 보인다. 그러나 나이가 들어감에 따라 호르몬 감소라는 자연현상이 일어난다. 미모의 여성이나 여성 생식기를 봐도 예전 같지 않고 순해지는 시기가 도래하고 그 나이가 60대라는 것이다.

70대는 '종심소욕 부유구(從心所欲 不踰矩)'라 하며, 이를 줄여 종심(從心)이라고 한다. 주요 한자어의 의미를 살피면 다음과 같다.

欲 = 하고자 하다, 욕심, 욕망, 애욕(愛慾), 색욕(色慾)
踰 = 넘다, 지나가다, 상회하다, 이기다
矩 = 곱자, 모나다, 네모, 법도, 상규, 규칙

'矩'는 '곱자'라는 뜻으로 'ㄱ' 자 모양의 자로서 이 뜻으로 가장 많이 쓰인다. 이것은 남근이 이완되어 있을 때 음낭 위로 약간 구부러진 곱자 형태를 띠는 모습이다. 음경의 뿌리부터 치자면 이완된 성기는 더욱 정확한 곱자 형태를 띤다고 볼 수 있다. 단단하게 발기한 남근은 반듯한 막대기 형태, 초승달처럼 끝부분이 약간 들린 형태를 띠는 것과 비교되는 모습이다.

'종심소욕 부유구(從心所欲 不踰矩)'를 직역하면, 마음이 하고자 하는 바나 색욕하는 바를 좇아도 곱자처럼 구부러진 형태를 넘을 수 없다는 의미다. 이것은 70세가 되면 대부분의 남성들이 아무리 성욕을 느껴도 남근이 구부러진 곱자 형태를 넘지 못한다는 의미다. 다시 말해 성생활에 필요한 충분한 발기가 거의 이뤄지지 않는다는 의미다. 이것은 남성호르몬 감소, 심장 및 혈관의 노화, 혈액의 질적 저하 등이 복합되어 일어나는 현상이라 할 수 있다.

그리고 15세 때 지우학(志于學)하였고, 30세에 비로소 이립(而立)하게 되었다고 한다. 지우학(志于學)은 학문에 뜻을 두었다고 해석되지만, 이것은 그 당시 몇 안 되는 귀족이나 양반 계층에나 해당하는 미사여구일 뿐이다. 대다수가 학문과는 동떨어진 노비나 평민 계급이었으므로 대중적인 측면에서 보면 학문에 뜻을 두기보다는 생업 기술을 배우는 데 뜻을 두었다.

지우학(志于學)은 '于'를 배우거나 '于學'에 뜻을 둔다는 의미로 해석할 수 있다. '于'의 자형을 살펴보면 '丁'과 '一'이 합쳐진 모양이다. '丁' 자는 벽이나 나무 등에 박는 못의 형태에서 유래한 글자다. 아궁이 속의 재를 끌어내는 고무래를 뜻하고 동시에 남성을 뜻한다. 아궁이 속에 들어가는 고무래나 벽에 박는 못은 남근을 상징한다. 그래서 '于'는 남근을 상징하는 '丁'이 '一'이 의미하는 벽 속으로 중간쯤 들어간 형태다. 따라서 '于'는 남근이 전개하는 성생활 등을 상징한다. 우귀(于歸)는 신부가 시집으로 들어가는 것을 이르고, 우례(于禮)는 신부가 시집으로 들어가는 예식을 의미한다. '于'는 신부와 여성이라는 의미도 지니고 있다. 그러므로 지우학(志于學)은 남근, 성생활, 여성을 배우는 데 뜻을 둔다는 의미가 된다. 이 시기가 15세다. 사춘기가 막 도래하는 시기와 정확하게 일치한다.

30세에 이립(而立)을 한다. 30세가 돼서야 비로소 확고하게 선다는 의미다. 성적인 성장 과정을 살펴보면 사춘기 때 황건적이 난동을 부리는 것으로 시작해서 동탁적 성 충동이 나타나고, 여포적 자위행위의 시절을 갖게 된다. 원소적인 순수 연애의 시기를 거쳐서 성생활의 주도권이 조루증 조조에게로 넘어간다. 다시 관우의 오관참육장으로 조루증을 극복하고, 거듭되는 성생활 속에서 삼고초려하여 성생활의 책사 공명을 얻게 된다. 유비가 아우 관우와 장비를 데리고 이 나라 저 나라 떠돌이 생활을 하다가 정착하며 확고하게 서게 된 것이 삼고초려하여 공명을 얻었기 때문이다. 이립(而立)은 공명을 얻어서 성생활에 있어서 확고히 서게 되는 시기임을 의미한다. 이렇게 성생활에 있어서 공명이라는 책사를 두고 확고하게 서니 자연적으로 40대는 성생활에 있어서 흔들림이 없는 불혹(不惑)이 된다.

『논어』 위정편에는 공자가 말한 원문이 실려 있고, 그동안 오랜 세월에 걸쳐서 중국의 학자들이 주석(註釋)이나 역문(譯文)을 달아 놓았다. 다만, 오늘날에도 과연 공자가 말한 불혹, 하늘의 명, 귀가 순함, 곱자를 넘지 못함이 구체적으로 무엇을 의미하는지 논란의 소지가 있다. 학자들이 달아 놓은 주석이나 역문의 권위를 따르면 편하긴 하다. 하지만 여전히 귀가 순하다는 이순(耳順)이 과연 어떤 상태를 의미하는지는 마음 한구석에 의문으로 남는다.

그리고 구태여 법도를 넘지 않는다는 표현을 할 때 '法度' 대신 사람들을 매우 헷갈리게 할 수 있는 '矩' 자를 썼는가도 영원한 의문이 될 것이다.

50대에 발기력 쇠퇴나 발기부전을 하늘의 명으로 받아들인다는 것은 단순한 성적인 사실만이 아니다. 자신이 더 이상 젊지 않고 노화와 늙음이 진행되고 있음을 깨달아 생로병사의 원리에 순응하는 자세로의 변화이다. 이렇게 되면 무한정 젊거나 영생할 것 같았던 인생관이나 가치관에 근본적인 변화가 생기고, 하늘의 천명을 자연스럽게 수용하게 된다. 그렇게 됨으로써 집착과 번뇌가 사라지고 마음에 여유와 평화를 얻을 수 있는 시기이기도 하다.

주부(主簿) 좌함(左咸),
발기부전을 공식적으로 인정하다

손권이 관우에 대해 끝까지 아량을 베풀려고 했으나 관우가 오히려 손권을 우습게 보고 욕까지 해댄다. 그래도 손권은 관우를 사랑하기 때문에 예의로 대접하고 항복시키려고 한다. 남성이라면 누구나 관우적인 발기력이 끝났어도 혹시나 시간이 좀 지나면 되돌아오지 않을까 하는 아쉬움이 남기 때문이다. 대부분의 사람들에게서 발기력과 성생활이 끝났음을 인정한다는 것은 그나마 남아 있던 젊음이 끝나고 늙어가고 있음을 인정하는 서글픔이기 때문이다. 그래서 발기력이 완전히 죽었음을 인정하지 못하고 될 수 있으면 마음 한구석에 살려두려는 모습이다. 고대사회에서는 발기부전의 복합적인 원인에 대해 잘 알 수 없었고 개인별로 차이도 많이 났기 때문에 더욱 그랬을 것이다.

주부(主簿) 벼슬에 있던 좌함(左咸)이 예전에 조조가 관우를 자기 사람으로 만들려다 실패한 전례를 들어 관우를 죽이라고 간한다. 손권이 이를 받아들여 관우 부자를 죽인다. 주부(主簿)라는 벼슬은 시대가 변해가면서 여러 가지 직책을 의미했지만 한자어 뜻은 다음과 같다.

主 = 임금, 주인, 주된, 가장 기본적인, 가장 중요한, 주관하다, 결정하다
簿 = 장부, 기록부, 회계부

주부(主簿)는 가장 중요한 장부, 또는 결정된 장부라는 의미다. 장부는 물건의 출납이나 돈의 수지(收支) 계산을 적어 두는 책이다. 여기서 기록의 대상이 되는 물건의 출납은 '결석(決石)'의 '石'이 의미하는 양곡이며, 그것은 발

기력을 지탱하는 정력 에너지를 상징한다.

좌함이 주부의 벼슬에 있었다는 것은 발기력을 지탱하는 정력 에너지의 장부를 관리하는 사람이라는 의미다. 그것이 아직 남아 있거나 다 출납되어 정력 잔고가 0이 되었음을 결정하는 가장 중요한 위치에 있는 사람이다. 남성들의 정력 장부(帳簿)를 관리하는 사람이 이제는 발기력이 정말로 다 떨어졌다고 공식 선언을 한다. 조누도 죽었고, 새벽 발기도 결딴났기 때문에 더 이상 집착하는 것은 아무런 의미가 없기 때문이다.

참으로 인생이 허무하고 쓸쓸해지는 순간이다. 동작대부에서 구구절절이 칭송했고, 성생활을 오래도록 견고케 하여 끝없이 영원히 즐기겠다는 마음을 시로 표현했다. 그러나 마치 뜨거웠던 월드컵 축제의 성화 불이 꺼지고 종료가 선언되듯이 발기력의 종료를 맞이한다. 월드컵 축제야 끝나도 4년 만에 다시 되돌아오기를 반복하지만 발기력의 성화(性火)는 공식적으로 꺼지면 영영 다시 돌아오지 않는다. 그의 자나 태어난 고향은 정사나 『삼국지연의』에 나오지 않지만 특히, 중요한 것은 그의 이름 뜻이다.

左 = 왼쪽, 좌파, 급진적인, 진보적인, 혁명적인, 틀리다, 잘못되다, 어긋나다
咸 = 모두, 다, 전부, 짜다

좌함(左咸)은 급진적, 진보적으로 모든 것을 인정하는 사람이라는 의미다. 남성들이 갱년기를 맞이하여 발기부전이 되면, 처음에는 이것이 일시적인 것이라고 생각해 이것저것 다 해본다. 보신 식품을 먹고, 운동을 하고, 체력 관리 등 바둑판의 수보다 더 많은 수와 방법을 찾는다. 그래서 약간 효과도 있는 것 같지만 잠시뿐, 시간이 지남에 따라 그물망 사이로 물이 빠져나가듯 효력이 빠져 나간다.

새벽 발기도 거의 사라지고 발기부전이 오히려 더 심해지면 결국에는 지쳐서 더 이상 해볼 도리가 없다. 이럴 바에야 발기력이 결딴났음을 인정하고 마음의 평온이나 찾자며 마음이 급진적으로 돌아선다. 발기력 회복을 위해 이것저것 다 해보다 안 되자 결국은 체념하고 사실로 받아들이는 모습이다. 그 순간 관우와 그의 아들이 참수를 당한다.

성(性)은
들어올 때는 물론 나갈 때도 사람들을 힘들게 한다

운우지정의 날개 역할을 하는 발기력이 죽게 되면 적토마처럼 달리던 활기찬 성생활 자체는 죽지만 그 이외 방법으로 성생활이 가능하다. 또한 요즘에는 죽은 관우와 적토마도 땅속에서 불러내는 발기부전치료제 같은 신비의 명약을 쉽게 구할 수 있는 세상이다. 발기부전에 대한 대처 방법과 관념도 변한 세상이다. 그러나 사춘기가 오는 것을 막을 수 없듯이 약물에 의해 발기력과 성생활이 필요시마다 재생된다고 해서 갱년기 자체를 막을 수는 없다.

청소년들이 자신의 사춘기를 잘 이해하고 관리해 나가기보다 힘들어하듯이 갱년기가 올 때도 마찬가지다. 자신이 갱년기를 통과하고 있는지도 모르고 갱년기적 증상에 지쳐 마냥 우울해지고 삶의 의미를 잃는 수도 있다. 이렇게 되면 인생 후반부인 주아부의 시기가 힘들어진다. 특히, 갱년기의 신체적, 심리적 증상들은 대부분 가려져서 보이지 않는다는 면수(沔水) 땅에 위치하고 있기 때문에 이를 간과해서 화를 키우기도 한다.

성호르몬이 들어오는 밀물 시기인 사춘기(思春期)는 춘정이나 정욕을 생각하는 시기라는 의미다. 이 시기에는 연애감정, 정력과 발기력도 풍족하며 윤기 흐르는 성생활을 영위한다. 반면에 성호르몬이 나가는 썰물 시기인 갱년기(更年期)는 다시 시작하는 인생 후반부, 고치거나 새로워져야 하는 시기라는 의미다. 물이 사라지고 갯벌이 드러나듯 정력과 발기력이 메말라서 맥성 같은 보릿고개적인 성생활을 영위하다 결국은 그것마저 결딴이 난다.

갱년기가 요구하는 고쳐나가야 할 대상이란 풍족했던 성생활과 젊었을 때와 같은 왕성한 신체 활동이다. 무리를 하다 보면 발기부전은 물론 골절상, 근육 파열 및 인대 손상, 심장마비 등의 불행한 사고도 초래할 수 있기 때문이다.

손권(孫權)은 '孫'이 의미하는 새롭게 돋아나는 움이나 새싹을 잘 키워나가려는 자세. 성생활과 발기력이 큰 부분을 차지했던 인생 전반부를 마무리 짓고, 새롭게 시작되는 인생 후반부를 새싹처럼 잘 키워나가려는 자세.

비록 젊은 때 같은 활력 있는 성생활과 행동력은 떨어진다. 그래도 할 일은 많다. 자식들 건사도 해 나가고 건강도 유지하고, 세상을 위해 자신이 기여할 수 있는 일이나 봉사 활동을 하면서 삶의 의미도 찾아 나가야 한다. 이러한 일들이 쉬운 것 같지만 자신의 갱년기를 제대로 소화해내지 못하면 다 소용없는 일이 된다. 인생 후반부의 관문을 통과해 보지도 못한 채 혼란과 무질서 속에 인생을 마칠 수도 있다.

맥성의 함락과 왕보와 주창의 죽음

맥성을 마지막까지 지키던 왕보와 주창이 관우와 관평이 죽었다는 사실을 알고 왕보는 기가 막혀 떨어져 죽고, 주창은 자기 목을 찔러 죽는다.

맥성은 보리밥 같은 까칠하고 질 떨어지는 성생활을 그래도 근근이 이어가던 노년 성생활의 마지막 보루다. 안 하자니 다 늙었다는 자괴감과 욕망이 가만있질 않아 근근이 연명해오던 성생활이다. 발기력이 쇠퇴할 때 단번에 줄어드는 것이 아니라 차츰 발기 강직도가 떨어진다. 새벽에 발기하는 빈도도 줄어들며 서서히 쇠잔해 간다. 이러한 시점에 문지방 넘어갈 힘만 있어도 여성을 찾는다는 조누와 관우가 죽었다는 것은 발기력이 완전히 죽었다는 의미다.

발기력이 완전히 죽게 되면 발기부전치료제 같은 약이 없었던 고대사회에서는 삽입 성생활이 불가능해진다. 그래서 그나마 가까스로 유지되던 맥성 같은 성생활도 점령당해 완전히 끝나는 모습이다.

왕보(王甫)라는 이름에서 '甫'는 남자에 대한 미칭으로서 사나이라는 의미가 있다. 왕보(王甫)는 부부 관계, 남녀 관계에 있어서 발기력을 '임금님'처럼 떠받들던 자세가 죽는다는 의미다. 그의 자인 국산(國山)도 발기력을 국가적인 산처럼 최고로 떠받드는 자세를 의미한다.

주창(周倉)은 주위에서 두루 발기력이나 정력을 보충해주는 음식이나 약을 찾는 자세다. 관우적 발기력이 완전히 죽었으므로 그도 죽는 것이 당연하다. 발기력 회복에 더 이상 만 가지 음식이나 백약이 무효이므로 주변에서 그런 음식을 취할 필요가 없어졌기 때문이다.

여기서 눈여겨 볼 대목은 두 사람이 그냥 죽었다고 묘사해도 되는데 서로 다른 방식을 택한다는 점이다. 왕보는 성벽에서 떨어져 죽고, 주창은 자기 목을 찔러 죽는 장면이다. 이처럼 서로 다른 방식으로 죽음을 맞이하는 것은 그들의 이름 뜻과 불가분의 관계가 있다.

왕보는 자신의 발기력에 대해 왕과 같이 떠받들고 우월감을 느끼던 사람이다. 이런 그가 자신의 발기력이 완전히 죽었음을 인식하는 순간 이러한 우월감이 급추락하며 위축되어 죽는 모습이다. 마치 축구 스타가 교통사고로 발을 잃거나, 화가가 시력을 잃고, 음악가가 청력을 잃어 세상이 끝장난 것 같은 심정이 왕보의 심정이다. 남성으로서의 위신이 추락하고 끝났다는 의미다.

이에 비해 발기력과 정력을 유지하기 위해 정력 식품이나 보조제를 자주 찾던 주창도 더 이상 발기가 전혀 안 됨을 깨닫는다. 그러므로 그런 음식들을 구태여 먹거나 목으로 넘길 수 없다며 목 부위를 찔러 죽는 것이다.

관우의 영혼,
발기력에 대한 남성들의 미련, 애착, 잔상(殘像)

관우가 죽은 후 관우의 영혼이 관평과 검은 뺨에 이무기 수염을 한 주창의 영혼을 대동하고 보정(普靜)스님이 있는 옥천산(玉泉山)에 이른다. 그리고 스님에게 자신의 앞길을 지시해달라고 한다. 이에 보정스님은 다음과 같이 말한다.

> "지난날과 오늘날의 모든 시비를 말하지 마시오, 지나간 원인과 뒤에 온 결과가 피차 유쾌하지 못한데, 이제 장군이 여몽에게 살해되어 나의 머리를 돌려달라고 하면 옛날에 장군에게 살해당한 안양과 문추, 그리고 오관을 지키던 여섯 장수들은 누구에게 머리를 돌려달라고 외쳐야 되겠소?"

이 말에 관우의 영혼이 깨닫고 보정에게 머리 숙여 감사하며 어디론지 떠나가 버린다. 관우처럼 개인들도 수십 년간 성생활의 중심에 있던 자신의 발기력이 어느 날 완전히 죽었음을 깨닫고 인정하게 된다. 그래도 한동안은 문득문득 그것이 믿어지지가 않고 다시 살아날 것 같은 기분이 들기도 하는 것이 사람의 마음이다. 육체적으로는 발기력이 모두 끝났지만 마음속으로는 아직도 애착과 미련이 남아 있는 모습이다. 그래서 뭔가에 사로잡히거나 귀신 들린 사람처럼 멍해지고 발기력에 대한 잔상(殘像)이 아른거리는 갱년기 남성들의 내면 모습이다.

이와 같은 사람들에게 필요한 것이 바로 보정(普靜) 같은 마음의 자세다. 그는 관우가 오관돌파를 할 때는 진국사에 있었지만, 지금은 옥천산(玉泉山)에 있다. 보정은 마음을 두루 고요하고 맑게 한다는 의미다. 잃어버린 청춘, 가버린 야속한 세월에 대한 원망과 집착 등에서 벗어나 마음을 맑고 고요하게 유지하려는 자세다. 세상만사가 흥망성쇠의 과정을 거치고 결국 화타(華陀)해짐을 인정하는 자세다.

옥천(玉泉)은 옥같이 깨끗한 샘물이라는 뜻이다. 욕망이 정화된 샘물처럼 맑은 마음을 상징한다. 보정같이 맑아지려는 마음자세가 없다면 청춘이 가버린 노년은 마냥 허전하고, 우울해지기만 할 것이다. 그래서 죽은 관우의 영혼처럼 방황하고 누군가 길을 안내해 주길 바라며 알코올 등에 의존하는 삶을 살 수도 있다.

"지난날과 오늘날의 모든 시비를 말하지 마시오."라 함은 젊었을 때의 왕성한 발기력과 갱년기 발기부전의 옳고 그름을 따지지 말라는 의미다. 그것이 불공평한 것이 아니라 인간이 생로병사의 원리에 구속되기 때문이라는 것이다. 관우가 죽인 안양, 문추, 오관돌파 시 죽인 여섯 명의 장수는 자신이 한때 지녔던 인격적 자세나 태도, 욕구였다. 얼굴이 좋다는 뜻을 지닌 안양(顔良)은 모든 사람들이 사춘기 시절에는 얼굴이 잘생기거나 예쁜 것에 지상 최고의 가치를 두는 마음을 상징한다.

인생을 돌이켜 보면 한때는 미모를 지상 최고의 가치로 여기며 집착하던 시절이 있다. 그러나 나이가 들어감에 따라 차츰 그런 가치와 중요성이 줄어들고 대신 그 자리를 원만한 성격, 돈, 권력, 건강 등 다른 가치가 차지한다. 승려 보정이 말하고자 하는 바는, 관우가 죽인 사람들은 모두 한때 관우 자신의 가치이고 일부였지만 지금은 다 잊힌 일이 되었다는 것이다. 따라서 왕성한 발기력을 가졌던 자기 자신에 대한 미련과 애착도 시간이 흐르면 결국은 옛일이 되고 사라지게 된다는 의미다. 쇠약해진 발기력과 성생활을 할 수 없음에 상처받은 마음에도 세월이 약이요 정화제인 것이다.

여몽의 죽음,
생활의 재미를 모르는 사람이 죽다

보정에게서 떠난 관우의 영혼이 여몽의 몸속으로 들어가 손권에 대해 욕을 하고 결국 여몽이 일곱 구멍에서 피를 토하여 죽는다.

여몽이 관우를 죽이고, 관우의 영혼은 여몽의 몸속으로 들어가 그를 죽여서 장군 멍군이 된 셈이다. 관우의 발기력과 성생활은 인생의 대표적인 재미와 쾌락이다. 이에 비해 쾌락과 재미를 모르고 돈 벌고 자식 키우기 등 일에만 온 정성을 쏟는 여몽은 그 반대선상에 있는 가치다. 관우의 영혼은 관우적인 가치관을 상징한다.

여몽처럼 일만 알던 사람이 관우처럼 성생활 등을 통해 쾌락과 재미를 추구하려는 자세가 들어가면 아노미적인 가치관의 혼동이 생긴다. 그가 일곱 구멍에서 피를 쏟아내며 죽는다. 앞서 원소가 죽을 때는 피를 몇 말이나 쏟아내어 흘린 양을 강조했고, 여몽은 일곱 구멍을 강조하고 있다. 일곱 구멍은 눈, 코, 귀 각 두 개 구멍과 입을 합친 숫자다. 눈은 사물을 바라보는 시각, 코는 냄새 맡는 현실감각, 귀는 남의 말을 듣는 자세, 입은 말하는 자세 등을 상징한다. 이런 것은 모두 처세술과 관련이 있다. 이 일곱 구멍으로 피를 쏟아낸다는 것은 여몽적 처세술이 상처를 입고 기존의 가치를 쏟아내는 모습이다. '7'은 변화를 상징하는 숫자이다. 사는 재미를 모르고 살아왔던 여몽적 처세술에 변화가 오는 것을 상징한다.

입신양명만 추구하던 사람에게 막상 관우적 발기력이 완전히 끝나고 나니 사는 게 재미없어진다. 일도 중요하지만 성생활 등 사는 재미가 없어지니 매일이 그냥 그렇고, 인생의 활력이 없어지고 우울해진다. 바로 이러한 상태를 관우적 가치관이 여몽 같은 사람의 몸속으로 들어가 죽이는 것으로 표현한 것이다.

관우가 숭배될수록
성생활의 중요성이 강조된다

앞에서도 언급했듯이 관우의 고향인 산시성 윈청시에는 80m에 달하는 거대한 관우 동상이 서 있다. 수많은 중국 가정에서 관우 동상을 모셔 놓고 숭배를 한다. 일본 작가가 쓴 『관우』라는 책을 보면, 말레이시아의 법정에서는 판검사가 관우상 앞에서 공정을 서약한 후 재판을 시작하는 것이 보편적이라고 한다. 홍콩의 한 경찰서에서는 관우상 앞에 가서 사건 조기 해결을 기원한 후 출동한다고 한다. 대만에서는 인구의 20%가량이 관우신을 숭배하고 있다.

이처럼 관우는 죽어서 거의 신처럼 숭배되고 있다. 지금까지 살펴본 바로 관우는 우리 동네 옆집 아저씨와 같은 행동을 했다. 그는 발기력을 상징했고, 나이 먹어서도 발기력을 유지해 성생활을 영원히 다함이 없이 즐기려고 했던 평범한 우리의 이웃이었다. 그러므로 후세들이 관우를 숭배할수록 그 것은 성생활의 중요성을 숭배하고 따르는 것이 된다.

우리는 관우를 숭배하건 안 하건 그처럼 살아가고 있다. 혈관에는 그의 피가 흐르고, 그의 DNA를 지니고 있다. 우리가 『삼국지연의』와 관우의 무 용담에 공감을 하고 있는 이유다.

전혀 자랑할 것은 못 되지만 대부분의 남성들이 관우처럼 해현이 고향이 라 집창촌에서 욕구를 해소하는 경우도 비일비재하다. 애증의 대상인 조조 와 동거하기도 하고, 조루 증세를 극복하기 위해 오관참육장을 벌인다. 천 하의 간신 조조를 화용도에서 살려주는 대범함도 보인다. 또한 발기력이 떨 어지면 정력 보충제와 발기부전 치료제를 먹으며 발기력을 끝까지 유지하 려고 더위잡기도 하고, 동작대부의 마지막 구절처럼 살고 싶어 한다.

원사대지영고혜(願斯台之永固兮), 낙종고이미앙(樂終古而未央)

원컨대 이 성생활을 오래도록 견고케 하여, 끝없이 영원히 즐기리라.

발기력에 대한 집착은
궁극적으로 젊음과 영생에 대한 갈망

남성들이 발기력에 집착하는 진정한 이유는 그것이 젊음과 소통을 상징 하기 때문이다. 발기력은 단순히 남근이 단단해지고 발기하는 것이 아니 다. 발기가 된다는 것은 젊음을 상징하고, 인간은 영원한 젊음을 간직하길 원하고, 이것은 바로 영생과 연결되기 때문이다. 결국 영원한 발기력을 원하는 남성들의 욕구 밑바탕에는 젊음과 영생에 대한 욕망이 숨겨져 표현되고 있는 셈이다.

또한, 발기력은 나이 들어 고독해질 수 있는 남성들이 여성과 관계하고 소통할 기회를 준다. 그래서 관우가 발기력 회복과 유지에 필사의 노력을 기울였던 것이다. 사람이라면 관우뿐만이 아니라 누구나 영원한 발기력이 상징하는 영원히 늙지 않는 청춘을 갈구하고 타인과 소통하기를 원한다. 『삼국지』를 읽는 모든 독자들이 이것 때문에 관우를 좋아하고 신으로까지 숭상하는 이유가 되고 있다.

화 타 와 조 조

- 회 춘 (回 春) 과 영 생

조조가 관우의 장사를 지내주는 것은
발기력이 끝나 묻어주는 모습

여몽이 죽자 겁을 먹은 손권이 관우를 죽인 죄를 뒤집어씌우기 위해 조조에게 시신을 보낸다. 조조는 관우에게 형왕(荊王)의 시호를 추증하고 성대하게 장례를 지내준다. 형왕(荊王)은 아내의 왕이라는 뜻이다. 관우적 발기력이 아내에게 왕이요, 최고였다는 평가다.

앞에서도 살펴봤지만 관우는 유비보다 오히려 조조와 더 불가분의 관계에 있는 듯이 보인다. 적토마처럼 힘차게 일어나 달리는 관우적인 발기력이 죽으면 자동적으로 따라 죽을 수밖에 없는 것이 바로 조루 증세이기 때문이다. 발기가 되지 않으면 조루 증세 자체가 일어날 수조차 없다. 반대로 조루 증세가 발기력의 상징인 관우보다 먼저 죽는다면 남성들에게 어떤 일이 발생할까? 그것은 절대 불가능하다. 발기력이 있는 한 상대적인 성격을 가진 남성들의 조루증은 불멸의 존재이기 때문이다.

그래서 관우가 목숨을 건 군령장까지 공명에게 맡기고도 조조를 화용도에서 살려 준 것은 우연을 가장한 필연이다. 조루 증세는 상대와 환경의 문제이기 때문에 죽지 않고 언제든지 발현될 수 있기 때문이다. 선사시대 같이 인류의 힘이 취약했을 때 성생활은 즐기는 것보다 생식을 목적으로 가능한 한 빨리 끝내야 했다.

오늘날의 부부 관계에서도 여성이 기분에 따라 남성이 빨리 끝내주기를 바라는 경우도 있다. 따라서 조루 증세는 반드시 죽어야 할 대상이라기보다 성행위 때마다 매번 상황에 맞게 관리해야 할 대상이다. 조조가 관우의 시신을 정성껏 장사 지내주는 것은 더 이상 관우적인 발기력에 대한 미련이 일어나지 않도록 마음속에 잘 묻는 모습이다.

건시전 신축을 통해
회춘(回春)을 시도하나 실패하다

조조가 관우를 장사 지내고 나서 밤마다 꿈에 보여 관원들에게 물으니 새로운 전각을 지으라고 한다. 그래서 건시전(建始殿)을 짓기 위해 약용담(躍龍潭)이라는 연못가 근처에 있는 큰 배나무로 대들보를 삼으려고 한다. 그러나 그 나무는 도끼와 톱이 들지 않아 조조가 친히 나서 칼로 치자 나무에서 피가 나와 조조의 온몸에 뿌려진다. 그날 밤 꿈속에서 배나무의 신이 나타나 조조가 가위눌림에 시달리다 깨어나니 머리가 아파 견딜 수가 없게 된다.

발기력이 죽은 남성들은 여성과 거의 관계를 갖지 않기 때문에 조루증은 당연히 발생하지 않는다. 따라서 조조도 죽어야 한다. 관우가 날마다 꿈속에 보인다는 것은 끝장난 자신의 발기력에 대해 한동안 보이는 미련과 집착이다. 이를 극복하기 위해 새로운 터전인 건시전(建始殿)을 지으려고 한다.

始 = 비로소, 앞서서, 일찍, 옛날에, 당초에, 처음, 근본, 근원

건시(建始)는 처음이나 옛날 것을 세운다는 뜻이다. 건시전을 설계한 목수가 소월(蘇越)이라는 사람이다.

蘇 = 되살아나다, 소생하다, 깨어나다
越 = 넘다, 넘기다, 초과하다, 경과하다, 달아나다, 흐트러지다, 떨어지다

소월(蘇越)은 넘거나 달아난 것, 흐트러진 것 등을 되살리려는 사람이다. 여기서 넘거나 달아난 것은 정력과 발기력을 의미한다. 건시전은 아직도 죽은 발기력에 미련이 남아 이를 되살리려는 시도다. 건시전의 기둥으로 쓰일 나무가 약용담(躍龍潭) 주변의 배나무다.

躍 = 뛰다, 뛰어오르다, 뛰어넘다, 도약하다, 가슴이 뛰다, 흥분하다

약용(躍龍)은 도약하는 용, 가슴이 뛰는 용이라는 의미이다. 연못은 이러한 도약하는 용이 사는 장소이자 원천을 의미한다. 이처럼 용과 같은 기세로 뛰어오르고, 도약하고, 가슴이 뛴다는 것은 한마디로 청춘을 되찾아 회춘(回春)하려는 욕구를 상징한다.

높이가 10여 길이나 되는 배나무를 회춘을 상징하는 건시전의 대들보로 쓰려고 한다. 배나무에 열리는 배는 물이 많고 단 과일의 대명사다. 배나무는 목재로 사용되기보다 크고 단 배가 많이 열리는지 여부로 좋은 배나무를 결정한다. 실제로 배나무는 땔감을 비롯해 작은 목재나 판자로는 쓰이지만 큰 궁전의 대들보로 쓰일 만큼 곧고 큰 것은 없다.

나이가 들면 호르몬의 분비가 줄어들어 관절이 뻑뻑해지는 것을 비롯해 피부나 눈, 입안, 손발톱 등 대부분의 신체가 건조해진다. 달며 물이 많이 나오는 배는, 회춘을 해서 호르몬이 잘 분비되어 신체가 촉촉해지고 달콤한 쾌락을 되찾아 주는 청춘의 묘약을 상징한다.

조조가 관우를 장사 지냄으로써 발기력이 완전히 끝났음을 인정했다. 또 다시 회춘을 다시 추구한다는 것은 앞뒤가 맞지 않는다고 생각할 수 있다. 그러나 갱년기에 발기부전이 왔을 때는 당연히 있어야 할 발기력이 없어졌기에 노력하는 것이지 회춘을 위해 노력하는 것은 아니다. 회춘이란 발기력이 완전히 끝난 노년에 들어섰다가 다시 젊어지는 것이다.

세간에서 보통 말하길 회춘해서 주름졌던 피부가 펴지고 촉촉해진다거나 검버섯이 없어지고, 흰머리가 검어졌다고 한다. 치아까지 새로 났다는 주장들이 있으나 단순히 개인적인 느낌인 경우가 많다. 그 대신 현대인들은 피부 회춘은 보톡스와 레이저 기기로, 시력과 청력 회춘은 노안 수술이나 안경과 보청기가, 머리카락 회춘은 염모제가 대신해준다. 이 밖에 오복의 하나인 치아 회춘은 임플란트, 발기력 회춘은 발기부전 치료제가 확실하게 되찾아주는 복 받은 과학적인 세상에 살고 있다.

회춘을 하기 위해서는 건시전을 받칠 배나무가 필수적이다. 그러나 배나무를 벨 수가 없고 그곳에서 피가 나와 조조에게 뿌려진다. 피가 상징하는 생명의 유한한 진실을 받아들이라는 의미다.

구약성서 창세기의 〈아담과 이브〉 이야기에도 생명나무 이야기가 나온다. 선악과를 따먹은 아담과 이브가 생명나무 열매까지 따먹고 영생을 할까 봐 천사와 나무 주위를 회전하는 불칼을 두어 지키게 한다. 회춘과 영생은 신과 자연의 섭리에 위배되어 용납되지 않는다는 의미다.

진시황도 회춘하고 영생을 구하려다가 고작 49세를 살고 갔다. 생명이 있는 모든 것은 죽는다. 이것을 거부하고 나이를 정말로 거꾸로 돌리는 회춘은 실제로 존재하지 않는다. 그때부터 조조의 머리가 쑤시고 아프게 된다. 나이를 거꾸로 먹는 회춘과 영생은 없기 때문에 조조가 영원한 젊음을 유지하려는 욕구와 심리적 갈등을 일으키기 때문이다.

화타,
회춘 대신 생로병사의 원리를 받아들여라

> 두통에 시달리던 조조가 화흠의 소개로 금성(金城) 땅에 있던 화타를 불러 진맥케 하니 도끼로 조조의 두골을 열고 뇌수를 씻어 내야 병이 나을 수 있다고 말한다. 그러자 조조는 자신을 죽이려고 한다며 화를 내고, 화타는 관우의 독화살 치료와 비교하며 조조가 의심이 많다고 말한다. 더욱 화가 난 조조는 화타를 옥에 가둔다.

발기력 회복에 집착하다 상처받은 관우를 치료한 것이 화타다. 화타는 빛나고 찬란하고, 화려하고 호화롭게 번성하던 것이 기울고 무너지는 것이 자연의 순리라고 생각하는 자세다. 생로병사의 순리를 받아들임으로써 욕망과 집착에서 오는 만병과 번뇌로부터 건강을 회복하고 자유로워지는 것이다. 조조역시 회춘과 영생에 집착하다 병이 났으므로 역시 화타가 필요한 시점이다.

조조의 머리를 쪼개고 뇌수를 씻어내야 살 수 있다고 화타가 주문한다. 예리한 도끼가 상징하는 날카롭고 단호한 결단으로 영생에 집착하는 생각의 본체인 뇌를 내리치라는 것이다. 그래야 회춘하고 영생하려는 욕망이 일으키는 골치가 아프고 쑤시는 고통과 번뇌에서 벗어날 수 있다는 의미다.

조조는 자신의 목숨에 집착하며 그러한 단호한 결단을 내리지 못한다. 수많은 사람들도 조조처럼 영생하려는 욕망을 쉽게 포기하지 못한다. 그래서 지구 종말의 날에 몸이 들려 하늘로 올라가 영생을 한다는 휴거일을 전후해서는 한바탕 소동이 벌어지곤 한다. 우리나라에서 1992년 10월 28일에 휴거일이 있었다. 회사원이 휴거에 대비한다며 가족을 데리고 잠적하는가 하면, 휴거 관련 교회에 나가지 못하게 하는 부모를 원망하며 음독자살한 여학생도 있었다. 전 재산을 교회에 바치는 사람도 한두 명이 아니었다. 심지어 신도들 가운데는 들어 올려 질 때 몸이 가벼워야 한다는 이유로 낙태를 한 여성들도 있었다. 이만큼 영생을 바라는 인간의 욕망은 뿌리 깊은 것이라 쉽게 버릴 수 없다.

어떤 이들은 예전에는 불가능하고 신의 영역 같았던 일들이 오늘날에는 실현되고 있으므로 머지않은 미래에는 가능할 것이라고 생각한다. 달나라에도 가고, 의료 기술의 발달로 예전에는 치료가 불가능했던 질병들이 완치되고 있기 때문에 영생하는 약이나 기술도 개발될 수 있다고 믿는 것이다. 그래서 자신이 죽은 다음에 영생이 가능한 약이 개발될 수도 있기 때문에 자신의 시신을 냉동 상태로 보관하려는 사람들까지 있다. 비용은 2억 원 내외가 들고 회원 가입자가 천 명을 넘어섰다고 한다.

화타는 생로병사의 이치를 받아들이는 자세다. 그 순간 집착과 번뇌에서 벗어나 몸과 마음이 평온해진다. 역설적으로 회춘과 영생에 집착하는 사람보다 오히려 생로병사의 원리를 일찌감치 받아들이고 자연에 순응하는 사람이 더 장수한다.

여성의 수명이 남성보다 긴 이유

　남성은 갱년기가 도래해 발기력이 쇠약해지고 발기부전이 일어나면 이것을 순리대로 받아들이기보다 관우처럼 행동한다. 양양성 전투가 상징하는 보신 식품이나 정력 보충제를 먹고, 운동을 해서 다시 발기력을 회복하려고 안간힘을 쓴다. 관우가 마취도 없이 뼈를 깎는 고통을 견뎌내면서 발기력 회복의 수를 찾기 위해 바둑을 두었듯이 그만큼 다양하고 피나는 노력을 해야 한다.

　그러나 여성들은 갱년기에 도달해 한번 폐경이 일어나면 다시는 월경이 되돌아오지 않는다. 그래서 여성들은 월경 회복을 위한 양양성 전투 같은 것을 치르지도 않고 남성에 비해 집착이 작다. 이것은 남자들보다 여성이 생로병사와 자연의 순리에 순응하는 측면이 잘 발달되어 있음을 의미한다. 여성들은 폐경이 일어나도 섹스 자체는 언제든지 가능하기 때문에 발기부전으로 스트레스를 받는 남성들보다 스트레스도 훨씬 작다. 여성들의 수명이 남성들보다 길 수 밖에 없는 이유 중에 한 가지다.

청낭서, 회춘의 최고 비법

　옥에 갇힌 화타는 자신이 죽을 줄 알고 청낭서(靑囊書)라는 의서(醫書)를 자신에게 친절하게 대해준 옥졸인 오압옥(吳押獄)에게 건네준다. 그러나 오압옥의 처가 이것을 불쏘시개로 태우고 두 장만 남게 된다. 그 두 장에 남은 의서의 내용은 불알을 까서 닭과 돼지를 살찌게 하는 조그만 방법뿐이었다. 화타가 죽고 나서 조조는 병이 악화되어 관우가 죽은 후 한 달 만인 220년 1월에 66세의 나이로 죽는다.

화타가 저술한 저서가 『청낭서(青囊書)』로서, 직역하면 '푸른 불알에 관한 저서'라는 의미다. 푸른 것은 젊음이나 청춘을 의미하고, 불알은 정력이나 성적인 것을 의미한다. 따라서 『청낭서』는 항상 젊음과 청춘 상태를 만들어 주는 정력에 관한 책이라는 의미로, 회춘과 영생에 관한 책이다.

그러나 그 책이 오압옥(吳押獄)의 처에 의해 불쏘시개로 태워지고 두 장만 남게 된다. 거기에는 닭과 돼지의 불알을 까서 살을 찌우게 하는 방법이 있었다. 이것은 불알이 상징하는 성적인 욕망을 확 뒤집어 까서 포기하면 마음의 살이 찐다는 의미다.

『삼국지연의』에서는 영생과 회춘에 대해 마치 중요한 내용은 다 타 버리고 세상에 알려진 평범한 방법만 남은 것처럼 이 부분을 묘사하고 있다. 바로 이런 평범한 사실 속에 최고의 진실이 담겨 있음을 표현하고 있는 것이다. 이 부분을 거꾸로 보면, 모든 것이 다 타고 없어질지언정 불알을 까면 마음과 영혼에 살이 찌고 풍요로워진다는 진실만은 타지 않고 남는다는 역설이다.

사람들은 갱년기와 노년기에 접어들면서 자신의 성적인 욕망이 쇠락해지면 이것을 인정하기보다 되살리려고 노력한다. 때문에 불알을 까면 살이 찐다는 그 평범한 진실을 외면한다. 수많은 덕망 있는 저술가들이 모든 것을 내려놓아야 행복하다고 주장하면서 단 한 가지 성적인 것은 내려놓으란 말을 하지 않는다. 그 대신 관우처럼 끝까지 발기력 회복을 위해 노력하다가 죽는 것이 대중들의 성에 대한 집착적 태도다.

그래서 발기부전 치료제도 개발된 것이며, 영화나 칼럼, 서적, 연구 등을 통해서 노년에도 성관계를 유지하는 것이 좋다는 결과를 계속 내놓고 있다. 발기가 되지 않는 노년에도 약물을 복용하며 성관계를 유지하면 부부간의 대화와 친밀감 유지에 어느 정도 도움이 될 수도 있다. 그러나 꼭 성관계를 가져야 부부간의 친밀성을 유지할 수 있는 것은 아니기 때문에 이러한 주장은 제고되어야 한다. 타다 남은 『청낭서』에 기술된 것처럼 불알을 까면 마음이 풍요롭고 살이 찐다는 불멸의 진리를 외면하기 때문이다. 노년의 성생활이 가져오는 부작용에 대해서도 충분한 연구가 이뤄져야 한다.

경제 시스템에서 고성장을 구가하다 갑자기 경착륙을 하면 대공황 같은 경제 위기가 닥치기 때문에 정부나 학자들이 연착륙을 위해 노력한다. 사람의 성생활도 마찬가지다. 늙어 죽을 때까지도 성생활의 강도나 발기력 등을 유지하다가 어느 날 갑자기 푹 고꾸라지듯 죽는 것은 좋지 않다. 성 기능을 포함해 모든 정신 신체 기능이 완만히 쇠퇴해 연착륙을 하면서 세상을 마감하는 것이 바람직하다. 죽을 때까지 성적인 쾌락을 추구하다 보면 생에 대한 집착이 더 강해져 죽음의 끈을 놓는 것이 더 어려워지고 경착륙이 될 수 있기 때문이기도 하다.

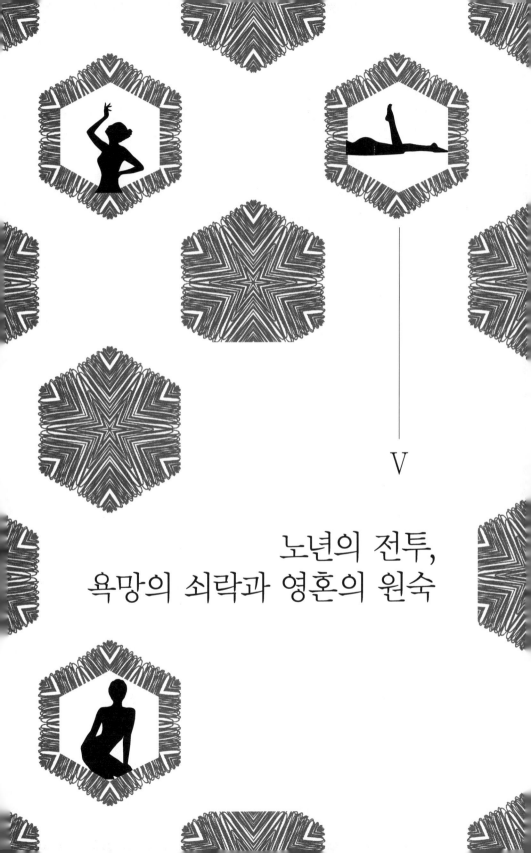

V

노년의 전투,
욕망의 쇠락과 영혼의 원숙

이릉대전, 쇠진해져 가는
성　　　본　　　능

- 솟구쳤던 성적인 욕망
의 언덕이 평평해지는 노년

　조조가 죽고 조비가 한 헌제로부터 황제의 자리를 빼앗아 즉위하자, 유비도 다음 해인 221년에 촉나라 황제로 즉위한다. 유비가 즉위하자마자 관우의 원수를 갚겠다고 전쟁을 일으키려 한다. 공명, 조자룡 등이 반대하나 유비는 도원결의의 의리를 내세우며 오나라를 치기 위해 75만 명의 병력을 일으킨다.

　전쟁을 준비하던 중에 장비가 죽고, 전쟁이 시작되어 황충도 잃지만 반장과 마충 등 관우를 죽인 원수를 갚는다. 그러나 유비가 세운 7백 리 영채를 동오의 서생 육손이 화공으로 불태워 효정과 이릉 땅에서 촉군을 격파한다. 유비가 백제성으로 피신한 후 그곳에서 죽음을 맞이한다.

범강과 장달,
안 되는 것을 억지로 하려는 무식함

　이릉전쟁을 위한 유비의 군대 출발에 앞서 장비는 낭중(閬中)이라는 곳에 주둔하고 있었다. 전쟁을 위해 부하 장수에게 전 군사들이 입을 흰 갑옷과 흰 기를 3일 안에 구해오라는 명령을 내린다. 이때 범강(范彊)과 장달(張達)이 기한을 넉넉히 달라고 하자, 장비가 화를 내며 이들의 등짝을 매로 50대씩 후려갈긴다. 기한 내에 시킨 일을 못 하면 죽이겠다고 으름장을 놓는다. 그러나 이에 반발한 두 사람이 장비가 술에 크게 취해 자고 있는 틈을 이용해 죽인다.

장비는 성관계 시 제비처럼 상공에 오래 체공하는 발기 지속력을 상징한다. 따라서 관우적 발기력이 죽으면 조루 증세인 조조가 죽듯이 장비적 지속력도 죽어야 함이 마땅하다. 그러나 남성들의 발기력이라는 것이 하루아침에 갑자기 어린아이들 성기처럼 말랑말랑하게 되는 것이 아니다. 자극을 받으면 삽입까지는 불가능해도 발기력이 어느 정도 유지되는 어중간한 상태에 처하게 된다. 발기부전(勃起不全)의 의미도 발기가 완전하지 않다는 의미지 전혀 안 된다는 것은 아니다. 장비를 죽인 사람 중에 한 명이 범강(范彊)이다.

范 = 모형, 거푸집, 규범, 한계, 범위, 제한하다, 풀이름
彊 = 굳세다, 억지로 시키다, 강제로 하다. 무리하게 하다

범강(范彊)은 규범, 한계, 범위를 넘어서 억지로 시키거나 강제로 하는 자세를 뜻한다. '范'은 '풀'이라는 뜻도 있다. 발기력이 풀처럼 힘이 없어졌는데 남성들이 억지로 또는 무리하게 삽입 시도를 하는 것을 뜻한다. 이처럼 남성의 발기력과 지속력이 한계를 넘었고 풀처럼 힘이 없어 안 되는데 억지로 하게 되면 결국은 장비가 죽을 수밖에 없다. 발기력은 죽었으나 성욕 자체는 살아 있기 때문에 발생하는 현상이다.

張 = 베풀다, 펼치다, 기세가 오르다, 성하게 하다, 드러내다
達 = 통달하다, 이르다, 다다르다. 도달하다, 갖추다, 대범하다

장달(張達)은 무엇인가에 성하게 도달해 끝났다는 의미다. 그리고 세간에서는 범강과 장달을 하나로 묶어 흉포한 깡패의 대명사로 지칭한다. 범강과 장달의 이름 뜻을 합치면 성생활의 한계에 완전히 도달했는데도 억지로 하거나 무리한다는 의미다. 발기력이 죽게 되면 대부분의 남성들이 혹시나 하는 마음으로 범강과 장달처럼 행동하며 부부 관계를 가져 보지만 번번이 실패하게 된다.

발기 강직도와 지속력 상태에 따라 실패하는 결과에도 약간의 차이가 있다. 남근의 발기력이 풀 같고 힘이 매우 없을 때는 아무리 시도해도 삽입 자체가 안 된다. 이보다 조금 나은 경우는 삽입까지는 가까스로 되나 사정도 안 했는데 금방 이완되어 실패하기도 한다.

이러한 남성의 발기부전 낌새를 알아차리지 못한 상대 여성은 "당신 왜 그래?"라는 식의 반응을 보인다. 자신의 현실을 실토할 수도 없어 울 수도 웃을 수도 없는 난감한 상황이 된다.

장비가 이들에게 억지로 시킨 일이 흰 기, 흰 갑옷을 3일 이내에 마련해 오라는 일이었다. 흰색은 깨끗하고, 순수하고, 빈 것을 뜻한다. 비록 관우적인 발기력은 죽었지만 다시 마음을 비우고 순수한 마음자세로 발기력의 재무장을 시도하는 모습이다. 대부분의 남성들이 발기력이 약해 삽입 성교가 이뤄지지 않을 때 이처럼 마음을 비우고 계속 시도해 보지만 안 된다. 결국은 제비 같은 체공력을 상징하는 장비가 범강 장달이 상징하는 안 되는 것을 억지로 하려는 깡패 같은 무식한 시도 때문에 죽게 된다.

세간에서 범강과 장달을 한데 묶어서 우락부락하고 흉포한 깡패의 대명사로 칭한다. 남근의 발기력이 한계에 달해 성관계가 불가능함에도 불구하고 남성들로 하여금 재차 시도에 나서게 하는 욕구가 범강과 장달이다. 이러한 욕구 때문에 혹시나 하고 성관계를 시도하지만 역시나 실패로 끝난다. 결국 상대 여성에게 개망신을 당하고 남성의 자존심을 무참하게 짓밟으니 이보다 더 흉포한 깡패도 없다.

낭중(閬中),
발기력이 죽어 여성 앞에 휑뎅그렁한 신세가 되다

장비가 최후를 맞이한 곳이 낭중(閬中)이란 곳이다.

閬 = 솟을대문, 문이 높다, 높은 모양, 휑뎅그렁하다, 해자, 목석의 괴물

낭(閬)은 높게 솟은 대문이라는 뜻으로 권위를 상징하며, 들어가는 기능이 있어 여성의 생식기를 상징하기도 한다. 솟을대문은 여성의 생식기에 대해 권위, 위압감, 두려움을 느끼는 모습이다. 그러나 동작대부의 '부황도지굉려혜(俯皇都之宏麗兮)'라는 시구처럼 남성들이 고개를 숙여서 여근을 바라보면 황홀한 아름다움을 느끼는 것이 당연하다. 그러므로 여성의 생식기가 원래 그렇게 두려운 것이 아니다. 남근의 발기력이 쇠해져서 발기 강직도와 발기 지속력이 떨어짐에 따라 상대적으로 그렇게 느껴진다.

이처럼 발기부전에 완전히 도달한 사람들은 밤이 오는 것, 여성과 같이 있는 공간을 은근히 두려워한다. 처음에는 배우자에게 자신의 발기력이 다했음을 드러내기 싫어 이를 숨기려고 하기 때문이다. 바깥일이나 피곤함을 핑계로 피하며 자신의 성적인 약점이 드러날까 전전긍긍한다. 휑뎅그렁하다는 말은 넓은 곳에 물건이 조금밖에 없어 어울리지 않는 모습을 의미한다. 아직도 여성은 언제든지 섹스를 할 마음이 높거나 많은데 비해 남성은

발기가 안 되어 심리적으로 위축되고 횡뎅그렁해진다.

'閩'은 해자(垓字)라는 의미도 있다. 해자는 성(城) 앞에 파놓은 수로로 여성과의 성적인 괴리가 생겼음을 의미한다. 발기가 제대로 안 되자 자신의 처지가 횡뎅그렁하게 느껴지고 여성과 성적인 괴리가 생기며 그나마 남아 있던 장비적 발기 지속력도 죽어간다.

장비는 그의 의형제들인 유비나 관우처럼 멋지게 한판 싸워보지도 못하고 술 마시고 자다가 비명횡사했다. 성생활에 있어서 그가 맡고 있는 역할인 발기 지속력이 독립적이지 못하고 관우의 발기력에 부수되거나 연관되기 때문이다. 즉, 제비처럼 지상과 공중을 오가며 스릴감 있는 섹스를 전개하는 발기 지속력이라 할지라도 적토마 같은 발기력이 죽으면 아무 소용이 없다. 그러므로 한날한시에 죽겠다는 도원결의를 맺지 않았어도 관우가 죽으면 장비도 곧 죽는 것이 성생활의 이치에 합당하다.

이릉대전,
욕망이 차츰 능이해지다

위·촉·오 삼국의 지리적 위치는 사람의 신체에 비유되는 상징성을 지닌다.

가장 위쪽에 있는 조조의 위나라는 머리에 해당하여 사고 기능의 영역이기도 하다. 중간에 위치해 몸통이 되는 유비의 촉나라는 감정의 영역, 아래 지방과 다리에 해당하는 오나라는 감각과 육체적인 영역을 각각 상징한다. 따라서 유비는 감정과 욕망의 영역을 대표하고 다스려나가는 역할을 해왔다.

왕이나 황제는 그들이 생전에 펼쳤던 사업이나 업적에 따라 시호가 붙는다. 태조는 보통 국가를 세운 왕이라는 의미이고, 진흥왕은 국가를 진흥시킨 왕, 세종대왕은 세상의 으뜸이요, 가장 뛰어난 왕이라는 의미다. 유비를 소열제(昭烈帝)라고 칭한다. 이 명칭은 그가 대표하고 있는 인간의 감정과 욕망의 영역과 잘 부합함을 알 수 있다.

> 昭 = 밝다, 명백하다, 환하다, 현저하다, 분명하다
> 烈 = 맵다, 사납다, 포악하다, 굳세다, 강하다, 세차다, 불사르다, 맹렬하다

후대 사람들은 매사에 항상 명분과 예의를 지녔던 덕 있는 유비에게 이처럼 맵거나 사납고, 맹렬하다는 뜻을 지닌 '烈' 자를 그의 이름 속에 넣어줬다. 그 의미는 인간의 욕망과 감정이 맵고, 사납고, 세차고, 불사르게 하며, 맹렬한 측면을 가졌기 때문이다. 소열(昭烈)은 그런 세찬 욕망이 명백하고 현저하다는 의미다. 그는 앞에서 분석한 바대로 책 읽기를 싫어하는 군주이므로 이 또한 그가 지적인 사람이라기보다 감성적인 사람임을 증명한다.

욕망과 감성의 영역을 관리하는 유비가 동오와 치른 마지막 전쟁이 이릉(夷陵)대전이다. 이 전쟁의 성격과 핵심적인 의미는 '이릉(夷陵)'이라는 단어 속에 고스란히 담겨 있다.

> 夷 = 오랑캐, 평지로 만들다, 소멸시키다, 평탄하다, 온화하다
> 陵 = 큰 언덕, 능, 무덤, 업신여기다, 범하다, 넘다, 능이(陵夷)하다, 짓밟다,
>   험하다

'陵' 자는 이릉(夷陵)을 거꾸로 한 글자인 능이(陵夷)하다는 뜻이 있다. 처음에는 성하다가 세월이 흘러 나중에는 쇠퇴한다는 의미다. 이것은 언덕을 뜻하는 구릉(丘陵)이 세월이 지나면 풍화작용에 의해 평평해진다는 뜻에서

나온 말이다. 이릉(夷陵)이나 능이(陵夷)는 뜻이 같음을 알 수 있다.

불룩하게 솟아오른 무덤이나 언덕을 의미하는 '陵'은 남녀의 생식기 언저리가 언덕처럼 솟아 있는 불두덩 부근을 의미한다. 이릉(夷陵)은 성적인 본능이 왕성하게 솟아올라 활동하다가 세월 속에 평평해지고 쇠퇴해 가는 속성을 상징한다.

성욕을 비롯하여 식욕, 수면욕, 활동력이 젊었을 때는 왕성하게 솟아올라 성생활도 활발하고 식욕도 왕성하고 잠도 잘 잔다. 나이가 들면 활동량이 줄어들어 식사량도 줄고 섹스 횟수도 줄고 잠조차 없어진다고 한다. 모든 것이 능이해져 가는 모습이다. '이릉'이라는 지명이자 전투명은 노년의 성생활이 변해가는 과정을 극명하게 보여준다. 이릉대전을 통해서 발기력은 죽었어도 남아 있는 인간의 성욕이 어떻게 쇠진해 가는지 알 수 있다.

관도·적벽·이릉의 삼국지 3대 전투는 성생활과 인생의 주요 전환점

삼국지 3대 전투는 관도, 적벽, 이릉대전이다. 관도대전은 원소 세력과 조조 세력이 싸운 전투다. 원소처럼 멋만 부리며 순수 연애에 머물 것인지, 조조처럼 미숙하기는 하지만 성생활로 나갈 것인지를 두고 크게 싸웠던 전투다. 시기적으로 이 전투는 결혼을 앞둔 시기에 벌어지는 전투라 할 수 있다. 총각적인 동정(童貞)을 계속 유지할 것인지, 아니면 이를 포기하고 결혼하여 성생활을 하면서 가정을 꾸려 나갈 것인지를 결정지은 전투인 셈이다. 결혼으로 나감으로써 이제 더 이상 총각 소리는 들을 수 없다. 대신에 성생활의 대문이 활짝 열림으로써 주기적인 성생활을 갖게 되어 성욕이 매우 안정화되는 변화가 수반된다.

적벽대전은 남자들이 주기적인 성생활을 갖는 과정에서 공명을 얻고, 그의 지휘 아래 풍요로운 성생활을 전개해 나가는 전환점이 된 전투다. 조루 증세를 물리쳐냄으로써 여성과 본격적인 성생활을 즐기며 클라이맥스의 축포를 함께 쏘아 올린 전환점이 된 전투다. 이 전투를 기점으로 3일에 한 번은 소연(小宴), 5일에 한 번은 대연(大宴)이 열리면서 인생 중에서 가장 풍요로운 성생활이 전개된다.

그러나 천년만년 지속될 것 같았던 행복한 성생활도 나이가 들어감에 따라 호르몬 분비의 감소, 신체적 능력의 저하 등으로 차츰 쇠퇴해진다. 생로병사, 흥망성쇠의 원리에 따라 성생활에도 능이(陵夷) 현상이 일어나기 마련이어서 이것이 이릉(夷陵)전투가 된다.

『삼국지』에는 3대 전투 말고도 황건적과의 싸움, 장판대전, 동탁토벌전, 양양과 번성전투, 가정전투 등 수많은 전투가 있다. 이 전투들은 사춘기의 도래, 성 충동과 자위행위, 정력 보충을 하는 모습 등을 그린 전투다. 그러나 인간의 성생활을 전체적으로 놓고서 볼 때 가장 큰 전환점이 되는 사건은 역시 3대 대전이다. 관도대전은 결혼과 관련이 있어 그 전투가 이뤄지는 시기를 대략 파악할 수 있다. 이에 비해 적벽대전이나 이릉전투는 사생활과 내면의 영역에서 은밀하게 진행되기 때문에 파악하기가 쉽지는 않다. 그러나 남성이라면 누구나 치르는 전투이기에 관심을 갖고 잘 대처해 나가 승리를 거둔다면 인생을 보다 행복하게 사는 데 도움이 될 것이다.

연령적으로 보면 관도대전은 성생활로 나가는 시기이므로 20세 전후에서 30대 전후에 치른다. 적벽대전은 동거나 결혼을 통해 충분한 성생활을 경험해야 치를 수 있는 전투이므로 빨라야 30세 이후의 시기라 할 수 있다. 이릉전투는 산처럼 솟아올랐던 성생활의 에너지가 즐거움과 쾌락이라는 풍화 속에서 쇠진해 가는 시기이므로 60세 전후부터의 시기에 해당할 것이다.

살아가면서 이러한 3대 전투에 자신의 성생활의 현주소를 비춰 볼 수 있다. 그 결과 각 전투 시기에 요구되는 성적인 가치관이나 자세를 적합하게 취함으로써 인생을 보다 현명하게 살아갈 수 있을 것이다.

의도(宜都) 전투,
노년의 성생활 지속 여부를 둘러싼 치열한 공방전

> 전쟁이 개시되어 촉군 일행이 오반(吳班)을 선봉으로 내세워 진군한다. 기세에 눌린 오군이 이르는 곳마다 항복해 무혈입성을 하고 의도(宜都)에서 이릉대전의 첫 전투가 벌어진다. 오나라에서 손환이 2만 5,000명의 군사를 이끌고 나오자, 이에 관흥과 장포가 나서서 손환의 부하 장수 이이, 담웅, 사정 등을 죽이고 촉군의 승리에 기여한다.

이릉전투 출발 전에는 황충이 선봉이었는데 실제로 출발하고 난 후에는 오반이 선봉이 되어 의도(宜都)까지 무혈입성을 한다.

> 宜 = 마땅하다, 마땅히 ~ 해야 한다, 적정하다, 부합하다, 당연하다

'都'는 도읍이나 서울이라는 의미로, 사물의 중심을 의미한다. 의도(宜都)는 마땅히 무엇인가를 해야 하는 것을 둘러싼 논란의 중심을 의미한다. 그 논란의 중심은 바로 노년의 성생활 지속 여부다. 유비 진영은 나이가 들어 발기력과 지속력을 상징하는 관우와 장비가 이미 죽었다. 그럼에도 불구하고 계속해서 성생활을 해 나가는 것이 마땅하다고 여러 가지 통계자료나 근

거를 들어 주장한다. 이에 비해 오나라 진영은 나이도 먹고 성생활을 즐길 만큼 즐겼으므로 그만두는 것이 당연하다고 주장한다. 서로 근거 등을 들고 논리적으로 응수하며 치열하게 논쟁을 벌이는 모습이다.

특히, 유비의 촉군은 당초에는 성생활에 끝까지 충실한 자세인 황충을 선봉으로 내세웠다. 황충은 죽는 그날까지 성생활에 충실한 자세다. 그러므로 유비 진영은 성생활과 욕망을 끝까지 추구하는 것이 당연하다는 자세와 논리를 취한다. 선봉을 바꿨다는 내용이 없기 때문이다.

원웅(元雄) 오반(吳班),
수컷다움을 으뜸으로 생각하는 남성

의도전투에서 촉나라 선봉에 선 오반(吳班)의 자세나 가치관도 중요하다.

吳 = 오나라, 큰소리치고 떠들썩한 곳
班 = 나누다, 이별하다, 돌아서다, 벌려서다

앞서 관우가 오관돌파를 할 때 형양관에서 도와준 사람이 호반(胡班)이다. 이 사람의 이름 뜻은 오랑캐적인 것과 벌려 선다는 의미였다. 오반(吳班)은 직역하면 오나라와 벌려 서며 거리를 두고 있는 모습이다. 오나라에 대한 좀 더 구체적인 의미 분석이 필요하다.

손(孫)씨가 다스렸던 오나라는 '孫'이 뜻하는 자손이나 새싹이라는 의미를 지니고 있다. 사람들이 아이들을 '꿈나무'라고 부르듯이 자손이나 새싹은 성장 가능성이나 꿈을 상징한다. 손권의 오나라는 사람들이 자신의 성장 가능성이나 꿈을 시끌벅적한 세상 무대에서 펼쳐 나가는 입신양명의 세속적인 영역이다. 오나라는 나이 들어서도 성생활을 지속하기보다는 생활이 중요하고 자신의 뜻을 이루는 데 관심이 더 큰 나라다.

오반은 바로 이런 오나라와 거리를 두면서 성생활 영역에 머물려는 모습이다. 황충은 성생활에 충실한 자세다. 오반은 이것을 넘어서 노년이라는 핑계로 성생활을 등한시하려는 사람을 상대도 안 하고 무시하며 거리를 두려는 공격적인 자세. 자는 원웅(元雄)으로 수컷다움을 으뜸으로 생각하는 사람이라는 의미다. 노년의 지긋한 나이가 되어서도 성생활이 없는 삶은 생각조차 할 수 없어 끝까지 수컷적인 역할에 머물려고 한다는 의미다. 오반 같은 사람들은 나이 들어서도 여성들에게 치근덕거리며, 흰색 정장에 백구두를 신고 카바레를 들락거리는 부류라 할 것이다. 남성들은 이처럼 노년에도 성생활에 대한 미련을 쉽게 버리지 못한다.

손환(孫桓), 사정(謝旌), 장포(張苞), 이이(李異)

노년에도 수컷적인 성생활을 추구하려는 오반적인 태도에 대해 오나라에서는 손환(孫桓)과 주연(朱然)이 왼팔, 오른팔이 되어 전투에 임했다.

> 孫 = 손자, 자손, 움, 새싹
> 桓 = 굳세다, 크다, 푯말, 머뭇거리다, 위풍당당한 모습

손환(孫桓)은 새싹을 굳세게 키워나가려는 자세다. 그의 고향은 부춘(富春)으로 풍부한 봄이라는 의미로, 새롭게 떨쳐 일어나려는 마음이 풍부한 자세

다. 기존의 삶이나 생활 방식에서 벗어나 새로운 변화를 시도하려는 자세다. 그 대상은 싸우고 있는 상대방인 유비 진영이다. 노년에도 성생활을 지속해 나가려는 마음에 대해 새로운 변화를 시도하려는 것이다. 손환의 부하들인 사정(謝旌), 이이(李異) 등이 나와서 대적하나 이들이 차례대로 장비와 관우의 아들인 장포와 관흥에게 죽는다. 먼저 사정이 달려 나와 장포와 싸우다 달아난다.

謝 = 사례하다, 사퇴하다, 물러나다, 그만두다, 쇠퇴하다, 시들다, 사절하다
旌 = 기, 천자가 사기를 고무할 때 쓰던 기, 나타내다, 밝히다

사정(謝旌)은 직역하면, 물러날 것을 밝히는 깃발이라는 의미가 된다. 사정(謝旌)은 노년에도 마땅히 성생활을 해야 한다고 주장하는 유비 진영에 대해 이제는 그만둘 때가 되었다고 퇴각(退却)의 기를 드는 모습이다. 이들을 상대한 장비의 장남인 장포(張苞)는 정사에서는 아버지 장비보다 일찍 죽었다. 『삼국지연의』는 그가 이릉대전을 비롯해 많은 전투에서 공을 세운 것으로 살짝 바꿔 놓았다.

苞 = 우거지다, 무성하다, 꽃망울, 꽃봉오리

장포(張苞)는 '기세가 오른 꽃망울' 또는 '이제 막 펼치려는 꽃봉오리'라는 의미다. 나이 든 사람들이 아직도 짱짱하므로 성생활을 한창 할 수 있다고 객기를 부리는 모습이다.

"나이도 먹었으니 이제 성생활을 그만두라!"는 사정(謝旌)적 태도에 대해, 장포가 "아직 한창인데 무슨 소리 하냐?"며 갈등하는 모습이다. 그러자 다

시 손권 진영의 이이(李異)가 장포에게 달려든다.

> 李 = 자두
> 異 = 다르다, 달리하다, 기이하다, 괴이하다, 이상야릇하다, 거스르다

자두는 성생활이 주는 달콤한 쾌락을 상징한다. 이이(李異)는 노년에도 성생활의 달콤함을 추구하는 것은 기이한 일이라는 자세다. 장포가 아직도 성생활을 한창 할 수 있다고 하자, 이이(李異)는 나잇값을 못 하는 기이한 생각내지는 노망이라며 비난하는 모습이다.

이 두 사람이 쉽게 승부가 나질 않는다. 노년에도 계속해서 성생활을 하는 것이 마땅한가에 대해 찬반양론으로 나뉘어 공방전을 벌이는 모습이다. 노년의 성생활에 대해 긍정적인 유비 진영에서는 성생활이 아직도 꽃망울 상태처럼 한창이라고 주장한다. 부정적인 손권 진영은 노년의 성생활이 기이한 생각이라며 물러나라고 주장한다. 마치 아이들을 양육할 때 사랑의 매를 둘러싼 공방이나 비슷한 양상이다.

입담 좋은 담웅(譚雄),
성관계를 유지하려는 관흥(關興)

이렇게 공방전이 벌어지자 비장(裨將) 담웅(譚雄)이 몰래 활을 쏘아 장포의 말을 맞혀 말이 넘어지는 바람에 장포도 땅바닥에 구른다. 이때를 놓치지 않고 이이가 장포의 머리를 치려고 하나 관흥이 먼저 이이의 목을 쳐 날려 구해낸다.

譚 = 이야기, 크다, 깊다, 완만하다, 느릿하다

雄 = 수컷, 이기다, 우수하다, 뛰어나다

담웅의 이름 뜻은 이야기가 우수하고 뛰어나다는 의미다. 그가 비장(神將) 위치에 있는 것은 아군이 어려울 때 돕는 장수라는 뜻이다. 이야기하는 것이 우수하거나 뛰어나다는 것은 말솜씨, 즉 입담이 좋다는 의미다. 노년의 성생활을 둘러싸고 벌어지는 의도(宜都) 공방전에서 뛰어난 언변으로 상대를 공격하여 상대방 주장의 맥을 끊어놓는 모습이다. 그 결과 아직도 성생활이 꽃망울처럼 짱짱하게 남았다고 주장하는 장포의 말을 고꾸라트린다.

장포의 말은 장포처럼 성생활을 계속 해 나가려는 추진력을 대변한다. 이번에는 노년에도 성생활을 해야 한다는 유비 진영이 논리적인 측면에서 밀리며 위기에 처한다. 그 순간 관우의 아들 관흥(關興)이 달려들어 노년의 성생활이 기이하다고 주장하는 이이(李異)의 목을 날려 버린다. 다시 성생활을 해야 한다는 논리가 우위를 점한다. 노년의 성생활을 둘러싼 공방이 찬반양론으로 나뉘어 치열한 난타전 양상을 보이는 모습이다.

관흥은 이들의 공방전을 지켜보고 있었다. 자기편이 상대방의 말솜씨에 말려들어가고 논리적으로 밀려서 위기에 처한 순간 개입을 한 것이다. 관흥(關興)은 관우의 차남으로 이름 뜻은 '관계를 일으키다'라는 의미다. 나이 먹을수록 성관계를 더 일으켜야 한다는 유비 진영의 자세다. 발기력이 쇠퇴한 노년에 들어서도 성생활 관계를 유지해야 부부 관계가 돈독하게 된다는 생활 태도다. 이것이 노년의 성생활 여부를 둘러싼 공방전에서 바로 결정적인 한 방의 역할을 한다. 성생활을 하는 것이 부부 관계를 유지하고 친밀하게 하며 우울증 등도 예방한다는 통계자료를 들이밀며 결정적인 역공을 관흥이 날린다.

네덜란드에서 실시된 노년 성생활에 관한 연구에서 성관계에 만족하고 섹스를 생활의 필수 요소로 여기는 노년층은 남녀 불문하고 그렇지 않은 사람들보다 인지능력 테스트에서 더 나은 결과를 보였다고 한다. 이번 연구는 노년층 남녀 1,747명을 대상으로 네덜란드에서 실시됐다. 이들 평균 나이는 71세이며, 67%가 노년의 성행위나 신체 접촉이 여전히 필요하다고 답한 반면 그렇지 않다는 답은 12%에 그쳤다. 노년 성행위의 중요성에 동의하지 않고 현재 성생활도 중요한 것으로 여기지 않으며 불만족스러워하는 대상자들은 그렇지 않은 사람들보다 인지력 시험에서 낮은 점수를 기록했다.

중국에서 삼국전쟁이 벌어진 약 1,800년 전에 이처럼 노년의 성생활을 둘러싼 맹렬한 공방전이 벌어졌다. 과학 문명이 아무리 발달해도 인간과 인생의 본질적인 요소는 변하지 않고 있음을 느낄 수 있다. 우리가 본능적으로 고전을 떠받들고 귀하게 여기는 이유 중에 하나가 된다. 오늘날에도 관홍적인 주장을 뒷받침하려는 학자들이 매우 많다. 노년의 성생활 통계자료나 논문 발표를 통해 부부 관계와 친밀감 유지를 위해 성생활을 하는 것이 좋다는 주장을 펼친다.

부부 관계를 일으켜야 한다는 관홍이, 노년의 성생활이 기이스럽다는 이이(李異)를 논리적으로 죽이는 것으로 노년의 성생활 1차 공방전이 끝난다. 곧이어 시작된 2차 공방전에서는 유비 진영이 1차 공방전에서 이긴 여세를 몰아 장포와 관홍이 일제히 나가 오나라 군사를 엄습한다.

1차 공방전에서는 장포와 사정(謝旌)이 30차례까지 싸워도 결론이 나질 않았다. 2차 공방전에서는 분위기가 완전히 달라져 성생활을 해야 한다는 장포가 단 일격에 사정(謝旌)을 고꾸라트린다. 앞서 관홍이 의미하는 여성이나 부부간에 친밀한 관계를 유지하기 위해서 성생활이 필요하다는 주장이 설득력을 얻었기 때문이다. 그래서 장포가 맨 앞에 나서서 "노년에도 성생활을 하면 좋다는 것이 통계로도 입증되었다."며 그것을 등에 업고 단 한 번에 반대쪽 주장을 물리친다.

> 장포가 선봉에 서서 종횡무진으로 활약하며 사정을 죽이는 등 촉나라 장수들
> 은 싸움에 이기고 군사를 거두는데 관흥이 보이지 않는다. 그래서 장포가 관흥
> 없이는 자신이 살 수 없다며 그를 찾는다. 이때 관흥이 전날 장포의 말을 활로 쏘
> 아 맞힌 담웅을 사로잡아 와서 목을 참하고 그 피를 뿌려 죽은 말을 위해 제사를
> 지낸다.

장포는 노인임에도 불구하고 자신은 아직도 성적으로 꽃봉오리 상태이
며 노년에도 성생활을 해야 한다고 주장하는 사람이다. 다만 그런 그의 주
장에는 논리적 근거나 통계자료가 부족하다. 노년의 성생활이 부부 관계를
일으키고 친밀감을 더해준다는 관흥이 없다면 장포적 주장은 대중들에게
먹혀들지 않는다. 논리적 근거 없이 노년의 성생활이 막연하게 좋다고 주장
하다가는 이이(李異)가 의미하는 것처럼 주책없는 늙은이, 추한 늙은이라는
비난만 당할 수 있기 때문이다.

그래서 장포적인 입장에서 관흥이 보이지 않는다는 것은 노년의 성생활
이 부부 관계에 좋다는 논리가 다시 힘을 잃고 사라졌나 의심하는 모습이
다. 장포가 관흥 없이는 자신이 살 수 없다며 그를 찾는 것은 자신의 주장
을 살게 해주고 뒷받침해 줄 논리를 계속 찾는 모습이다.

이때 관흥은 오히려 제1차 공방전에서 장포의 말을 쏘아 죽였던 입담 좋
은 담웅을 잡아온다. 담웅은 입담이 매우 좋아 통계자료나 논리적 근거 없
이도 다시 언제든지 상황을 역전시킬 소지가 있기 때문이다. 실제로 수많
은 논쟁이나 토론회장에서 논리적인 근거는 없어도 입담과 언변이 매우 좋
은 사람이 이기는 경우를 경험하게 된다. 담웅 같은 사람은 상대방의 논리
적인 근거까지 자기 것으로 만들며 사람들을 교묘하게 자기편으로 끌어들

여 이기는 경우가 많다. 관홍이 바로 그런 상황을 미연에 방지하기 위해 개인적으로 담웅적 주장을 굴복시키고 조치를 취하는 모습이다. 담웅이 갖는 의미를 좀 더 확실하게 밝히기 위해 노년의 성생활에 반대하는 담웅적인 거친 입담의 예를 들어본다.

> 나이 먹어서 가만히 있어도 숨이 차고 혈압이 올라가는 판국에 무슨 성생활이냐, 검버섯이 피고 주글주글한 피부를 서로 들여다보면 섹스 할 감흥이 일겠느냐, 그것은 단지 성욕의 코뚜레에서 아직도 벗어나지 못했기 때문이다. 그리고 물도 제대로 안 나오고 발기도 제대로 안 돼서 하다가 중지하면 오히려 스트레스를 더 받을 뿐이므로 건강에도 좋을 게 없다.

노년에도 성생활을 해야 한다는 주장에 대해 얼마든지 이와 같은 속사포적인 반격을 퍼부을 수 있다. 그래서 관홍이 입씨름이나 논리적으로 밀리는 후환을 없애기 위해 그를 죽인 것이다. 입담 좋은 담웅을 죽인 관홍의 힘은 역시, 여성과 관계를 일으키기 위해 성생활이 필요하다는 논리에서 나온다.

장포는 죽은 말에 담웅의 피를 뿌려 제사를 지내준다. 장포가 탔던 죽은 말은 아직도 성생활을 한창 할 수 있다는 주장을 뒷받침해주는 기세를 의미한다. 입담 좋은 담웅에 의해 그 기세가 꺾여 상처받고 죽었다. 이렇게 되면 그런 주장에 올라타고 있던 장포가 힘을 잃게 된다. 따라서 담웅을 제거해야만 다시 장포의 기가 살 수 있다. 그 증거로 장포의 죽은 말에다 피를 뿌려주는 것이다.

관홍이 담웅을 죽이고, 장포는 사정(謝旌)을 죽여 제2차 공방전도 유비 진영의 승리로 끝난다. 노년에도 성생활을 계속해야 한다는 주장에 더욱 힘이 실리는 상황이다.

남성들이 갱년기에 도달하는 시기라면 배우자인 여성은 대부분 폐경기에 도달해 있다. 그 시기에 하는 성생활은 이제는 임신과 출산이라는 근원적인 목적에서 벗어나 성적인 쾌락과 욕구 해소를 위해 영위하게 된다. 이러한 성적인 쾌락 추구를 둘러싸고 한쪽에서는 이제 확 줄이거나 그만두어야 한다고 주장한다. 다른 쪽에서는 그래도 부부간에 친밀도 유지를 위해 계속 영위해 나가야 한다는 주장이 한동안 펼쳐진다.

풍습(馮習), 장남(張南), 띄엄띄엄이라도 성생활은 해야 한다

이어서 촉군의 오반, 풍습, 장남 등이 작전을 세워 오나라 우도독 주연의 부장 최우를 유인한다. 최우는 1만 명의 군사를 이끌고 맞서지만 사로잡히고 주연은 강 하류로 후퇴하고, 패잔병을 이끌고 달아나던 손환은 부하의 건의로 이릉성(夷陵城)으로 후퇴해 3,000명의 병력으로 지킨다.

풍습(馮習)과 장남(張南)은 당초 유비가 전쟁 계획을 짤 때 선봉 황충을 보조하는 부장이었다. 두 사람의 태도도 황충이 의미하는 성생활에 끝까지 충실하려는 태도와 동일 선상에 있다 할 것이다.

馮 = 걸어서 물을 건너다(도섭하다), 업신여기다, 기대다, 뽐내다, 서운하다
習 = 익히다, 버릇, 습관, 풍습,

'馮'이라는 글자는 평소에 접하기 어려운 성씨이자 한자다. '걸어서 물을

건너는 도섭(徒涉)하다'라는 아주 특이한 뜻을 지니고 있다. 걸어서 물을 건너게 되면 바닥에 돌이나 수초와 웅덩이도 있고, 거센 물살에 중심도 잃을 수도 있어 힘들고 위험하기도 하다. 다만, 그러한 어려움을 무릅쓰고 건넜다는 성취감은 있을 수 있다. 물이나 강물을 건너는 행위는 성행위를 상징한다. 노년이 되어 정력이 부족함에도 불구하고 걸어서라도 강을 건너듯 성행위를 강행하는 습관적인 행동을 의미한다. 심리적으로 볼 때 남자라는 이유나, 타인의 시선을 의식하는 강박적인 성생활 습관이라 할 것이다.

그의 자가 휴원(休元)이다. 휴식하는 것을 으뜸으로 생각하는 자세다. 이와 같은 의미는 성생활에 충실하려는 자세와 상충되는 듯이 보인다. 노년의 성생활은 풍습(馮習)처럼 걸어서 물을 건너듯 힘들기 때문에 충분한 휴식을 취하며 젊을 때보다 띄엄띄엄 해야 한다는 의미다. 성적인 동작 시 혈압 상승, 흥분에 따른 과도한 동작으로 관절 부위나 근육 손상 위험, 연약해진 피부 손상 등이 따를 수도 있기 때문이다.

장남(張南)은 '南'이 상징하는 인간의 아랫도리, 혈기가 뜨거운 곳에 베푼다는 의미로 성생활을 지속해 나가려는 자세다. 풍습과 장남 같은 부류의 사람들은 나이 먹어서 모든 여건이 성생활을 하기에 녹록지 않음에도 불구하고 습관적으로 띄엄띄엄 성생활을 한다. 그러면서 나름대로 젊은이 못지않게 성생활을 하고 있다고 자부심을 느끼는 사람들이다. 이런 사람들은 주변에서 누군가 힘이 없어 성생활이 어렵다고 하면, "남자 구실도 못 한다."며 은근히 자신의 정력이나 성생활을 자랑하기도 한다.

남성들이 젊었을 때부터 한창 해오던 성생활을 노년이라고 칼로 무 베듯이 단칼에 끊을 수는 없다. 그것이 바로 남자들이기 때문이다. 풍습처럼 강물 속을 걸어서 건너듯 힘들고 고생이 되더라도 띄엄띄엄 성생활이 한동안은 유지된다.

주연(朱然),
정력과 발기력이 남아있을지라도 이를 봉(封)하리

이들을 오나라 우도독인 주연(朱然)과 그의 부장 최우(崔禹)가 맞선다. 주연의 원래 성씨가 '시(施)'씨여서 '시연(施然)'이었으나 나중에 주씨로 바뀌었다. 자는 의봉(義封)이며, 고향은 고장현(故鄣縣)이다.

朱 = 붉다, 둔하다, 줄기
然 = 그러하다, 명백하다, 허락하다, 불타다, 그렇지만, 그렇기는 하지만

주연(朱然)은 '붉기는 하지만'이라는 뜻이다. 남근이 아직은 붉은빛을 띠고 있다는 의미다. 남근이 붉다는 것은 아직은 성생활의 불꽃이나 정력이 남아 있다는 의미다. 그의 자는 '의롭게 봉한다'는 의봉(義封)이다. 노인들의 남근이 아직 붉은 기가 남아 있어 더 탈 수 있는 여지가 있지만 의롭게 봉하는 금욕적 태도다. 그의 성씨가 원래는 '베풀다'라는 의미를 지닌 '시(施)'씨였다는 것도 이와 같은 의미와 부합한다. 시연(施然)은 '아직 성생활을 베풀 수 있지만'이라는 뜻이 되어 주연과 같은 의미임을 알 수 있다. 그의 고향인 고장(故鄣)은 '고의로(故) 막다(鄣)'라는 뜻으로 의롭게 막는다는 그의 자인 의봉(義封)과 비슷한 의미다.

주연은 남근에 아직 약간의 붉은 기운이 남아 있긴 하지만 그래도 의롭게 성생활을 막아서 정리하려는 자세다. 이제까지 성생활을 즐길 만큼 즐겼으므로 강물을 걸어서 건너는 것 같은 힘든 섹스를 할 필요성까지는 못 느끼기 때문이다. 나이 먹게 되면 대부분의 남녀들이 이런 상황에 처하게 된다.

최우(崔禹),
성욕이 치수(治水)되면 만사형통이다

    그러나 주연이 촉나라 장수들과 직접 교전은 하지 않고 그의 부장 최우(崔禹)가 싸우다 성생활을 해야 한다는 장포에게 붙잡혀 결국 죽는다.

    崔 = 높다, 드높고 웅장하다, 뒤섞이다, 헛되이 보내다
    禹 = 우 임금, 벌레, 곡척(曲尺, 굽은 자),

    주연의 부장인 최우는 주연의 이름 뜻과 동일 선상에 있다. 아직 정력은 남아 있지만 최우도 의롭게 성생활을 봉하는 사람이라는 의미에 가깝다. 최우(崔禹)는 드높은 우임금이라는 뜻으로, 우임금을 강조하고 있다. 이런 그의 이름이 갖는 정확한 의미를 알기 위해서는 먼저 우임금과 관련된 중국 신화를 알아야 한다.

    중국 신화에 우(禹)임금이 물을 다스린 이야기가 있다. 성군(聖君)인 요임금이 다스릴 때 황하 유역에 종종 큰 홍수가 나서 집과 가축이 떠내려가고 비옥한 밭이 물에 잠겼다. 요임금은 곤(鯀)에게 명해 물을 다스리게 했다. 그러나 9년 동안 애를 썼지만 황하를 다스리지 못했고, 오히려 수해가 더 커지기만 했다. 곤은 제방을 쌓아 홍수를 막는 방법만 알았지 물길을 터서 큰물을 소통시키는 방법은 몰랐다. 그래서 홍수만 나면 제방이 터지고 피해가 더 심해져 물을 다스리지 못한 책임을 지고 곤이 죽임을 당한다.
    뒤를 이은 우임금은 아버지 곤의 실패로부터 교훈을 얻어 물길을 트고 큰물을 다른 곳으로 소통시키는 방법을 택했다. 백성들을 거느리고 물길을 파서 황하 물을 여러 갈래로 나누어 소통시켰으며, 수리 시설을 많이 축조하여 황하의 물을 끌어다 논에 댔다. 우임금은 황하를 다스리기 위한 13년 동안 세 번이나 자신의 집 앞을 지나갔지만 백성들을 구제해야겠다는 일념으로 불철주야 일했기 때문에 한 번도 집에 들르지 않았다고 한다. 이렇게 노력한 끝에 그는 홍수를 바다로

소통시키고 수해 방지에 성공하여 국가의 안정과 번영에 큰 기여를 했다.

겉으로만 봐서는 우임금이 아버지의 전철을 밟지 않고 혁신적인 생각으로 치수에 성공하며, 일을 하는 동안에는 자기 집 한번 들르지 않을 정도로 성실성이 엿보인다. 꽤 괜찮은 신화 이야기다. 이처럼 개인적인 치적을 소개하는 신화일수록 모든 대중들의 삶과 연계되는 주제를 함축하고 있는 경우가 많으므로 신화의 세계는 오묘하다.

우임금이 현실적인 임금이었다면 자신이 정권을 잡았을 때 자기 아버지를 죽인 자들에 대해 복수하는 것이 인간적인 도리다. 복수의 대상이 이미 죽었다면, 오자서처럼 땅속 시체를 꺼내서 매를 때리는 부관참시라도 해야 한다. 그래서 이 이야기는 우임금의 혁신적인 치적과는 다른 별도의 주제를 숨겨서 대중들에게 전하려는 의도가 있다.

그것은 황하가 상징하는 성욕의 범람을 치수를 통해 승화시켜 그 에너지로 인격을 다방면으로 발전시켜 나간다는 주제다. 누런 황하(黃河)는 누런색이 상징하는 인간의 성욕이나 성 본능 에너지의 거센 흐름을 상징한다. 그 황하가 홍수를 일으켜 사람들에게 피해를 준다. 인간의 성욕이 때론 주체할 수 없을 정도로 넘쳐서 발생하는 피해다.

이에 대해 그의 아버지 곤(鯀)은 제방을 쌓아 홍수를 막는 방법만 알았지 물길을 여러 방면으로 터서 큰물을 소통시키는 방법을 몰랐다. 제방을 쌓아서 홍수를 막으려는 것은 홍수처럼 일어나는 자신의 성욕을 제방이 상징하는 억압하는 자세로 막으려는 금욕적 태도다. 하지만 인간의 성 본능을 금욕 일변도로 막고 억압하게 되면 압력이 더욱 커져 일시에 터지는 등 한계와 부작용이 발생한다. 그래서 다른 방면으로 물길을 돌리듯 승화시켜 생활의 에너지로 사용해야 하는데 우임금의 아버지 곤은 이것을 몰랐다. 그 결과 홍수가 나듯 성욕이 범람할 때 이를 억압 일변도로 대하다 압력이 너무 커져 성욕이 일시에 터지면 이를 감당하지 못하고 부작용이 발생한다.

성욕에 대해 제방을 드높이 쌓으며 억압 일변도로 대하면, 사람이 우울해지고 활기가 없어진다. 평상시는 잘 통제되던 성욕이 욕구불만으로 음주 후나 인적이 드문 공간에서는 자신도 모르게 분출하여 온갖 성적 추행의 온상이 되기도 한다.

인도의 마하트마 간디는 사창가를 드나들다 부모의 임종조차 못 보는 방탕한 생활을 하다가 37세에 이를 청산하고 금욕적인 생활을 한다. 그러나 그는 60세 후반에 금욕적인 생활이 마치 칼날 위를 걷는 것과 같이 힘들다고 고백을 했다. 밤마다 몽정이 일어나고 수면 중 발기가 되어 고통에 시달리던 간디는 이후로 죽을 때까지 발가벗은 젊은 여성들에게 자신의 몸을 비벼서 따뜻하게 해달라고 요구했다.

간디의 예에서 보듯이 성욕은 억압 일변도로 대할 것이 아니라 우임금처럼 그 에너지가 원활하게 소통될 수 있도록 물길을 터 줘야 안정화된다. 우임금의 아버지 '곤(鯀)'은 큰 물고기라는 뜻이지만 상상의 물고기이므로 그 의미를 구체적으로 알기 위해서는 글자를 분해해서 살펴야 한다. '鯀' 자는 '魚(어)+系(계)'로 나뉜다. 여기서 '系'가 '묶거나 매다'는 뜻이 있으므로 우임금의 아버지 '곤(鯀)'은 물고기가 상징하는 남근을 묶는다는 의미가 된다. 우임금의 아버지 곤은 남근이 상징하는 자신의 성욕을 동물적인 충동, 저급한 행위라며 꽁꽁 묶어서 억압하려고만 했기 때문에 실패한 것이다.

배우자나 성생활을 같이 나눌 상대가 없는 계층을 대상으로 인간의 성욕을 무조건 단속하고 억압하려고 하면 일명 풍선 효과라는 것이 생긴다. 즉, 이쪽에서 막으면 다른 한쪽이 튀어나오거나, 이쪽과 저쪽을 모두 막으면 전반적인 압력이 높아져 결국은 폭발하듯 터지기도 한다. 자신의 성욕을 무조건 억압해서 막으려고 시도하는 행위는 실패하며 오히려 황하의 범람 같은 커다란 성적인 재난을 초래하기도 한다.

반면에 우임금의 한자어 이름 뜻에는 '水神(수신)인 뱀을 숭배한 종족(種族)의 성왕(聖王)'이라는 의미가 있다. 생김새가 남근을 닮은 뱀은 전 세계 보편적으로 성욕을 상징한다. 우임금은 뱀이 상징하는 인간의 성욕에 대해 가장 완벽하게 알고 이를 숭상하는 성왕(聖王)이라는 의미다.

우임금은 아버지로부터 실패의 교훈을 얻는다. 둑을 높이듯 성욕 자체를 참고 억압하는 것보다 성욕이 지닌 에너지의 물길을 여러 갈래로 트는 혁신적인 행동을 보인다. 성욕이 지닌 에너지를 문학, 영화, 음악 등 문화 예술로 돌려 소통시키고, 그 밖에 취미 생활이나 운동, 자기 계발, 인격 수양 등의 다양한 물길로 분산시킨다. 따라서 높아졌던 성적 압력이 약화되어 안정화된다. 이렇게 되면 성 본능의 에너지가 다양한 생활 에너지의 원동력으로 전환되어 개인의 삶을 발전시키고 만사형통케 해준다. 우임금이 수리시설을 만들어 황하의 물을 논밭에 대서 풍성한 곡창지대를 이루는 모습이다.

우임금 하면 성욕의 물길 트기, 소통과 승화를 먼저 떠올려야 한다. '禹'에는 곡척(曲尺)이라는 의미도 있다. 때문에 최우라는 이름은 '성기나 발기력이 곡척(曲尺)처럼 꺾임이 드높다'는 뜻도 된다. 앞에서 70세의 나이를 성욕은 있어도 남근이 곡척을 넘지 못하는 시기라고 했다. 최우는 발기력을 곡척처럼 꺾어 잠재우는 대신 그 에너지를 다양한 생활 에너지로 승화시켜 사용해 나간다는 의미다. 핵폭탄 같은 거칠고 폭발성을 지닌 성욕의 에너지를 안정화시켜 무궁무진한 원자력발전소 체계로 만든 사람이 최우인 것이다.

여성과 친밀도 유지 명목만으로는 죽일 수 없는
우임금의 가치

이처럼 높은 우임금적인 자질을 갖춘 최우지만 손환을 구하러 가다가 장포와 관홍에게 협공을 받아 장포에게 생포된다. 최우가 이들에게 체포된다는 것은 성욕의 물길 트기나 승화보다 여전히 부부 관계 친밀성 유지라는 명목이 훨씬 더 강력함을 의미한다. 그들에겐 성 본능의 에너지를 승화시켜 다양한 생활 에너지와 인격의 성숙으로 사용해 나가려는 우임금적인 자질도 필요 없다. 오로지 성생활에만 매진하려고 한다. 그만큼 노년에도 성생활이 중요하다고 느끼는 남성들의 마음을 읽을 수 있는 부분이다.

이 부분은 좀 더 살펴서 남성들의 심층 심리를 명확하게 이해할 필요가 있다. 관홍이나 장포가 이이(李異)나 담웅(譚雄)을 벤 것처럼 최우를 그 자리에서 죽일 수도 있었다. 굳이 유비에게 끌고 와서 유비가 죽이라고 명령을 내리자 죽인다. 이것은 최우가 자신의 성적인 에너지를 생활 에너지로 승화시켜 나가는 우임금적인 자질로서, 세상에서도 인정하는 매우 높고 고결한 자질을 상징하기 때문이다. 관홍과 장포가 각각 뜻하는 여성과의 친밀도 유지나 아직도 성적인 면에서 능력이 있다는 것만으로는 최우의 우임금적인 가치와 자질을 죽일 수 없다. 성생활을 유지해 나가려는 유비 진영이 내세운 최고의 가치와 세상이 인정하는 성욕의 승화라는 최우적인 가치가 대충돌하는 순간이다. 그래서 유비가 자귀(秭歸)땅으로 붙들려온 최우를 죽이라고 명령을 내린다.

秭 = 부피 이름, 벼를 세는 단위, 만 억(1조), 10의 24제곱
歸 = 돌아가다, 따르다, 속하다, 맡기다, 의탁하다, 의지하다, 적합하다

'秭'는 10의 24제곱에 이를 만큼 무한히 많은 숫자의 양곡이나 에너지를 상징한다. 유비는 촉나라 황제로서 죽는 그날까지 자신의 성적인 욕망을 충실하게 실현해 나가는 것을 이념으로 삼는 사람이다. 유비 일행이 자귀(秭歸)에 머물고 있다는 것은 무궁무진한 성생활 에너지에 의지하려는 자세에 머물고 있다는 의미다. 그러므로 노년에도 성생활로 돌아가거나 따라야 한다는 의미다. 죽는 그날까지 하늘을 우러러 부끄럼이 없도록 한 점 성생활의 에너지라도 다 쓰고 가려는 자세가 유비 진영의 자세다. 때문에 우임금적인 자질을 상징하는 최우도 죽음을 맞이한다.

최우처럼 성욕을 승화시켜 나가려는 가치는 세상에서 알아주는 매우 드높고 고결한 가치다. 따라서 이를 죽이기 위해 성생활을 죽는 그날까지 무궁무진하게 영위해 나가려는 유비 진영의 전체적인 힘이 동원된다.

무협(巫峽)과 건평(建平),
젊을 때 같은 성생활을 꿈꾸는 망령된 마음

손환이 연패를 해 이릉성으로 도망친 후 그곳에서 손권에게 원군을 청한다.

유비는 무협(巫峽)과 건평(建平) 땅에서부터 이릉 경계까지 70여 리 사이에 40여 개소의 영채를 늘어세운다. 관흥과 장포가 큰 공을 계속 세우는 것을 보면서 찬탄을 한다.

巫 = 무당, 의사, 망령되다, 터무니없다
峽 = 골짜기

무협(巫峽)은 무당의 골짜기라는 의미다. 무당처럼 겉으로는 화려하지만 속으로는 망령되거나 터무니없고 골짜기처럼 비좁고 험한 마음을 의미한다. 건평(建平)은 '평평함이나 고름(平)을 세운다(建)'는 뜻이다. 어떤 일에 굴곡이 없이 평평함을 세운다는 뜻이다.

노년에도 여성과의 친밀한 관계를 유지하기 위해 성생활을 계속해 나가야 한다는 관흥과 장포가 이 지역에서도 큰 공을 계속 세웠다. 젊었을 때 버금가는 성생활을 노년에도 굴곡이 없이 고르게 해 나간다는 의미다. 한 마디로 터무니없고 망령된 생각이다. 그래서 중국의 대중들이 유비의 촉군이 점령한 지역을 '무협과 건평'으로 명명하면서 두고두고 보이지 않는 비난을 가해왔던 것이다.

좀 더 직설적으로 표현하면 유비의 성적인 행동이 노망(老妄)이 났다는 표현이다. 노년에는 순환기 계통이나 관절, 근력 등 모든 것이 쇠약해지고, 남성호르몬도 확 줄어드는 것이 현실이다. 때문에 젊었을 때 같은 성생활을 할 수도 없고 해서도 안 된다. 잘못하면 관계 도중 심장병으로 죽는 복상사도 유발하고, 허리도 다치고, 윤활유 부족으로 성기 손상도 쉽게 일어날 수 있기 때문이다. 그래서 그 현덕한 유비가 이런 뜻을 가진 장소에 심리적으로 주둔하다가 결국은 75만 대군의 대부분을 잃는 참극이 발생한다. 노년에 성적으로 치러야 하는 남성들의 착각과 오판의 전투, 뼈아픈 통과의례다.

선봉 황충,
성생활에 충실한 황충도 욕망이 쇠잔해져 죽다

이릉대전에서 유비가 75만 대군의 선봉에 세운 장수가 75세의 노장 황충이다. 정사에는 그가 이릉대전에 참가하기 2년 전인 220년에 죽은 것으로 되어 있어 역사적 사실과는 어긋난다. 그 당시 촉나라의 오호대장군 중 마초와 조자룡도 살아 있었다. 굳이 죽은 장수인 75세의 노장 황충을 선봉으로 세워야만 했다는 것에는 특별한 의미가 있음을 알 수 있다.

앞서 황충은 성생활에 충실한 자세라고 분석한 바 있다. 이릉전쟁 시점에는 관우적 발기력과 장비적 발기 지속력, 조조적 조루 증세 등이 모두 죽었다. 결국 이들이 없는 성생활을 어떻게 충실히 해 나갈 것인지를 보여주는 전쟁인 것이다.

황충은 유비가 "늙은 장수는 소용없다."라고 중얼거리는 것을 듣고 분개해 병사 5, 6명만을 데리고 나가 오나라 진지를 공격한다. 반장의 부하 사적(史蹟)을 죽인다. 사적(史蹟)은 가공의 인물로 그의 자나 고향 등에 대해 알 수 없다. 유일한 정보인 그의 이름을 직역하면 '역사적 발자취나 흔적'이라는 의미. 사적(史蹟)은 끝까지 성생활을 영위해 나가려는 황충에게 "당신이 지나온 성생활의 발자취를 한번 돌아보세요!"라고 말하는 모습이다. 말하자면 사적(史蹟)의 입장에서는 성생활을 충분히 영위할 만큼 영위했다는 의미다. 『삼국지연의』에서 이 당시 황충의 나이를 75세라고 명확하게 밝히고 있으므로 75세까지 충분히 성생활을 즐길 만큼 즐겼다는 의미다.

사람들이 사춘기 이후로부터 지나온 성생활의 발자취를 돌아보면 파란만장함을 알게 된다. 사춘기의 시작을 알리는 황건적의 반란, 시도 때도 없이 발기하는 동탁적 성 충동에 시달리고, 방천화극을 휘두르는 여포적 자위행위로 이를 달래줬다. 멋 부리고 연애하는 원소와도 함께 생활하고, 조조처럼 자위행위를 정벌하려다 복양성에서 개망신을 당하는 수모도 겪는다. 조루증에서 벗어나기 위해 관우처럼 오관참육장을 실행하기도 하고, 백문루에서 여포를 잡고 조조적인 성생활로 들어서게 된다. 관도대전을 치름으로써 독신 시절을 끝내고 결혼하여 주기적인 성생활을 갖게 된다.

성생활 초기에는 어쩔 수 없이 조루 증세가 나타나지만 주기적인 성생활을 갖는 과정에서 드디어 공명도 얻게 된다. 공명의 지휘 아래 적벽대전을 성공리에 치러냄으로써 조루 중세를 멀리하고 안정적인 성생활을 할 수 있게 된다. 성생활의 결과 보배나 다름없는 자녀들도 얻고, 자녀들을 키우는 과정에서 나이가 들어 발기력과 정력이 쇠퇴해진다. 갱년기를 맞이하여 떠나가는 발기력과 청춘이 아쉬워 이를 회복하고 붙잡기 위해 양양성과 번성 전투를 치러 보지만 결국은 발기력이 쇠퇴하여 지천명(知天命)을 실감하게 된다. 결국 여근을 상징하는 귀를 봐도 남근이 예전처럼 우쩍 일어나지 않고 순해지는 이순(耳順)의 시기도 거친다. 남근이 종심소욕 부유구(從心所欲 不踰矩)하는 노년에 도달해 성생활을 할 것인가 말 것인가를 둘러싸고 치열한 공방전을 벌이며 여기까지 이른 것이다.

그러나 황충은 무슨 소리를 하느냐며 사적을 3합 만에 두 동강으로 베어 버린다. 남성들이 발기력이 없어진 75세에도 성생활에 충실할 수 있다는 오기와 과욕을 부리는 모습이다. 관우가 죽어 발기력이 없으므로 삽입 성교는 불가능해도 스스로 하는 자위행위, 여성이 해주는 자위행위, 오럴섹스, 그 밖의 키스나 애무 등이 가능하기 때문이다. 그러나 황충식 성행위는 일반적으로 관우적 발기력에 의한 삽입 성교라는 사나이다운 성행위보다는 격이 떨어지는 성생활로 평가받으며 결국은 죽게 된다.

발기력의 상징인 관우를 생포한 것이 반장의 부하 마충이었듯이, 황충도 반장과 싸우다가 마충의 화살에 어깨를 맞고 그 부상으로 인해 죽는다. 마충의 의미는 분석하였으므로 이 부분에서는 반장(潘璋)에 대한 자세한 의미 분석이 필요하다. 『삼국지연의』에서는 유비가 복수를 위해 쳐들어 왔을 때 산속에서 헤매다가 관우의 아들을 만나 죽는다. 정사에 따르면 이릉(夷陵) 전투가 있은 지 12년이 지난 234년에 죽는다.

潘 = 뜨물, 쌀뜨물, 소용돌이, 넘치다
璋 = 반쪽 홀, 구슬, 밝다

'潘'은 뿌연 뜨물이라는 의미가 있다. '氵(물)+番(갈마들다)'의 합성어로 이를 합치면 '갈마드는 물'이라는 의미다. 말하자면 물이 나왔다 안 나왔다 하면서 갈마드는 모습이다. 남성들의 쌀뜨물 같은 정액이 사정될 때 갈마드는 모습을 의미한다. 갈마드는 물인 '潘'은 정액과 사정을 지칭하며, '璋'은 반쪽 홀이라는 뜻이다. 홀은 남성들이 만지작거리는 남근이나 음낭을 의미하므로 남근이나 음낭이 반쪽 났다는 의미다. 나아가서 정액과 사정력이 줄어들며 반쪽이 났다는 의미이기도 하다. 세차게 분출되던 정액이 반쪽으로 줄어들게 되면 사정감이나 배설감도 떨어져 성적인 쾌락의 질도 급감한다. 갱년기에 접어든 남성들이 체감하는 성적인 현실이다.

남성들은 황충처럼 계속 성생활을 영위해 나가려고 한다. 이에 대해 반장은 이제 정액도 반쪽으로 줄어 제대로 나오지 않는다며 인정할 것은 인정하라는 의미다. 반장은 자신의 부하 사적(史蹟)을 통해 황충으로 하여금 지난날의 자신의 성생활의 발자취를 돌아보게 했다. 사춘기가 도래해 자기도 모르게 남근을 만지작거리다가 자위행위에 눈을 떠서 하루에도 몇 번씩 자위행위를 했다. 연애 시절을 거쳐서 여성과 성교를 갖기 시작하게 되었고, 신혼 시절에는 밥상을 물리기도 전이나 아침에 일어나자마자 갖기도 했다. 체위도 정상위, 후배위, 여성 상위 등 다양한 방법으로 성생활을 즐겨왔다. 특히, 사람들이 깨가 쏟아지는 신혼 시절에는 시간과 장소를 가리지 않고 성생활에 열중한다. 이런 모습을 가장 잘 반영한 사례가 우리나라 모 라디오 방송에 나왔던 '불가능은 없다'는 다음과 같은 사연이다.

양다리에 깁스를 한 지 2개월 된 여자 환자가 6인실에 입원하고 있었는데 어느 날 의사가 다리 상태를 진찰하다 보니 임신 5주라는 사실이 확인되었다. 그래서 의사가 6인실 병원에서 어떻게 이럴 수 있느냐며 화를 냈더니 그 여자 환자는 죄송하다며 자신들이 신혼이라 어쩔 수 없었다고 대답했다고 한다.

이처럼 때와 장소를 가리지 않고 많은 성생활을 갖는 과정에서 다양한 에피소드도 생겨난다. 자녀들이 어렸을 때는 자녀가 깨어날까 잠이 들었나 확인해 가며 성생활을 한다. 부부 싸움 뒤에도 화해의 표시로 하고, 진급 등 좋은 일이 있을 때 성생활을 하는 등 수십 년간 성생활과 생사고락을 같이 해왔다. 정말로 할 만큼 한 것이다. 그래서 반장처럼 이제는 정액도 반쪽으로 줄어 갈마들며 나온다. 그러나 반장이 의미하는 정액이 줄어드는 것만으로는 황충적인 성생활을 멈출 수가 없다. 관우를 잡았던 마충이 역시 나서서 활을 쏘아 황충의 어깨를 맞춰 그것으로 인해 황충이 죽게 된다.

마충에 대해서는 앞에서 분석한 바 있지만 황충과 비교하여 다시 세밀하게 살펴볼 필요가 있다. 마충(馬忠)은 황충(黃忠)과는 성씨만 다르다. 성씨의 색은 다르지만 이름의 색은 공통점이 있다. 황충은 '黃'이 상징하는 성적인 것에 인생 내내 충실한 자세다. 어찌 보면 발기력에 집착하다 죽은 관우보다도 더 끈질긴 인간의 성적인 욕망이다. 이에 비해 마충은 자신의 정력의 한계를 인정하고 그 본성이나 본질에 충실하다는 의미다. 노인이 되어 정액도 제대로 나오지 않는 마당에 성생활에 집착하는 것은 바르지 못하고 추하다는 자세다. 마충이 황충의 어깨를 활로 쏜다는 것은, 황충처럼 계속 성생활을 영위해 나가려는 욕구에 상처를 입히고 힘이 빠지게 하는 모습이다.

75세 황충과 75만 유비 병력, 남성의 성생활 한계 75세

결국은 성생활을 목숨 다하는 날까지 영위하겠다는 자세도 노인이 된 어느 시점에는 죽게 된다. 특히 『삼국지연의』가 75세로 명확하게 기술하고 있으므로 역시 75세 전후가 맞다 할 것이다. 개인별로 편차는 있을 것이다. 또한 75세가 지니는 성적인 한계를 강조하기 위해 중국 대중들이 오묘하게 이중 장치를 해놓은 것을 발견할 수 있다. 그것은 유비가 동오를 치기 위해 총동원한 병력의 규모를 과장해서 설정했는데 75만이라는 것이다. 그리고 이 75만 명이 전부 궤멸당하다시피 해서 75세 전후에 성 본능 에너지가 모두 궤멸당하고 있음을 상징한다.

70대를 의미하는 종심소욕 부유구(從心所欲 不踰矩)가 마음이 색욕하는 바를 좇아도 곱자처럼 구부러진 형태를 넘을 수 없다는 의미라고 했다. 이처럼 70대가 되면 대부분의 남성들이 성욕을 느껴도 남성호르몬 감소, 심장 및 혈관의 노화 등이 복합되어 성생활이 꺾이기 마련이다. 끝까지 성생활에 충실하려는 남성들의 자세인 황충이 75세에 죽는다. 성생활의 에너지를 상징하는 75만 유비 병력도 이 시기에 전부 궤멸을 당하는 것은 애석하지만 자연스러운 일이다.

황충이 노장으로서 무리수를 두면서 싸운 것은 유비나 주위 장수들이 "노인이 나서봤자 소용없다."고 충동질을 했기 때문이다. 유비도 나중에 이 말에 대해 사과한다. 남성들이 삽입 성교는 못 할지라도 자위행위나 유사 성행위를 끝까지 영위하려는 동기를 부여받는 매우 중요한 장면이다. 성생활을 하지 않으면 모든 것이 끝난 별 볼 일 없는 뒷방 노인이거나 남자 취급을 하지 않기 때문이다. 이런 보이지 않는 사회 분위기 때문에 오기로 성생활을 끝까지 영위하려 한다.

손권 진영에서는 이제는 그럴 필요가 없다고 주장한다. 노년에 이르렀다면 자신의 성생활의 사적(史蹟)을 되돌아보고 성 본능 에너지가 나오던 연못을 메꾸라고 한다. 이를 수치스럽게 여겨서 오기로 성생활을 할 것이 아니다. 화타의 타다 남은 청낭서에 있었듯이 불알을 까면 마음과 영혼의 살이 찐다. 이릉전투라는 성생활 전환기를 맞이하여 진실을 바라봐야 한다. 그럼에도 불구하고 황충처럼 오기로 죽는 그날까지 싸움에 나서는 남성들이 많은 것이 현실이다.

효정(猇亭)전투,
젊은이 못지않은 성생활로 포효하다

　손환이 이릉성에서 구원군을 청하자 손권은 한당을 대장으로 임명하고 주태를 부장으로 삼는다. 반장을 선봉으로, 능통에게 후군을 맡기고 감녕에게 지원군을 담당하게 해 10만 대군을 일으킨다. 유비는 친히 친위군을 거느리고 8로로 나간다. 수군은 황권이 맡고 유비도 직접 대군을 이끌고 진군했다. 한당과 주태가 나서지만 관흥과 장포에게 한당의 부장 하순과 주태의 부하 주평이 죽는다. 병을 앓는 와중에도 참전한 감녕은 후퇴하던 중 만왕 사마가의 화살에 맞아 숨지고 만다.

　유비를 대적하기 위해 한당과 주태가 나선다. 한당은 앞에서 분석하기를 사람들의 욕구나 위기관리 능력이라고 했고, 주태는 원만하게 살아가는 성격이라고 했다. 그러나 한당이 직접 나서지 않고 그의 부장 하순(夏恂)이 대신 나선다. 『삼국지연의』에만 잠깐 나오는 허구적 인물로서 그의 상관인 한당의 의미와 연계해서 이름 뜻을 살펴봐야 한다.

　　夏 = 여름, 안거, 오색의 배색, 크다
　　恂 = 정성, 공손하다, 여러 가지 사물의 형용, 두려워하다, 겁내다

'夏'가 뜻하는 여름은 사물의 기운이 성하고 큰 상태다. '恂'은 두려워하다

는 뜻이 있다. 하순(夏恂)은 '크게 두려워하다'라는 의미가 된다. 위기관리 능력을 상징하는 그의 상관인 한당의 이름과도 부합한다. 성생활이 자연스럽지 않은 노년이 돼서도 성생활을 이어가려는 자세에 대해 한당적 위기관리 측면에서 위험한 행동이라고 겁내는 모습이다.

노인들은 기본적으로 양기가 부족하고 뼈와 근육은 물론 심장과 혈관계통 등이 약하다. 순간적으로 다량의 혈액이 동원되어 혈압이 올라가고 심리적 흥분 상태를 유발하는 성행위에 대해 위험관리 측면에서 두려움을 느끼게 된다. 그러나 장포처럼 그래도 아직은 한창때라는 기세에 눌려서 하순이 후퇴를 하려고 한다.

이를 보고 주태의 동생 주평(周平)이 달려들자 관흥도 나서고, 장포는 하순을 찔러 죽이고, 관흥은 주평을 두 동강으로 베어 죽인다. 주태(周泰)의 동생인 주평(周平)은 두루 평탄하다는 뜻이다. 주변을 두루 살피는 원만한 인격 측면을 상징한다. 그러나 관흥은 성생활로 부부 관계 친밀도를 유지하는 것이 우선이라며 단칼에 주평적인 자세를 베어 버린다.

노년의 성생활 위험을 두려워하는 하순적인 태도, 주변을 의식하는 주평적인 자세가 강하다면 노년의 성생활이 이뤄지기 힘들다. 그래서 아직은 장포와 관흥적인 기세가 더 강한 모습이다.

이 모습을 보고 유비가 "범 같은 부친에 범 같은 아들이로다." 하고 경탄을 한다. 아직도 젊었을 때 못지않다는 자세와 부부 관계 친밀도 향상에 좋다는 논리가 노년에 성생활을 추진해 나가는 매우 강력한 원동력이 되고 있는 모습이다. 이 두 가지 자세가 같이 다니며 이를 반대하는 모든 가치를 베어 버림으로써 마치 대적할 상대가 없는 호랑이처럼 그 위력을 발휘한다. 그래서 이릉전투를 한편으로는 호랑이가 울부짖은 정자라는 뜻의 효정(猇亭)전투라고 부르기도 한다. 성욕이 이릉되며 죽어가도 마지막으로 호랑이처럼 울부짖는 시기가 있는 것이다.

유비가 말채찍을 들어 진격을 지시하니 8로의 군사들이 여덟 방면으로 적군을 포위하고 큰 파도처럼 휩쓰니, 오나라 군사들의 시체가 들에 가득 깔리고 피가 흘러 때 아닌 냇물을 흐를 정도였다.

이처럼 장포와 관흥을 앞세운 노년의 성생활 의지가 여덟 방면이 상징하는 생활의 모든 방면으로 침투해 들어간다. 오나라 진영이 상징하는 성생활을 멈추려는 자세에 심각한 타격을 입힌다. 노년의 어느 시기에는 장포와 관흥적인 두 자세가 활개를 쳐서 잠깐이기는 하나 성생활이 젊었을 때 못지않게 이뤄지는 모습이다.

감녕,
성생활이 주는 달콤한 쾌락과 재미

이릉전투에 참가한 감녕(甘寧)은 오나라 십이지장 중 한 명으로 자는 홍패(興霸)이며, 파군(巴郡) 임강(臨江) 사람이다. 원래는 장강의 도적으로 지방의 관리와 결탁하여 온갖 패악을 저질렀다. 항상 허리에 쇠 방울을 차고 다녔으며 그 소리만 들어도 마을 사람들은 기겁을 하였다고 전한다. 적벽대전을 승리로 이끄는 주역 중 한 명이며 관우가 오나라를 공격해오자 이를 방어했다. 단 100명의 수하 병사를 이끌고 조조군을 기습해 대승을 거둬, 손권이 "조조에게 장요가 있다면 나에게는 감녕이 있다."고 칭찬할 정도였다.

甘 = 달다, 감미롭다, 달콤하다, 맛좋다, 익다, 만족하다, 기꺼이 하다
寧 = 편안하다

감녕(甘寧)은 달고, 감미롭고, 달콤하고, 맛 좋고, 만족하고, 편안하게 만드는 세상 살아가는 재미와 쾌락을 의미한다. 혹자는 인생을 '고해(苦海)'라고 하지만 욕망이 펄펄 끓고 있는 청춘이나 중장년들에게는 인생은 '미해(美海)' 같이 느껴진다. 세상은 아름다울 '美' 자를 써서 안 이뤄지는 말이 없을 정도로 아름답고, 맛있고, 좋고, 경사스럽고, 즐겁고, 좋다. 우리 주변에는 이런 미(美)의 바다가 무궁무진하게 펼쳐져 있다.

사람들은 살아가면서 맛있는 음식, 아름다운 사랑과 섹스, 아름다운 차, 아름다운 집, 아름다운 여행, 아름다운 음악, 아름다운 영화 감상 등 다양한 미와 쾌락을 추구한다. 그래서 살아가는 재미와 쾌락을 추구하는 감녕은 힘이 셀 수밖에 없다. 사람들이 아웅다웅하며 힘들게 돈을 벌려는 것도 결국은 재미와 쾌락을 추구하기 위해서다. 속세를 살아가는 모든 사람들이 너 나 할 것 없이 감녕을 부모나 형제, 친구 삼고 있는 셈이다. 재미와 쾌락을 아버지처럼 받들고, 형제나 친구처럼 늘 같이하려고 하기 때문이다. 그가 항상 요란스러운 쇠 방울을 차고 다녔다는 것은 그의 자인 흥패(興霸)와 매우 잘 어울린다.

興 = 흥, 흥취, 흥을 돋움, 일다, 흥겹다, 기뻐하다, 느끼다, 유행하다
霸 = 으뜸, 두목, 우두머리

감녕은 삶의 재미, 쾌락, 노는 것을 좋아하는 사람이다. 따라서 흥패(興霸)처럼 사람들의 흥을 돋우는 데 있어서 으뜸가는 흥대장이다. 요란스러운 쇠 방울은 오늘날 노래방의 탬버린처럼 박자를 맞추고 흥을 돋우는 보조 기구의 역할이다. 감녕 같은 사람들은 손가락 장단도 잘 치며 많은 사람들 앞에 나서서 노래도 잘 부르고 사회도 잘 보며 흥을 돋운다. 그는 '노세, 노세, 젊

어서 노세, 늙어지면 못 노나니, 화무도 십일홍이요 달도 차면 기우나니' 하면서 쇠 방울을 흔들어 댄 사람이다. 한마디로 말해 매일같이 즐겁고 재미있는 생활을 하는 쾌락주의자가 감녕의 캐릭터다.

실생활 속에서 사람들 살아가는 모습을 보면, 공부하는 사람은 공부에 빠지고, 노는 사람은 노는 것에 빠져서 자신들의 청춘을 보내는 경우가 많다. 용불용설(用不用說)이라는 말처럼 자신의 열정과 시간을 어느 한 방향으로 자주 사용하면 그쪽으로 더욱 발달하기 때문이다.

쾌락주의자 감녕이 능통(凌統)의 아버지 능조(凌操)를 죽여 같은 손권의 부하이지만 능통과 불구대천의 원수로 살아간다. 그러다가 감녕이 합비전투에서 위험에 빠진 능통을 살려주고 서로 화해하게 된다.

凌 = 업신여기다, 능가하다, 초월하다, 얼음
操 = 잡다, 쥐다, 부리다, 조종하다

'凌'씨의 속성은 이처럼 사물을 업신여기는 초월적인 자세며, 얼음 같은 냉소적인 사람이다. 이런 사람들은 세상일에 관심이 없고, 무엇인가를 좋아하거나 즐기지도 않는다. 능조(凌操)는 매사를 가치가 없고 하찮게 여기는 마음으로 부리고, 조종해 나가는 달관적이고 세속에 무관심한 자세다. 특히, 감녕적인 세속적 쾌락과 재미에 대해서는 더욱 업신여기므로 서로 상극이다. 그래서 감녕이 그를 죽인 것이고 그의 아들 능통과 원수지간이 된다. 능통(凌統)도 역시 그의 아버지의 피가 흐르고 있다.

統 = 줄기, 계통, 혈통, 핏줄, 거느리다, 총괄하다

능통은 업신여기는 마음과 초월적인 마음의 혈통이라는 의미다. 감녕이 능조를 죽이지 않았어도 원래부터 감녕과 능통은 처세에 있어서 서로 상극적인 가치를 의미하기에 원수지간이 될 수밖에 없다.

이처럼 물과 불처럼 상극이었던 두 사람의 관계가 능통이 위기에 빠졌을 때 감녕이 구해줌으로써 극적인 화해를 한다. 사람들은 능통처럼 세상사를 업신여기고 등지며 살다가 감정이 메마르고 인생이 허무해지고 무미건조하고, 우울해지는 위기에 빠지기도 한다. 음주가무와 담배, 도박, 섹스, 식도락, 여행, 스포츠, 놀이 등 그 밖의 취미 생활에 담을 쌓고 마치 구도자처럼 살아가는 사람이 처하는 위험이다. 이런 사람들의 쾌락과 감정의 저수지는 큰 가뭄에 바짝 말라 쩍쩍 갈라진 논바닥 같은 모습이 된다. 솔직히 말해서 금욕하며 아무 재미없이 살려면 뭣 하러 사는가?

능통 같은 사람을 구해낼 수 있는 것이 바로 감녕이다. 재미와 쾌락이 메마른 마음에 활력을 불어넣어 살려내는 것이다. 여행 가서 멋있는 풍광을 보고 맛있는 음식을 먹음으로써 기분 전환이 된다. 프로야구나 축구 경기 등이 열리는 운동장에 가서 응원하고 소리 질러 스트레스가 해소되고 활력이 넘치게 된다. 현란한 불빛이 반짝거리는 나이트클럽에 가서 땀에 흠뻑 젖을 정도로 춤을 추고 나면 몸과 마음이 개운해진다. 등산이나 수영 등을 하고 나면 신체 기능이 증진되고 친구나 동료들과 식사를 하면 즐거워진다. 인생이란 이처럼 한쪽으로 너무 치우지면 탈이 생기므로 선조들이 처세의 왕도로 강조한 중용의 도가 새삼스럽게 느껴진다.

사마가와 감녕,
곤충 같은 야만적 섹스가 성생활의 달콤함을 죽이다

감녕이 이질이 낳지 않은 상태에서 이릉전투에 출전했는데 유비 쪽에서 오랑캐 병사들이 머리를 풀어헤치고 맨발로 진격해 온다. 선두에 선 자는 만(蠻)왕 사마가(沙摩柯)로서 그는 나면서부터 얼굴이 피를 바른 듯 붉고, 푸른 눈이 튀어나왔다. 철질려골타(鉄疾黎骨朶)라는 특이한 무기를 쓰고 허리 좌우에 활을 달았다. 감영은 떼 지어 오는 오랑캐 군사를 보자, 기가 질려 도망가는데 사마가가 쏜 화살에 머리를 맞고 부지구(富池口)로 피했으나 그곳 큰 나무 밑에 앉아 죽는다. 이때 수백 마리의 까마귀 떼가 내려와 시체를 에워싸고 울었다.

감녕을 죽인 사람은 그 당시 펄펄 날던 장포와 관흥이 아니라 오랑캐 왕 사마가다. 장포와 관흥은 노년에도 성생활을 계속 연명해 나가는 것을 통해 감녕처럼 재미와 쾌락을 추구하는 자세이기에 그를 죽인다는 것은 모순이기 때문이다. 어떤 의미에서는 이들은 적이 아니라 서로 동지 관계인 셈이다.

沙 = 모래, 사막, 단사(丹沙)
摩 = 비비다, 문지르다, 쓰다듬다, 어루만지다
柯 = 가지, 줄기, 도낏자루

사마가(沙摩柯)는 모래로 비비거나 문지르는 가지나 줄기를 의미한다. 여기서 가지나 줄기는 본체에서 갈라져 튀어나온 형상으로 사람의 몸통에서 튀어나온 남근을 상징한다. '柯'가 '도낏자루'의 의미일 때도 역시 구멍 난 도끼가 상징하는 여근에 끼우는 남근을 의미한다. 설총의 탄생 설화는 이를 잘 입증한다.

신라 원효대사는 어느 날 아침부터 서라벌 거리를 걸으며 미친 듯이 큰 소리로 이런 노래를 불렀다. "누가 자루 없는 도끼를 빌려 주겠는가. 나는 하늘을 받칠 기둥을 만들고자 한다." 원효대사의 이상한 노래는 서라벌의 화제가 되었으나 보통 사람들은 원효대사의 노래의 참뜻을 알지 못하였다. 당시 왕이었던 태종 무열왕이 자루 없는 도끼를 여성으로 해석하여 자신의 딸인 요석공주를 원효의 배필로 준다. 두 사람 사이에 태어난 것이 신라의 대문장가 설총이다.

사마가의 이름 뜻은, 물기가 없어 건조하고 까칠한 모래 같은 상태에서 비비거나 문지르는 남근이라는 의미다. 여성들의 입장에서는 기겁할 일이다. 노년에 들어 남근이나 여근에 윤활제가 제대로 나오지 않는 가운데 오랑캐 만왕처럼 난폭하고 거칠게 삽입해 남녀 모두에게 고통만 안겨준다는 의미다.

이렇게 되면 달콤한 쾌락(悅樂)의 공간이 되어야 할 침실에서 벌어지는 섹스가 별안간 아우슈비츠 강제수용소 같은 공포와 고문의 장으로 돌변한다. 따라서 야만적 섹스를 하는 사마가가 쾌락주의자인 감녕을 죽이게 된다. 이 정도면 부부간의 다정한 섹스가 아니라 준 강간과 같은 고통이다. 이렇게 되면 부부 관계 친밀도 향상도 중요하지만 섹스에 대한 혐오가 하나둘씩 증가하며 쌓이게 된다.

여성은 폐경이 되면 더 이상 출산을 할 수 없게 되므로 질이 좁아지고, 탄력성이 소실되고, 분비물도 마른다. 때문에 사전에 윤활제 등을 충분히 사용하지 않으면 섹스가 어렵다고 한다. 이를 배려하지 않고 사마가처럼 일방적으로 들이대며 여성의 예민한 곳을 모래로 비벼대는 것 같은 섹스를 하면 통증과 출혈, 염증을 초래한다. 섹스의 즐거움이 죽고 더 이상 섹스를 하지 못하게 될 수도 있다.

사마가 같은 남성들은 발기가 안 되면 발기를 인위적으로 형성하는 발기부전 치료제를 먹고라도 무조건 섹스를 위한 섹스를 하려고 한다. 부부간에 사마비시 같은 성적인 감흥은 완전히 무시되고 오직 삽입을 위한 섹스를 추구한다. 그래서 오랑캐 같은 섹스라고 칭하는 것이다.

감녕은 유수에서 조조의 40만 대군과 대치할 때 100명의 특공대를 뽑아 야간 기습을 가해 조조 진영을 혼란에 빠트렸다. 이 일을 두고 손권은 "조조에게는 장요(張遼)가 있지만, 나에게는 감녕이 있다."고 자랑할 정도로 그를 칭찬했다. 그런 그가 한낱 오랑캐 장수 사마가에게 쉽게 죽는 것에는 사실 특별한 이유가 있었다.

감녕이 이질(痢疾)에 걸린 채 전투에 참가하고 있다고 밝히고 있기 때문이다. 이질은 설사가 주요 특징인 질병이다. 먹은 것을 전혀 소화해 내지 못하고 그대로 설사 형태로 배출한다. 노년에 도달한 쾌락주의자 감녕이 이제는 성생활의 쾌락을 제대로 소화해 내지 못하고 설사를 하고 있는 모습이다. 윤활제도 제대로 안 나오고 심장이나 호흡에도 무리가 가고, 정액이나 사정감도 현격하게 떨어진다. 따라서 재미와 쾌락이 확 줄어들어 성생활을 제대로 소화해 내지 못한다. 이처럼 성생활의 즐거움이 줄어든 상태에서 매너라고는 전혀 없이 야만인 같은 섹스를 하는 사마가가 거친 섹스로 몰아붙인다. 감녕적인 성생활의 달콤함과 쾌락이 완전히 죽고도 남는다.

매너 없는 섹스를 하는 사마가의 모습이 또한 매우 괴이하다. 노년에도 성욕을 주체하지 못하는 남성들의 모습이기도 하다. 피를 바른 듯한 얼굴은 성적인 발기로 충혈된 남근의 모습이다. 푸른 눈이 튀어나왔다는 것은 곤충의 눈 형태다. 잠자리, 벌, 파리, 메뚜기, 매미 등 곤충의 눈은 원색적이며 튀어나왔다. 사마가의 눈이 곤충의 눈이라는 것은 여성을 바라보는 성적인 시각이 곤충이나 벌레 수준에 불과하다는 의미다. 여성을 배려하는 인간미라고는 전혀 없고 자신의 충동에 따라 곤충처럼 일방적으로 달라붙고 쏘아붙이고 귀찮게 하는 성생활을 한다. 성적인 감흥과 애무와 전희도 없이 윤활제가 나오지 않았거나 바르지도 않았는데 성행위를 시도한다. 난폭한 오랑캐 같은 섹스를 하는 인간이다.

오죽했으면 『삼국지연의』에서 그들이 머리를 풀어헤치고 맨발로 진격해 온다고 표현하고 있다. 머리를 풀어헤쳤다는 것은 미친놈이라는 의미다. 맨발로 진격해 온다는 것은 문명의 예의라고는 전혀 갖추지 못한 야만적인 본능이나 행동을 그대로 드러내는 모습임을 강조하고 있다.

상대방의 기분 등을 전혀 배려하지 않고 야만적 완력으로 배우자의 사지를 제압하며 부부 강간 식의 섹스를 하는 남성들이 오랑캐 왕 사마가에 해당한다. 이런 사마가 식의 섹스를 한두 번하는 것은 부부간의 예의로 참아 넘길 수 있다지만 지속적으로 일어나게 되면 문제가 달라진다. 고대사회에 비해 여성의 권리가 몰라보게 신장된 오늘날에는 거의 황혼이혼감이다.

이렇게 되면 상대 여성이 노년의 성생활로부터 재미와 쾌감을 느끼고 부부 관계의 친밀도 향상은커녕 통증이나 고통만 느끼게 된다. 이릉대전에서 육손이 유비의 7백 리 영채에 화공으로 승리를 이끌어 냈다. 하지만 야만인 같은 섹스를 하는 사마가에 의해 감녕이 죽은 시점에 이미 노년의 성생활의 대세가 결정된 것이라 할 수 있다.

감녕과 사마가의 패션 중에 공통되면서 동시에 다른 측면이 있다. 감녕은 항상 허리에 방울을 달고 다니며 섹스의 분위기와 감흥을 돋운 매너 좋은 쾌락주의자였다. 이에 반해 사마가는 양쪽 허리에 활을 차고 다니며 자기 멋대로 쏴 대서 상대 여성에게 공포의 대상이며 고통만 안겨주는 남자라는 차이점이다. 한 사람은 언제든지 흥을 돋우며 같이 즐길 자세가 되어 있고, 한 사람은 언제든지 일방적으로 들이대고 쏘아 대서 여성에게 고통을 주는 야만인이다.

사마가의 무기인 철질려골타(鉄疾藜骨朶)에도 특이한 의미가 있다. 이 무기는 공 모양의 둥근 추에 쇠침을 총총하게 박은 무기로서, 극심한 고통과 통증을 유발하는 무기 형태다. 윤활제나 충분한 애무 없이 완력을 수반한 오랑캐적인 섹스를 하며 휘둘러 대는 남근이 철질려골타처럼 극심한 고통만 준다는 의미다. 특히, 남성들이 술에 취해 자신의 욕구를 통제하지 못할 때 사마가 식의 섹스가 출현할 위험이 높아진다.

유비가 검은 섹스와 손잡은 사실이 만천하에 드러나다

사마가는 이처럼 야만적인 섹스를 하는 자세였지만 노년에는 이것도 궁해진 유비가 받아들여 동원했던 것이다. 현대인들이 생각하는 것과 달리 한 황실의 적통이었던 유비가 결국 전쟁에서 패하고 죽을 수밖에 없는 운명이었던 것이다.

그래서 관흥 등이 이제까지 죽였던 적장들에 비해 몇 배 중량감 있는 적장 감녕을 사마가가 죽였지만 유비가 이를 치하하는 말 한마디 없다. 마치 정치가들이 정권이나 정치적 입지 확보, 선거운동을 위해 조폭이나 검은돈과 손잡는 것이나 마찬가지다. 성생활의 신사였던 유비가 노년에 들어 성적인 힘이 쇠약해지자 야만적이고 조폭 같은 검은 성(性)과 손잡고 자신의 성생활을 유지하려 했던 것이다.

노년에는 많은 남성들이 유비처럼 사마가를 동원하여 곤충 수준의 일방적인 성관계를 여성과 가지려고 시도한다. 그런 행동을 하는 주요 이유는 노년에는 발기와 발기 지속력이 제대로 유지되지 않기 때문이다. 따라서 자신의 남근이 삽입할 정도로 발기하는 그 짧은 순간을 이용하려고 한다. 성관계가 가능한지 여성의 의향을 물어보거나 애무를 하다가는 가뜩이나 부실한 발기력이 금방 고꾸라질 수 있기 때문이다. 떡 본 김에 제사 지내듯 발기한 김에 상대방의 의향이나 처지는 무시하고 일방적인 성관계를 가지려는 것이다.

다행히도 이제는 발기부전 치료제가 개발되었다. 의사의 처방에 따라 이약을 먹으면 원하는 시간만큼의 발기력이 유지된다. 여성의 의향도 물어보고 애무와 전희를 충분히 즐겨도 발기력이 유지되므로 사마가 식의 섹스를 할 필요가 줄어들었다. 『삼국지연의』에서 현덕한 역할을 한 유비의 마지막 약점인 노년의 조폭적, 곤충적 섹스를 발기부전 치료제가 극복해낸 것이다.

부지구(富池口),
성적인 쾌락과 오르가슴이 샘솟던 연못

감녕이 사마가의 화살을 맞고 죽은 장소가 부지구(富池口)라는 생소한 장소다. 이때 수백 마리의 까마귀 떼가 내려와 시체를 에워싸고 울었다고 한다.

부지구(富池口)의 한자어 뜻은 풍부한 물이 있는 연못의 입구라는 의미다. 연못이 상징하는 성생활의 에너지가 끊임없이 풍부하게 나오는 구멍이나 입구를 상징한다. 그곳에서 감녕이 죽는다. 무궁무진하게 분출하는 성생활에서 얻던 쾌락이 죽고 있음을 의미한다. 그곳을 까마귀 떼 수백 마리가 덮는다. 까마귀는 사체를 먹는 부정적인 새로 죽음을 연상시킨다. 더구나 수백 마리가 뒤덮은 모습은 그동안 부지구(富池口)처럼 즐겨왔던 성적 쾌락의 연못이 죽고 덮여져서 끝나는 모습이다. 까마귀들이 감녕을 위해 슬피 울었다는 것은 평생 동안 누려왔던 성생활의 달콤함이 끝났음을 알리는 인간적인 회한의 눈물이다.

　부지구에 있는 감영 묘와 관련된 전설이 있다. 그곳을 지나가는 나그네가 묘에 참배를 하면 까마귀 떼들이 나그네를 다음 숙소까지 안내해준다는 내용이다. 나이 듦에 따라 평생 동안 추구해왔던 성생활의 달콤한 쾌락도 죽을 수밖에 없는 것이 인간의 서글픈 운명이다. 천년만년 다닐 것 같은 직장에서 선배들이 하나둘 은퇴하듯 때가 되면 누구나 성생활 전선에서도 은퇴를 해야 한다. 이를 경건하게 받아들임으로써 다음 숙박지까지 편안하게 나갈 수 있다는 의미다. 까마귀가 안내한 숙박지는, 성생활을 영위하느라고 나그네처럼 쉼 없이 달려온 피곤한 인생이 편안하게 휴식할 수 있는 공간이다. 반대로 끝나 버린 쾌락적인 삶에 미련과 집착을 보이며 감녕의 죽음을 경건하게 애도하지 못하면 다음번 숙박지로 안내되지 못한다. 심리적 떠돌이 생활이 계속되는 인생이다.

성생활을 위해서 모든 것이 희생되다

　　관흥은 자기 아버지 관우를 생포했던 반장을 쫓게 된다. 한 민가에서 관우의 망령을 보고 놀란 반장을 죽이고 청룡언월도를 되찾는다. 또한 손권에 항복했던 미방과 부사인이 마충을 죽이고 항복하지만 유비의 분노로 처형당해 관우 죽음에 관여했던 자들이 모두 죽는다.

　반장은 앞에서 남성들의 쌀뜨물 같은 정액이 줄어들어 사정될 때 나왔다 안 나왔다 하며 갈마드는 모습을 의미한다고 분석되었다. 비유적으로 말하면 샴푸 통 속의 샴푸가 가득 차 있을 때는 한 번만 눌러도 시원하게 잘 나온다. 말라감에 따라 나중에는 여러 번 눌러도 나왔다가 안 나왔다 반복하다가 나중에는 아주 안 나오게 되는 이치다.

샴푸를 쓸 때 어떤 사람은 단 한 방울이라도 나올 때까지 꽉꽉 짜며 쓴다. 이에 비해 다른 사람은 "샴푸를 뭘 그렇게까지 쓰냐?"며 조금 남아 있어도 사용하지 않는다. 성생활도 마찬가지다. 다만 선택의 차이일 뿐이다.

이와 같이 남성의 사정 능력과 관련된 반장을 잡기 위해 관흥이 산속에서 고생하다가 우연히 만나 죽이게 된다. 관흥은 나이 먹어서도 여성과 친밀한 관계를 유지하기 위해서 성생활을 해 나가야 한다는 논리적 자세다. 반장은 사정력과 정액의 배출량도 줄어들어 성생활을 회피하는 자세다. 그럼에도 불구하고 관우는 여성과 친밀한 관계를 유지하기 위해서는 끝까지 성생활을 해야 한다는 자세를 고수한다. 말하자면 마지막 한 방울의 샴푸도 아까우므로 다 써야 한다는 것이다.

이때 반장이 사정이 제대로 안 된다며 도망치려는 것을 발기력을 상징하는 관우의 혼령이 나타나 돕기 때문에 관흥이 죽일 수 있었다. 이 부분을 워낙 기이한 장면이 많은 『삼국지연의』의 한 부분으로 치부하고 넘어갈 수도 있다. 그러나 중국의 대중들이 세대를 거듭하는 오랜 성생활 경험을 통해 얻어진 노년의 성생활 모습을 정교하게 표현한 결작적인 부분이다.

노년이 되면 관우적 발기력이 죽고 정액의 양이나 사정력도 대폭 줄어들어 성생활에 회의적으로 된다. 이때 여성과 친밀한 관계 유지를 위해 성생활을 하려고 하면 이미 죽었던 관우적 발기력이 되살아날지도 모른다는 순간적인 착각이 들 수도 있다. 이것이 반장이 죽은 관우의 환영을 보고 놀라며 마음이 흔들리는 장면의 진짜 의미다. 사정력 등이 감소해 성생활을 안 하려는 반장적인 자세가 이처럼 심리적 허점을 보이는 순간을 파고들어 관흥이 죽이는 것이다.

관흥이 반장이 갖고 있던 청룡언월도를 되찾아 지니고 가다 청룡언월도를 휘두르며 마충과도 싸운다. 그러나 마충은 죽이질 못한다. 관흥은 아버지 관우 같은 왕성한 발기력을 상징하는 것이 아니다. 단지, 성생활이 여성과의 관계 유지에 도움이 된다는 논리적 자세다. 마충은 인간이 지닌 성 본능과 정력을 현실 그대로 대하는 충실한 자세로서 나이가 들면 성적 능력이 떨어지므로 그것을 인정하는 자세다. 그래서 두 사람 간의 싸움은 무승부가 되며 대등한 면을 보인다. 노년에도 성생활을 유지하려는 논리와 성 본능에 대한 진실한 자세가 팽팽하게 균형을 유지하는 모습이다.

그 대신 관우에게 군량미를 보내지 않았던 부사인과 미방이 마충을 죽이고 그 목을 가지고 유비를 찾아가나 두 사람 모두 유비에게 죽임을 당한다.

부사인은 남근은 있으나 성생활을 하지 않는 어진 마음자세며, 미방은 성적인 꽃다움이 문드러지는 시기라고 했다. 비록 부사인이 성생활은 안 하고 있지만, 그도 나이 먹어서 서먹서먹해진 부부 관계나 여성과의 친밀성을 유지하는 것 자체는 반대하지 않는다. 미방도 자신의 성적인 꽃다움이 문드러졌다는 생각이지 여성과의 친밀성 유지에는 반대하지 않는다. 그들이 마충적인 삶의 자세를 제거해서 심리적 갈등과 압력을 없애려는 모습이다. 유비 진영에서는 노년의 성생활을 반대하는 마충을 눈엣가시처럼 여기고 있어 갈등과 압력이 지속되고 있기 때문이다.

이들이 마충을 죽이고 항복했지만 성생활을 지속해 나가려는 유비로서는 어쩔 수 없이 이들을 죽인다. 어진 마음으로 성생활을 안 하려는 부사인, 성생활의 꽃다움이 무너졌다고 생각하는 미방을 살려두면 후환이 되기 때문이다.

촉나라의 기세에 눌린 오나라에서 보즐의 건의로 장비를 죽인 범강과 장달도 포박지어 보내자 장포가 그들을 죽인다. 한마디로 노년의 성생활을 일으키기 위해 다른 가치를 모두 희생시키는 모습이다. 그만큼 남성들이 씨를 뿌리려는 성 본능이 최우선의 가치이며 질기고 질긴 모습이다. 대부분의 남성들이 성생활을 하지 못하면 남자로서의 인생이 끝났다고 생각하기 때문이다. 지나가는 말로 "예쁜 여성을 봐도 이제는 크게 자극받지 않는다."라고 말하게 되면, 돌아오는 대답은 "이제 인생 끝났네."다.

육손이 나서다, 대범한 군자적인 자세

> 유비는 두 아우의 복수에 만족하지 않고 손권을 죽이고 오를 무찔러 없애겠다고 벼른다. 이에 손권이 유비를 물리칠 방도를 묻자 감택이 형주에 있는 육손을 추천한다. 그러나 육손이 한낱 서생(書生)이라며 신하들이 연이어 반대를 하지만 손권이 육손을 쓰기로 결단을 내린다.

육손(陸遜)의 의미와 역할에 대해서는 앞에서 대략 살펴봤다. 유비라는 『삼국지』 최고의 군주에게 패배를 안기고 결국 죽게 만드는 사람이므로 그에 대해 좀 더 자세한 분석이 필요하다. 그는 오군(吳郡) 오현(吳縣) 사람이며 본명은 '의(儀)'며 자는 백언(伯言)이다. 화공으로 유비의 75만 대군을 물리치는 장면은 공명이 조조의 대군을 동남풍을 빌어 화공으로 물리치는 장면을 연상시킬 정도다.

육손(陸遜)은 '陸'이 뜻하는 대륙적(大陸的)이고 '遜'이 뜻하는 겸손한 사람이다. 다시 말해, 예의가 바르며 군자(君子)처럼 통 크고, 겸양의 미를 갖춘 사람이다. 주역에서 진정으로 겸손한 군자를 겸겸군자(謙謙君子)라 한다. 자신이 겸손하다는 것에 대해서조차 겸손할 정도라는 의미다. 그래야 진정한 군자다.

그의 본명이 '의(儀)'라고 불렸던 것에서 그의 이름 뜻이 분명해짐을 알 수 있다. '儀'는 법도와 준칙, 본보기, 거동, 예의 등을 뜻한다. 육의(陸儀)라는 원래 이름 뜻은, 대륙적인 행동거지와 법도, 사람들의 본보기가 되는 예의를 지닌 군자적인 사람이라는 의미다.

그의 자인 백언(伯言)은 '첫째가는(伯) 말씀, 견해, 글, 언론(言)'이라는 의미다. 첫째가는 말씀은 바로 성현이나 군자의 말씀이다. 그의 고향이 사람들이 많이 살아 떠들썩한 오군(吳郡) 오현(吳縣)이다. 세속에서 성현이나 군자의 말씀이 살아가는 데 도움이 되고 으뜸이 된다는 의미다. 산속에서 혼자 살아가는 사람에게 군자적인 자질이 필요한 것이 아니기 때문이다.

처세에 있어서 군자 육손만큼 막강한 사람도 없다. 그래서 소열황제 유비가 일으킨 이릉전쟁을 군자 육손이 마무리 짓는다. 노년의 성생활을 둘러싸고 벌어진 논쟁을 육손이 의미하는 군자답고 대범한 거동과 주장, 말씀으로 평정하는 모습이다. 그만큼 인간의 성욕은 고래 힘줄처럼 질기고 강해 군자다운 면모가 아니면 노년에도 쉽게 해결하기 어렵기 때문이다.

육손의 인내,
군자는 비난과 조롱을 참으며 때를 기다린다

육손은 대도독이 되어 곧바로 효정 땅 전선으로 부임하지만 자신의 능력을 의심하는 부하 장수들을 제지하며 촉군과 대치만 한다. 유비가 오반이 이끄는 늙은 병사들로 구성된 부대를 앞세워 육손 부대 앞에서 욕을 하게 하고, 발가벗은 몸으로 누워 자는 등 놀리고 자극한다. 그래도 육손은 자기편 장수들을 통제하며 일절 반응하지 않는다.

육손은 군자다운 사람이라 처세에 있어서 소모적인 논쟁을 하지 않는다.

때문에 밖에서는 유비가 놀리고 시비를 걸고, 안에서는 자기편 장수들이 싸우려고 해도 이를 통제하며 일절 반응하지 않는다.

유비가 오반에게 늙고 약한 병사 1만 명을 주어 오군과 육손을 자극하여 유인해 내려고 한다. 오반은 오나라 적인 것과 거리를 두며 아직은 성적인 것에 머물려는 수컷적인 성향이라고 분석된 바 있다. 오반은 성생활을 하는 것이 남자다운 면모며, 이와 반대인 육손은 한낱 서생이나 샌님에 지나지 않는다고 조롱하며 자극한다. 웬만한 남자면 자신이 성생활을 하지 못하는 성불구자라는 식으로 놀리면 발끈하며 반응을 보이기 마련이다.

육손은 유비가 던지는 이러한 미끼를 물지 않는다. 육손은 사물을 겉이나 부분으로만 보지 않고 그 배후와 전체까지 바라보는 군자적인 성격을 지닌 대범한 인물이다. 유비가 성생활을 하는 것이 남자다운 것이라는 논쟁거리를 만들어 육손을 끌어들인 다음에는 역공을 취할 것을 알기 때문이다. 유비가 8천의 정예병을 매복시켜 놓은 계략을 간파한 것이다.

오반의 군사들이 자기 부대 앞까지 와서 온갖 욕을 하고 알몸으로 자거나 놀리자 서성과 정봉이 싸우겠다고 청한다. 이에 대해 육손은 3일 후면 유비의 진영이 다른 곳으로 옮겨질 것이라며 자제시킬 뿐 싸우지 않는다. 권투에서 상대 선수를 향해 두 팔을 내리고 턱을 내밀며 치라는 것은 상대방을 무시하고 약 올려 끌어들이는 전술이다. 또한 아프리카의 광활한 초원에서 느린 걸음의 하이에나의 가장 유효한 사냥 법은 발 빠른 영양 속을 무관심한 듯 걸어가는 것이다. 그래서 영양들이 경계를 풀 때 갑자기 달려들어 사냥을 한다. 유비의 전술은 상대방을 무시하는 권투 선수와 무관심한 듯 걸어가는 하이에나의 전술을 모두 쓰는 모습이다. 육손에게 약을 올려서 성적인 논쟁의 한바탕으로 들어오게 한 후 하이에나처럼 물어뜯으려는 작전이다.

이들이 발가벗고서 놀렸다는 것은 옷을 다 벗은 것이 상징하는 원색적이며 노골적인 비난과 조롱을 하는 모습이다. 육손에 대해 성생활도 못하는 거세된 고자, 성불구자, 새벽 발기도 안 돼서 돈도 꿔줄 수 없는 놈이라는 등의 비난을 퍼붓는 모습이다. 이런 원색적인 비난에 직면하고도 일절 반응하지 않는다는 것은 극한적인 자제심을 지닌 군자의 기풍이 아니면 불가능하다. 용이 도랑에 내려와 놀면 가재에게 놀림을 당하고, 봉새가 닭장에 들어가면 닭에게 놀림을 당한다. 군자도 소인배들의 무리 속으로 들어가 사사건건 반응하면 같은 사람이 되는 법이다. 그렇다고 육손은 군자이며 유비 전체가 소인배라는 것은 아니다. 현재 유비가 집착하는 노년의 성생활 태도가 소인배 같은 행위라는 의미다.

한여름 무더위와 성생활의 휴식

한여름이 되어 날씨가 몹시 더워서 유비 진영 군사들이 힘들어한다. 유비가 40영채를 모두 수목이 울창한 그늘진 곳으로 옮기고 여름이 지나고 가을이 오면 그때 힘을 합쳐 일제히 공격하려고 한다.

장포와 관흥 같은 자세로 노년기에도 성생활을 한창 해 나간다 해도 결국은 지치고 한계에 도달하기 마련이다. 모든 것은 생로병사하고 화타(華陀)하기 때문이다. 노년에도 일시적으로 젊은이 못지않은 성생활을 한다고 허세를 떨어도 결국은 성 본능의 에너지가 이릉되어 쇠진해간다. 그래서 노년에 나이에 걸맞지 않게 한창 성생활을 하고 나면 양기가 급격히 떨어져 한여름 무더위를 먹듯 성생활의 더위를 먹고 지친다.

또한 한여름에는 일반적으로 사람들이 무더위에 지쳐서 젊은 사람들조차 성생활을 회피하거나 횟수가 줄어들게 된다. 기본적으로 체력과 정력이 부족한 노인들은 한여름에는 거의 성생활을 갖기가 어렵다. 특히, 에어컨이나 선풍기조차 없었던 고대사회지만 다른 사람들에게 보이지 않기 위해 방문과 창문 등을 모두 걸어 잠가야 했다. 이처럼 성생활의 속성상 여름의 무더위나 열대야는 성생활에 더욱 장애가 되었을 것이다. 오늘날에도 여름에 못 가졌던 부부간의 사랑이 찬바람이 불게 되면 대폭 증가하는 경향도 이 때문이다.

이러한 무더위로 인한 군사들의 애로 사항을 유비에게 알리고 영채를 옮긴 사람이 선봉 풍습(馮習)이다. 풍습은 걸어서 강을 건너듯 젊은 시절에 비해 어려움과 장애물이 많은 노년에도 습관적으로 성생활을 강행하는 자세다. 이처럼 평소에도 가뜩이나 어렵게 성생활을 이어가고 있던 차에 무더위가 상징하는 양기 쇠진의 복병을 만나서 성생활을 쉬어가는 모습이다. 특히, 이 부분에서 재미있는 표현은 물을 길어오는데도 불편하다는 내용이다. 사실, 노년의 성생활은 윤활제인 물이 제대로 나오지 않기 때문에 대체 윤활제를 써야만 한다. 오늘날에는 다양한 윤활제가 있지만 고대사회에서는 기름이나 화장품 종류 등 윤활제와 이를 담아 보존하며 사용할 용기 등도 매우 열악했다. 때문에 성생활이 더욱 힘들었을 것이다. 더욱이 날씨가 더워서 체온이 올라가게 되면 윤활제도 빠르게 증발하는 경향이 있다.

노년의 성생활은
유격훈련만큼 힘들고 에너지를 소진시킨다

실제로는 유비의 군대가 소수 정예의 게릴라 부대가 아니고서는 75만의 대군을 산과 숲, 시냇가에 치는 것은 불가능하다. 공명도 유비의 이런 모습을 전해 듣고는 "고원과 습지와 험악한 곳에 영채를 세우는 것은 크게 피하는 바라, 만일 적이 불을 질러 공격한다면 어찌할 요량이며, 영채를 7백 리에 늘어세우고서야 어떻게 적을 대항한다 말인가?"라고 한탄했다.

고원과 습지와 험악한 곳은 군사적인 측면에서 보면 산악 지형에서 장애물 극복 훈련을 하는 군대 유격 장소로 딱 알맞은 곳이다. 이러한 곳에서 군사를 전개하거나, 진·출입 등 이동을 한다는 것은 비지땀을 흘리고, 죽을 고생을 하며 유격을 받는 것이나 다름없다. 물론, 군사의 진·출입은 남근의 진·출입 등 성행위를 전개하는 것을 상징한다.

확실하게 밝혀둘 것은 유비의 75만 대군이 이런 곳에 주둔했다는 것은 아이러니하게도 유비의 어리석은 선택이 결코 아니다. 75세 정도 나이에 도달한 노년의 남성들은 이와 같은 성생활의 장애물과 어려움이 있는 곳에 포진할 수밖에 없기 때문이다. 정력이 쇠약해져 발기력이 높게 올라갈 수 없고, 성적인 감흥도 다 떨어져 성적인 진도가 질퍽대며 잘 나가질 못한다. 발기가 되더라도 오래 지속되지 못하고 고꾸라지기 쉬운 험악한 환경이 노년의 성적인 환경이기 때문이다. 유비가 75만 대군을 고원, 습지, 험악한 곳에 전개했다는 표현을 통해 노년 남성들이 느끼는 성생활의 어려움과 장애물을 극대화시키고 있다.

젊은 남성들은 정력이 넘쳐서 무더위가 가시고 찬바람이 불면 곧바로 성생활을 재개하는 데 지장이 없다. 오히려 여름에 못한 성생활을 보충하기 위해 가을에 더욱 성생활을 탐닉하거나 집중하기도 한다. 그래서 세간에서 가을을 남자의 계절이라 부른다.

이에 비해 성생활의 정력이 꺼져가는 노인들에게는 삼복더위가 지금까지의 성생활의 양상을 확 바꿔놓는 역할을 하기도 한다. 평상시의 성생활에서 물러나 장기간 쉬어가다 보면 성생활에 대한 전반적인 의욕이 줄어들거나 고갈되어 이를 재개하는 데 어려움이 따르기 때문이다. 예를 들어 오래된 중고 자동차를 장기간 세워 놓게 되면 부품에 녹이 슬고, 배터리 방전, 엔진오일 누유, 타이어 자연 경화 등이 일어난다. 따라서 시동이 안 걸리거나 운행을 할 수 없게 된다. 인간의 근육을 비롯한 신체 기관도 용불용설에 따라 사용하지 않는 시간이 길어질수록 그 기능이 떨어지게 마련이다. 고대사회에 있어서 성생활의 휴지기이자 장애기인 한여름 삼복더위 기간이 노년의 성생활의 마지막 불꽃이 꺼지는 전환점이 되고 있는 것이다.

순우단과 부동, 육체관계 없는 순수한 연애 감정을 거부하는 유비 진영

> 육손이 한 번도 나가서 싸우지 않다가 촉군의 동정을 완전히 파악한 후 장강 남쪽에 있는 적의 영채를 하나 취하겠다고 하자, 한당, 주태, 능통 등이 나가서 싸우겠다고 한다. 그러나 육손은 이들을 제외하고 계단 아래에 있던 말단 장수 순우단(淳于丹)에게 촉장 부동(傳肜)이 지키는 영채를 치라고 한다. 그러나 순우단이 패하고 돌아온다.

순우단(淳于丹)은 이곳에서만 일회적으로 나오는 인물로서 육손이 유비군의 허실을 알아보기 위한 미끼로 사용한 장수다. 한당이나 주태 등을 처음부터 내세우지 않고 패할 것을 알면서 순우단을 내세웠던 것이다.

淳 = 순박하다, 수수하다, 도탑다, 짜다, (물을) 뿌리다, 흠뻑 적시다
于 = ~에서, ~부터, ~까지, ~보다, 행하다, 굽다, 크다, 비슷하다
丹 = 붉다, 붉은 색, 단사(丹砂)

앞부분의 관도대전에서 나온 순우경(淳于瓊)의 성씨를 분석할 때 순우(淳于)가 청춘 남녀의 순박하고, 사랑과 인정이 많은 연애 감정이라고 분석한 바 있다. 성씨가 같은 순우단의 이름 뜻에도 이와 같은 의미가 있다고 추측할 수 있다.

순우단의 이름 뜻은 '붉은 것보다 순박하거나 인정이 도탑다'는 의미다. 붉은 것은 성적인 발기와 성생활을 상징하는 색이다. 따라서 순우단의 이름 뜻은 성생활보다 순박하며 도타운 연애 감정을 우선시한다는 의미다. 유비 진영이 부부 관계 친밀도 유지 등을 내세우며 성생활에 가치를 두는 것에 대해 순우단은 성생활 없이도 도타운 연애 감정을 유지할 수 있다고 맞선다. 드디어 군자 육손의 계략대로 노년의 성생활을 둘러싸고 유비군의 진심이 드러날 시기가 도래한 것이다. 이러한 순우단과 맞부딪친 유비 진영의 장수가 부동(傅彤)이다.

傅 = 보조하다, 도와주다, 스승, 가까이하다, 붙다, 바르다, 칠하다. 이르다
彤 = 붉은 칠, 붉은 칠을 하다

순우단(淳于丹)의 '丹'은 그냥 붉다는 뜻이지만 부동(傅彤)의 '彤'은 붉은 칠을 하는 등 붉은 상태로 만든다는 의미다. 부동의 전체적인 의미도 붉게 칠한다는 의미다. 부동은 붉은 칠이 상징하는 발기와 성생활이 잘 이뤄질 수 있도록 힘쓰는 자세다. 붉은 칠을 하며 성생활의 불씨를 계속 살려나가려는 자세다. 다시 말해 성생활이 없는 부부 관계나 연애는 필요 없고 성관계를 가져야만 부부이며 진정한 남녀 관계라는 자세다. 순우단이 부동으로부터 쫓겨 달아난다.

조융, 사마가의 공격,
집착과 야만적 섹스의 본모습이 드러나다

도망치는 순우단 앞을 다시 조융(趙融)이 막아선다. 앞서 번성전투에서 관우의 부하 조누(趙累)를 분석할 때 '趙'는 작아지거나 녹고 쇠해질 때까지 달린다는 의미라고 했다. '融'은 화합하다, 녹다는 의미를 지니고 있다. 조융(趙融)은 작아지고, 꺼질 때까지 조금이라도 남아 있는 힘을 다 쓰고 녹을 때까지 성행위를 가지려는 남성들의 자세를 의미한다. 이러한 자세에 순우단이 상징하는 순수한 연애 감정이 다시 밀릴 수밖에 없다.

다음으로 만난 장수가 오랑캐 왕 사마가다. 그는 생식기에서 윤활제가 제대로 나오지 않는 가운데 난폭하고 거칠게 남근 삽입을 해서 고통만 안겨주는 야만인이다. 유비 진영은 이처럼 고통이 수반되는 야만적이고 완력적인 섹스임에도 불구하고 순박한 연애 감정보다 우선시한다. 고원 같고, 늪지 같고 험악해진 노년의 섹스 환경 아래서 삽입을 성공시키기 위해서는 비신사적인 행동이지만 어쩔 수 없기 때문이다.

유비 진영의 순우단에 대한 공격을 통해 여성과의 관계를 친밀하게 유지하기 위해서 성생활을 갖는 것이 아니라는 것이 백일하에 드러난다. 부동, 조융, 사마가처럼 성 본능의 에너지가 단 한 방울이라도 남아 있으면 이것을 사용하려는 거칠고 완력적인 섹스를 하는 자세가 유비 진영이다.

이것이 겸손하고 인내심이 많은 군자 육손의 문제 해결 방식이다. 육손은 상대방에 대해 노년에 성생활을 하는 것이 잘못된 성생활이라고 직접 지적하지 않는다. 그런 지적은 논란의 소용돌이에 휘말리게 하고 상대방의 반발만 불러일으키기 때문이다. 순우단을 내세워 그들의 본래의 의도를 드러나게 해서 스스로 잘못된 성생활임을 인정하게 만들고 그들의 행동이 모순적임을 깨닫게 한다.

유비는 관흥과 장포를 통해 아직도 성적으로 한창때라고 자신의 노익장을 과시하고, 여성과의 친밀한 관계를 유지해 나간다는 명분을 내세웠다. 때문에 그의 성생활 방식이 대중들의 전폭적인 지지를 받아왔다. 그러나 그 이면에 섹스를 위한 섹스, 검은 섹스를 뜻하는 사마가, 조융, 부동을 동원했음이 만 천하에 드러나 결국 패망의 길로 들어선다. 이것이 보통 사람들에게 있어서 노년의 성생활이 이룽되고 소진되어 가는 모습이다.

순우단이 대패하여 투구에 꽂힌 화살도 뽑지 않고 도망쳐 육손 앞에 나가 사죄한다. 육손은 "그것은 너의 잘못이 아니고 내가 적의 허실을 알아보려고 보낸 것이니, 이제야 촉군을 격파할 계책이 섰다."고 밝힌다.

방송이나 신문에서 노년에도 성생활을 갖는 것이 부부간의 친밀도 향상, 인지도 향상, 건강하고 활력 있는 생활을 가능하게 해준다고 말한다. 그러나 그 이면에는 남성들의 섹스를 위한 섹스가 자리 잡고 있음이 밝혀지는 순간이다. 이 시점에서 확실하게 집고 넘어가야 할 사실은 노년의 성생활 자체가 부부간의 친밀도나 인지력을 향상시키는 유일하거나 직접적인 요인이 아니라는 것이다. 성생활을 하지 않는 나이 드신 종교인들을 봐도 알 수 있다.

부부간의 친밀도는 노년에도 순우단처럼 순박하고 도타운 사춘기적 연애 감정이 가져다주는 것이다. 인지력 등은 노년에도 불구하고 성생활을 할 정도로 정력이나 활동력이 왕성한 사람들이 일반적으로 높은 것이다. 반대로 부부 관계를 해서 인지도가 높아지는 것은 아니라 할 수 있다.

육손이 대중들의 끊임없는 사랑을 받아온 유비와 노년의 성생활에 대한 진실게임을 벌여서 유비의 어두운 면을 만천하에 드러나게 했다. 이제는 확신을 갖고 역공할 만반의 준비를 갖춘다.

인생이란 들어오는 것이 있으면 나가는 것이 있다. 성욕이 사춘기에 들어온 물이라면 그 물은 갱년기를 지나 노년기 어느 시점에는 완전히 빠져나가야 한다. 관도전투에서는 오소를 지키던 순우경(淳于瓊)처럼 순수한 연애에만 머물고 성생활로 나가지 못하는 숙맥 같은 자세가 장애물이 되었다. 노년에는 순우단(淳于丹)처럼 순수하고 도타운 관계를 해 나가려는 자세가 성생활에 집착하는 자세 때문에 눌리고 마음속에서 쫓기는 형국이 된다.

순우경은 죽고, 순우단은 패배하기는 했지만 죽지는 않는 것에는 중대한 차이가 있다. 순우경은 성생활을 거부하며 순수한 연애를 하려는 초식남적 태도이므로 이러한 태도가 반드시 죽어야만 성생활로 넘어갈 수 있다. 반면에 노년에 배우자나 다른 여성에 대해 순수하고 도타운 연애 감정을 지니는 것은 죽일 필요까지는 없다. 그것 때문에 지금까지 해오던 성생활을 못하는 것은 아니기 때문이다.

마안산(馬鞍山),
여성의 몸에 올라가는 것에서 내려오다

유비 진영의 어두운 섹스 욕구를 확인한 군자 육손은 주연, 한당, 주태에게 마른 풀, 유황과 염초를 싼 풀 다발과 불씨를 준비하라고 시킨다. 동남풍이 불 때 촉군 영채 40개소에 하나 씩 걸러 20개소에 불을 지르라고 한다. 그리고 모든 군사는 간편식을 갖고 떠나되 무슨 일이 있어도 후퇴하지 말고 유비를 추격하라고 한다. 이때 유비 진영에서는 정기(程畿)가 공격에 대비해야 한다고 건의하나 유비가 묵살한다.

그날 밤 육손이 화공을 펼쳐 모든 촉군 진영을 불태운다. 마안산(馬鞍山)에서 버티다 달아나던 유비가 백제성으로 도망치는 과정에서 동오의 장수 주연이 나타나 길을 막자 "짐이 여기서 죽는구나!"라며 부르짖는다. 그리고 관흥과 장포도 적을 무찌르다가 어지러이 날아오는 화살에 중상을 입어 유비가 점점 다급해지는데 동쪽 하늘이 희미하게 밝아온다. 이때 상산의 조자룡이 한 무리의 군대를 이끌고 온다. 이 소식을 들은 육손이 동오군에게 속히 후퇴하라는 명령을 내리지만 조자룡이 주연을 단 1합에 창으로 찔러 죽이고 유비를 백제성으로 호위하여 들어간다.

오나라에서 화공으로 공격한 후 선봉에 선 두 장수가 서성과 정봉이다. 서성은 서서히 이뤄나가는 대기만성형의 자세며, 정봉은 많은 씨앗을 뿌려나가려는 자세라고 했다. 이 두 가지 삶의 자세에 유비 진영이 몰린다. 이것은 진실이 서서히 밝혀지고 있으며, 노년에 성생활만 추구할 것이 아니라 다양한 생활의 씨앗을 뿌려나가려는 자세가 힘을 얻고 있는 모습이다.

중국어에서는 '丁'이 전문적인 노동이나 직업에 종사하는 사람이라는 의미도 있다. 정봉(丁奉)은 노년에 억지 춘향 격인 성생활을 그만둠으로써 그 에너지를 자신이 잘하는 직업이나 일에 돌려서 받들고 힘써나가는 자세다.

이때 서성이 가장 먼저 붙잡을 뻗었던 촉 장수가 풍습(馮習)이다. 강물을 걸어서 건너는 자다. 노년에도 불구하고 억지 춘향 격의 성생활을 하려는 자세를 가장 먼저 제압해야만 노년의 성생활을 둘러싼 논란이 평정될 수 있기 때문이다. 그러나 서성이 풍습을 덮치려는 순간 때마침 그리로 오는 유비를 보고 유비를 따라가서 화를 면한다.

유비가 말의 안장 같은 산이라는 마안산(馬鞍山)으로 쫓긴다. 말안장에 올라타는 것은 남성이 여성의 몸에 올라타는 기분 좋은 성적 행위를 상징한다. 말에 올라타게 되면 말이 뛸 때마다 몸이 리듬감을 탄다. 그것은 남성이 섹스를 할 때 여성의 몸 위에서 움직이는 리듬감과 비슷하다.

육손 진영이 군자적인 견지에서 여성의 몸에 올라가는 성생활을 끝내라고 요구한다. 장포와 부동은 아직 성생활이 끝났지 않았다며 끝까지 저항하며 마안산의 유비를 지킨다. 유비가 산 위에서 바라보니 아득히 뻗은 들에 불길이 끊임없이 솟아오르고, 아군의 시체는 쌓이고 쌓여 강을 막다시피 하며 떠내려가고 있다.

늦은 노년에도 여성의 몸에 오르려고 하는 성적 욕망 때문에 마음의 모든 에너지가 다 타서 소진되고 폐허가 됨을 깨닫는 모습이다. 조금이라도 건지기 위해서는 결단이 빠를수록 좋다.

이때 동오의 군사가 마안산 사방에 불을 질러 태우니 서촉 군사들은 어지러이 숨기에 바쁘다. 유비가 정신을 차리지 못할 때 역시 관흥이 기병 몇 명을 끌고 와 탈출구를 열면서 나아간다. 유비는 모든 군사들에게 전포와 갑옷을 벗어 길을 막고 불을 질러 쫓아오는 적군을 끊게 하고 정신없이 달아난다. 여기서 천천히 생각해볼 것은 이 정도의 상황에서 조루 장군 조조의 경우라면 알몸으로 도망치며 개망신을 당하는 것으로 설정된다. 손과 머리, 수염 털까지 몽땅 탄 몰골이 되거나, 수염을 잘랐다 다시 붙이기까지 하는 비겁한 인간으로 묘사된다.

그러나 이릉대전에서 유비의 패전 규모가 조조의 패배를 능가하는데도 불구하고 유비는 자신이 알몸이 되진 않는다. 유비는 끝까지 성생활을 추구하려는 자세이며, 이것은 대중들 사이에서 개망신을 당할 정도로 비난받을 자세는 아니기 때문이다. 오히려 남성들에게 이처럼 문지방 넘어갈 힘만 있어도 마안산에 오르려는 끝없는 성적 욕망이 있기에 인류가 종족을 유지해 오는 원동력이 된 것이라 할 것이다.

이 부분에서 서성, 정봉과 교대하여 주연(朱然)이 나타나 길을 막는다. 유비가 마치 저승사자라도 만난 듯이 "내가 이제 죽겠구나!"라고 말한다.

주연(朱然)은 성적 에너지가 더 탈 수 있는 여력이 남아 있어도 의롭고 군자적인 견지에서 성생활을 봉하려는 자세다. 유비는 성적 에너지를 한 방울까지 탁탁 털어 쓰려고 하는데 주연이 나타나 의롭고 군자답게 봉하라고 한다. 그래서 자신의 운명이 끝나가고 있음을 직감하는 모습이다. 아직도 한창 성생활을 할 수 있다며 큰소리치는 장포와 부부 사이의 친밀도 유지라는 관흥의 논리적인 주장도 중상을 입는다.

상산 조자룡,
성생활에 대한 초심이 유비를 가까스로 구하다

유비가 주연에게 잡히려는 찰나에 상산 조자룡이 나타나 구한다. 조자룡의 원래 이름은 조운(趙雲)이다. '趙'는 앞서 살펴봤듯이 모든 에너지와 정력을 다 쓸 때까지 달리는 자세다. '雲'은 관우의 호인 운장(雲長)에서 살펴봤듯이 운우지정(雲雨之情)의 뜻이 있다. 조운(趙雲)은 남녀 간의 육체적 관계, 운우지정을 위해 끝까지 달리려는 자세다. 그의 자는 자룡(子龍)이며, 조자룡으로 더 잘 알려져 있다. 자룡은 새끼 용으로 생활이나 모든 삶의 영역에서 용이 상징하는 최고가 될 가능성을 상징한다. 조자룡은 성생활뿐만이 아니라 다양한 삶의 영역에서 필요한 자세다. 유비 삼 형제가 다 죽어 성생활이 끝난 시점에서도 조운이 죽지 않고 삶의 전쟁터에 나서고 있는 이유다.

그는 상산 진정현 사람으로 당초에 마음먹은 것이 흔들리거나 변하지 않는 초심을 상징한다. 그래서 유비가 성생활을 끝까지 영위해 나가려는 마음이 흔들리는 순간 나타나서 도와주고 있다. 그가 성생활을 의롭게 봉하려는 주연을 단 1합에 찔러 죽이는 것은 성생활에 있어서 변함없는 초심을 지키는 모습이다.

순우단 패배, 육손의 공격 전환, 주연의 유비 공격, 조운의 주연 살해, 육손의 물러남을 노년의 성 심리를 상세히 고찰하는 측면에서 재정리해 볼 필요가 있다. 순우단은 노년에 성생활이 수반되지 않는 순수 연애를 해 나가려는 자세다. 이런 순우단이 유비 진영의 부동과 사마가 등에게 패해 쫓겨옴으로써 유비 진영의 노년 성생활 목적이 단지 섹스를 위한 섹스임이 드러난다.

군자 육손이 이런 노년의 억지 춘향 식 섹스의 폐해를 없애고자 공격으로 전환한다. 아직 성생활을 할 수 있는 정력이 남아 있지만 의롭게 봉하는 주연적 자세로 유비를 거의 죽일 수 있는 단계에 도달한다. 그러나 조운이 상징하는 산같이 변함없는 초심을 유지하려는 마음이 나타나 오히려 주연적인 자세를 비판하며 죽인다. 이처럼 노년에도 성생활을 유지해 나가려는 유비 진영에 초심을 유지해 나가려는 자세가 가세하자 군자적인 마음인 육손도 어쩔 수 없이 물러난다. 조운처럼 지조와 초심 있는 사람은 절대로 자기 뜻을 굽히지 않음을 알기 때문이다.

유비가 마안산에서 더 이상 버티지 못하고 내려와 백제성으로 들어간다. 이제는 더 이상 여성의 몸에 올라갈 수 없는 상태로의 전환을 상징한다. 완전히 성생활에서 내려오는 모습이다. 다 끝났다.

백제성(白帝城),
성(性)의 황제로서의 지위가 끝나다

백제(白帝)를 직역하면, 날 샌 황제나 빈 황제라는 의미다. '白'은 성적인 에너지와 기운을 상징하는 '丹(단)'이나 '彤(동)'의 붉은 기운이 다 소진되거나 타버려서 완전히 희게 변한 상태다. 백제(白帝)는 성생활 측면에서 다 타고 소진되어서 끝나 버린 황제라는 의미가 된다. 유비가 마안산에서 백제성으로 퇴각하는 것은 여성의 몸에서 내려옴으로써 성생활의 황제 자리에서도 내려오는 모습이다. 이렇게 유비가 성의 황제 자리에서 내려오자 그것이 기폭제가 되어 그동안 버티고 있던 촉의 장수들이 줄줄이 죽거나 자결을 한다. 유비가 상징하는 성생활의 중심인 여왕개미나 여왕벌이 죽음으로써 그에 딸린 나머지 성생활을 하려는 자세들은 오합지졸에 불과하기 때문이다.

가장 먼저, 오나라 장수 정봉이 부동(傅肜)에게 촉군이 많이 죽고, 유비도 이미 사로잡혔다고 말하며 항복을 권한다. 부동은 동오의 개놈들에게 항복하지 않겠다며 싸우다가 "나는 이제 끝났도다!"고 탄식하고 피를 쏟으며 동오 군사들 속에서 죽는다.

부동은 끝까지 성생활의 불씨를 살려 나가려는 자세다. 그러나 유비가 이미 백제성으로 들어가 성생활이 끝났음을 선포한 마당이다. 더 이상 성생활을 버텨 나갈 이유가 없어졌다. 성생활에 대한 한탄과 아쉬움을 토로하며 죽는 노년의 모습이다.

다음은, 정기(程畿)로서 그의 부하가 달아나라고 권하나 "자신은 유비를 섬긴 이후로 싸움에 나가서 한 번도 달아난 일이 없다."며 싸우려 한다. 동오의 군사들이 이미 달려와 겹겹이 에워싸자 스스로 목을 찔러 자결한다.

程 = 한도, 법칙, 일정한 분량
畿 = 경기(왕도 주위로 오백 리 이내의 땅), 수도 부근의 땅

정기(程畿)는 직역하면 '경기의 한도'라는 의미이며, 경기는 오늘날의 표현으로는 수도권이라는 의미다. 따라서 정기는 수도권의 한도라는 의미가 된다. 그가 죽기 전에 한말인 '싸움에 나가서 한 번도 달아난 일이 없다'는 것은 성생활의 영역에서 단 한 번도 물러난 적이 없다는 의미다. 수도권을 방

어하는 정기(程畿)가 자결한다는 것은 성생활의 수도권이자 핵심부가 죽거나 점령당한다는 의미다. 그의 자는 계연(季然)으로 조자룡에게 죽은 주연(朱然)의 이름과 비슷하다.

季 = 계절, 끝, 막내, 말년, 말세, 젊다, 쇠미해지다
然 = 그러하다, 명백하다, 허락하다, 불타다, 그렇지만, 그렇기는 하지만

주연과 그의 의봉(義封)이라는 자가 '성적 에너지가 남아 있을지라도 의롭게 봉하겠다.'는 뜻이다. 반면에 계연(季然)은 '성생활의 말년이거나 끝물일지라도'라는 정반대의 자세를 뜻한다. 노년이 되어 성생활이 끝물일지라도 힘닿는 데까지 하겠다는 의미다. 정기가 죽음으로써 성생활의 수도권이자 핵심이 무너지는 모습이다.

다음으로는 이릉성에서 벗어난 손환과 동오 군사의 협공으로 장남과 풍습이 죽는다. 장남(張南)과 풍습(馮習)은 인간의 아랫도리에 베풀며, 힘들게라도 성생활을 지속해 나가려는 자세. 특히, 풍습은 앞부분에서 죽을 뻔했던 인물로 유비 때문에 어부지리로 살아났다. 지금은 유비가 백제성으로 들어가 성생활의 황제에서 내려온 시점이므로 죽을 수밖에 없는 운명이다.

노년에도 불구하고 부부 관계에 좋다고 하거나 남자답다는 이유로 강을 건너고, 유격 훈련을 하듯 성생활을 힘들게 해 오며 아래쪽에 베풀던 자세가 죽는 모습이다.

감녕을 죽인 오랑캐 왕 사마가도 주태(周泰)에게 죽임을 당한다. 사마가는 부부 관계를 자기 충동대로 일방적으로 강행하는 야만적이고 곤충적인 섹스 태도다. 야만적인 섹스 태도를 지닌 사마가가 여성을 배려하는 원만한 성격을 지닌 주태에게 죽는 것은 당연하다.

이처럼 여왕개미에 해당하는 유비가 죽음으로써 성생활을 끝까지 지속하려던 다양한 자세들이 차례로 붕괴된다. 동작대부에서 노래했던 영원히 끝까지 성생활을 즐기겠다는 소망이 수포로 돌아가는 모습이다.

인간의 성욕이나 성생활만 높게 치솟아 올랐다가 세월의 풍파 속에 이룽되어 가는 것은 아니다. 번성했던 동서양의 모든 문명과 왕조, 유수의 기업, 각 부분의 챔피언들이 전성기를 구가한 후 결국은 이룽되었다. 수십억 년의 수명을 지녀 마치 영원할 것만 같은 찬란한 별들도 결국 이룽되어 가는 것이 우주 만물의 이치다. 이룽전투는 현덕한 군주 유비의 슬픈 패배가 아니라 이룽되어야 할 성적인 운명을 지닌 인간 모두의 아름다운 패배다. 화타(華陀)가 자신의 이름으로 대변해 오고 있지 않은가? 빛나고, 화려하고, 찬란하고, 번성하던 모든 것이 무너진다는 진리를.

그러나 유비가 죽었다고 해서 모든 성생활이 올 스톱되는 것은 아니다. 다만, 지금까지는 남성다움의 일부로서 성생활을 줄기차게 추구해 왔지만 그러한 가치와 의욕을 잃고 성생활을 하기는 해도 별로 의미가 없고 흐지부지된다.

어복포(魚腹浦),
욕망의 영역을 우습게 보다 혼쭐나는 군자

육손이 대승을 거두고 군사를 휘몰아 서촉을 향해 가다가 어복포에서 제갈량이 강변에 쌓아 둔 8, 90무더기의 석진(石陣)을 만난다. 육손이 그 속으로 들어갔다 빠져나오려고 하는데 갑자기 광풍이 불더니 모래가 날아오르고 돌은 데굴데굴 굴러 하늘과 땅을 분별할 수가 없다. 다만 보이는 것은 괴상한 돌들이 높이 솟아 칼을 세운 듯하며, 모래와 흙이 산처럼 첩첩이 쌓이고, 끓어오르는 강물 소리는 마치 칼 소리와 북소리가 진동하는 듯했다. 빠져나갈 길을 찾지 못해 당황하는데 한 노인이 나타나 지팡이를 짚고 천천히 걸어가 그를 따라가니 석진 바깥으로 나오게 되었다. 그는 제갈공명의 사위 황승언이었다.

육손은 이릉전투를 통해 노년에도 성생활을 영위해 나가려는 유비 진영을 쑥대밭으로 만들고 조자룡을 빼고는 거의 완전 제압했다. 이것은 노년의 남성이 더 이상 배우자나 여성과 성관계를 갖지 않는 상태라 볼 수 있다.

공명(孔明)이 어복포를 만든 목적은 육손이 촉의 영역으로 들어오는 것을 저지하는 것이다. 육손은 인생을 살아가는 데 있어서 대범하고 군자적인 가치를 지닌 사람이다. 그런 그가 서촉을 공격하려는 것은, 군자적인 자세로 성욕을 제압한 기세를 몰아 서촉이 상징하는 감정과 욕망의 영역을 휩쓸어 버리겠다는 의미다. 그러나 인간은 군자적인 자질만 갖고는 제대로 된 삶을 살아갈 수 없다. 때로는 살기 위해서 욕망과 본능이 절대적으로 필요한 것이 인간의 전체적인 삶의 조건이다. 아무리 성인군자라 해도 자신의 감정과 욕망을 자유자재로 조절하거나 완전히 제압하며 살 수는 없다. 서촉에는 아직도 인생살이에 있어서 제 갈등과 문제를 해결하는 데 밝은 제갈량이 살고 있다. 서촉의 영역은 아직은 건재할 가치가 있는 것이다. 그래서 결국은 실패한다.

육손이 어복포에 있는 팔진도에서 막힌다는 것은, 아무리 대범한 군자라 해도 감정과 욕망을 자기 마음대로 다스릴 수 없다는 것을 깨닫게 해준다. 육손은 매사에 겸손한 군자 같은 사람이므로 자신의 감정이나 욕망에 대해서도 겸손한 자세가 바로 진정한 군자의 자세다.

육손이 '물고기 배 같은 포'라는 의미의 어복포(魚腹浦)에서 곤경에 처한다. 물고기는 생김새로 인하여 전 세계적으로 남근을 상징하므로 성욕이나 성 본능을 상징한다. 물고기 배는 불룩하며 지방 성분도 다른 부위에 비해 많아 고소하고 그곳에 어종에 따라 수천에서 수억 개의 알까지 들어 있다.

따라서 물고기의 배는 무수히 많은 인간의 욕망이나 성적인 욕망을 상징한다. 육손이 군자라 할지라도 그가 욕망을 총지휘하는 유비를 상대로 대승을 거둘 수 있었던 근본적인 힘은 바로 이릉(夷陵)에 있었다. 이릉(夷陵)이란 젊은 시절에 불같이 타오르고, 용암처럼 분출했던 욕망이 차츰 쇠해지는 곳이다. 육손이 유비 진영으로 대표되는 성적인 욕망과의 싸움에서 이긴 것은 욕망이 능이(陵夷)해져 줄어들고 약해졌기 때문이다. 바꿔 말하면 성욕의 불꽃이 활활 타오르는 2,30대의 한창때는 육손 같은 군자도 성욕을 다스리기 힘들다는 의미다. 왜냐하면 이성(理性)은 이성답고 성욕은 성욕다워야 그 존재 가치가 있기 때문이다.

　물고기의 배 속과도 같은 욕망의 광풍은 갑자기 한번 일어나거나 작동하기 시작하면 모래를 날려서 사물의 한 치 앞도 제대로 못 보게 한다. 돌을 데굴데굴 굴릴 정도로 위력적이어서 감당할 수가 없고, 하늘과 땅을 분별할 수 없는 혼돈 상태에 빠트린다. 욕망의 골짜기에 갇히면 괴상한 돌들이 높이 솟아 칼을 세운 듯하며, 모래와 흙이 산처럼 첩첩이 쌓인 것같이 도저히 빠져나갈 구멍이 안 보인다. 또한, 끓어오르는 강물 소리, 칼 소리와 북소리가 진동하듯 욕망의 소리가 들끓는다.

　이 장면은 앞에서 여포가 상징하는 자위행위 욕망을 붙잡으러 조조가 복양성 안에 들어갔을 때 맞이한 상황과 매우 흡사하다. 그때도 "하늘을 찌를 듯한 불길이 치솟고, 태징 소리와 북소리가 일제히 울리며, 강물이 뒤집어지듯 바다가 끓는 듯한 함성이 일제히 진동한다."고 표현하고 있다. 이처럼 욕망이나 감정이 들고일어날 때는 이성적인 자아나 군자적인 자세도 정신을 차릴 수 없게 몰아붙이는 측면이 있다.

　자신의 욕망을 우습게 보고 자만했다가 큰코다치는 군자를 구해주는 것이 아이러니하게 제갈량의 장인 황승언(黃承彦)이다. 황승언은 '黃'이 상징하는 성적인 것을 계승하거나 받드는 현명한 선비라는 뜻이다. 육손이 황승언을 따르자 바깥으로 탈출하게 된다. 비록 유비와의 싸움에서 이겨 성생활은 끝냈지만 성적인 것을 받들고 계승하려는 경건한 선비적인 자세를 지님으로써 가능했음을 의미한다. 다시 말해 나이 들어 이제는 성생활은 안 하지만 성적인 것을 부정해서는 안 된다는 의미다. 자신은 성생활을 안 하게 됐지만 이를 젊은이들에게 양도하여 올바른 성생활을 권하고 계승케 해야 한다. 이것이 인간의 성생활의 연속성이며, 인간이라는 종을 유지시켜 온 바른 자세다.

팔진도(八陳圖),
욕망의 여덟 가지 속성

공명이 만들어 놓은 팔진도는 휴(休)·생(生)·상(傷)·두(杜)·경(景)·사(死)·경(驚)·개(開)의 팔문(八門)이다. 매일 매시간 무궁한 변화를 일으키니, 씩씩한 군사 10만 명과 견줄 만하다고 황승언이 말한다.

팔진도(八陳圖)는 인간의 욕망이 지닌 여덟 가지의 주요한 속성을 의미한다 할 수 있다. 휴(休)는 욕망을 충족함으로써 사람에게 휴식이나 안식을 주는 속성이다. 인간은 욕망이 채워지지 않으면 욕구불만이 되어 긴장과 갈등이 생기지만 욕망이 충족되면 휴식할 수 있다. 생(生)은 욕망이 사람을 살리거나 생기(生氣)와 활력을 주는 속성으로, 욕망은 사람을 움직이는 에너지이므로 생명력, 생기와 활력을 준다. 상(傷)은 욕망이 인간에게 상처(傷處)를 주는 속성이다. 인간은 욕망을 추구하다가 남에게 상처를 주기도 하고, 스스로 상처를 입기도 한다.

두(杜)는 욕망이 사람을 가로막는 장애물이 되는 속성이다. 타인이나 나의 욕망이 장애물이 되어 일이나 앞길, 장래를 가로막는다. 자신의 순간적인 욕망에 당해본 사람만이 이를 안다.

경(景)은 욕망이 사람에게 볕이나 햇살 같은 긍정적 에너지가 되는 속성이다. 성 본능의 에너지가 우임금이 황하를 다스렸던 것처럼 생활 속에서 다양한 갈래로 퍼져 나가 아름다운 일들을 만들어 낸다. 미인을 얻기 위해 전쟁에 나서기도 하고, 성공하기 위해 노력하는 등 모든 방면에서 경(景)한 모습을 만들어 낸다.

사(死)는 욕망이 사람을 죽음으로까지 이끄는 부정적 속성으로 욕망 때문에 죽거나 자살하는 사람이 부지기수다. 경(驚)은 욕망이 사람을 놀라게 하는 속성으로 욕망 때문에 뉴스 등에 깜짝깜짝 놀랄 만한 긍정적이고 부정적인 일들이 많이 발생한다.

개(開)는 욕망이 사람을 열리게 하고, 시작하게 하고 소통케 하는 적극적인 속성이다. 인간의 욕망은 팔진도(八陣圖)의 '팔(八)'이 상징하는 모든 방면에 널리 깔려 인간의 모든 삶의 모습을 그려내고 있다.

육손이 사문(死門)으로 들어가면 공명이 꺼내주지 말라고 했지만, 평생 착한 일을 하겠다고 생각한 황승언이 생문(生門)으로 끌어내 구해준다. 육손이 사문(死門)으로 들어갔다는 것은 군자 같은 사람이 자신의 욕망을 죽이는 문으로 들어가 갈등을 일으키며 방황하는 모습이다. 그러다가 욕망을 무조건 억압하거나 배격하는 것이 능사가 아님을 깨닫는다. 생명 현상으로서 그 존재 가치를 존중하는 선비적인 자세의 생문(生門)으로 끌어낸 모습이다.

한 나 라 의   멸 망 ,
사 나 이 다 움 의   죽 음

- 사 나 이 다 움 이   죽 고 ,   여
성 을   받 드 는   시 기 가   오 다

조비, 남성들이 여성을 받드는 시기가 오다

조비는 그의 아버지 조조와 여러모로 대비되는 사람이다. 조조(曹操)는 짝이나 배우자에 대해 자기 멋대로 쥐고, 부리는 이기적이고 가부장적인 사람이다. 조비는 이러한 시기가 지나고 나이가 들어 짝에 대해 변모한 자세를 보인다.

> 曹 = 마을, 관아, 무리, 군중, 짝, 동반자
> 조 = 크다, 으뜸, 받들다

나이가 들면 호르몬의 영향으로 여성은 남성스러워지고, 남성은 여성스러워진다고 한다. 가부장적이고 활동적이던 남성들은 기가 죽고 잔소리가 많아지는 등 여성적인 요소가 나타난다. 반면에 여성은 아줌마라는 이미지에 나타난 것처럼 드세고 활동적이며 남성화되는 경향이 있다. 조비가 바로 그런 시기에 해당한다. 배우자를 크게 생각하고 받들게 된다.

조조는 시호가 무황제(武皇帝)인 반면에 조비는 문제(文帝)다. 문(文)과 무(武) 는 서로 정반대되는 인격적 자질로서 무(武)는 무사적이며 야성적이고 남성적 이다. 반면에 문(文)은 학자나 관리적이며 지성적이고 여성적인 측면을 상징 한다.

조조가 머물렀던 허도(許都)는 '許'가 허락하거나 승낙하고 들어주고 약속 한다는 의미를 지닌다. 이런 일을 하는 사람은 집안에서 가장이거나 권력 을 쥔 사람이다. 반면에 조비는 병이 잘 낫지를 않자 허도 궁실에 요귀가 있 지 않나 의심하여 낙양에 궁전을 짓고 그곳으로 천도한다. 중년 이후에 남 성들이 배우자에게 주도권의 일부 또는 전부를 넘겨주는 시기가 도래한다. 그 시점에서 이제는 집안에서 모든 것을 허락하고, 승낙하고, 들어주는 위 치가 부합하지 않기 때문에 갈등과 스트레스가 생기는 모습이다. 그래서 수도를 낙양(洛陽)으로 옮긴다.

洛 = 강 이름, 땅 이름, 잇닿다, 잇다, 다하다
陽 = 볕, 태양, 양지, 양기, 낮, 남성, 하늘

여기서는 낙양(洛陽)의 뜻이 다한 양기라는 의미가 된다. 남성다운 양기 가 다해서 여성과 동등하게 살아가는 자세로 변하는 모습이다.

헌제의 양위와 한나라 멸망,
사나이다움의 죽음

조비가 헌제로부터 양위를 받아 황제의 자리에 오른다는 것은 한(漢)나라의 멸망을 상징한다. '漢'은 유방이 세운 한나라 또는 한수(漢水)를 의미하기도 하지만 사나이, 남아, 사나이 대장부라는 의미가 있다. '漢' 자가 사나이라는 뜻으로 쓰인 용례를 보면 치한(癡漢), 괴한(怪漢), 호색한(好色漢), 장한(壯漢), 열혈한(熱血漢) 등 부정적이거나 육체적이며 사나이다운 의미로 사용됨을 알 수 있다.

커다란 실권은 없지만 한나라 황제가 살아서 위·촉·오 삼국에 영향을 미친다는 것은 인격의 전체적인 측면에 사나이다운 '漢'이 살아 있는 모습이다. 이 사나이다움은 사춘기 시절부터 시작되어 중·장년 시절을 거쳐 노년까지 계속된다. 노년에 들어 관우가 상징하는 발기력이 죽고, 조조가 상징하는 가부장적인 주도권이 죽고, 성생활의 황제인 유비가 죽음으로써 결국 사라지게 된다.

발기력과 성생활, 생활의 주도권이 사라진 노년이란 남성들의 전 인격에 가장 큰 영향을 미치는 남자로서의 '漢'이 죽는 시기다.

이 시기가 되면 사나이 대장부로서 참아온 눈물도 흘리는 감상적인 경향도 보이고, 잔소리가 많은 소심한 사람이 된다. 헌제(獻帝)의 이름은 유협(劉協)이고 그의 자는 백화(伯和)다.

獻 = 바치다, 드리다, 나아가다, 나타내다, 표현하다, 보이다

남자들은 사춘기 시절부터 '漢'이 죽기 전인 초로(初老)에 들어서기까지는

사나이다운 측면을 최고의 이념으로 내세운다. 여성들과 달리 목숨을 바쳐가며 전쟁터에서 싸우고, 자신이 소속한 단체나 사회, 가정을 위해서 몸과 마음을 바쳐서 헌신(獻身)하기도 한다.

대표적인 예가 군인은 전쟁터에서 국가와 민족을 위해 헌(獻)하며, 정치가는 정당과 국민을 위해 헌(獻)하며, 경영자는 회사를 위해 헌(獻)한다. 노조 대표들은 노동조합을 위해 헌(獻)하고, 시민운동가는 시민을 위해 헌(獻)한다. 한마디로 자신의 인생을 모두 바친다는 의미다.

사나이다움의 이념이자 표상인 '獻'에는 이처럼 세상을 위해 바치고 드리는 측면만 있는 것이 아니다. 남자로서 자신을 나타내고, 드러내고, 보이려는 측면도 있다. 남성들은 군인으로서 자신의 사나이다움을 나타내고 싶고, 유능한 정치가, 경영자, 노조운동가, 그 밖에 영웅으로서 자신의 사나이다움을 나타내 보이려고 한다.

그의 이름인 유협(劉協)은 자신의 감정이나 욕망을 죽여서 화합한다는 의미로 유비(劉備)의 이름 뜻과 비슷하다. 그의 자인 백화(伯和) 역시 첫째가는 화합이라는 뜻으로 화합을 중시여기는 태도임을 알 수 있다. 사나이 대장부로서 자신의 뜻을 펼치기 위해서는 정치나 경영자, 노조운동가를 막론하고 화합을 이끌어내는 것이 무엇보다 중요함을 의미한다.

헌제가 죽는다는 것은 세상을 위해 자신의 사나이다움을 바치고 드러내고 표현하려는 욕구가 소멸되어 감을 상징한다. 세상으로부터 물러나는 진정한 의미의 은퇴 모습이다.

물론 남성들에게 발기력이 쇠약해지는 시기가 천차만별로 나타나듯이 한(漢)나라가 멸망하고, 헌제(獻帝)가 죽는 시기도 천차만별이다. 그래서 어떤 사람은 7,80대 고령임에도 정치가로서 헌(獻)하며 자신의 사나이다움을 세상에 표현한다. 아직까지 한(漢)나라와 헌제가 죽지 않고 있음을 과시하는 것이다.

반면에 어떤 사람은 50을 갓 넘은 나이에 벌써 한(漢)스러움이 죽어 가정에서 주도권을 양도한 지 오래다. 기가 죽고 사나이다움을 잃고 감상적이고 소심한 사람이 되어 매사에 자신감이 없어지기도 한다. 아울러 헌(獻)스러움도 죽어 히말라야 오지의 주름 깊게 패인 노인처럼 세상일에 관심이 없다. 마치 달관한 것 같기도 하고, 따분한 것 같기도 한 표정을 지을 뿐이다.

한중과 계륵,
사내다움이란 버리자니 아깝고 지녀봤자 실익이 없는 것

> 조조가 유비와 한중(漢中) 땅을 놓고 싸울 때 적진으로 쳐들어가자니 마초가 굳게 버티고 있어서 자신이 없었고, 군사를 거두어 돌아가자니 촉군이 비웃을 것 같아서 진퇴를 놓고 깊은 고민에 빠져 있었다. 이때 요리하는 병사가 닭 요리를 가져왔는데 계륵(鷄肋)이 들어 있는 것을 보고 느끼는 바가 있었다.
> 밤늦게 암호를 정하려고 찾아온 부하 장수에게 조조는 그저 계륵(鷄肋)이라고만 할 뿐 다른 말은 하지 않았다. 다른 부하들은 계륵이라는 암호가 무슨 뜻인지 몰랐으나, 주부(主簿)로 있던 양수(楊修)만이 조조의 속마음을 알아차리고 병사들에게 짐을 꾸리라고 명령했다. 사람들이 이유를 묻자 양수는 다음과 같이 답변했다. "무릇 닭의 갈비는 먹자니 먹을 것이 없고, 버리자니 아깝다. 지금 우리 군사는 나아가면 이길 자신이 없고, 물러가면 적군의 웃음거리가 되니, 여기 눌러 있어도 아무 소용이 없게 되었기 때문에 결국 이곳을 떠나게 될 것이다."

한중(漢中)은 '사나이다움(漢)의 중심(中)'이라는 뜻이다. 유비와 조조가 한중 땅을 놓고 싸웠다는 것은 누가 더 사나이다운가를 놓고 싸웠다는 의미가 되기도 한다. 세간에서 남성들은 타인으로부터 남자답다거나 사나이다운 행동을 했다는 말을 들으면 어깨가 으쓱 치켜 올라간다. 사나이다움으로 널리 치는 것은 강한 힘과 멋진 근육, 술이 센 것, 잘 노는 것, 싸움을 잘하는 것, 고통에 잘 견디는 것, 술이나 식사를 잘 사며 인심을 쓰는 것 등이다.

그러나 사나이다움의 표상인 이러한 행위들이 보기에는 멋져 보일지 몰라도 실속이 없어 마치 닭의 갈비를 뜻하는 한자어인 계륵과 같다는 의미다.

단순하게 힘이 세고 근육만 멋지게 유지해봤자 스포츠 선수나 육체미 선수로 살지 않으면 별로 이득이 없다. 술이 세다는 것은 남성들 사이에서도 가장 남성다움의 표상으로 받아들여지지만 정작 술이 센 사람은 술 마시느라고 돈과 시간을 많이 허비한다. 더구나 술이 세서 많이 마시게 되면 결국 간이나 기타 장기를 손상하여 대부분 중년을 전후하여 간암 등에 걸려서 급사하는 경우가 많이 발생한다. 그 밖에 잘 노는 것, 싸움을 잘하는 것, 술이나 식사를 잘 사주는 것 등도 멋있어 보이지만 실익은 별로 없다. 놀기만 하면 이뤄 놓은 것이 없어 나이 먹어서 고생한다. 싸움 잘하는 개는 콧등이 아물 날이 없듯이 싸움 잘하는 사람은 병원과 교도소를 오가기 마련이다. 울지 않고 고통에 견디며 표현을 제대로 하지 못하면 심리적 육체적 질병만 키워 호미로 막을 것을 나중에 가래로 막게 된다.

사나이다움이란 한마디로 겉보기에만 그럴 듯 하고 먹자니 먹을 것이 없고, 버리자니 사나이답지 못하다는 소리를 들어 계륵과 같다는 의미다. 그러나 한창 젊었을 때는 힘센 근육과 술이 센 것도 일부 필요한 경우가 있고, 사내다운 행동 방식도 필요한 측면이 있다. 대인관계와 사회활동이 왕성하게 이뤄지기 때문이다.

나이 들어서 이러한 사나이다움이 죽는 것은 신체적, 경제적, 성적인 면 등 모든 측면에서 활동력이 약화되기 때문이다. 이 시기는 사나이다움이라는 허세보다 실익을 선택하는 것이 더 중요해짐을 의미한다.

가정에서도 마찬가지다. 나이 들어 집에서 가부장적인 사나이다움을 유지하려고 해 봤자 아내가 인정하려 들지 않는다. 자식들도 반기를 들며 갈등만 일으켜 황혼이혼의 원인이 되기도 한다. 중년을 지나 노년으로 접어드는 시기에는 조조처럼 사나이다움의 중심인 한중(漢中) 땅을 계륵이라 생각하면 생활이 편해진다. 가정의 평화와 남성 본인의 정신 건강을 위해서도 지혜로운 선택이라 할 것이다. 물론, 젊었을 때부터 한중 땅을 포기하라는 것은 아니다.

여기서 주부(主簿)로 있던 양수(楊修)만이 조조가 내린 암호인 계륵의 뜻을 알아차렸다는 것을 통해 중국 대중들의 심리적 섬세함을 느낄 수 있다.

주부(主簿)는 앞에서 관우의 발기력이 끝났다고 선언한 좌함(左咸)의 직위와 같다. 그 뜻은 주되거나 기본적인 장부다. 금전이나 재물 등 실익이 되는 것의 출납을 관리하는 장부라는 의미다.

또한 양수(楊修)에서 '楊'은 버드나무라는 뜻도 있지만, 양주(楊朱)라는 춘추전국시대의 극단적인 이기주의자, 개인주의자를 뜻하기도 한다. 예를 들어 그는 "나의 털 하나를 뽑아 천하가 이롭게 된다고 해도 뽑지 않겠다."라고 말할 정도의 이기주의자였다. 양수(楊修)는 '양주(楊朱)적인 마음이나 사상을 수학(修學)한다'는 의미로서, 양주처럼 극단적 이기주의나 개인주의자가 된다는 의미다.

사람들이 나이가 들면 젊었을 때 한창 추구했던 허세적인 사나이다움과 체면보다 매사에 실익부터 먼저 따지며 이기주의나 개인주의가 되는 성향이 있다. 따라서 한중(漢中)이 의미하는 사나이다움을 계륵(鷄肋)처럼 생각하고 포기하게 된다.

남성들이 한창 젊었을 때는 사나이다운 체면 때문에 생산직 등 소위 3D 직종을 회피한다. 하지만 나이 들어가면서 사나이다운 체면이 줄어들면 공사장의 노동자, 택시 운전 등 찬밥, 더운밥 안 가리고 무엇이라도 하게 된다.

나이 드신 노인들이 동네에서 폐지를 줍는 것은 자신의 사나이다운 체면인 한중(漢中) 땅을 포기하고 개인적인 실익을 도모하는 행위의 가장 전형적인 예라 할 것이다. 사람들이 나이 들어 고집불통 옹고집 노인이 되는 원인 중 하나가 자신의 통 큰 사나이다움을 포기하기 때문에 발생한다 할 수 있다.

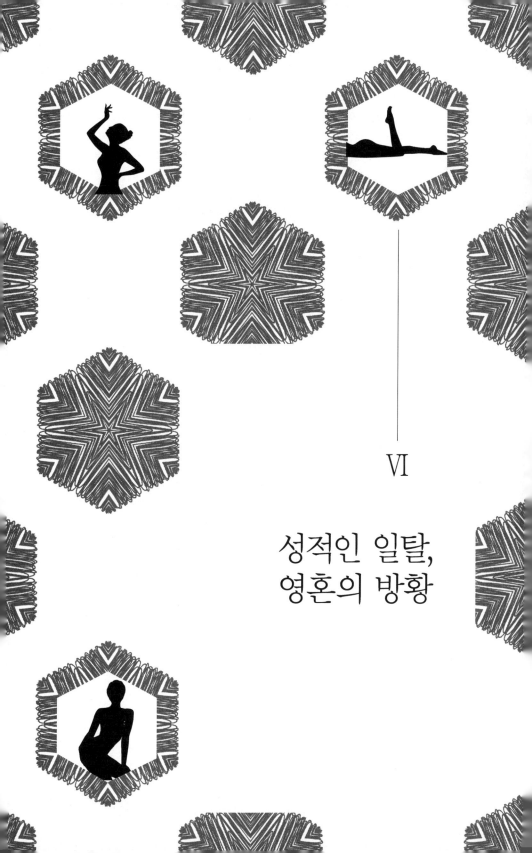

VI

성적인 일탈,
영혼의 방황

가정전투와 읍참마속

- 성희롱으로 대업의 문턱에 서 천추의 한을 남긴 사람들

228년 공명이 출사표를 올리고 제1차 북벌을 단행하여 위나라로 진격해 나간다. 이때 사마의의 반격에 대비해 촉군에게 목구멍 숨통같이 중요한 가정(街亭) 길목을 마속(馬謖)과 왕평으로 하여금 지키게 했다. 그러나 공명은 유비가 죽을 때 유언으로 남긴 마속을 중요한 곳에 쓰지 말라는 말을 잊고 군령장을 받아 놓고 그를 배치했던 것이다.

마속은 제갈량의 지시를 어기고 산꼭대기에서 산 아래로 공격하는 것이 유리하다고 판단하여 산꼭대기에 진을 쳤다. 위나라 장수 사마의와 장합은 마속이 산꼭대기에 진을 쳤다는 것을 알자 산을 포위한 채 공격하지 않고 식수와 식량의 보급로를 끊는 작전을 취한다. 결국 사기가 떨어진 촉의 군대가 장합이 이끄는 위나라 군대에 대패하고 마속이 이끄는 부대는 전멸하다시피 한다.

마속이 가정을 잃자 공명은 전진할 곳을 잃어 한중으로 후퇴하고 이로써 제1차 북벌은 실패로 돌아갔다. 많은 장수들과 참모들이 마속의 참수를 반대했음에도 불구하고 공명은 개인의 재능이나 친분보다 군율을 먼저 생각하고 울면서 마속의 참수를 강행했다. 또 자신도 패배의 책임을 지고 직위를 깎는다.

가정전투,
예나 지금이나 남성들이 잘 알면서도 반복하는 실수

　가정전투(街亭戰鬪)는 유비 삼 형제와 조조까지 다 죽고 나서 몇 년 후인 228년 제갈량의 제1차 북벌 중에 일어난 촉나라와 위나라 간의 전투다. 한 나라의 정통성을 이어 받은 유비의 책사이자 신출귀몰한 계략을 쓰는 공명이 제1차 북벌에서 성공해 삼국 통일을 이루는 것이 대중들이 바라는 바였다. 그런 대중의 간절한 바람을 허망하게 좌절시킨 것이 마속의 가정전투다. 그토록 똑똑하고 모든 병법에 능했고, 동남풍을 일으키고, 미래를 예지하기까지 했던 제갈공명이 알고도 실패했던 전투가 바로 가정전투다.

　유비가 이릉 전투에서 참패한 후 백제성에서 죽어가며 "마속은 그 하는 말이 행동보다도 지나치다."며 중용하지 말라고 유언한다. 그럼에도 불구하고 다 알면서도 해서는 안 되는 실수를 천하의 공명이 한 것이다.

　사람들은 살아가면서 온갖 고생과 노력 끝에 승승장구를 하여 자신의 분야를 제패하거나 최고인 챔피언을 목전에 둔 자리까지 도달하기도 한다. 이에 한두 발만 더 나아가면 오매불망하던 꿈이 이뤄지려고 하는데 단 한 번의 실수로 그 꿈에서 멀어지게 된다. 그것은 세상에 이미 널리 알려진 실수로 인생 선배들이 많이 밟아 놓아 그 실수의 족적도 뚜렷하게 드러나 보인다. 하지만 알면서도 후배들 역시 그 순간 귀신에 홀린 것처럼 한 치의 오차도 없이 똑같은 길로 지나가며 저지르는 치명적인 실수다.

마속(馬謖),
양기(陽氣)가 입으로 올라 음담패설을 잘하는 사내

공명이 남만의 맹획을 정벌하고, 이번에는 북쪽의 위나라 정벌을 시도해 목전에 두고 있으니, 중국을 상하로 다 정벌해 대업 달성을 목전에 둔 시점이다. 그러나 공명이 사전에 그토록 신신당부를 했어도 마속이 공명의 말을 가볍게 여겨 북벌에 실패한다. 『삼국지연의』와 5천 년 중국 역사에 있어서 이보다 더 천추의 한을 남긴 사건은 없을 정도다. 왜냐하면 공명은 모든 병법에 능했고, 미래를 내다봤고, 그때까지는 모든 전투에서 승승장구해 패한 적이 없는 신에 가까운 사람이었기 때문이다. 더욱이 마속의 사람됨을 알고 있으면서도 공명이 이를 가볍게 여겨 실패를 초래했기 때문에 더욱 한이 된다.

가정전투에서 어리석음으로 패해 중국인들에게 천추의 한과 함께 읍참마속(泣斬馬謖)이라는 고사성어를 남긴 장본인이 마속(馬謖)이다. 그는 마씨 5형제의 막내이자 마양의 동생이다. 마양과 백미가 뜻하는 것에 대해서는 앞서 살펴봤기 때문에 생략하고, 마속의 이름 뜻을 살펴봐야 한다.

謖 = 일어서다, 높이 빼어난 모양, 뛰어나다, 바람이 부는 모양

마속은 정력이(馬) 일어나거나 뛰어나다는 의미다. 겉으로만 봐서는 마속이라는 이름이 좋아 보인다. 그러나 그가 중국인들에게 천추의 한을 남긴 것을 보면 정력이 뛰어나거나 훌륭하다는 의미가 아니다. 정력과 성욕이 넘쳐서 자신이 주체하지 못하는 어떤 부정적인 상태를 일으키는 것을 의미한다.

'謖' 자는 '言(언)+㚆(측)'의 합성어다. '㚆(측)'은 밭을 가는 보습이 날카롭다는 뜻이다. 보습은 쟁기의 가장 중요한 부분으로 지면을 파고 들어가 밭을 가는 농사 도구로, 귀두 모양으로 생긴 철판이다. 따라서 보습으로 밭을 가는 것은 성행위의 상징성이 있다. '謖'은 '말(言)로 밭을 가는 보습(耒)'을 지닌 사람이라는 의미가 파생된다. 말로만 여성과 섹스를 하는 사람, 소위 음담패설을 많이 하는 사람이라는 속뜻이 담겨 있다.

마속은 정력을 말(言)로 일으켜서 발산하는 사람으로 때와 장소를 가리지 않고 항상 성적인 농담과 음담패설을 입에 달고 살아간다. 주변에 정말로 이런 유형의 사람들이 있다. 모든 사물이나 상황을 성적인 의미로 비유하고 해석하고, 연계해서 성적인 농담으로 만들어 던진다.

그의 자가 '유치함이 항상 있다'는 뜻의 '유상(幼常)'이다. 정력과 성욕이 입으로 넘쳐서 매사에 대화를 오입(誤入)과 음담패설로 이끌어 가는 남자에 대해 세상이 유치하다고 평가함을 의미한다. 물론 음담패설이 전적으로 유치한 것이 아니다. 남자들이나 여자들이 따로 따로 모인 경우에 때에 따라서는 좌중의 긴장을 풀어주고 소통하게 하는 역할도 있다. 평소에 윤리적인 측면에서 성욕이나 성적인 표현이 억압되어 있기 때문에 성적 농담을 통해 이를 부분적으로 해방시키는 기능이 있기 때문이다. 그래서 남녀 간에도 일부 계층에서는 성적인 농담을 적당히 하는 사람을 남성답거나 대인관계가 적극적인 사람으로 평가하는 경향도 있다. 문제는 같은 농담을 해도 장소와 상대방의 기분에 따라 반응이 전혀 다르기 때문에 조심해야 한다.

마속적 성적 농담에 대해
불가대용(不可大用)을 지켜라

유비가 공명에게 "馬謖言過其實, 不可大用(마속언과기실, 불가대용)" 하라고 유언한다. 앞부분의 어절인 '馬謖言過其實(마속언과기실)'은 '마속은 말이 실제보다 지나치다'라고 보통 번역된다. 이 말뜻은 자신의 실력이나 실제 사실을 과장하는 허풍쟁이라는 의미가 된다. 그러나 실제보다 말이 지나치다는 허풍쟁이는 음담패설을 하는 마속과 자연스럽게 연결되지 않는다. 간단하고 쉬운 것 같지만 이 부분에 대한 정밀 분석이 필요하다.

過 = 지나치다, 분수에 넘치다, 잘못, 과오, 과실, 허물, 재앙, 죽다
其 = 그, 그것, 만약, 장차, 이미, 마땅히
實 = 열매, 씨, 바탕, 본질, 밝히다, 실제로 행하다, 이르다, 도달하다

'過'는 '지나치거나 분수에 넘치다'라는 의미이지만, 명사로 사용될 때는 잘못이나 과오, 재앙이 된다. '馬謖言過其實(마속언과기실)'의 뜻은, 마속의 말은 지나치고 분수에 넘쳐서 과오나 재앙에 장차(마땅히) 이를 것이라는 의미다.

여기서 '其實(기실)'은 사실의 의미가 있다. 그래서 과오나 재앙이 사실이 될 것이라는 의미가 되기도 한다. 마속은 매사를 성적인 것과 연계해서 음담패설과 성적인 농담을 하는 것을 과시하는 유상(幼常)한 남자이기 때문이다. 마속처럼 성적인 농담을 자주 하면 언젠가는 그것이 잘못이나 허물, 재앙에 이르게 될 것이라는 의미다. 따라서 유비가 '不可大用(불가대용)'이라고 했던 것이다. '大'는 크다는 뜻 이외에 심하다, 많다, 자랑하다, 중히 여기다. 지나치다 등의 뜻이 있다. '不可大用(불가대용)'은 심하거나 지나치게 사용하지 말라는 뜻이 된다. 성적인 농담을 심하거나 지나치게 사용하다 보면 언젠가는 큰 허물이나 재앙에 도달하기 때문이다.

때와 장소를 가리지 않는 성적인 농담이나 음담패설은 장차 언젠가는 재앙을 불러오므로 불가대용(不可大用)을 신신당부했던 것이다. 그러나 공명뿐만이 아니라 모든 남성들도 이 사실을 알지만 역시 이를 가벼이 여겨 천추

의 한이 되기도 한다. 그러므로 자신의 영역이나 무대에서 대업을 꿈꾸는
남성들은 유비가 죽어가며 유언으로 남긴 충언을 결코 잊어서는 안 된다.

가정(街亭),
사람들이 오가는 곳 한복판

가정(街亭)은 '거리의 정자'라는 뜻이다. '街'는 거리, 대로, 네거리 등의 의
미다. 정자(亭子)는 사람들이 쉬거나 놀기 위해 모이는 집으로 기둥과 천정
만 있고 벽이 없는 트인 건물이다. 벽 없이 사방이 확 트인 정자는 남들이
나 밖에서 들여다 볼 수 있는 공개적인 장소를 강조한다. '亭' 자에는 '한 가
운데'라는 의미가 있어서 가정(街亭)은 거리 한복판이라는 의미다. 오가는
사람이 많은 매우 공개적인 장소이며 다수의 사람들이 모여 있는 좌중(座中)
이라는 뜻이 되기도 한다. 직장도 많은 사람들이 오가고, 버스나 기차, 비행
기 안도 사람들이 오가고, 시장이나 야구 경기장에도 많은 사람들이 오가
는 가정 같은 곳이다. 그리고 학교, 회식 장소, 간담회, 동창회, 야유회, 워크
숍, MT 장소 등 여러 사람이 모여 있는 공개적인 장소도 가정에 해당된다.

마속이 가정(街亭)에 있다는 것은 직장, 모임, 회합에서 성적인 농담이나
음담패설을 했다는 의미다. 성적인 농담이 모든 경우에 문제가 되지는 않는
다. 같은 남성이나 여성들끼리 모여 있다면 한바탕 웃어넘기고 말거나 주책
이라는 핀잔 정도 준다. 성적인 농담을 하는 당사자가 모임의 청중이나 회
원보다 사회적인 지위가 낮을 때도 별로 문제가 되질 않는다.

사람들이 많이 오가거나 모인 가정(街亭)에서 성적인 농담이나 성희롱을
할 때 문제가 되는 것은 일정한 조건이 갖춰져 있을 때다. 남녀 혼성 간의

모임에서 성적인 농담을 하는 당사자의 사회적인 신분이나 직위가 높을 때이다. 성적인 농담만으로는 형사처분을 받지 않으나 사회적 신분이 높은 사람은 그가 맡고 있는 직책이나 신분에서 떨어질 수 있기 때문이다.

그만큼 인간 세상은 자리가 높을수록 보다 엄격하고 높은 윤리 의식을 요구한다. 유명 정치인이나 연예인들이 말 한번 잘못했다가 맡고 있던 직책에서 낙마하고, 출연하던 프로그램 등에서 하차하는 경우가 종종 발생한다. 우리 눈에는 보이지 않지만 사회 곳곳에서 도덕적 '노블레스 오블리주'라는 룰이 부비트랩같이 형성되어 있는 것이다. 이를 알면서도 건드리거나 무심코 건드리는 순간 사고가 발생하는 것이다.

마속의 산위 주둔,
자신의 지위에 안주하는 오만한 발상

공명이 마속에게 가정을 맡기며 "가정은 비록 조그만 곳이나 매우 중요한 지점이다, 가정을 잃으면 우리 대군은 다 무너지고 만다."고 주의를 준다. 마속은 가정에 도착하여 지세를 보고 "이런 궁벽한 산간에 어찌 위군이 감히 오리오."라고 평가한다.

가정에서의 마속의 역할은 성적인 농담을 하는 사람이다. 이에 비해 위군은 마속처럼 성적인 농담을 하는 사람을 윤리적인 측면에서 비난하고 사회적인 직위 등에서 끌어내리려는 세력이다. 이것이 가정전투 이해의 핵심이다.

마속이 위군이 오지 않는다고 생각하는 것은, 일상생활 속의 어떤 모임에서 성적인 농담을 해도 무방하다며 크게 신경 쓰지 않는 모습이다. 궁벽한 산간이란 자신의 직장이나 전문 분야, 특정 모임이어서 다른 사람들이 쉽게 접근할 수 없다고 자만하기 때문이다. 반면에 공명은 성적인 농담, 성희롱성 발언에 대해 잘못하면 신상에 치명적인 해를 끼칠 수 있으므로 신신당부했던 것이다.

마속은 산 위에 올라가 "높은 곳에 올라가 아래를 굽어보면 파죽지세와 같으니 위군이 온다 한들 한 놈도 살아가지 못한다."며 큰소리친다. 산 위에 올라가 진을 치는 것은 좌중에서 자신의 높은 지위에 안주하는 모습이다.

그리고는 성적인 농담과 음담패설을 늘어놓고 이 모임이나 단체에서는 내가 왕인데 누가 감히 이것을 문제 삼겠느냐고 자만하는 모습이다. 특히, 파죽지세는 대나무를 쪼개듯 단호하고 맹렬하여 대항이 불가능한 기세를 의미한다. 직장에서 상급자들은 부하 직원의 인사고과를 매기거나 업무를 지시하는 우월적 지위에 있다. 이런 직장 상사를 포함하여 정치나 학계, 직업적인 측면에서 힘과 권위가 대단해서 아랫사람들이 쩔쩔매는 계층이 있다. 학생들에게 학점, 박사학위, 일자리까지 주는 위치에 있는 교수들은 더욱 그렇다. 이들의 말 한마디면 마치 대나무가 쩍쩍 쪼개지듯 먹혀들어가거나 일사불란하게 움직인다. 구체적인 예를 들면, 한때 국회 법제사법위원장, 한나라당 사무총장을 역임했던 최 모 국회의원은 2006년도에 기자들과 함께한 술자리에서 동아일보 여기자를 성추행했다. 사무총장의 지위란 그의 말 한마디가 타 국회의원이나 당직자, 기자들에게 파죽지세와 같은 영향을 미치는 자리다. 그의 말 한마디가 당이 추진해 나갈 업무가 되고, 뉴스거리가 되고, 공천도 좌우하기 때문이다. 그는 "술에 취해 여기자를 음식점 주인으로 착각해 실수를 저질렀다."고 말했지만 여론이 나빠지자 한나라당 사무총장직 사퇴 및 탈당을 하였다.

그는 가정(街亭) 역할을 했던 그 술자리에서 내심 순간적으로 마속과 같은 기분이 들었을 것이다. 사무총장인 내가 말하거나 행동하는데 누가 감히 이의를 제기하겠느냐며 유상(幼常)과 같은 행위를 했을 것이라 추론할 수 있다.

이 밖에도 공직 사회를 비롯해 각 직장에서 상급자들이 성희롱성 발언을 하여 부서 이동, 정직, 감봉, 해고 등의 처분을 받는 경우가 허다하게 발생한다.

나이를 먹게 되면 호르몬의 감소로 발기력 자체는 감소되나 성적인 에너지나 성욕 자체는 크게 감소하지 않아 양기가 입으로 간다고 말한다. 그래서 직접적인 성관계보다 성적인 농담, 신체 접촉이나 포옹 등의 성추행으로 자신의 성욕을 발산하거나 해소하려는 경향이 다분해진다.

장합(張郃),
추문은 일파만파로 증폭되어 세상에 알려진다

가정(街亭)에서 잘못 놀린 세 치 혀가 만들어 낸 성적인 농담이 문제가 되는 것은 상급자나 사회적 지위가 있는 사람들이다. 사회적 지위가 없다면 대중들이 비난해도 내려올 지위가 없으므로 그런 추태가 일파만파로 퍼질 일도 없다. 마치 우물 안에 돌이 하나 떨어진 것처럼 좌중에 순간적으로 썩은 미소 정도나 일으킨 후 이내 사라질 것이다. 그래서 사회적 지위가 없는 평범한 사람들이 야유회 가는 버스 등에서 한 성적인 농담은 일파만파로 퍼지거나 사회적 이슈가 되질 못한다. 어떤 사람은 호감을 표시하고, 일부는 눈살을 약간 찌푸리며 저질이라는 평가를 하기도 하지만 그 장소를 벗어나지 못한다. 그러나 정치인들처럼 사회적 지위가 확고한 사람들일수록 성적인 농담이나 추행의 파장은 순식간에 증폭되고 확대되어 쓰나미처럼 퍼져 나가기 일쑤다. 아주 작은 모임에서 사건이 발생해도 순식간에 그 장소를 벗어나 전 국민이 알게 되어 결국은 중요한 직위나 자리에서 내려오게 된다.

마속과 싸운 위군의 주요 장수가 장합(張郃)이다.

> 張 = 세게 하다, 크게 하다, 넓히다, 크게 떠벌이다, 부풀리다
> 郃 = 고을, 성씨

여기서 '郃'은 고을이나 성씨의 의미여서 구체적인 의미를 알 수 없지만 글자를 분해해 보면 '합하는(合) 마을(阝)'이라는 의미다. 마을이란 사람들이 모여 사는 곳이다. 따라서 무엇인가를 보태거나 합하는 사람들이 모여 있는 상태를 뜻한다. 장합(張郃)은 마속이 한 성희롱성 발언이나 성적 추행 등을 더 크고 세게 떠벌이거나 부풀리고 이를 모아서 다시 합해 나가는 것을 의미한다. 타인의 좋지 않은 성적 언행을 확대 재생산하거나 일파만파로 퍼트려 나가는 사회현상이나 그런 사람이 장합(張郃)이다. 이런 의미를 더욱 확고하게 뒷받침하는 것이 '뛰어난(儁) 징계(乂)'라는 뜻의 그의 자인 '준예(儁乂)'다. 타인의 허물을 부풀리고 확대 재생산하여 일파만파로 퍼져나가게 함으로써 그 사람을 사회적으로 매장시키는 여론 재판 내지는 징계를 하는 모습이다. '乂'는 '베다, 깎다'라는 의미도 있다. 타인에 대한 추문을 확대 재생산해 어떤 분야나 사회에서 베어 내고, 깎아내린다는 의미이기도 하다.

이 여론 재판은 개인이 직접 나설 필요가 없다. 상대방과 적대 관계를 만들지 않으면서 자신의 정적이나 보기 싫은 사람을 사회적으로 매장시키는 데 있어서 효과적이고 뛰어난 징계의 수단이 된다.

왕평(王平),
왕 같은 권위로 사건을 덮으려 하다

　　마속과 함께 가정에 배치된 왕평은 산 위에 진을 치겠다는 마속의 고집을 꺾지 못해 10리 정도 떨어진 평지에다 진을 치고 있었다. 사마의는 마속을 산 밑에서 포위하면서서 마속을 돕기 위해 왕평이 오는 것을 막기 위해 장합을 보낸다.
　　장합은 마속의 성적인 추문을 부풀려서 퍼트리는 사람이다. 이에 맞서서 마속을 보호하려는 것이 왕평이다. 그는 탕거(宕渠) 사람이다.

　　宕 = 호탕하다, 대범하다, 방탕하다, 방종하다, 넓다, 광대하다
　　渠 = 개천, 도랑, 크다, 깊고 넓은 모양

　　탕거(宕渠)는 마속적인 성희롱성 발언에 대해 호탕하고 대범하게 그냥 넘어가 주려는 마음이라는 의미다. 물론, '宕'에는 방탕하고 방종하다는 의미도 있다. 그래서 마속이 성적인 농담을 하는데도 왕평이 적극적으로 막지 않은 것에는 그의 방탕한 마음도 작용한 것임을 알 수 있다. 왕평의 성품이 성적인 농담 등에 대해 정말로 대쪽 같은 사람이었다면 아주 적극적으로 말려 가정의 산꼭대기에 진을 치지 못했을 것이다. 대부분의 남성들이 주변에서 성적인 농담을 하는 사람에 대해서 화들짝 놀라며 막진 않는다. 남성들의 마음속에는 탕거적인 방탕한 마음이 있어서 누이 좋고 매부 좋다는 식으로 성적인 농담을 한바탕 즐기고 싶기 때문이다.
　　왕평(王平)의 이름 뜻은, 어떤 분야에 있어서 최고를 상징하는 왕적인 권위로 평정하거나 정리하려는 자세다. 여기서 주의 깊게 살펴볼 것은 왕평은

마속이 진을 치고 있는 산으로부터 약 10리쯤 떨어진 곳에 진을 침으로써 거리를 두고 있음을 알 수 있다. 마속이 촉발한 성적 추문 사태가 돌아가는 것을 먼발치에서 살펴보는 모습이다. 그곳에서 이때다 싶으면 나서서 왕적인 권위 같은 힘으로 사태를 평정하려는 자세다. 왕적인 권위 같은 힘도 잘못 사용하면 오히려 독이 되어 여론만 악화시킬 수 있기 때문에 개입할 기회를 살피는 것이다. 그러나 장합에 의해 추문이 일파만파로 증폭되어 퍼질 대로 퍼진 상태가 되어 통제가 안 된다. 결국 왕평의 왕과 같은 권위로도 해결이 안 되며 여론의 뭇매를 맞고 막히는 모습이다. 여론의 힘이 왕이나 호랑이보다 더 무서운 것이다.

신탐(申耽), 신의(申儀), 사건을 알리고 늘려나가는 것을 즐기는 사람들

소문을 일파만파로 증폭시키는 장합의 부하 장수들이 신탐과 신의 두 형제다. 이들이 마속이 올라가 있던 산을 아래서 봉쇄했다. 두 형제가 장합의 부하 장수라는 것은 장합과 비슷한 성격이 있거나 행동을 하는 사람이라는 의미다. 신탐(申耽)은 앞에서 관우와 관련해서 그 뜻이 '거듭 즐기는 사람'이라고 분석했다. 그리고 '申' 자는 '알리다, 이야기하다, 늘리다'라는 뜻이 있다. 신탐(申耽)은 거듭해서 알리며 늘려나가는 것을 즐기는 사람이라는 의미가 된다. 성 추문을 거듭해서 알리고 늘려나가는 자세로 장합과 거의 똑같은 의미지만 신탐은 이를 즐기는 사람이라는 측면에서 다르다.

사람들에게는 남들의 잘못이나 실수를 이야기하거나 퍼트리는 것을 즐기는 신탐 같은 심보가 있다. 사촌이 땅을 사면 배가 아프지만, 남의 불행은 나의 행복이 된다는 이기적이고 유치한 자세이기도 하다. 그의 자인 의거(儀擧)에서 '儀'는 거동, 본보기라는 뜻이고, '擧'는 행하다, 낱낱이 들다, 들 춰내다 등의 뜻이다. 의거(儀擧)는 마속이 일으킨 성적 추행이나 추문에 대 해 그 거동을 낱낱이 들춰내며 결코 봐주지 않고 본보기로 행하는 자세다. 이렇게 되니까 성추행 사건을 일으킨 마속과 그의 병사들이 그 자리서 꼼 짝도 못 한다. 마속은 산꼭대기 같은 위치에 있는 자신의 지위에 의존하며 성적 추문에 대해 눈을 아래로 뜨며 깔봤으나 일이 확대되자 당황한다.

동생인 신의(申儀)는 거듭 알리며 늘려가는 거동이라는 의미로서 형의 이 름 뜻과 비슷하다. 그러나 형인 신탐은 남의 잘못이나 추문을 이야기하는 것을 즐기는 사람이지만 동생은 즐기지는 않고 이를 널리 알려 나간다.

현실에서 추문이 금방 퍼지는 현상을 보면 대부분의 사람들이 신탐(申耽)과 같은 욕구를 지니고 있음을 알 수 있다. 동생인 신의(申儀) 같은 역할을 하는 사람은 공직자나 정치인을 감시하는 시민단체 등의 회원들인 경우가 많다. 성 적 추문으로 한번 걸려들면 시민단체에서 추행의 전모를 낱낱이 들춰내서 아 픈 곳을 콕콕 찔러 본보기를 보이려 하는 것이 냉엄한 현실이다. 사회적 지위 가 있는 사람들은 가정(街亭)에서 언사를 매우 조심해야 살아남을 수 있다. 유 비가 말한 마속 불가대용(不可大用)의 의미가 곱씹어지는 부분이다.

열류성, 남성들이여,
가는 곳마다 있는 늘씬한 여인들을 경계하라

가정전투 시 사마의의 역습과 군사 배치를 예상한 제갈량이 다음과 같이 작전을 내린다. 가정 동북쪽 궁벽한 산길에 작은 길이 나 있는 열류성(列柳城)에는 고상을, 가정의 뒤에는 위연을 각각 배치하여 장합을 상대하도록 한다.

고상(高翔)은 219년 한중전투 시 유비를 수행한 장수다. 고상(高翔)은 '높이(高) 선회하다(翔)'라는 뜻이다. 매나 까마귀 등이 먹잇감을 찾거나 경계를 할 때 선회하는 모습을 연상시킨다. 높이 날면서 주변을 경계하는 모습이다.

그가 이런 높은 경계심을 지니고 주둔한 곳이 바로 열류성이다. 열류성(列柳城)은 글자 그대로 해석하면 '버드나무(柳)가 늘어선(列)' 성이라는 단순한 의미다. 이러한 의미는 풍경화의 소재나 사람들이 즐겨 걷는 둘레길 정도는 될 수 있다. 하지만 이것 가지고는 가정전투를 두고 벌어지는 열류성의 진짜 의미를 제대로 알 수 없다. 버드나무(柳)의 상징성을 다각도로 검토해야 한다.

버드나무는 물가에 위치하며 가지가 가늘고 길며 바람에 한들한들 흔들리는 모습이 여성의 자태 같아 여성과 관련된 상징성이 많다. 길고 부드럽고 윤기 나며 찰랑거리는 여성의 머리카락은 바람에 한들거리는 버드나무 가지와 같다 해서 유발(柳髮)이라고 한다. 현대 사회에서도 샴푸 광고 시 윤기가 잘잘 흐르는 유발 같은 여성의 머릿결이 자주 등장하며 여성들이 동경하는 이상적인 머리라 할 수 있다.

미인의 눈썹을 버들잎에 비유하여 유미(柳眉) 또는 유엽미(柳葉眉)라고 한다. 미인을 뜻하는 사자성어에 유미봉요(柳尾蜂腰)가 있는데 '버드나무 잎 같은 눈썹에 개미허리 같은 여자'라는 뜻이다. 수양(垂楊)버들처럼 가지가 가늘게 늘어지는 버드나무는 가늘고 낭긋낭긋한 허리에 다리가 긴 미인을 상징했다. 따라서 가늘고 하늘하늘한 여인의 허리를 유요(柳腰)라고 부른다.

그래서 버드나무 가지와 같은 아름다운 여인의 맵시와 교태를 유태(柳態)라 한다. 버드나무에 대한 아름다운 여성의 이미지는 동양권뿐만이 아니라 서양권에서도 마찬가지다. 영어로 버드나무는 'willow'라 하고, 형용사인 'willowy'는 버들 같다는 뜻으로 날씬하고 호리호리하다는 의미다.

이처럼 열류성(列柳城)은, 버드나무 가지처럼 늘씬하고, 우아하고 아름답고, 교태스러운 여성들이 성처럼 즐비하게 늘어서 있는 곳이다. 마치 미인대회에 나온 팔방미인의 늘씬한 아가씨들이 즐비하게 서 있는 모습이다.

우리가 사는 어느 곳을 가도 열류성 같은 곳을 어렵지 않게 만날 수 있다. 프로야구장이나 농구장에서 율동하는 치어리더 걸들, 공연장의 걸그룹 여성들은 말할 것도 없다. 자신이 살고 있는 아파트 단지, 다니는 직장, 사업상 거래처, 야유회 가서 만나는 여성들 모두가 열류성처럼 즐비하게 늘어서 있다. 이것은 남녀가 서로에 대해 아름다움과 이성적인 감정을 느끼는 본능적인 미의 욕구가 있기 때문이다.

이 밖에 동네 배드민턴장, 자전거 등 각종 동호회 모임, 여행지, 나이트클럽 등 온갖 장소와 때를 가리지 않고 열류성 같은 여인네들을 만날 수 있다. 최근 남성 외도에 관한 통계 자료를 보면 우리 주변의 모든 곳이 열류성임을 알 수 있다. 채팅이나 나이트클럽 등 새로운 곳에서 만난 사람 37.2%, 유흥업소 관계자 29.5%, 직장 동료 25.6%, 동창 등 친구 17.1%, 동호회 사람 11.6% 등이다. 모든 영역에서 전천후로 열류성 같은 여인을 만나 외도를 한다고 한다.

그곳에서 만나는 여인들은 버드나무 가지처럼 부드럽고 하늘거리며 늘씬하고 아름다워서 남성들의 마음을 동요시킨다. 열류성이 있기에 세상이 사막처럼 삭막하지 않고 늘 무성한 숲처럼 안식과 풍요로움을 느끼게 해 주는 이점이 있다. 이런 여성들이 즐비하게 있는 열류성 같은 곳에 가면 남성들은 수컷적인 본성이 발동하여 뜻하지 않은 불상사를 겪을 수 있다. 열류성이 지닌 부정적인 측면이다. 이런 곳에 가면 서로 눈이 맞고, 내 스타일, 이상형의 미인이 있기 마련이다. 처음에는 여동생이나 친구, 누나같이 느껴져 도와주며 취미 생활 등을 같이하는 시간이 많아지다 보면 차츰 이성으로 느껴진다. 결국 넘어서는 안 될 한계선을 넘어 불륜 사건으로 비화한다. 그래서 유혹이 넘실거리는 열류성 같은 곳에서 사고에 대비하기 위해 높이 떠서 경계하는 자세인 고상(高翔)을 배치한 것이다.

한중의 목구멍,
사나이의 신분과 재산, 명예를 지키는 요충지

제갈량이 말한 한중의 목구멍이 되는 곳은 가정(街亭)과 열류성 두 곳이다. 이 두 장소는 목구멍이 상징하는 생계나 직장 문제, 사회적 목숨 등과 관련이 있다. 이런 곳에서 실수를 하면 아무리 잘나가던 사람도 한순간에 재앙을 맞이할 수 있다. 유비가 말한 마속언과기실(馬謖言過其實)처럼, 성적 농담이나 성희롱을 지나치게 하는 마속적인 실수가 재앙을 일으키는 것이다.

성희롱은 자신의 신분, 재산, 명예 등을 유지하는 숨구멍을 단숨에 막아 버리는 치명적인 사건으로 비화되기 쉽다. 때문에 고상(高翔)처럼 경계심을 가져야 한다. 결과적으로 마속이 이를 아주 우습게 보다가 개망신을 당하고 읍참마속까지 당한다.

한중은 사나이다움이라는 의미다. 가정과 열류성은 한중으로 통하는 목구멍처럼 중요한 곳이다. 결국 가정과 열류성은 남성들이 사회생활을 해 나가는 데 있어서 사나이다운 명예를 지켜나가는 요충지 역할을 한다는 의미다. 가정(街亭) 같은 직장이나 모임에서 자신의 우월적 지위를 이용해 성희롱, 성추행을 하다가는 자신의 사나이다움을 언제 잃을지 모른다는 의미다.

또 하나는 버드나무 가지처럼 부드럽고 하늘거리며 늘씬한 자태로 다가오는 여인들이 즐비한 열류성이다. 여기서 불륜을 저지르다 사회적 신분과 명예가 실추되고 재산상의 손실도 초래하기 때문이다. 결국 두 요충지를 제대로 지켜내지 못하면 한중(漢中)이라는 사나이다움의 중심과 당당함을 잃게 된다. 그러나 실생활에 있어서 남성들뿐만 아니라 여성들도 자신들의 한중의 목구멍 역할을 하는 가정과 열류성에서 실수를 연발한다. 그 결과 직장에서 쫓겨나고 망신과 함께 재산상의 손실을 잃는 사건이 비일비재한 것이 요지경 같은 세상의 풍경이다.

위연(魏延),
버럭 화를 내는 남자, 버럭 남

위연은 형주에서 유비에게 항복한 후 촉나라의 장수가 되었다. 그 후 여러 전장을 다니며 공적을 쌓은 사람이다. 위연의 얼굴은 잘 익은 대추와 같고 눈은 낭성(朗星)과 같은 인물로 후두부에 반골이 돌출되어 있어 반역자의 상이라 묘사된다.

위연(魏延)의 이름 중 '魏' 자는 앞에서 분석하여 살펴봤듯이, 귀신에게 자신을 맡기거나 귀신 같은 것이 마음대로 하게 내버려두는 것을 의미한다.

긍정적인 때는 무엇인가를 귀신같이 잘하며 빼어난 사람이란 의미다. 부정적인 때는 조조처럼 별안간 몰려오는 귀신 같은 충동에 자신을 맡기는 사람이라는 양면적 의미가 내포되어 있다. 위연의 이름인 '延'의 뜻은 다음과 같다.

延 = 늘이다, 연장하다, 늘어놓다, 벌려놓다, 불러들이다, 넓어지다, 연장
　　하다

위연(魏延)은 무엇인가를 귀신 같은 것에 맡기거나 불러들이는 사람이다. 그의 자를 보면 관우의 운장(雲長)과 비슷한 문장(文長)이다. '文'은 '武'와 반대되는 의미로 학문적이고 정신적인 것을 의미하고, 그 밖에 법도, 예의 등의 뜻이 있다. 운장(雲長)은 남녀 간의 운우지정의 장(長)인 발기력을 상징하지만, 문장(文長)은 법도나 예의에 있어서 장이요, 어른이라는 뜻이다.

『삼국지연의』에서 묘사한 그의 모습을 보면 얼굴이 짙은 대춧빛이라고 했다. 물론, 관우도 대춧빛 얼굴로서 이것은 성적인 발기를 상징한다고 했다. 그러나 위연의 대춧빛은 다르다. 위연의 붉은 대춧빛 얼굴은 바로 화가 치밀어서 붉으락푸르락해진 무거운 분위기의 대춧빛 얼굴이다. 위연이 이런 대춧빛 얼굴을 하는 것은 그의 이름과 자의 뜻이 합쳐진 결과다.

위연은 법도와 예의를 따지는 데 있어서 둘째가라면 서러울 정도의 어른인 문장(文長)이다. 따라서 매사에 법도를 따지고 불의를 보면 참지 못해 얼굴이 별안간 귀신에 홀린 것처럼 붉어지는 사람이 바로 위연이다. 그가 불의를 보면 참지 못하는 성격이라는 것은 그의 출신지가 의양(義陽)이라는 것에서 잘 드러난다.

陽 = 볕, 해, 낮, 양기, 남성, 봄과 여름, 드러내다, 밝다

의양(義陽)은 의로움에 밝거나 드러낸다는 의미다. 의로움을 적극적으로 표출하는 자세다. 다시 말하면, 불의를 보면 참지 못하고 불끈하며 화내는 귀신에 사로잡히는 사람으로서 일명 '버럭 남'이다. 사람이 크게 화를 낼 때는 얼굴이 대추처럼 붉어지는 것은 물론 분노로 눈빛도 번쩍거린다. 그의 눈이 별처럼 번쩍인다 하여 낭성(朗星)이라고 했다. 위연을 처음 보자마자 반골(反骨)의 상이 있다며 제갈량이 부하들에게 다짜고짜 죽이라고 명하나 유비의 만류로 목숨을 건진다.

살아가면서 불의를 보면 참지 못하고 위아래 가리지 않고 버럭 화를 내는 위연적인 사람에 대한 세상의 평가다. 위연같이 화를 잘 내는 '버럭 남'은 제 성질을 죽이지 못해 왕의 역린까지도 서슴지 않고 건드리기 일쑤다. 그래서 반역의 기골이 있다는 것이다.

이런 그를 제갈량이 가정 뒤편에서 마속을 후원하라고 배치하자 처음에는 맡은 임무가 한가한 일이라면서 자신이 선봉에 서야 한다고 화를 낸다. 그러나 제갈량이 그 일이 중요한 일이라고 설득하자 수긍한다. 이 장면은 마속이 성적인 농담이나 추행으로 곤경에 처하자 위연이 화를 버럭 내 일시적으로 위기를 모면하려는 것이다. 예를 들어, 다 같은 어른들이고 그 정도의 농담 하나 이해하지 못하고 너무 여론몰이를 하고 있다고 버럭 화를 내는 작전이다. 그래서 마속을 쫓아가는 장합을 위연이 대적하자 이번에는 장합이 달아난다. 빨간 대춧빛 얼굴이 된 위연이 화를 버럭 냄으로써 장합과 함께 일파만파로 퍼져 나가던 소문이 다소 주춤하는 모습이다. 『삼국지연의』다운 정밀한 구성이 엿보이는 대목이다.

사마의(司馬懿),
자신을 책임지고 관리하는 자기 관리의 미덕

그러나 곧바로 위나라의 사마의와 사마소가 협공하자 달아나던 장합까지 돌아서서 공격하므로 위연이 군사의 태반을 잃고 곤경에 처한다. 이때 다시 왕평이 와서 위연을 도와주니 위군이 물러선다. 사마의(司馬懿)는 자신의 손자가 삼국을 통일할 수 있게 주춧돌을 놓은 사람으로서, 『삼국지연의』에서 매우 중요한 위치에 있다. 사마(司馬)는 고대 중국에서 군사(軍事)에 관한 관직의 일종으로, 조선시대에는 병조판서의 별칭이기도 하다. 여기서는 사람의 성씨이므로 한자어 뜻을 있는 그대로 분석해야 정확한 의미를 알 수 있다.

司 = 맡다, 살피다, 지키다, 마을, 벼슬, 경영하다, 주관하다

사마의(司馬懿)는 '말(馬)을 맡거나 살피고 지키고 경영하는 것이(司) 아름답다(懿)'는 의미다. 말(馬)은 역동적인 동물로서 그 자체로는 선하지도 악하지도 않은 인간의 정력 등을 상징한다. 인간의 정력이란 무엇인가를 할 수 있는 심신의 활동력으로서 에너지의 일종이다. 사람들이 자신의 정력을 어느 방향으로 쓰느냐에 따라서 삶의 모습이 천차만별로 달라진다. 자신의 정력을 대박을 꿈꾸고 쾌락과 편한 것만 찾는 자세로 쓸 수도 있다. 매일매일 땀을 흘리며 어려움과 고통을 이겨내고 무엇인가 이뤄내려는 도전과 성취적인 자세에 쓰기도 한다. 욕망을 버리고 구도하며 마음의 평안을 얻는 데 쓰는 사람도 있다. 그래서 말(馬)이 상징하는 정력은 사람의 실체로서 선도 악도 아닌 '자기 자신'을 상징하기도 한다. 사마(司馬)는 심리적인 측면에서

본다면, 자기 자신을 맡아 책임지고, 살피고 지키고 경영해 나가는 자기 관리 자세를 상징한다.

사마의는 이리처럼 몸을 움직이지 않고 얼굴이 똑바로 뒤로 돌아가는 낭고상(狼顧相)이다. 이것은 자기 자신의 뒷모습인 욕망과 약점, 어리석고 추한 면을 똑바로 응시하는 자기관리 자세의 기본을 상징한다. 자기 자신의 뒤를 돌아보지 않는다면 그 누구도 어리석음과 불행으로부터 자유로울 수 없기 때문이다.

험한 인생살이를 해 나가고 있는 모든 사람들이 자기 자신이라는 말에 올라타서 달리고 있다. 어떤 이는 그 말의 고삐를 바짝 쥐고 엄격한 자기 관리를 하며, 어떤 이는 느슨한 통제를 하며 게으르고 무절제하게 산다. 다른 이는 아예 말고삐조차 없어 말이 제멋대로 이리저리 달린다. 그 과정에서 경작지를 짓밟아 망가트리고 사람과 부딪히기도 하고, 급출발과 급정거를 반복하면서 주인을 말 위에서 떨어트리기도 한다. 자기 관리가 제대로 안 됨으로써 마음의 양식을 망가트리고, 다른 사람과 갈등을 일으키고 각종 사고와 타락을 불러일으키는 모습이다.

사마의(司馬懿)는 자기 관리가 잘되어 아름답고, 훌륭하다는 의미다. 그의 아들 사마소(司馬昭)는 자기 관리에 밝다는 의미다. 다시 말하자면 두 사람 모두 자기 관리 능력이 출중하고 훌륭하다는 의미다.

사마의는 역사 기록에 의하면 179년생으로 조조나 유비보다는 나이가 20년 안팎 젊다. 200년 관도대전, 208년 적벽대전, 219년 번성전투 때 사마의의 나이가 각각 21세, 29세, 40세에 달해 역사나 전쟁터에 등장할 법도 했다. 그러나 그는 병을 핑계 대고 등장하지 않다가 본격적으로 등장하는 시기는 유비 삼 형제, 조조 등이 다 죽고 난 후다. 성 본능의 에너지가 소진되어 이릉(夷陵)된 시점이다. 이것은 사마의적인 자기 관리가 젊은 시절 한창

때에는 뜨거운 혈기로 인해 제대로 안 되고 나이 들어서 본격적으로 그 위력을 발휘함을 의미한다.

젊어서 실수는 사서도 한다는 말도 있듯이 젊어서는 실수를 해도 이를 만회할 기회가 충분히 있다. 그러나 나이 먹어서 실수를 하게 되면 치명적이고 돌이킬 수 없는 실수가 되는 경우가 많다. 술, 담배를 다소 과하게 하며 무절제한 생활을 해도 젊었을 때는 힘이 넘치고 건강해서 큰 문제로까지 발전하지 않는다. 그러나 중·노년 이후에도 술 담배 등을 과하게 섭취하면 틀림없이 건강에 이상이 생긴다. 젊었을 때 체격도 좋고 남성다운 사람들이 말술을 마시지만 이런 사람들 중에 각종 암으로 요절하는 경우가 허다한 것이 현실이다. 그래서 자기 관리가 더욱 절실히 요구되는 것이다.

돈 문제도 마찬가지다. 젊었을 때는 돈을 잃어도 새로운 사업이나 직장에 도전하여 이를 회복할 기회가 있다. 그러나 중·노년으로 넘어가면 한번 잃은 건강이나 재산, 배우자 등을 다시 얻기가 쉽지 않다. 그러므로 자기 관리적인 태도는 젊었을 때보다 나이 들어서 더욱 절실하게 요구된다. 이것이 유비와 조조를 물리치고 그 어려운 삼국 통일의 기초를 닦은 사마의가 역사에 늦게 등장한 진정한 이유다. 사마의와 그 후손들의 자기 관리적인 태도가 노년의 모든 생활을 통합하며 이끌어 나간다는 것이 『삼국지연의』의 결론이 되는 셈이다.

『삼국지연의(三國志演義)』를 한자 그대로 직역하면, 삼국의 뜻이 올바르게 펼쳐지다는 뜻이다. 삼국의 뜻이 때론 충돌하고, 때론 연합 전선을 펴면서 젊었을 때는 성생활이 왕성하게 일어났고, 나이 먹어서는 성생활이 이룽된다. 성생활이 이룽되는 시점에 들어서는 사마의처럼 자기 관리를 철저히 해 나가는 것이 인생이 펼쳐지는 올바른 방향이라는 것이다. 심리학적인 측면에서 매우 타당성 있는 고찰이자 결론이 된다.

이런 사마의와 사마소가 위연을 물리친다. 앞뒤 가리지 않고 버럭 화를 내서 상황을 유리하게 끌고 가려 하며, 상대방을 질리게 만드는 행위를 자기 관리적인 측면에서는 제지시키는 모습이다. 사태 해결에 근본적인 도움이 되지 않기 때문이다. 결국은 가정전투에서 마속이 패하고 가까스로 살아서 돌아오지만 부하들의 만류에도 불구하고 제갈량이 그의 패배 책임을 물어 참형시킨다. 이때 제갈량이 울면서 그의 목을 친 데서 읍참마속이라는 고사성어가 생겨났다.

현대인들은 인터넷과 스마트폰의 영상 등 정보저장기능, SNS 기능이 과거와는 비교도 할 수조차 없을 정도로 발달한 세상에 살아가고 있다. 그래서 장합이나 신탐, 신의 형제가 아니더라도 나쁜 소문이 순식간에 일파만파로 증폭되어 퍼져 나가는 세상이다. 성희롱 사건이나 성적 추문이 발생한 가정(街亭) 같은 장소가 청와대이건 시골 어느 한구석이건 간에 이제는 별다른 차이가 없다. 정보통신기술의 발달로 순식간에 인터넷이나 SNS에 올려져 전 국민, 전 세계인이 동시에 이러한 사실을 접하고 증폭시키는 역할을 한다. 어느 정도 사회적 지위에 올라 있어 '노블레스 오블리주'에 걸맞은 도덕심이 요구되는 사람들은 읍참마속의 자세가 반드시 필요하다.

분위기에 취해 수컷적인 본능이 발동해서 우쭐하는 마음에 말 한번 잘못하게 되면 단 한 번에 인생을 망친다. 그동안 잘나가던 사회적 지위와 명성, 재산까지 하루아침에 잃게 된다. 양성평등 시대이기 때문에 여성 역시 마찬가지다. 실제로 전문 직종에 있는 여성들이 간혹 부하 직원이나 제자들을 상대로 성추문 사건을 일으켰다는 내용도 심심찮게 보도되는 세상이다.

읍참마속은 마속만 당했던 과거의 1회성 비극적인 사건이 결코 아니다. 인류 전 역사를 볼 때 전 세계에서 읍참마속을 당한 사람은 수억 명도 넘을 것이다. 세계 어느 곳이나 이 시간에도 읍참마속을 당하는 사람들이 부지기수로 발생한다. 내일은 정말 내 차례가 될지도 모른다. 왜냐하면 공명과 마속이 그랬듯이 누구나 알면서도 당할 수밖에 없는 인간 성욕의 부정적 속성이기 때문이다. 그렇게 되면 그동안 잘해 왔던 사회생활, 대업을 목전에 둔 상황에서 단 한 번의 실수로 재앙을 맞고 천추의 한을 남긴다. 그러므로 자신에게는 그런 욕망이 없다고 방심해서는 안 된다. 가정과 열류성은 약간의 조건만 맞으면 누구나 들어갈 수 있는 항상 열려 있는 욕망의 정자요, 성문이기 때문이다.

석정 전투, 인간의 바람기

- 바람기는 오래 머물지 않는다

  제갈량의 제1차 북벌이 실패로 돌아간 후 위나라가 오나라를 침략하려 한다. 오
나라 장수 주방(周魴)이 일곱 가지 일(七事)로 거짓 항복하여 사마의와 조휴로
하여금 안심하게 만든다. 조휴가 막상 출병하여 주방을 만나서 의심을 하자 주방
은 부모에게 받은 것이라며 자신의 머리카락을 끊어 진정성을 표시해 조휴가 자
신을 믿게 한다. 가규(賈逵)가 와서 주방이 속임수를 쓰고 있다고 간언하지만 조
휴가 이를 듣지 않는다.

  조휴는 주방의 계략을 알고도 석정에 장보(張普)와 설교(薛喬)를 매복시키지만
오의 육손이 이를 알고 역으로 주환(朱桓)과 전종(全琮)으로 역공을 시켜 장보를
죽이는 등 조휴의 위군을 대파시킨다. 가규가 군사들을 이끌고 와 조휴를 구해서
돌아가고 사마의도 조휴가 패했다는 소식을 듣자 도중에 군사를 회군시킨다. 조
휴는 석정 땅에서 육손에게 크게 패해 수레와 말, 군수품과 기계와 무기를 몽땅
잃어버렸다. 너무나 황공하고 울적해서 병이 들어 낙양(洛陽)에 들어오자 등창이
나서 죽는다.

석정(石亭),
바람기는 오래 머물 수 없다

석정(石亭)전투는 오나라의 병력이 70만 명이나 동원된 전투지만 『삼국지』에서는 그리 유명한 전투도 아니다. 현명한 장수 사마의가 적장 주방이 거짓 항복하고 알려준 사실을 믿고 전쟁을 일으켜 앞뒤가 맞지 않는 측면이 있다.

석정(石亭)에는 제갈량의 제1차 북벌 시 있었던 가정(街亭)전투와 똑같이 '亭' 자가 들어 있다. 석정(石亭)은 직역하면 돌로 된 정자라는 뜻이다. 그러나 돌 정자라는 이 단순한 뜻만을 갖고서는 석정전투가 지닌 인간사의 내면을 조금도 밝힐 수가 없다. 정자의 재료가 돌로 되었거나, 동작대처럼 구리로 만들었거나, 나무로 만들어졌다는 것 자체는 우리에게 별다른 정보를 제공하지 않기 때문이다.

'石'이 지닌 돌이라는 의미 이외에 다른 부분도 검토해야만 석정(石亭)전투의 의미가 자세하게 밝혀질 수 있을 것이다. '石'에는 쓸모없음을 나타내는 의미가 있다. 석정(石亭)은 쓸모없는 정자나 여인숙, 머무는 곳이라는 뜻이 된다. 역마를 갈아탄 곳이라는 의미도 된다. 기존의 말이 상징하는 배우자를 놔두고 새로운 말인 다른 여성으로 갈아타는 불륜을 저지른다는 의미다.

일반적으로 돌로 만든 정자는 오래 머물기가 힘들다. 『삼국지』 시대에는 오늘날처럼 돌을 매끄럽게 연마하는 도구나 기술이 없었다. 돌의 표면을 유리처럼 매끄럽게 하는 데는 한계가 있었기 때문에 재료 공학적으로 볼 때 돌로 만든 정자는 불편할 수밖에 없었다. 오히려 동작대처럼 구리 같은 금속을 녹여서 만든 정자가 더 매끄러운 것이 사실이다.

권태기에 도래한 남녀들은 배우자 이외에 이성을 찾게 된다. 배우자나 애인이 있는 상태에서 다른 이성에게 구애를 하는 바람기가 정상적인 연애보다 사귀는 데 기술을 요한다. 스릴 있고 멋져 보이기까지 한다. 처음에는 상대방에 대해 호감을 느끼고 서로의 관계가 길게 이어지며 모든 것이 잘될 것 같이 느껴진다. 그러나 막상 바람기라는 석정(石亭)에 앉게 되는 순간부터 시간이 지날수록 조금씩 불편함이 생겨난다. 주변을 의식해야 하고, 핸드폰이나 옷 등에 흔적이 남아 있는지 살펴야 한다. 가까운 시내에서는 바람피우다 들킬 우려가 있어 외곽으로 나가야 하는 등 적지 않은 시간과 돈을 할애해야만 한다. 배우자에 대해서는 권태감을 느껴서 외도에 나섰다고 하지만 시간이 갈수록 자녀들에게 미안한 감정도 생겨난다. 잘못돼서 만천하에 공개돼 명예와 직장도 잃을까 봐 염려되기 시작한다. 보통 사람들에게 시간이 갈수록 불편하고 두려워지는 것이 바람기요, 외도다. 마치 돌로 된 정자에 앉아 있는 느낌이다.

바람기의 속성을 가장 잘 표현하는 것이 바람기라는 단어 자체에 있다. 즉, 바람피우는 것은 바람처럼 오래 머물 수 없으며 지나가 버린다는 의미다. 돌로 만든 정자인 석정의 의미와 같다 할 것이다.

조예(曹叡)와 조휴(曹休), 상대에 대해 익숙해지면 권태기가 온다

할아버지 조조, 아버지 조비의 뒤를 이어 석정전투 시기에 위나라를 다스린 황제가 명제(明帝) 조예(曹叡)다. 조예는 '짝 또는 배우자(曹)에 대해 밝다(叡)'는 의미다. 무엇인가에 밝고 통달했다는 것은 익숙함을 의미하기도 한다. 결혼해서 오래 살다 보니 배우자에 대해 식습관, 잠버릇, 돈 씀씀이, 생활력, 성생활태도, 호불호 등 모든 것에 대해 밝고 통달하게 된다. 중년에 이르다 보면 여성들도 신혼 초의 삼가고 긴장하는 태도가 누그러진다. 방귀도 서로 트고, 화장실 문도 열어 놓고 볼일을 보는 등 같이 늙어가는 처지에 감추는 것보다 터놓고 자연스럽게 지내게 된다.

이처럼 배우자에 대해 모든 것을 알고 조심과 삼감이 없이 터놓고 지낼때 좋은 말로 허물없이 지낸다고 한다. 하지만 이렇게 허물없이 지내다 보면 배우자에 대해 더 이상 긴장하지 않게 되어 신비감이 없어진다. 특별한 감정의 대상으로서의 배우자가 아니라, 옆집 아줌마나 아저씨와 거의 다를게 없이 느껴지게 된다. 한편으론 자연스러운 감정적 변화이기도 하다. 나이 들면 사랑보다 정 때문에 산다는 말이 어울리는 시기다. 보통의 부부 생활에서 남녀 누구나 겪게 되는 배우자에 대한 태도 변화의 과정이다. 이것 자체가 부부 생활에 있어서 커다란 문제를 일으키지는 않지만 문제는 조예(曹叡)의 아저씨뻘 되는 조휴(曹休)라는 사람이 일으킨다.

조휴(曹休)의 이름 뜻은 '배우자(曹)에 대해 쉬거나 그치다(休)'라는 의미다. 배우자에 대해 관심이 식거나 그치는 권태기를 상징한다. 중국에서는 '休'가 '이혼하다'라는 뜻으로도 쓰인다. 조휴(曹休)는 배우자에 대해 관심을 그치는 권태기를 나타내는데 그런 마음이 가장 성하게 나타나는 시기가 조예(曹叡)가 황제로 있는 시기다. 배우자에 대해 너무 잘 알고, 익숙해지고, 서로 격의 없이 지내게 되자 신비감이 없어져 권태기가 오는 부작용이 생긴다.

마릴린 먼로의 스커트와 바람기

서양에서는 이러한 권태기나 바람기가 결혼 생활 후 7년이 지나면 온다고 하여 'the seven year itch'라고 부른다. 'itch'는 옴벌레 등이 일으키는 가려움증을 뜻한다. 이 뜻은 결혼 후 7년째가 되면 찾아오는 근질거리는 욕망이라는 의미다. 7년 정도 살다 보니 배우자에 대해 너무나 잘 알고 식상해져 권태를 느낀다. 따라서 석정(石亭)처럼 다른 말로 갈아타려는 근질거림의 욕망이 일어나는 시기라는 의미다.

한때 전 세계 남성들의 로망의 대상이었던 섹스 심벌 마릴린 먼로가 주연한 영화 중 하나가 권태기를 뜻하는 'the seven year itch'이다. 우리나라에는 〈7년 만의 외출〉로 개봉되었다. 이 영화가 유명해진 것은 일명 '먼로 바람' 때문이다. 영화 속 지하철 환기통에서 부는 바람에 먼로의 스커트가 날려 섹시한 그녀의 하체가 드러나는 유명 장면이 나오기 때문이다. 중국의 사대 미인의 한 명이었던 서시(西施)의 행동을 따라하는 서시빈목처럼 현대 여성들도 해마다 먼로 따라 하기 포즈를 취하고 상까지 시상한다.

지하철 환기통은 인간의 잠재된 무의식적 성 본능의 영역을 상징한다. 그곳에서 불어오는 바람에 먼로의 스커트가 날린다는 것은 권태기가 도래해 사람들의 성적인 욕망이나 바람기가 드러나는 모습이라 할 것이다.

이처럼 권태기는 꼭 7년이 아니라 일정 시기가 지나 배우자에 대해 알 것을 다 알고 식상해지는 시기에 찾아온다. 대부분의 사람들에게 찾아오므로 부부가 서로 노력하여 슬기롭게 극복해 나가는 지혜가 필요하다.

주방(周魴),
문제는 권태기가 아니라 성적인 일탈이다

살다 보면 배우자에 대해 식구려니 생각하게 되어 편하고 긴장감이 떨어진다. 때문에 '가족끼리 왜 이래?' 하는 식으로 성관계를 갖는 것도 뜸해지고 권태기가 찾아올 수 있다. 권태기 자체는 자연스러운 현상으로 크게 문제 될 것이 없다. 다만, 권태기가 올 때 혼자서 오는 것이 아니라 추한 악당을 데리고 오기 때문에 문제가 된다. 바로 바람기라는 성적인 일탈이다. 조휴가 크고 작은 전투에서 공을 세웠는데 석정전투에서는 오나라 주방(周魴)의 일곱 가지 이해관계에 속아서 대패를 하게 된다.

주(周) = 두루, 골고루, (마음씨나 주의가)두루 미치다, 둘레, 주위
방(魴) = 방어(물고기)

주방(周魴)은 여기저기 못 미치는 데가 없이 사방팔방으로 두루 돌아다니는 방어(魴魚)라는 의미다. 방어는 몸길이가 1m 넘게까지 자라 바닷물고기 중에 제법 큰 편에 속한다. 떼를 지어 다니며 사냥을 하는 물고기로 힘이 좋다. 주방(周魴)은 물고기가 상징하는 남근이 방어처럼 힘 좋게 사방팔방으로 두루 돌아다니며 욕구를 채우려는 기세를 상징한다. 주변에 열류성처럼 늘어서 있는 이 여자, 저 여자에게 껄떡거리는 모습이다. 권태기에 갑자기 방어 떼같이 일어나는 성적인 욕망이다. 영어가 의미하는 권태기처럼 사람들로 하여금 근질거리고 안달 나게 하는 바람기의 욕망이다.

한자 '魴'은 방어라는 단일 의미밖에 없어 다른 뜻은 알 수가 없다. 이 글자를 분해해 보면 '魚+方'의 구조다. 여기서 '方'은 모, 각, 방향, 사방 등의 뜻이 있다. '모'라는 말은 구석진 곳, 모퉁이 등 구부러져 각이 진 곳을 의미한다. 물고기(魚)는 생김새가 남근을 상징하여 성욕 등을 나타낸다. 이를 합치면 모가 나거나 구석진 남근이나 성욕이라는 의미가 '魴'자에 담겨있다 하겠다. 그의 고향인 양선(陽羨)이다.

羨 = 부러워하다, 탐내다, 사모하다, 넘치다, 비뚤어지다, 사특하다, 잃다,
　　무덤길

　　양선(陽羨)은 남들이 바람피는 양기(陽氣)를 부러워하거나 탐내다 비뚤어
져 무엇인가를 잃거나 일을 그르친다는 의미다. '羨'이 '연'으로 발음될 때는
무덤길이라는 의미로 쓰인다. 양선은 바람피우다가 무덤길로 직행할 수도
있다는 경고의 의미가 담겨 있다. 가볍게 볼 한자어 뜻이 아니다. 실제로 바
람을 피우다 보면 삼각관계가 형성되어 치정 살인 및 동반 자살 등으로 이
어지는 경우가 많이 발생한다. 아울러 바람피우다 가정이나 직장에서 개망
신을 당하고, 이혼까지 당해 정말로 스스로 무덤길로 들어가게 된다. 확 트
인 장소인 가정(街亭)에서 성적인 농담이나 추행을 하다가 망신을 당하는 마
속보다 훨씬 치명적인 피해가 수반되는 전투다.

칠사(七事),
논문도 쓸 정도의 바람피우는 사람의 온갖 핑곗거리

　　조휴(曹休)와 사마의까지 주방에게 속아 넘어가듯이 사람들은 자신의 방
어 떼 같은 성욕이 제안하는 일곱 가지 일을 받아들이게 된다. 칠사(七事)
는 원래 고대국가의 일곱 가지 중대사를 의미한다. 권태기가 찾아온 사람
들에게 칠사(七事)는 바람기를 합리화하는 중요한 일곱 가지 이유다.
　　사람들이 바람피우다 들키면 핑계를 자신의 배우자 때문이라고 둘러댄
다고 한다. 예를 들어 아내가 바람피우는 것에 대해 속이 상한 남편이 술을
마시고 아내의 간통 현장을 덮친다. 이때 아내는 자신의 간통 사실은 안중

에도 없고 오히려 한다는 말이 "당신이 이렇게 매일 술이나 마시니까 내가 이러지."라고 핑계를 댄다. 반대로 힘이 약한 아내가 친정 가족을 데리고 남편이 바람피우는 현장을 덮친다. 남편은 "당신이 친정 가족으로 나를 못살게 구니 내가 이러지."라는 핑계를 댄다고 한다.

7은 무지개의 색깔을 나타내는 수이며 사물의 다양함과 많음을 나타내는 수이기도 하다. 일곱 가지 일이란 다양하고 많은 구실이나 핑계를 의미한다. 무지개처럼 아주 화려하고 좋은 핑곗거리다. 권태기가 도래한 사람이 자신의 성적인 일탈을 합리화하기 위해 속으로 다양하고 많은 구실을 꾸며내는 모습이다. 배우자가 너무 몸을 가꾸지 않는다. 아이들에게만 신경 쓰고 나에게는 관심이 없다. 성관계도 회피하는 것 같다. 비속어를 쓰며 격의 없이 행동하는 배우자가 천박하게 느껴진다. 사랑이 식은 것 같다. 이와 같이 온갖 적반하장 식의 바람피울 구실을 댄다.

또한 애인이나 주변의 여성들에 대해서는 세련되고 예쁘다. 나를 이해해 줘서 편하다. 삶의 활력을 준다. 둘만 좋으면 아무도 모른다. 알고 보면 누구나 애인 한 명씩은 있다. 역시 온갖 핑계를 내외적으로 둘러댄다.

바람기나 성적인 일탈 같은 것이 일어날 때 한두 가지 사유로 일어나는 것이 아니다. 방어 떼처럼 여러 마리가 한꺼번에 돌아다니듯 칠사(七事)처럼 온갖 다양한 핑계를 대며 일어남을 의미한다. 바람피우는 사람들은 자신의 행동을 합리화하기 위해 논문이라도 쓸 수 있을 정도가 되니 자기 관리가 확실한 사마의까지 주방의 교활한 속임수에 넘어간다. 따라서 평소에 자기 관리와 업무 수행 능력이 뛰어난 엘리트이자 사마의 같은 사람들이 바람을 피우다 들통이 나면 사람들이 적잖은 충격을 받는다. 그만큼 칠사로 대변되는 자기 합리화가 무서운 것이다.

주방은 권태기에 도래한 사람들에게 바람피우는 것을 비롯해 다양한 성적인 일탈을 초래한다. 국내는 물론 외국에 나가서 성매매를 하게 하고, 미성년자와 성매매, 유사 성행위 등 크고 작은 성적인 일탈을 일으킨다. 한때 세상을 떠들썩하게 만들었던 검찰 주요 간부가 여고생 앞에서 일명 바바리맨 행위인 공연 음란 행위를 한 사건이 있다. 이것도 주방(周魴)의 칠사(七事)적인 꼬임에 의해 일어난 어처구니없는 일이라 판단된다. 그 당시 그의 나이도 7년 만의 외도라는 권태기에 처할 충분한 나이였다. 그의 마음속에서 내세웠던 칠사(七事)는 다음과 같은 것이었다고 생각된다. '한밤중이라 걸릴 염려도 없다. 누가 감히 검찰 간부가 이와 같은 행위를 하리라 생각하겠는가?'

　담당 경찰을 비롯해 상식적인 사고력을 가진 보통 사람들은 그의 생각대로 그 누구도 그런 생각을 하지 못했다. 하지만 무생물인 CCTV는 인간의 이러한 숨겨진 방어(魴魚)적인 행동을 있는 그대로 낱낱이 보여줬기 때문에 세상에 알려진 것이다.

인어공주,
물고기 수준의 인간의 성적인 욕망

　방어가 인간의 성적인 욕망을 상징하듯이 저 유명한 인어공주가 지닌 하반신인 물고기 부분도 인간의 성적인 욕망을 상징한다. 인어공주가 열다섯 살이 되던 해에 육지 왕자를 짝사랑하여 바닷속 왕궁에서 육지로 올라온다. 바다는 잔잔하다가도 쉼 없이 출렁거리며 마르거나 다함이 없는 인간의 무궁무진한 성 본능의 영역을 상징한다. 15세가 상징하는 사춘기가 도래하면서 바다 같은 본능 속에 잠재되어 있던 성욕이 발현한다. 육지가 상징하는 의식의 영역으로 올라와 상반신은 여자, 하반신은 물고기 형태의 인어공주적 상황이 형성되고 있는 인간 내면의 모습이다. 그러므로 사춘기 이후의 사람을 윤리적 측면과 성욕의 관점에서 동시에 바라보면 누구나 인어공주의 모습이 된다.

성욕이 도래하지 않은 사춘기 이전의 아이들은 천사 같고 천진난만하다. 이에 비해 황건적, 동탁, 여포 등이 차례로 등장하는 사춘기 이후의 인간은 인어공주와 같은 양면성을 지닌다. 인어공주 상반신은 여성의 몸처럼 정신적으로는 매우 고상하고 고결하다. 하지만 하반신의 성욕 자체는 물고기와 같은 매우 저급한 수준에 머물러 있다. 따라서 고상한 윤리 의식을 지닌 인간이 저급한 성적인 욕망에 휘둘려 갖가지 사건 사고를 일으킨다. 이러한 이율배반적인 상황이 인간의 윤리적 자아와 성 본능적 욕망이 처한 근원적인 상황이며, 영원히 변치 않을 인간의 운명이다.

사람이라면 누구나 윤동주의 '서시'처럼 죽는 날까지 하늘을 우러러 한 점 부끄러움 없는 인생이 되길 꿈꾼다. 그러나 이것은 단지, 인어공주의 상반신이 추구하는 하늘이다. 현실은 인간의 근본이 물고기적 본능에 뿌리박고 있음을 여실히 보여주는 사건 사고로 가득 차 있다. 인간의 바람기를 비롯해 모든 성적인 추함과 악함이 인어공주의 아랫도리에서 비롯되기 때문에 골치 아픈 문제가 된다. 이 물고기가 부드럽게 움직일 때는 성적인 활동이 안정되지만 때에 따라서는 펄쩍펄쩍 뛰면서 온갖 평지풍파를 일으킨다.

인어공주를 보라! 상반신의 아리따운 여자가 내뱉는 말을 하반신의 물고기가 과연 알아듣겠는가? 마찬가지로 인간의 성욕이란 마치 물고기와 같은 수준이라 인간의 자아나 이성적인 사고력이 내리는 말을 도대체 알아듣지 못하고 제멋대로 움직인다.

도덕심이나 양심이 내는 "사회적 지위를 생각해야지", "배우자를 어떻게 보려고 그러느냐" 등의 정상적인 말을 전혀 알아듣지 못한다. 인어공주의 상반신이 위대한 종교인, 교사, 법조인 등 사회적 모범이 되어야 하는 사람들일지라도 마찬가지다. 하반신의 물고기는 상반신의 말을 전혀 알아듣지 못한다. 그래서 하반신의 물고기는 시간과 공간에 제약받지 않고 다양한 성추행, 성폭력 사건을 일으킨다.

어느 고등학교에서는 성 상담 교사를 비롯해 여러 명의 교사가 한꺼번에 성추행 등의 사건을 일으켜 사회적 물의를 일으키기도 했다. 자가용 안에서 창문을 열고 지나가는 여성을 보고 음란 행위를 하는 것은 물론, 아예 알몸으로 운전하면서 자위행위를 한다. 어떤 대학생은 달리는 버스 안에서 앞에 앉은 여성을 향해 자위행위를 해서 정액을 묻히기도 한다. 어느 섬 주민들은 여선생에게 만취하도록 술을 먹이고 윤간을 하기도 했다. 이러한 행동은 모두 윤리와 상식에서 벗어나 비난받을 행동이다. 하지만 인간의 성욕이 발동하면 물고기 수준의 행동을 하기 때문에 발생하는 다반사적인 일이기도 하다.

인어공주가 육지 왕국의 왕자와 살려는 것은 인간의 성욕이 일상적인 의식의 영역에 침투하려는 모습이다. 인간의 도덕심과 자아 의지가 자유롭게 성욕을 충족하려는 개인들의 욕구를 가로막고 있기 때문이다. 공주가 자아 의식과 결합하여 의식을 점령함으로써 성욕을 마음껏 누리려는 인간의 그릇된 모습이다. 이 과정에서 공주가 육지 왕자와 살기 위해 물고기 같은 성충동을 일부 희생하고 인간의 두 발을 얻는다. 『늑대와 일곱 마리 아기 염소』이야기처럼 늑대가 자신의 본모습을 지니고 아기 염소가 사는 집에 침입할 수 없기 때문에 작전상 미화시키는 모습과 같다. 그렇지 않고 성욕이 본모습 그대로 의식에 영역으로 올라오면 성욕의 비린내를 물씬 풍겨 도덕적으로 받아들일 수 없기 때문이다.

인어공주가 두 발을 갖고 걷는다는 것은 물고기적 성 충동이 인간 고유의 방식으로 표현되며 안정화된 모습을 상징한다. 성욕을 동물처럼 상대를 가리지 않고 자기 충동대로 발산하는 것이 아니다. 책임질 나이, 사랑하는 사람, 인정된 공간 등 여러 가지 조건이 갖춰질 때 성욕을 발산한다. 그 대신 인어공주는 목소리를 잃고 걸을 때마다 가시가 찌르는 듯한 통증을 느낀다. 성 충동이 안정되고 문명화되었다 해도 의식의 영역에서 제 목소리를 내서는 안 된다는 경고의 메시지다. 의식에 동화되어 인간 세상에 올라온 성욕이 자기 목소리를 낸다는 것은 성욕을 마음껏 누리겠다는 목소리이기 때문이다. 평상시 성욕이 자기 목소리를 내서는 안 되는 이유다.

걸을 때마다 심한 고통을 느끼는 것은 성 본능이 안정된 사람이라도 한순간의 잘못된 행보로 인해 돌이킬 수 없는 실수를 저지르기 때문에 이를 경계하는 자세다. 사람들은 평소에는 자상하고, 점잖고, 원칙주의자이며 덕망이 있던 사람이 여러 가지 성적 추문의 당사자가 되는 것을 보고 깜짝 놀라게 된다. 따라서 물고기가 변한 다리가 상징하는 성 본능의 행보를 내디딜 때는 마치 가시가 찌르는 고통을 느끼는 것처럼 경계하고 또 조심해야 한다.

그러나 결국에는 인어공주가 육지 왕자와 결혼을 이루지 못하고 바다에 빠져 죽어 물거품이 되고 만다. 인간의 성적인 욕망은 자아나 윤리 의식의 영역을 완전히 점령해서 성매매, 외도, 스와핑, 원나잇 등으로 성욕을 마음껏 충족하려고 호시탐탐 기회를 노린다. 윤리 의식의 영역을 점령하기 위해서는 왕자가 상징하는 자아와 결합이 필수적이다. 이것은 동탁이 성욕을 마음껏 충족하기 위해 황제가 살고 있는 미앙전을 차지하려다 죽임을 당한 것과 동일한 상황이다.

결국에는 인어공주도 물거품이 되고 만다. 이것은 슬픔이 아니라 윤리적인 축복이며 인류 문명과 질서의 승리다. 그래도 인어공주의 죽음이 슬픔으로 느껴진다. 지상에서 짧은 인생을 살다 가는 사람들이 자신의 성욕을 마음껏 충족해보지 못하고 생을 마감하는 것에 대한 아련한 미련과 슬픔일 뿐이다. 그러나 바로 이러한 아련한 미련과 슬픔에도 불구하고 죽는 그날까지 하늘을 우러러 한 점 부끄러움 없는 인생이 되길 꿈꾸기에 삶이 아름다운 것이다.

인어공주가 언니들이 가져다준 칼로 왕자의 가슴을 찌를 수 있었지만 진정으로 왕자를 사랑하기 때문에 이를 포기하고 물거품이 된다. 바닷속 공주인 인어공주가 육지 왕자를 칼로 찌른다는 것은 인간의 성욕이 의식적 자아나 윤리 의식을 찔러 죽이려는 모습이다. 그것이 실현되면 자아나 윤리 의식이 죽은 상태에서 한 인간의 인격 내에서 성욕이 활개 치는 세상이 된다. 때와 장소, 상대를 가리지 않고 무절제한 성욕이 행동으로 옮겨져 성적으로 타락하게 된다.

인어공주가 스스로 물거품이 되는 것은, 인간 세상의 윤리를 어겨가며 성욕을 마음껏 충족하는 삶이 결국은 부질없는 물거품 같다는 메시지다. 인어공주 이야기의 바로 이 장면에서 수많은 사람들의 운명이 갈리게 된다. 어떤 이는 인어공주처럼 진정으로 왕자를 사랑하기에 자신의 윤리 의식과 명예를 지키며 사는 것을 선택한다. 방탕한 사람들은 왕자를 칼로 찌르고 외도나 성적인 타락의 길로 들어서기도 하는 것이 인생사의 다양한 모습이다.

인어공주 이야기는 그저 재미있는 다른 나라 동화가 아니다. 모든 사람들의 고결한 윤리 의식과 거센 성 본능이 처한 인간의 근원적인 조건이며 그 운명을 잊지 말라는 메시지다. 만약에 인간의 마음을 들여다보는 영상 장치가 있다면 사춘기 이후 모든 사람들에게서 인어공주를 보게 될 것이다.

인간이 존재하는 사회라면 그 어디나 인어공주가 있고, 그 인어공주가 있는 한 TV나 신문 뉴스 자막에 다음과 같은 내용이 영원히 사라지지 않고 나오게 될 것이다.

"OOO 김 모 씨, 부하 직원을(과) 성추행하다(불륜을 저지르다)."

OOO에 들어갈 계층으로는 교사, 공무원, 경찰, 종교인, 법조인, 국회의원, 스타 연예인, 스포츠맨 등 우리 사회 모든 영역의 사람들이 예외가 없다. 그래서 이런 일이 터질 때마다, 물고기나 회를 먹을 때마다, 낚시를 할 때마다 이렇게 한번 생각해 봐야 한다. "과연, 내 인어공주는 잘 있는가?"

가규(賈逵),
바람피우기 전에 명예와 체신을 생각하라

권태기에 도래한 조휴가 주방의 꼬임에 넘어가 바람피우기 등 성적인 일탈을 하려고 하자 가규(賈逵)가 속임수라며 말린다. 사마의가 가규의 말도 일리가 있지만 이런 기회를 놓쳐서는 안 된다고 주장하자 황제 조예가 공격 명령을 내린다. 예를 들어서 직장에서 자신을 따르는 여성이 있거나, 평소 알고 지내던 여성이 회식 후 취하여 자신에게 기댈 때도 있을 수 있다. 이때 순간적으로 사마의 같은 자기 관리적 태도까지 유혹에 넘어가 이런 기회를 놓쳐서는 안 된다고 주장하는 모습이다. 가규(賈逵)는 위나라 양릉 사람으로 자는 양도(梁道)다.

賈 = 값, 값어치, 명성, 평판,
逵 = 길거리, 한길

가규의 이름 뜻은 '명성이나 평판(賈)의 길거리(逵)'라는 의미다. 그의 어렸을 때 원래 이름은 '구(衢)'다. 네거리, 기로, 갈림길이라는 의미다. 이것은 명성의 갈림길이나 기로라는 의미다. 그의 자인 양도(梁道)는 '梁'이 들보처럼 발기해 있는 남근을 상징하므로 '남근의 도(道)'가 된다. 남근이 지켜나가야 할 길이라는 의미다.

가규가 주방(周魴)이 속임수를 쓴다며 반대한다. 칠사(七事)적인 핑곗거리를 대며 바람을 피우거나 성적인 일탈 행동을 하려고 할 때 세간의 평판이나 명성을 생각해서 참으려는 모습이다. 남근의 도를 제대로 아는 사람의 처신이다.

그러나 자기 관리가 철저한 사마의마저 남들에게 들키지 않으면 그만이고, 이런 기회를 놓쳐서는 안 된다는 자세를 취한다. 명성이나 평판이 무너지는 것을 두려워하면서도 007작전 식으로 극비리에 바람 등을 피우려는 모습이다. 대부분의 바람기가 이러한 심리와 상황 속에서 시작된다.

국가적, 사회적으로 큰일을 하다가 자신의 바람기 때문에 중도 하차한 인물들을 열거하면 수도 없을 것이다. 그중 가장 유명한 사람이 한때는 전 세계 골프 황제로 군림했으나 바람기 때문에 이혼당하고 지금은 우승 한 번 못 하는 등 별 볼 일 없는 선수가 된 타이거 우즈다.

주방에 대한 가규의 반대는 바람을 피우려는 생각이 들자 지금까지 지켜온 명성에 먹칠을 한다고 반대하는 모습이다. 그러나 조휴가 가규의 말을 듣지 않고 성적 일탈을 하다가 등에 등창이 나듯 개망신을 당해 흉측한 몰골로 죽는다. 자신의 명성에 먹칠을 하고 다른 사람 앞에 얼굴을 제대로 들지 못하는 사회적인 죽음을 맞이함을 의미한다.

이때 조휴만 혼자 가서 오나라 군사와 싸운 것이 아니라 황제 조예가 사마의와 가규를 보내 뒤에서 돕도록 한다. 이는 심리적으로 매우 정교한 의미가 있다. 인생을 정말로 막가파식으로 사는 사람들이 아니고는 성적인 일탈을 할 때 완전히 마음 놓거나 드러내 놓고 하는 것이 아니다. 들킬까 봐 조바심을 내면서 조심스럽게 진행한다. 사마의와 가규가 상징하는 최소한의 자기 관리적인 자세와 자기 평판을 의식하는 마음도 함께 따라다님을 의미한다. 이러한 마음들이 앞에 나서지는 못할지라도 뒤에서라도 버티며 견제해 줘야 최소한의 인간적인 자질을 유지할 수 있기 때문이다. 이들조차 뒤에 없다면 그것은 마치 개돼지나 같은 동물들처럼 자신의 성 충동대로 행동하는 인간을 의미하기 때문이다. 충동에 따라 수시로 바람을 피우고, 성적 일탈을 일삼아 자신의 명성이 떨어지는 것은 조금도 생각하지 않는 파렴치한 인간이 된다.

따라서 바람기 등을 잠재우기 위해서는 그 뒤에 따라다니는 사마의적 자기 관리 태도와 가규적 명성에 힘을 실어줘 이들이 전면에 나서도록 해야 한다.

주환(朱桓),
일편단심 변함없는 사랑

손권이 육손에게 자신의 채찍까지 쥐어주며 군사 전권을 맡긴다. 육손은 분위장군(奮威將軍) 주환(朱桓)과 수남장군(綏南將軍) 전종(全琮)을 좌우로 세우고 자신이 중앙을 맡아 앞으로 나간다. 육손은 대범하고 겸손한 군자적인 삶의 자세라 했다. 자신의 바람기에 대해 군자적인 태도로 해결하려는 모습이다.

주환(朱桓)은 27세 때 5천의 병력으로 그 열배가 넘는 조인(曹仁)의 5만 병력을 물리친 장수다. 이름 뜻은 '붉고(朱) 굳셈(桓)'을 의미한다. 붉은 마음을 뜻하는 단심(丹心)은 정몽주의 단심가(丹心歌), 일편단심(一片丹心)에 나타난 것처럼 변치 않는 마음을 의미한다. 마찬가지로 주환(朱桓)도 참되고 변치 않는 굳센 마음을 뜻한다.

그의 자는 휴목(休穆)으로 '쉬는 것(休)과 화목하다(穆)'라는 뜻이다. 권태기를 화목하게 보낸다는 의미다. 주환은 배우자를 사랑하는 붉고 굳센 마음이 있기 때문에 권태기조차도 크게 문제를 일으키지 못하고 화목하게 지내는 모습이다. 권태기가 왔다고 해서 많은 사람들이 바람피우고 성적인 일탈을 하면 가정이 남아나질 못한다. 살다 보면 어쩔 수 없이 권태기를 맞이하지만 주환(朱桓)과 같은 사람들이 많기에 가정이 유지되고 밝은 사회가 유지된다.

그가 분위장군(奮威將軍)이라 함은 '위엄(威)을 떨치는(奮)' 장군이라는 의미다. 세상은 정몽주나 춘향처럼 변치 않는 단심(丹心)을 지닌 사람을 우러러본다. 마찬가지로 권태기에도 불구하고 이를 잘 극복하며 배우자와 화목하게 지내는 사람을 분위장군처럼 높게 받든다. 반대인 경우는 바람둥이나 변절자라고 비난한다.

육손 같은 군자적인 예의를 지닌 사람과 주환처럼 배우자에 대해 일편단심의 자세는 서로 통하는 도덕적인 가치다. 주환이 바람을 피우려는 조휴의 부하 장수 장보(張普)를 죽이는 장면이 매우 특이하다.

> 밤 2경에 주환은 군사를 거느리고 위군 진영 뒤에 이르러 바로 장보의 복병들과 만났다. 그러나 달도 없는 한밤중이라 장보는 적군인 줄 모르고 가까이 가서 어디서 왔느냐고 묻다가 번개처럼 내리치는 주환의 칼을 맞고 말 아래로 떨어져 죽는다.

적장 장보를 무한 바보로 설정하지 않는 한 실제 전쟁터에서 이렇게 바보스럽고 허망하게 죽는 장수는 없을 것이다. 다만, 이것을 통해 일편단심을 지향하는 주환이 죽인 장보라는 장수의 속성을 알 수 있다. 장보는 정사에는 나오지 않고 『삼국지연의』에만 나오는 인물로 이 전투에서 잠깐 언급된 후 죽는다. 그의 한자어 이름은 '두루 널리(普) 베풀다(張)'라는 뜻이다. '普'는 보통(普通)이나 보편적(普遍的)인 것 등 특별함이나 특수하지 않은 일반적인 것을 의미한다.

그러나 애인이나 배우자에 대한 사랑의 감정은 보통이나 보편적인 감정이 아니라 특별한 감정이다. 그래서 사랑하는 사람을 특별한 사람으로 여기고 관심을 갖고 보호하려는 마음이 느껴진다. 드라마나 영화에는 이런 특별한 감정을 표현하는 단골 장면이 나온다. 사랑하는 사람 위로 물건이 떨어지는 위기 시 자기 몸을 던져서 그 사람을 보호하고 자신은 다친다. 사랑하는 사람을 향해 달려드는 자동차에 대해서도 마찬가지다.

남녀 관계에 있어서 상대방에 대해 특별한 감정이 느껴지지 않으면 연애 관계가 성립되지 않는다. 큐피드의 황금빛 화살이 바로 그 역할을 한다. 그러나 세월이 흘러 권태기에 들어서면 배우자에 대한 특별한 감정이 차츰 줄어들고 그 공백을 바로 장보가 메우게 된다. 장보 같은 사람들은 이곳저곳 가는 곳마다 늘씬한 여인들이 늘어서 있는 열류성을 만난다. 그곳에서 마음에 드는 여성을 만나면 성적인 감정을 느껴 추파를 던지고 수작을 부리며 바람피우는 것으로 연결된다.

일편단심 주환이 바람피우려는 욕망인 장보가 가까이 와서 얼굴이 드러났을 때 그 순간을 놓치지 않고 바로 죽인다. 이 부분은 한 사람의 인격 안에서 배우자에 대해 일편단심하려는 마음과 바람피우는 욕망과의 역학 관계를 매우 정밀하게 묘사한다.

사람들이 바람을 피울 때 처음에는 그 욕망에 눈이 멀고 마음이 어두워져 마치 달도 없는 한밤중 같은 상태에 처하게 된다. 바람피우는 자신의 행동에 대해 사리를 전혀 분별하지 못하는 일종의 암흑 같은 마음 상태다. 그러다가 일편단심하며 바르게 살려는 주환(朱桓)적인 마음과 장보(張普)적인 바람기가 아주 짧게 조우하는 순간이 있다. 그 찰나적 순간을 이용해서 주환이 번개처럼 칼을 내리쳐 죽인다. 바람둥이가 욕망에 눈이 멀어 사리를 전혀 분간하지 못하다가 문득, 순간적으로 그 흉한 모습을 드러내서 죄책감을 느낄 때가 있다.

무협지나 무협 드라마 등에서 무사들이 싸우는 장면은 비 내리는 숲속에서 서로를 전혀 분간할 수 없는 캄캄한 한밤중에 자주 벌어진다. 서로 상대방의 움직임에 대해 신경을 곤두세우며 긴장감이 흐를 때 별안간 번개가 번쩍 하면서 서로의 모습이 드러난다. 바로 이 순간을 놓치지 않고 공격을 감행하는 한쪽이 이기는 모습을 볼 수 있다. 이처럼 찰나의 순간에 그동안 의식하지 못했던 장보적인 바람기의 흉한 전모가 드러난다. 그래서 일부(一夫) 또는 일처(一妻)에 종사하려는 주환적인 마음으로 번개처럼 단호하게 내리쳐야만 바람기의 욕망을 잡을 수 있다는 의미다.

반대로 이 찰나 같은 짧은 순간을 제대로 이용하지 못하면 도로 아미타불이 된다. 흉한 모습과 죄책감 등도 금방 사라지고 바람피우는 상대와 복잡하게 얽힌 치정 관계 때문에 바람기를 잡기가 어려워진다. 바람기란 흉한 모습을 드러냈다가도 워낙 재빠르게 도망가기 때문에 이를 잡기 위해서는 무사적인 단호한 결단이 요구된다.

전종(全琮),
둘이 하나 되는 사랑

일편단심 주환은 장보를 죽이지만, 전종(全琮)은 설교(薛喬)라는 장수를 죽이지는 못하고 달아나게 만든다. 전종(全琮)이라는 이름에서 '琮'은 부신(符信)이라는 의미다. 부신(符信)은 나뭇조각이나 두꺼운 종이 등에 글씨나 증표를 넣고 두 조각으로 쪼개서 연인, 부부, 부모 자식 간에 나눠 갖는 물건이다. 그리고 오랫동안 헤어졌다가 두 사람의 관계를 확인하는 증거물이나 징표로 사용되며 역사 드라마에 자주 등장하기도 한다.

'온전한(全) 부신(琮)'이라는 뜻을 지닌 전종(全琮)은 두 개로 갈라진 마음이 아니다. 남녀라는 반쪽이 만나서 서로 진정으로 사랑해서 온전한 하나가 된다는 의미다. 이처럼 둘이 하나 되는 사랑을 하려는 전종이 물리쳐 멀리 쫓아내고 있는 설교(薛喬)는 그 의미를 알기가 매우 어렵다.

'薛'은 '쑥'이라는 뜻으로 흐트러진 머리를 상징하는 뜻이 있다. 따라서 쑥대머리는 감옥에 갇혀 빗거나 가꾸지 못한 춘향이 머리처럼 매우 흐트러진 머리라는 뜻이다. 중국에서도 쑥을 의미하는 또 다른 한자 '봉(蓬)'을 사용해 봉두난발(蓬頭亂髮)이 쑥대머리와 같은 의미다. 이 밖에 우리나라에서는 배추머리도 헝클어진 머리를 의미하고, 그림 형제의 동화 『라푼젤』에서는 상추가 헝클어진 머리를 의미한다.

쑥대처럼 흐트러진 머리는 자기 관리를 거의 하지 않아 욕망에 따라 행동하기 쉽다. 설교(薛喬)의 이름 뜻인 쑥이 높다는 것은 헝클어진 마음이 높다는 의미다. 이처럼 정리되지 못한 마음은 바람기와 외도를 유발하므로 온전한 사랑을 하려는 전종(全琮)이 멀리 쫓아내는 것이다. 이때 설교(薛喬)는 죽이지 못하고 쫓아내기만 한다. 살아가면서 잉꼬부부나 아무리 바른 사람이라도 누구나 한두 번쯤 바람피우고 외도하고 싶은 생각 자체를 아주 안 하고 살 수는 없기 때문이다.

사람은 가는 곳 그 어디서나 열류성같이 늘어선 미인을 만날 수밖에 없다. 그 순간 견물생심이 생겨 '어떻게 잘해 볼 수 없을까?' 하고 주방(周魴)과 같은 꼬드김이 내면에서 일기 때문이다. 그런 흐트러지고 성적으로 문란한 생각 자체를 완전히 박멸할 수는 없다. 다만, 그런 생각이나 욕구가 일어날 때마다 공격을 가해 멀리 달아나게 만들 뿐이다. 보통 사람들이 살아가는 모습이다.

인간 세상은 교도소나 군대 같은 특수 환경이 아니면 어느 곳을 가더라도 마치 열류성처럼 늘어서 있는 아름다운 이성을 만날 수밖에 없는 구조다. 때문에 바람기와 외도가 쉽게 발생할 수밖에 없는 구조를 지니고 있다. 바람기와 외도, 그곳에 영원히 머무를 수 있을 것 같지만, 시간이 갈수록 석정처럼 불편해지고 바람처럼 잠시 머물 뿐이다. 육손처럼 대국적 견지에서 예의 바르게 살고, 자식과 배우자를 비롯해 타인의 존경을 받는 사람이 되려면 바람기에 잘 대처해야 한다. 배우자에 대해 일편단심인 주환과 온전한 하나가 되려는 전종적인 자세가 필요한 이유다.

그렇지 않고 칠사(七事)를 내세우는 주방(周魴)적인 유혹에 넘어가 자신의 평판 등 앞뒤 안 가리고 만나는 여자마다 바람을 피우다 보면 유종의 미가 없다.

대부분의 치정 관계는 유종의 미보다 유종의 추악(醜惡)으로 끝나기 마련이다. 패가망신한 조휴의 말년이 좋은 예다. 석정에서 패한 조휴가 수레, 말, 군수품, 기계와 무기 등을 몽땅 잃고 수하에 있던 수만 명의 병사가 적군에게 항복한다. 외도하다가 들통이 나 명예는 물론이고 재산이나 직장, 인간관계 등을 모두 잃는 모습이다. 예를 들어 우즈는 골프 황제라는 지위와 명예, 돈과 재산, 부인과 자식 등으로부터 존경심 등 여러 가지를 한꺼번에 잃었다.

특히, 조휴가 석정에서 패한 후 낙양에 돌아와 울적해지고 등창이 나서 죽는다. 석정에서 남의 눈을 피해 외도하다가 들켜서 낙양이 상징하는 바람기가 잦아든 현실로 돌아오니 명예와 직장, 돈, 친구들도 잃는다. 가족이나 친인척 사이에서도 보이지 않는 손가락질을 받는 등 우울한 현실을 맞이한다. 그래서 등창이 나듯 몸과 마음이 스트레스로 썩어 문드러지며 일정기간 죽어지내게 되는 모습이다. 경우에 따라서는 치정 사건으로 비하되어 실제로 죽음까지 맞이하는 경우도 발생한다.